军事美学研究

方振东　宋海英　李学明　著

人民出版社

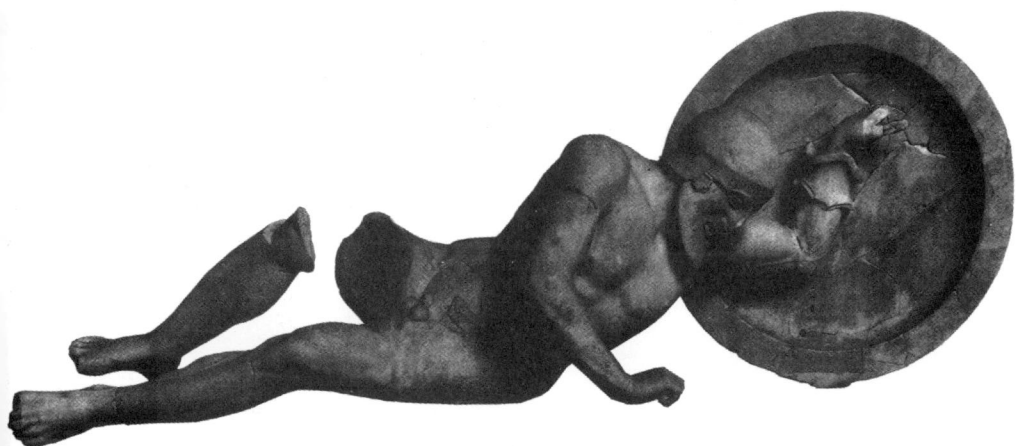

埃及阿斐亚庙三角石墙上的战士雕像

他的生命已经消逝，但是，他还半跪在地上，手握盾牌，并没有倒下，他那颗坚强的头颅还昂扬地挺立。那就是军魂和战神……他高举的盾牌，就是号召所有军人，为了正义和真理继续战斗下去……(参见第 193—196 页)

《公元一千九百四十五年九月九日九时·南京》（油画 陈坚）

人类社会基本上是军事与战争雕塑出来的，或者，是由军事与
战争捍卫、制约其发展演变的。（参见第16—19页）

《天高云淡》（国画　陈玉先）

　　"登山则情满于山，观海则情溢于海"。战争年代的毛泽东，
在马背上吟诵了无数华美诗章，成为军事情感审美创造的光辉
典范。（参见第 25—35 页）

下跪的德国总理勃兰特

　　1970 年 12 月 7 日，当时的联邦德国总理维利·勃兰特冒着凛冽的寒风，来到华沙犹太人死难者纪念碑下，突然双腿下跪，并发出祈祷："上帝饶恕我们吧，愿苦难的灵魂得到安宁。"勃兰特以此举向二战中无辜被纳粹党杀害的犹太人表示沉痛哀悼，并虔诚地为纳粹时代的德国认罪、赎罪。这就是军事良知的人性美。（参见第 189—192 页）

《维纳斯》（古希腊 雕塑）

"古典的静穆，高贵的单纯"。维纳斯，表现了古希腊
"神人统一"的审美理想。但不是军事美。(参见第51—53页）

《蒙娜丽莎》（油画 达·芬奇）

蒙娜丽莎"神秘的微笑"，达·芬奇把"一个世纪的困惑和忧郁"挂在她微翘的嘴角上，但不包含军事美学意义。因为它的审美指向，并不指向战争。（参见第53—54页）

《胜利之吻》（阿尔弗雷德·爱森斯塔特摄）

　　"不经历风雨，怎能见彩虹？"和平，是军人生存的最高
审美价值。(参见第 127—128 页)

《自由引导人民》（油画 德娜克诺娃）

　　"青山遮不住，毕竟东流去"。沐浴战争的血与火，人类最完美的
生命与生存，必将再生与永生。（参见第 227—229 页）

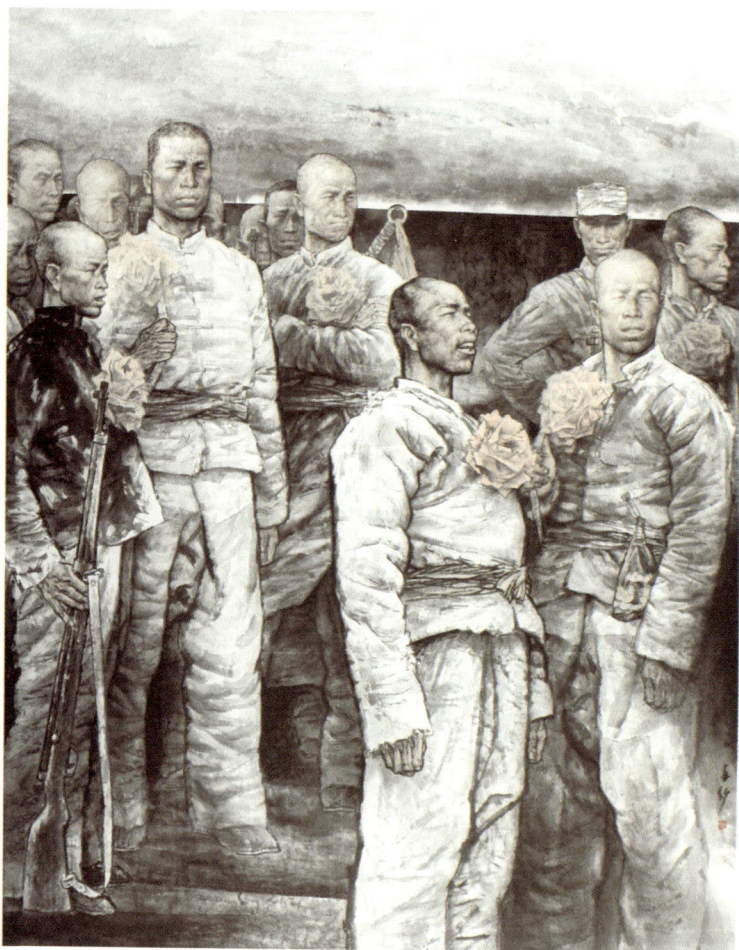

《铁血男儿》（国画 苗再新）

　　有一位父亲，送儿上抗日战场的时候，还送了他一段白布。上面写了
"杀敌立功"几个血写的大字。还有一排小字，写的是父亲告诉儿子，如果
你在战场上被打死了，就用这块白布裹尸……（参见第107—112页）

《英雄探妻》（袁学军 摄）

"一将功成万骨枯"。这就是战争特有的"美与诗"，不是一般意义的抒发感情，吟诵风花雪月，鸟语花香，阳春三月，莺飞草长的"美与诗"。（参见第67—70页）

《我为祖国守边陲》（国画 仓小宝）

　　自然的美好，江山的永恒，激励着军人为保卫和平、创造安宁和谐的自然环境和社会环境而英勇杀敌、流血牺牲。（参见第298—301页）

《汲在军旅》（袁学军 摄）

军事美，实际上，而且应该或只能是人类生命——为美而生、为美而战、为美而灭的人类生命——一声包含着正义与真理的刚健而壮美的绝响。（参见第 390 页）

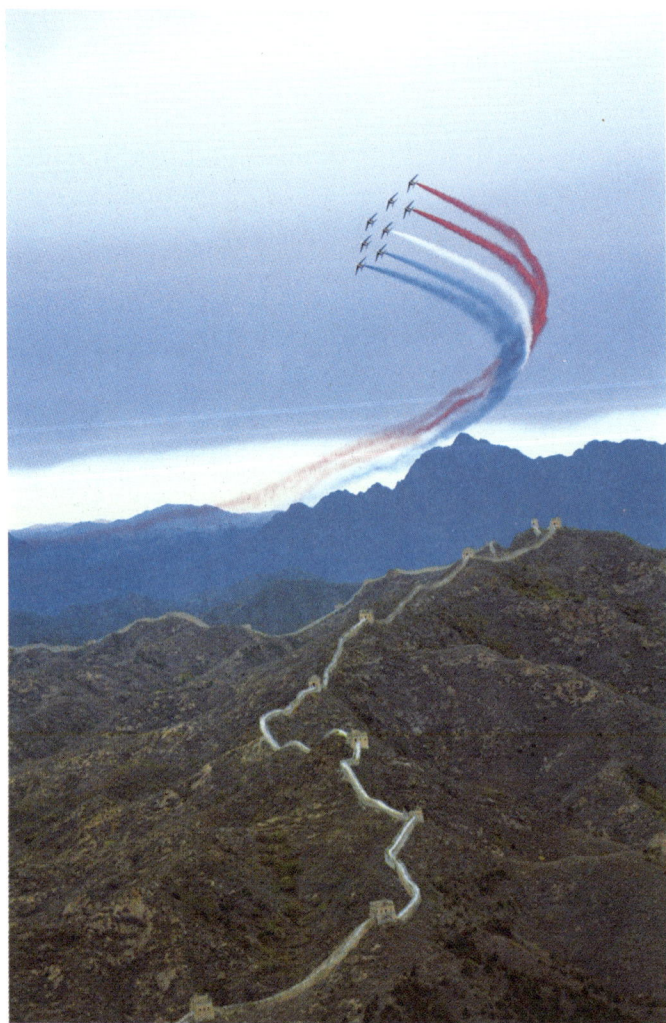

八一飞行表演队场景（乔天富 摄）

着手成春——战争诗意与军事生命境界的自由创造。

（参见第 216—221 页）

导弹发射训练（乔天富 摄）

人类兵器制作的历史，就是一部人类科技史和
文化史的缩影。〔参见第 327—334 页〕

阅兵（乔天富 摄）

阅兵，一支军队军事生命精神的图腾。

（参见第 384—391 页）

目　录

审美的准备（序）

　　本来，审美是不需要什么准备的。"看庭前花开花落，望天空云卷云舒"，需要准备什么呢？只要有正常思维，只要能睁开有正常视力的眼睛就行。但是，看到鲜花在眼前开放，望见云丝从头顶飘过，是看美，而不是审美。看美的工作，大约刚诞生且睁开了眼睛的婴儿，也可以完成。那时，他们看到的一切，护士与母亲的笑脸，和鲜花彩云并没有区别，呈现在他们眼前的世界，完全是一张白纸。因为他们的思维，还没有动起来。一旦思维动起来，哪怕是并不自觉地动起来，本来他们看到的是母亲和护士和蔼可亲的笑脸，却恐怖地发出一声"惊世骇俗"的初啼。接着，一天或者两天，或者在今后的某一天，当他们还是看到那一张张笑脸，母亲的或者护士的依然和蔼可亲笑脸，并没有敌意和恶意，他们不再大哭，不再惊恐，而是弯弯的嘴角露出一丝浅浅的微笑，那时，人类就完成了最初的从"看美到审美"的工作，严格意义的审美活动就开始了。

　　虽然我们知道婴儿面对世界的最初心理活动，并不能完全说明人类最初的审美活动，但是，它可以为我们怎样认识和理解人类从"看美到审美"的转变带来启发：第一，他们（婴儿和由婴儿代表的人类）眼前的一切不再是白纸，是可以分辨、可以选择、可以比较的；第二，他们的思维会随着这种分辨、选择和比较运动起来，并且发生情感的波动、运动和变化，完成人类最初的"心灵变态"（朱光潜先生写过一本《变态心理学派别》的美学著作，介绍西方现代美学家通过研究人类心灵和情感的"变态"，揭示人类美和审美产生、创造的奥秘）。从惊恐到微笑，就是这种情感、思维波动、运动和变化（变态）的证明。虽然那时他们并不能指出这种选择和变化（变态），对他们的生命和生存、对艺术和审美意味着什么，并且把它们的价值和意义，恰当地表述和创造出来。这里的价值和意义，就是美；对这种价值和意义的选择、比较、表述和创造，就是审美与创美（活动）。

真正的审美当然不像婴儿看母亲的笑脸那么简单。可惜我们不少人可能一辈子也没有完全摆脱那种审美的状态和水平。要么看不出鲜花和母亲笑脸有什么区别，世界在他们面前大约还是一张白纸；要么知道这种区别，却说不出这种区别的现象和本质究竟在哪里，对他们自己意味着什么。再加上人类面对的审美世界，又是一个深邃富丽、诡色万千、诱色万千的世界，即使正常人也会觉得无力把握，即使把握也会漏洞百出。要使自己审美的能力和眼光"强壮、坚硬和犀利"起来，要使自己审美的语言少些失误，或没有失误，达到准确、完美并且精彩纷呈的效果，我们认为审美的准备是完全必要的。

审美当然需要一些美学知识的准备。知道美和美学究竟是什么，大体包含什么，不然明明看到的是张三，你会认为是李四；看到的明明是人，你可能会认为那是一片庄稼地。审美还需要一些哲学知识的准备。因为美学是哲学，哲学又是思维之学、智慧之学。没有审美的思维，就不会哲学的辩证；没有辩证，就没有智慧；没有智慧，我们的脑袋就不会灵光。即使勉强审美，也审得十分笨拙和迟钝。审美还需要一些文学知识（即语言）的准备，不然你不会把你感受到的美，表述和表达出来。即使表达出来，也不精当和准确。我们不少初学美学的同志，面对绝美的大自然，或者人类最优秀的审美文化艺术产品，往往感到它们奇美无比，又不会表达，捂着胸口，抚摸很多遍也说不出来，干脆一口深呼吸："啊，多美！"或者说，"不要说了吧，美是只可意会不可言传的东西，你说出来了就损害了作者的原意。比如维纳斯、蒙娜丽莎，它们的审美意义简直是一口不可测的深潭"。是一口深潭不错，但并非不可测。因为作者明明艺术地、巧妙地给我们留下了通往这口深潭任何地方的蛛丝马迹。认为"美只能意会不可言传"，我们认为是一种审美的偷懒。再深的审美之潭，也是人类开掘、挖掘和创造出来的。哪有人类把自己开掘、挖掘和创造出来的东西，说不清楚的道理？至少应该"大体说个清楚"（维特根斯坦语）。

军事审美就更是这样了。说一千道一万，军事审美除了上面我们讲到的一切审美准备，主要包括美学准备、哲学准备、语言准备等等之外，我们认为最重要、最根本的，就是审美思维和军事审美思维的准备。我们在论述牛顿和爱因斯坦"思维结构美"的时候，找到了这种审美思维的源头。那就是：

　　美，是人类一切物质与精神创造的根本动力之源。

　　物质创造，比如工人做工、农民种田；精神创造，比如李白写诗、达·芬奇作画；还有医生看病、商人沽酒、孔夫子办教育、黑格尔写哲学；军人打仗——啊！那些赴汤蹈火、前赴后继的军魂与战神，如翩翩鸽群翱翔于人类生命的天空……这一切"工农兵学商"各色人等的所作所为，浩浩荡荡、林林总总，或壮怀激烈于山川大地，或丝丝袅袅于灵魂探幽，或慷慨赴死于沙场，或散发扁舟于江湖……如果不是为了创造和"固守"他们心中那片灵魂高地的"美与价值"，为了人类物质与精神更加美好地生活与生存，他们为什么要那样做呢？尤其是战争中的军人，因为他们对这种"美与价值"的创造与固守，要以生命的付出为代价。

　　军事美学研究，正是为了分析、厘定这种"军事精神与灵魂高地"的"美与价值"，它们的本体、产生、发展、构成、特征、运动规律，以及各种战争与文化的审美表现形态。

　　谨序。

第一章 军事美学本体研究

什么叫本体？所谓本体，就是事物存在的原本状态。军事美学本体研究，主要研究军事美的原本存在状态，以及这种存在状态的内在精神和外在表现，即军事美的本质是什么、不是什么，怎样存在、如何存在、为什么存在等根本问题。

第一节 审美意识与军事审美意识

军事美学，并非一门想当然的学问。无论我们学习还是没有学习它，研究还是没有研究它，它都大量地存在于人类的审美意识和军事审美意识中，存在于军事与战争文化研究者的学术论著中，更主要的是，它存在于人类军事与战争实践活动过程中。

一、军事美学存在于军事文化创造者的审美意识中

（一）什么叫审美意识与军事审美意识

审美意识，即人类审美（艺术）创造者，审视、发现、创造和表达审美产品、审美对象的深层观念。军事审美意识，即人类军事审美（艺术）创造

者，审视、发现、创造和表达军事审美产品、军事审美对象的深层观念。它是审美心理的一般原则、经验、想象、情趣、理想、标准等因素的总体构成。

观念支配实践。审美观念支配审美艺术创造实践。同样，军事审美观念，也支配着军事审美艺术创造实践。

审美现象俯拾即是，审美意识却深奥邈远。它随人的诞生而诞生，随人的发展而发展。它可以追溯到"人之为人"，也就是马克思主义经典美学家所说的，"第一次用人的眼光，而不是用动物的眼光"看待展现在他们眼前世界（即"思维"的诞生）的那天起。它既属于人类个体，更属于人类整体。因此，审美意识是人类共同的，每一个可以发现世界上有美的人，都自觉或不自觉地受这种意识支配。

有什么样的审美观念，世界上就会有什么样的美。美是人类赋予他们所在世界的一种价值。简单而言，这种价值，可以是一种行为，比如助人为乐、抗洪救灾，属于社会美；可以是春天的早晨一声湿漉漉的布谷鸟的叫声，属于自然美；还可以是一首诗歌、一段舞蹈、一部电影，属于艺术美。实际上，审美意识赋予人类世界的整体价值，还要比对美进行"社会美、自然美、艺术美"的简单归类复杂得多，深刻得多。

黑格尔把美称为"生命理性"、"精神现象"。我们认为美即"心灵创造"。只要经过人类心灵创造的东西，无论它们属于物质产品，还是精神产品，都是美的创造。一般而言，审美意识主要指艺术家创造美（的艺术和产品），所具有的审美观念。它比一般人的审美观念，更具有目的性、指向性和独特性。一般人审美意识高低，对审美对象和产品不会起什么决定性作用。一般人把中秋的月亮，看成是一张大饼，也没有什么关系。但是，如果苏轼也把中秋的月亮，看成是一张大饼，我们会读到"明月几时有，把酒问青天"、"但愿人长久，千里共婵娟"这样的千古名句吗？简直是不可思议的！因为，"千里共婵娟"，只能产生于苏轼那样的审美意识和审美经验、审美情趣和审美理想中。作为审美文化创造者，审美意识、情趣、理想的高低厚薄，决定他的审美意识产品及其价值、情趣、理想的高低厚薄。苏轼要把中秋月亮，塑造成"千里共婵娟"那样的名句，他的审美意识是有目的的、指向分明的，也是独特的。那种审美意识，表达的是"离别与思念"这样的审美情感。这种情感，和我们对大饼的情感、对一般月亮的情感，本质上没有什么关系。它是一种"离别与思念"的情感哲学，通过"月亮"在作者心灵中，不可复制的独特创造。我们再按照苏轼那样塑造一回，绝对兴味索然。一般审美意识的经验、情趣、理想的高低，决定审美实践和审美产品价值的高低。军事审美意识，决定军事审美实践和军事审美产品价值的高低。

纵观人类军事文化审美产品的长廊，从《荷马史诗》到《静静的顿河》，从《史记》到《三国演义》、《水浒传》，没有哪一部作品，不受审美意识和军事审美意识的支配。军事审美意识的核心，就是审视军事这一独特领域，究竟美不美、为什么美与不美的深层审美观念，以及怎样塑造和表现军事美——军事现实美、军事艺术美、军事理想美、军人人格美等等的深层审美观念。别说写出《静静的顿河》那样的军事审美经典，我们跳一段军营的舞蹈、编一首军营的快板、画一幅军营的速写、唱一段军营的歌谣，都一定受军事这一独特领域的审美观念所支配。只不过我们的军事审美意识，远远赶不上肖洛霍夫、罗贯中那样深刻厚重又雄浑悲怆罢了。

审美意识和军事审美意识，相联系又有区别。比如《水浒传》中的"杀富济贫"、"替天行道"，既属于审美意识，也属于军事审美意识。一般的"杀富济贫"，一般的"替天行道"，不一定包含军事审美意识。梁山好汉比如宋江等，用军事的手段来"杀富济贫"、"替天行道"，就包含军事审美意识。因为它融进了人类的军事审美经验、情趣、观念和理想。

军事审美经验就是理解、判断军事与战争实践"是非善恶、忠奸美丑"的经验和经历。它告诉人们，"水泊梁山"好汉等，要用战争的手段才能够很好、很有效地"杀富济贫"、"替天行道"，及其这种"杀富济贫"、"替天行道"的社会、历史、审美价值。

军事审美情趣，则是对军事审美价值的选择取向和定向。它制约和规定施耐庵、罗贯中，为什么要选取梁山好汉们的军事与战争行为，来表达"杀富济贫"、"替天行道"的战争观念和关于战争的审美理想。审美情趣是表达审美感情（的好恶）和趣味。军事审美情趣是表达军事审美感情（的好恶）和趣味。只要表达了军事感情（的好恶）而且表达得有趣，就是军事审美情趣。社会把一群忠诚善良、多才多艺的好汉、壮汉，甚至懒汉，军人、官员、和尚、道士、商人等老少男女，逼迫得走向梁山造反，还闹出了不小的气候，这个故事本身就是表达了军事感情的爱憎，而且表达得很有趣味。

观念是人类在实践、行为中产生，并支配人类实践、行为的主观意识。军事观念是人类在军事实践行为中产生，并支配人类军事实践、行为的主观意识。军事审美观念是在军事实践行为中产生，并支配人类军事实践、行为，即表达和判断军事领域是非善恶、忠奸美丑价值的主观意识。理想是比现实更高的走向未来更合理的愿望和规定性。军事理想是比军事现实更高的走向未来更合理的军事愿望和规定性。军事审美理想是表达和判断比军事现实更高的走向未来更合理的军事审美价值愿望和规定性。梁山好汉的"杀富济贫"、"替天行道"，他们从封建统治的体制中，被迫走出来，"风风火火闯九州"、"路见不平一声吼，该出手时就出手"，最终又回到封建统治"温暖"（活下来的多被册封）而"残忍"（最终大都被残杀和毒杀。活着的比如武艺高强、战功赫赫的武松，拖着断臂伤痕累累在破庙里度过残生）的怀抱中。它说明个体乃至某一群体再强的军事与暴力，最终也玩不过强大和整体的封建统治"文化"的堡垒。可见，"只反贪官，不反皇帝"这个主题，对《水浒传》的根本意义来说，显然还不是最重要的。受到阻抑的生命力的狂放、畅达与腐朽、没落、戕害人类正常生命和人性尽情发挥的社会文化的悲剧性冲突，才是名著《水浒传》的真正主题所在。

电视剧《水浒传》结尾，当军师吴用乘着吱吱嘎嘎的木轮车，捧着宋江等人的骨灰盒，回到当初红红火火，而今满是灰尘和蛛网的聚义厅，悬梁自尽，那时，它所宣示的《水浒传》的军事审美哲学就是：

（这类封建体制外）军事与战争暴力的、军事生命力与美的卓越显示及其无比悲怆的赞歌与挽歌。

之所以是"赞歌"，作者的悲愤之处就在于，人的生命力受到社会的压抑，"就应该这样"，啸聚山林，"一路看天不低头"，吐一口闷气。之所以是"挽歌"，就在于从"聚义"的酣畅淋漓、"诏安"打方腊的气势磅礴，到最终树倒猢狲散，个个如落叶飘零。"现实不应该这样，但历史不得不这样，只能这样。"这里既有关于军事与战争的审美经验（农民起义的社会、历史、人性根源和思想局限）、情趣(情感的好恶判断表现和审美价值的艺术选择)，也有军事审美观念和理想（暴力与文化的悲剧性冲突，以及对这种悲剧冲突的反思）。因此，我们认为，《水浒传》的军事审美意识，表达了施耐庵、罗贯中等人这样的军事审美经验、情趣、观念和军事审美理想。

军事审美意识，支撑着历朝历代的文化创造者，用他们特有的审美经验、情趣、观念和理想，为我们创造出了光辉灿烂的军事审美文化产品。从他们的作品中，我们看到了人类从古至今的军事审美意识，是怎样对人类军事与战争领域里的是非美丑、忠奸善恶进行价值判断，构成了牢不可摧的军事美学理论大厦的内容、骨架和根基。

（二）军事审美意识与军事审美创造

我们曾经看过香港著名电影导演吴宇森拍摄的战争大片《赤壁》，惊异地发现，吴宇森，这位在好莱坞星光大道留下重要印记的华人导演，不仅是中国目前最有名的电影艺术大师之一，而且还是中国目前还没有被人发现的军事美学大师。因为他拍摄的电影《赤壁》，内容曲折、画面精美，尤其是其中包含和表达的审美意识和军事审美意识，即军事审美经验、情趣、观念和理想，堪称军事美学经典。蓦然回首，我们研究和创造了多年的军事美学，要想表达的军事美学观点，居然在他的作品中表达得如此融会贯通、如此淋漓尽致。尽管也许他根本就不知道军事美学是怎么一回事。

这更坚定了我们研究和学习军事美学的信念，因为尽管没有明确自觉地学习和研究军事美学，吴宇森也可以把军事美学的电影文化范本，创造得如此炉火纯青。因为取材于三国赤壁之战这一中国重大历史战争题材的影片，吴宇森导演不可能不对参与其中的历史人物，他们构成的历史事件，他们的忠奸善恶、是非美丑，进行审美价值判断。我们这不是溢美之词。面对军事与战争，以及在军事与战争土地上创造出的审美文化经典范本，我们没有必要溢美。

1. 电影《赤壁》片头的军事美学思想

片头：

> （音乐声中淡出）
>
> 云雾缭绕的江山、大地、山川、长江美景。
>
> 反复插播的一把精美的宝剑。
>
> 精美宝剑和如梦江山的远景、中景、近景、特写。
>
> 主题音乐。
>
> 编导演职员字幕（叠映）

我们知道，片头是整部影片主题思想、主要内容的艺术显示、浓缩和暗示。电影《赤壁》的主题思想是什么？我们可以从片头感受到：宝剑，象征军事、战争与暴力；江山、大地代表自然、宇宙，以及生存、发展在自然宇宙之中的社会、历史和军旅人生。

浓缩在吴宇森导演选取叠映在江山、大地、自然之上的宝剑来作为片头的审美意识，即军事审美观念是什么？

这就是：

> 剑里乾坤。

而"剑里乾坤"，正是一种完整的军事美学意义：剑，代表战争与暴力。乾坤，不仅代表天地、自然、人类社会生死存亡之道，还代表军事与战争本身成败得失之道。我们的军事美学所作的全部努力，军事美学的价值和意义，都是在研究军事、暴力和时代、社会、历史与军人、军事之间的辩证关系，以及军事与战争之间、与从事战争的人们生死存亡之间的辩证关系。它告诉我们：剑和暴力，不是拿来乱砍乱杀乱用的，乱砍乱杀乱用，也不可能取得成功。战争与暴力，也有独特的运用规律。谁掌握了它，就能败中求胜；谁违背了它，就会招致灭顶之灾。它——这种军事美学意义，揭示了战争和人类社会发展的关系，以及战争本身的规律。"青山依旧在，几度夕阳红。""一杯壶酒喜相逢，古今多少事，都付笑谈中。"研究战争本身的美丑，并不是目的。明白这种美丑之后，使人类生活更加和平美好，才是包括军人在内的人们，最高的追求和向往。"和平"是军人存在的最高审美价值。

2. 电影《赤壁》中小乔给周瑜一封信的军事美学意义

小乔给周瑜的那封信全文：

周郎：

　　你在读这封信的时候，我已经在前往曹营的途中了。我会很小心，一切见机行事。

　　但愿东风会早一点来。只要有信念，就会有希望。

　　长江水清，山色常绿。有飞鸟栖息，有渔舟唱晚。这是我们的家，我们美丽的乡土。每个人都在不顾生死地去保卫它，我又怎么能无动于衷呢？

　　我已经怀了平安三个月了。怕你分心，一直没有告诉你。我想我们不能只顾着自己的孩子，不顾东吴的孩子。我想看到他们一起成长，将来平静地在江边嬉戏、玩水、赏花，在禾田里插秧。

　　你不用为我担心，我会带着平安回来。

我们不知道历史上是不是有小乔留给周瑜的这封信。《赤壁》是电影艺术作品，我们认为极有可能是吴宇森和电影编剧们的创作，简直字字珠玑。军人思想美、精神品格美，跃然于纸上。小乔还不是标准的军人，还是个女子，都有这种选择和行动，而我们标准的军人，作为男子汉，应该怎样做呢？答案是不言自明的。"只要有信念，就会有希望。"表达的是军人信念美。而"长江水清，山色常绿。有飞鸟栖息，有渔舟唱晚。这是我们的家，我们美丽的乡土。每个人都在不顾生死地去保卫它，我又怎么能无动于衷呢？"活脱脱地表达出一个非典型军人，纯美凄婉而又果决慨然的心灵世界：

"为正义而战，为和平的生活、为捍卫自然的美而战，这是军人神圣的职责，赴汤蹈火，在所不辞！"

这，正是军事美学，需要给每一个为正义而战的军人，牢固树立起来的思想价值观念和精神核心。

小乔从曹营脱险归来，的确有受伤流血。

3. 影片《赤壁》结尾的军事美学思想

影片《赤壁》结尾画面：

> 郊外。
> 风和日丽，碧草如茵。
> 周瑜、小乔和孔明挥手告别。
> 一头小马驹，萌萌，掠过草丛。
> 小乔："萌萌，去吧，去吧。"
> 小马驹奋蹄向孔明跑去。
> 小乔："孔明，把萌萌带去吧。……它长大了，千万不要把它带上战场啊!"
> 孔明转身，双手爱抚地抚摸着小马驹。
> 孔明："不会的。它是我亲手接生的。我会珍惜它。"
> 丽日蓝天下，周瑜、小乔依偎的身影。
> 孔明牵着小马驹渐渐远去。

经历了赤壁一场场生死大战，多少硝烟烽火、多少血肉横飞、多少机关算尽和人仰马翻之后，这里，影片创作者安排了如此抒情、如此空灵、如此浪漫，而又如此隽永的结尾，和前面小乔给周瑜那封信中提到的"我们不能只顾着自己的孩子，不顾东吴的孩子。我想看到他们一起成长，将来平静地在江边嬉戏、玩水、赏花，在禾田里插秧"一样，他们想告诉我们什么？支撑他们如此安排人物、情节、环境、语言和人物（还包括人和动物，战争中最有用处的动物——马）关系的审美意识和军事审美意识，究竟是什么？

这就是：

战，是为了不战。

为正义、和平与美而战的军人，具有人类最高的美和军事审美价值。

从古知兵非好战。

这些观点，恰恰是我们军事美学思想的灵魂："为战（掠夺）而战，还是为止战而战，是区分正义战争与非正义战争的分水岭。"正义战争创造军事美和社会美，非正义战争表现为军事丑和社会丑。军事美学不是培养"为战而战"的战争狂徒，而是培养"为止战而战"的军魂与战神。"以暴制暴"，他们（军人）是人类和平的殉道者，也是带来社会美、自然美的天使。正如精于打仗的孔明一样，他们本质上也是无比珍惜世界上每一个活着的无辜的生灵的。他们高超的军事智慧和战争行为，或奔驰沙场、战死沙场，或终老沙场，都是为了制止战争，而不是涂炭生灵。

剑里乾坤。大爱无疆，大道无垠。

吴宇森，通过影片赤壁的片头、结尾和中间某一环节，就告诉了我们如此精湛、丰富的军事美学经典。战，天才的、创造性的、无往而不胜的战，永远都是为了不战和反邪恶之战，为了和平和捍卫人类社会与自然的美而战的军人（包括战争）最美！最值得歌颂，最值得赞美！或者，最具有正面军事审美价值！这样的军事美学内涵，我们为什么不去好好理解、把握，并且以生命来演绎它永恒而又全新的军事美学审美意义呢？

当然，正义与非正义、天使与恶魔的区分，从《三国演义》表现的社会历史、战争事件来看，也是复杂的。对曹操、刘备、孙权、周瑜、孔明，甚至包括小乔等历史人物，怎样去判断他们的是非美丑和忠奸善恶，也需要我们用历史唯物主义的观点，去仔细分辨。我们这里主要理解的是《赤壁》影片的创作者，那样不自觉表达出来的自觉的军事审美意识，以及这种军事审美意识，从根底上，对军事美学原理、意义的揭示、暗合与支撑。

二、军事美学存在于军事与战争文化学者的研究论述中

(一) 军事美与人的本能

先读下面两段文章节选：

> 战争是人类本质力量的一种表现形式，人类通过战争这一特殊的对象化表现形式，达到全面而深刻的自我观照。在苦难、悲伤、毁灭、死亡的高昂代价里，凝聚着人类力量和智慧的总和。由于战争把人置于幸福与痛苦、希望与绝望、创造与毁灭、正义与邪恶、死亡与再生交织在一起的炼狱。在求生本能和死亡本能的双重推动下，人类本质力量的全部内涵必然被发挥得淋漓尽致。又因为尸横遍野、血流成河构成了对象化过程的惨烈背景，使人们对被战争所激发出来的自身巨大能量感到震颤、惊奇、敬仰和敬畏，这正是战争对于人类的美学意义，而正是这种美学意义，造就了世界文学史上一大批军事文学的优秀作品。①
>
> 军人有军人的美。军人现实美和艺术美的客观存在及其巨大感染力，构成了军事美学成立的基础性条件。军事美学的研究和实践有助于增强军人对军营生活的审美感受，激发爱军习武的热情，丰富和提升军人的精神生活，满足军人全面发展的需要。②

本能即与生俱来的"先天行为"，它不受社会历史所支配和赋有。一般认为的人的本能，即，生、死、爱。其他许多被称为本能的特性，比如："食色，性也"，和与之相关的饥饿、攻击、性欲，其实都可以分别划归到生、死、爱的本能范围。只有在战争中，人类关于生、死、爱的本能，都被强迫地推到了极致和绝境。在这种状况下，人类的精神，也将迸发得出奇的

---

① 郑莉、范彦：《中西古代军事文学比较研究》，载《解放军艺术学院学报》2006 年第 3 期。
② 阎增武：《军事美学若干问题的思考》，载《南京政治学院学报》2007 年第 3 期。

狰狞、绚烂和灿烂。军事美，是人的本能在战争中直接而肃然的真实写照。

(二) 军事美与人本质力量对象化

上面摘录的两段文章，选自我国军内两家军事学院的学报，把军事美学的现实内容和理论意义，初步论述得十分鲜明、牢靠、深远。"中西古代军事文学比较研究"，从中西方战争的本质和特征，上升到人类战争的美学本质和特征。

> 在求生本能和死亡本能的双重推动下，人类本质力量的全部内涵必然被发挥得淋漓尽致。

上面这句论述，可以说奠定了马克思主义军事美学的基础。马克思主义经典美学观点认为，美是"人的本质力量对象化"①。我们认为："军事美就是人的军事本质力量对象化。"有什么样的本质力量（精神、情感、意志、价值追求等）对象化，即表现在什么样的审美对象身上，就会产生什么样的审美价值；有什么样的军事本质力量（军事精神、军事情感、军事意志、军事价值追求等）对象化，即表现在什么样的军事审美对象身上，就会产生什么样的军事审美价值。"军事美学若干问题的思考"，则直接论述了军事美学存在的现实性、可能性，及其在塑造军人思想、精神、情感、职业荣誉感、使命感等方面的作用和价值。他们的论述，不仅包含军事美学观点，而且是直接的军事美学研究和理论构建。

---

① 马克思：《1844 年经济学哲学手稿》。"而人却懂得按照任何一个种的尺度来进行生产，并且懂得怎样处处都把内在的尺度运用到对象上去。"见《马克思恩格斯全集》第 42 卷，人民出版社 1979 年版，第 97 页。

三、军事美存在于人类军事与战争实践过程中

（一）军事与战争推动人类历史发展进程

下面这篇文章，《战事自四千年始——读朱增泉〈战争史笔记〉》发表于
2010 年 5 月 31 日《解放军报》，作者殷实。为了说明问题，我们全文摘录，
显示其重点，看看它究竟包含哪些军事美学观点：

> 读朱增泉的多卷本著作《战争史笔记》(人民文学出版社 2010 年版)，
> 有一种挥之不去的感觉，那就是，中华五千年的文明史，差不多也就是
> 一部连续不断的战争史!

军事美学观点：研究军事美学重要心理根源之一：人类社会基本上都是
由军事与战争雕塑出来的，或者由正义的军事与战争捍卫其发展变化的。

> 文明史，当然还包括了政治、经济、文化等诸多方面的精神和物质
> 遗存，但别除其他已被累世书写的存亡兴废、朝代沿革、人物本纪和艺
> 术奇观之类，独以战争史穿线的"中国史"写作并不多见。在如同电影
> 般一幕幕连续放映的"战争场景"中，我惊异于作者著此"笔记"过程
> 中可观的阅读量，感叹其对文献、史料的快刀斩乱麻式的取舍，也留心
> 他点到为止的史识与心得，庆幸读者又有了这样一部巨细靡遗的战争历
> 史"工具书"。
> ……
> 中国向有军事传统，也有原始的军事思想、兵制兵法之类，更不乏
> 战争与政治关系的复杂纠葛。不过在书中，作者绕开了那些容易陷入辨
> 析漩涡的评议性话题，也没有陷入繁琐的引经据典和资料考证，只是专
> 注于对战争规模、进程和样式的考察，间或也对酿成战事的前因后果，
> 或者是某些重要的军事人物略作交代，总体看来，就是在中国"大历史"

时空走廊中，专辟出了一条中国战争史线索。从阅读接受的方面来看，这部"笔记"则是以文笔的通俗晓畅、事件的脉络清晰和材料的精准简要取胜，脱去了专业学术类史著的吓人冠冕。这样的一部"笔记"会让读者看到什么？从传说中的炎黄之战一口气读至终结唐代历史的最后战争——黄巢起义（第一、二部），印象强烈者莫过于如下两个方面：

首先，显影了古代历次战争的残暴和恐怖本质。《战争史笔记》明白无误地告诉我们，战事的频仍与酷烈是中国早期历史进程中的基本现实。人们一般理解，战争即生存斗争，任何生命、种族之间都会因生存竞争而相互残杀，但"自然"意义上的争斗似乎都是有限的，适可而止的，达到目的就会结束，唯有人类之间的战争，因多了种族、部落、家、国、荣誉、尊严等等因素而更显屠戮的赤裸，也更具破坏性，并且往往规模巨大。无论原初全员上阵式的部落仇杀，还是后来阶级社会中职业军队的阵仗对决。尽管历代的史籍写作者有倾向性的褒扬与粉饰，我们还是会发现，那一场接一场的战争，很多都是和人类自私、贪婪、狂妄乃至嗜血这些古老的本质分不开的。

军事美学观点：军事美学就是对人类军事与战争领域里的是非美丑、忠奸善恶进行价值判断。具有正面军事价值的，就是军事美；反之，就是军事丑。

（二）军事与战争提供军事美产生的丰厚土壤

其次，读《战争史笔记》，可明显看出作者对历史上中国统一战争的重视。汉代和唐代是中国历史上两个相对强大的王朝，但这两个王朝的崛起都与作为其前奏的秦、隋两个开拓性的朝代相关。汉承秦制，唐承隋制，所以发生在秦代和隋代的一系列战争，均是后来汉唐两个朝代相对统一强盛的铺垫。朱增泉在这一点上充分发挥诗人式的率性任真，而非学者式的教条与禁锢刻板，在第二部中开宗明义告诉读者："三国战争是一次分裂战争，他把古代中国拖进了将近四百年的大分裂、大混战之中"，却明确指出，秦、隋时期，乃延续至汉唐时代诸多边疆战争，都有其必要性与积极意义，也显现出了重要的历史作用：分裂、割据、叛乱、相互间征伐不休的诸侯小国的存在，很可能是导致战事连绵、祸患不断的主要原因，所以，有一个相对强势的政权来统一中国，不啻是维持较长久的社会安定繁荣的保证。

军事美学观点：上面这段分析阐明了秦、隋时期战争和汉唐繁荣的关系，间接回答了一个重要的军事美学观点，即：战争究竟有没有美？应该怎样判断正义战争的社会、历史价值？我们常常认为，一切战争都只具有破坏作用，而没有丝毫建设作用。这是初学和最初接触军事美学的人，很容易产生的模糊观念。既对一切战争没有根据、没有分析、没有原则地，仅仅从情感上加以厌恶和否定，而不明白为了正义、为了维护民族独立完整、为了维护社会安宁和平的战争，所具有的正面军事价值，而学习和研究军事美学的目的就在于认识、肯定、创造和高扬一种正面的军事价值。战争并非毫无目的地、没有原则地互相残杀。判断军事审美价值的标准之一：它（军事与战争）究竟阻遏，还是推动了人类社会历史向前发展。

如此看来，发生在秦代和隋代的战争，都具有统一战争的性质，也因为汉唐两个朝代的出现显得非常必要。这些战争为一个相对统一、强盛的帝国的出现奠定了基础。不仅如此，朱增泉还就一些史论中称这些战争属"对外侵略"的迂腐说法进行了有力驳斥。他的看法是："两千多年来，凡是军事上保持高度集中统一的时期，都是国家统一而强大的时期。凡是军事上涣散而混乱的时期，都是导致国家破碎分裂、诸侯纷争、封建割据、军阀混战的时期，黎民百姓受尽战乱之苦。"

军事美学观点：正义战争所创造和表现的正面的社会、历史、军事价值，就是军事审美价值。

这无疑是值得认真看待的见解。在专门总结唐代的边疆战争时，朱增泉更有精彩之言："秦始皇修长城是一项伟大的创举，唐太宗不修长城是一项更伟大的创举。"这是因为，前者奠定了中国千年军事文化传统：对内维护统一，对外注重防御，对后世影响深远；后者则尝试开放多元的政治新思维：对边疆少数民族怀柔羁縻、平等相待，推行古代边疆治理的松散管理模式——对进一步塑造始自西周时期的"华夷"思想与"朝贡"体制作用巨大，这也是古代东亚地区以"中华"为中心的国际秩序与地缘政治版图形成的原因之一。

军事美学观点：军事与战争审美形态之一：军事价值与社会生活价值、历史发展价值的和谐统一。顺应社会历史潮流的战争，创造社会生活美、历史变革美、军事价值美。

以上引文和分析，不用再进一步阐述，我们就已经明白，军事美，大量存在于军事与战争实践过程中。关键在于，我们究竟运用一种什么尺度去把握和判断，发现它们——军事与战争实践蕴含的正面军事价值，它们的审美属性与价值，以及和我们社会生活历史发展变化规律之间共生共荣的辩证关系。

第二节　军事审美心理根源

为什么要学习和研究军事美？学习和研究军事美的动机和心理根源是什么？也就是：战争究竟是什么？战争在做什么、能做什么，怎样从事战争？研究、考察、明白这些关于军事与战争的根本问题，是我们研究和学习军事美的动机和心理根源。因为它们牵涉到军事美学能否建立、何以建立的根本。

一、战争雕塑社会形态

研究军事美学的心理根源，有一个最重要的组成部分，就是对战争价值和作用的认识，即：人类社会基本上是军事与战争雕塑出来的，或者，是由军事与战争捍卫、制约其发展演变的。

（一）革故鼎新——军事与战争雕塑人类社会基本形态

我们这里所说的"雕塑"，是一个中性词，不存在特别的褒义或贬义，也不是指作为艺术门类的雕塑。战争"雕塑"人类社会，往往是不自觉的，也不是运用现成的手法和既定的规律。哪怕是历史上最伟大的政治家、军事家，在他们从事改变社会历史进程的战争之前，或者从事战争过程中，都不是根据个人的主观愿望，通过战争来"雕塑"人类社会与历史。社会历史在战争中的演变，是敌对双方整体的战争行为犬牙交错的结果。但是，进行正义战争的军事领袖，他们通过战争顺应社会历史主观愿望，是非常明确的。比如恺撒、拿破仑、华盛顿、毛泽东等，他们通过战争改变社会历史发展方向和形态的种种努力，不仅明确，而且是一步步实现了的。

那就是信念！

只要有信念，就会有希望。（影片《赤壁》台词）

人类社会发展，从阶级产生、国家出现、民族集团构成那时起，直到今天，基本上一直都有战争在进行。据载，世界上完全没有战争的日子，全部加起来也只有几十天。我们说军事与战争雕塑社会，不是歌颂战争，也不是说人类社会只有和必须通过战争才能发展，而是指出实际情况。无论怎样诅咒战争，也不能防止和否定战争时时刻刻都围绕我们的事实。因为我们处于有阶级社会这样一个社会历史发展阶段，还有种族、国家、代表不同利益的军事与战争集团存在。我们向往人类没有战争的"大同"社会，现在还遥不可期。

就目前以往的历史看，战争在根本意义上制约、规定着人类社会历史的发展。指出这一事实，不能笼统认为，我们呼唤战争，希望战争来临。军事美学只能使我们明白："革命军人为正义而战，赴汤蹈火，在所不辞，这是我们必须树立、固守的职业核心价值和肩负的神圣使命。"有的同志谈学习军事美学的感受和体会时说："通过学习军事美学，我越来越爱战争了。"这种感受不对，至少不全面。当侵略者把战争强加到我们头上，就不存在对战争喜欢还是憎恶的问题。应该说："我们讨厌和诅咒战争，但为了人类的正义与和平，我们不惧怕战争。"

纵观人类社会发展的历史，基本上每一次重大的社会历史形态的转型，都是因为战争起到了推动、破坏和建设的作用。中国历史上的朝代变迁，实际上和一连串农民起义和他们领导者的名字紧密联系在一起。这些改变中国社会历史进程的人物和事件，他（它）们使用的工具和手段，就是战争。一个社会、一个政权腐朽没落了，成了反社会、反人类的帮凶的时候，那么，就需要一种正义的力量和新生的力量，拿起战争的武器，把旧的朝代推翻，埋葬腐朽的罪恶王朝。

"革故鼎新"、"吐故纳新"，最能说明军事与战争的社会历史作用和意义。我们对战争的美学分析，不是说一切战争都能创造美。反动的战争、非正义的战争，恰恰毁灭了美，也毁灭了社会正常、健康的发展。我们歌颂的，是代表历史社会发展进步力量的正义的战争。马克思说："暴力是每一个孕育新社会的旧社会的助产婆。"[①]我们歌颂的是埋葬旧时代、催生新时代的战争，分析它们的社会历史价值。反动的、非正义的战争，正是我们努力排斥、对抗和鞭挞的。同时，我们也要明白，正义与反动，总是相比较而存在，相斗争而发展。没有非正义的战争，就没有正义的战争。它们的美学价值和意义，实质上是通过比较，黑白分明可见的。

---

① 引自关勋夏：《读恩格斯（暴力论）》，载《军事历史研究》2001年第3期。

（二）破中有立——军事与战争规定和制约人类社会演变发展

军事与战争"雕塑"人类社会，是从整体方向看，并不是说所有战争都在"塑造"社会。维护腐朽反动政权的战争，就不是在"雕塑"社会历史形态，而是抱残守缺，终将失败和灭亡。即使反动的、非正义的战争，也可以从另一种方面，以另一种形态，催生出它们不可想象的力量，来雕塑和推动人类社会历史的发展。比如，鸦片战争，从世界格局和具体战争进程来看，的确"雕塑"出了中国近、现代社会的基本面貌，在某种程度上，规定了中国近、现代历史的发展脉络和格局。清朝政府的没落腐朽，日益明显地摆在了人们面前。李鸿章等倡导的洋务运动，在修补中国晚清封建社会方面，起到了一定的作用，原因在于洋务运动本身包含了一种强大的新生"资产阶级"力量，正在萌芽和兴起，但它承担不了，也没有主观意愿承担推翻满清王朝的统治、改变中国社会历史形态的重任。辛亥革命、北伐战争，对中国封建社会给予了致命的一击，对中国近代社会向现代社会转型，起到了决定性的促进作用。第一次国内革命战争，打乱了中国现代社会雏形的平衡，使中国历史向新的社会形态发展。抗日战争和解放战争，直到中华人民共和国成立，完成了中国现代社会的历史转型。从很大程度上可以说，近百年的战争，"雕塑"出了中国现代社会，使中国历史以崭新的面貌出现。

我们并没有整体肯定鸦片战争的正面军事价值。英法联军入侵中国，是极大的军事丑，因为它是非正义战争。但是，在鸦片战争和八国联军入侵中国的战争中，表现出来的抵抗外国侵略者的中华民族不屈不挠、英勇顽强的精神，那就是美的，也是值得歌颂和肯定的。辛亥革命和北伐战争，从整体、积极的意义上看，具有正面的社会历史价值，因而具有独特的军事美学价值。抗日战争从反面、解放战争从正面，直接改变了中国社会历史的原貌。我们说"人类社会基本上是军事与战争雕塑出来的"这样一个军事美学论题的时候，我们的审美思维，就是在寻找代表新生的、革命的、创造未来的那种军事与战争的美学价值，而不是笼统歌颂一切战争。

近百年战争对中国社会历史的"雕塑"作用，它们的正面军事价值，有些是一目了然的，因为它们促进和推动了中国社会历史的转型和发展。有些战争，和某一具体社会发展，好像联系不那么紧密，但只要深层分析，还是能够看到它们对社会历史的推动和促进作用。新中国诞生后，中国人民解放军进行了一场场战争，比如朝鲜战争，中印、中苏、中越边境自卫反击战等，虽然它们没有直接改变新中国社会的整体面貌，但也很明显地雕塑和制约了中国当代社会的历史发展。如果没有朝鲜战争，或者，中国人民解放军不进行支援朝鲜的战争，或者，假如朝鲜失败了，那当代中国社会历史的发展，又可能是另一种面貌。中印战争和对苏、对越的自卫战争，如果我们不采取"积极防御"的战略方针，中国社会肯定又会出现另一种面貌。因此，中国人民解放军进行这一场场战争，也直接或间接地雕塑和制约着中国当代社会历史的发展，改变了中国在国际社会中的地位和形象。只要是正义的、革命的战争，在特定的历史条件下，总对历史的前进与发展，具有强大的促进和推动作用。

二、战争凝聚生存智慧

　　学习和研究军事美的第二个心理根源，是战争最讲智慧。从古至今，没有哪一场战争，归根结底不是人类军事智慧和生存智慧的较量。只要是战争，必将面临你死我活。

（一）军事智慧与人类军事审美哲学

　　什么叫哲学？所谓哲学，就是一种生存之学、思维之学、智慧之学。哲学的希腊文为"philosophy"，前缀"philo"为爱，后缀"sophy"为智慧。连起来就是"爱智慧"。艺术的希腊文为"art"，或复数"arts"，所谓"arts"，根据西方哲学的解释，就是技巧的意思。也就是说，没有技巧，就没有智慧；没有智慧，就没有哲学，没有艺术与美。反之，有了技巧，就有智慧；有了智慧，就有了哲学，有了艺术与美。恰恰，军事与战争，是一个时时处处需要和充满智慧与技巧的领域，因此，军事与战争表现着与人类社会其他领域完全不一样的对抗性的智慧、技巧、哲学、艺术与美。军事美学的根基，建立在军事哲学、军事智慧、军事技巧、军事艺术等等理论与实践的基础上。

我们一般人往往对哲学望而生畏，因而觉得美学难以理解；一旦提及军事美学属于军事哲学，也会对军事哲学、军事美学望而生畏，难以理解。的确，西方某些"在概念里绕来绕去"的经院派哲学、美学家（如康斯坦丁、马丁·路德），和某些"把哲学说得诗意横生"的"诗化哲学、美学家"（如萨特、尼采），都把哲学和美学说得玄而又玄。我们尊重他们的所有理论和概念，为了好理解，我们认为"哲学"无论多深奥，无外乎就是一些"道理"。只不过这些道理所指向的层次不一样，有指向客观事物的道理，有指向主观心灵的道理。指向客观事物的道理好理解一些，指向主观心灵的道理难理解一些。

> 种瓜得瓜，种豆得豆。（谚语）

上面这句谚语，包含的是指向客观事物的道理。所谓道理，就是事物发展前后必然的因果逻辑联系。这个谚语说明的是耕耘和收获的辩证关系。没有耕耘就不能收获，道理就是这么简单，它属于人类生存哲学和实践哲学，处于纯道理层次哲学，不是美。但是，某一个农民春天种了瓜，秋天收获了瓜，就是美，因为道理已经转化为农民种地、收获并大丰收的形象，属于社会美，社会美之中的社会生活美，社会生活美之中的劳动美。现在的问题是，是不是只要春天种瓜，都会有收获？都会产生美？或者，产生一样性质的美？

不一定！只把瓜种下去，不去管它，肯定是不会有收获，或者有像样的收获。懒惰，就不是社会美，而是社会丑，社会丑中的人的品格丑。相反，我们如果不是懒惰，而是在瓜地里去辛勤耕耘，就可能收获一地像样的瓜，这也可以创造一般意义的较为简单的社会美。要在瓜田里创造像样的社会生活美，单靠辛勤还不够，有时候辛勤还会做坏事，起到反效果。我们辛勤地把一田好瓜"种"得颗粒无收的事情，并不是没有可能发生。而且，稍不注意就会出现。原因何在？还要有种瓜的智慧。假如我们不仅辛勤，还有智慧，知道怎样下种、何时下种，怎样施肥、何时施肥，怎样修枝剪叶、何时修枝剪叶，再加上懂得适时而作的种瓜技巧，再加上风调雨顺，秋天里收获一地顺溜滚圆的上乘好瓜，就是很高境界的社会生活美了。

哲学处于纯粹理性层次，不是美；处于可见形象层次的哲学，就是美；美的核心就是可见形象蕴含的审美哲学；美是有内涵的形象，或者形象富有的内涵；形象中包含的人类智慧和技巧的厚度和深度，决定审美价值的深度和广度。

种瓜是这样，打仗也是这样。但是，打仗可不同于一般意义的"种瓜得瓜，种豆得豆"。不是说你打了仗就一定会赢。李自成、洪秀全也是带兵打仗的，而且打得不能不算辛勤，为什么最终没有取胜呢？还要有打仗的智慧，还要懂得适时而作的打仗技巧。再加上没有遇到社会历史的风调雨顺，打败仗就在所难免了。

军事艺术、军事智慧、军事技巧，是完全可以进入军事哲学和军事美学审美分析的。高超的军事艺术、丰沛的军事智慧、灵活的军事技巧，是构成军事美的根本要素。当然，这些根本要素，还要放在社会历史的天平上来衡量，为正义而战，再加上军事艺术的高超、军事智慧的丰沛、军事技巧的灵活，就可以创造极高境界的军事美。这种美，不单单是社会历史发展的需要，而是军事与战争规律和指导规律本身的需要。因此，这种美不单单属于社会美，还属于军事与战争本身包含的审美文化价值美。它们作为社会美的价值是次要的，社会美也不一定完全需要这种价值；军事艺术、军事智慧和军事技巧的审美价值，对于军事与战争本身的价值来说，无论怎样估计也不会过分。要深刻认识这种价值，独特创造这种价值，我们才会在艰难而又凶险的战争中，永远立于不败之地。

（二）军事智慧产生军事美的根源

1. 职业根源

　　　三百六十行，行行出状元。(谚语)

　　人类从事的行业很多，每一行都可以出状元，为什么？就是做好每一行，都需要相应的智慧。哪有没有智慧的状元呢？工人做工需要智慧，农民种田需要智慧，作家写作和画家画画，都需要智慧，但没有哪一种智慧，能够和军事智慧的作用和意义相等。我们说一般人的工作也是工作，没有智慧可能工作得差一些，做得久一些，做得笨一些，做出来的东西难看一些。农民种地，没有智慧可以收成少一些，挨饿的时间长一些。作家写作没有智慧，画家画画没有智慧，可能你的作品流传得窄一些，价值少一些，没有多少人欣赏你的作品。做这一切工作，没有智慧，也不至于就因此失去生命。但是一旦缺乏军事智慧，你从军打仗，就要失败。不但你自己会死亡，你所代表军队就会灭亡，和你一起战斗的军人，就要埋怨他们走弯路，就要稀里糊涂地走向死亡的陷阱。所以，对军事智慧的分析、把握和培养，就成为军事艺术审美价值分析的主要内涵，因为它牵涉到很多人的牺牲。如果不具备高超的军事智慧，就有可能"亡国灭种"。

　　所谓智慧，就是比一般人聪明一点，做事情做得好一点，方法灵活一点，有技巧一点。军事智慧表现为一种军事技巧，而且是高超的技巧。只有包含高超军事技巧的军事智慧，才是真正属于军事美的军事智慧。

　　翻开人类历史画卷，军事与战争智慧，在许多军事著作和战争实践中的记载和表现，都很充分。军事智慧发展史，是人类战争史和军事史的重要组成部分。

2. 战略根源

　　战略智慧，是整体的、全局的战争智慧，是最容易、最灵活、最巧妙地达到战争目的的军事智慧。所谓大国方略，文韬武略，"略"是一种经营，一种方法、手段和技巧。一个国家、民族，在制定战略方针的时候，有时，和平时期更需要一种特别的军事智慧。那是属于大战略的军事智慧，它属于"不战之战"的智慧，那种智慧能够避免战争。能够避免战争、巧妙地达到战争目的的军事智慧，是一种更高超的军事智慧。

除整体布局之外，战略的特点是能够由此及彼，或者由表及里。"此"和"表"，不是目的和重点。"彼"和"里"，才是目的和重点，它需要的是思维的流动和方法的灵活。比如下象棋，走一步算一步，不是战略；牵一发而动全身，而且动得很好，很巧妙，就是战略。战略总有通向未来、经营未来、创造未来的价值特性。因此，战略又叫谋略。有谋略就有智慧。举重若轻、一石三鸟、事半功倍等成语包含的意义，就是在肯定和赞扬一种有智慧的战争方略。战争中，表现为战争过程和战争效果之间捷径、灵活与自由。

比如"积极防御"，作为我们国家的军事战略，战争年代可以打赢战争，和平时期可以有效地遏制战争。这里的智慧主要包含：我们的战略是防备性的，不是进攻性的，因为我们是爱好和平的正义之师；这种防备战略，又是积极的，而不是消极的，又是根据战争形势和国际国内关系变化，可以主动打出去的。表面是在防御，实质是在进攻。"进攻是为了防御，有时，进攻是最好、更好的防御"。比如抗美援朝、中印、对越边境自卫作战。当然，"打出去"的积极防御战略，也是适可而止，目的还是为了有效防御。

3. 战技根源

中国和西方都留下了许多研究具体作战方法、作战技巧的兵学著作，它们是人类军事智慧的结晶。比如《孙子兵法》、《战争论》、《战略论》等名著，《武经总要》、《何博士备论》等著作，以及诸葛亮的"空城计"、"八卦阵"等，都是凝聚着高超军事智慧的典范。

军事智慧产生于军事实践。比如，毛泽东的"声东击西"、"四渡赤水"和"三大战役"中表现出来的"打两头，截中间"、"围而不打"、"隔而不围"、"打蛇打七寸"，朝鲜战争中使用的"零敲牛皮糖"，还有"三三制"、"短突出击"等，都是具体的作战方法和技巧，在军事与战争实践过程中总结和创造出来，闪现着军事智慧的光华。军事智慧的产生和应用，有较为固定的方法和模式。有些军事智慧，是深刻的，而且是永恒的。比如《孙子兵法》的军事智慧，它包含的某些方法和技巧，不仅适合中国人，也适合西方人。有些军事智慧又是变化发展的。比如诸葛亮的"空城计"，就不可能次次应用，必须根据此时此地此人（作战对象）的客观状况来运用。毛泽东等军事家的军事智慧，是对具体战争实践的理论概括，符合战争实际并指导战争实践。

一般来说，在军事现实中产生，在战争实践中得到检验的军事智慧，是不变的，恒定的，也是可以发展的。它可以是宏观的军事战略和国防布局，也可以是一场战争的总体作战方法和技巧，也可以落实到每个从事战争的军人具体的作战方法。导弹有导弹的发射技巧，机枪、手枪、步枪和手榴弹的发射和投掷方法，都是具有特定程序的军事智慧和技巧。

4. 文化心理根源

军事智慧还是军事文化的智慧。只有智慧，才能产生技巧。因为智慧和技巧，都是心灵的反应。我们说军事智慧是军事文化的智慧，就因为它们是军事家、军事理论家、战争指挥者和参与者心灵的创造和实践的结晶。军事智慧美，之所以是军事文化美，就在于它们折射出人类关于战争的心灵，直接表现、泄露出他们解决战争根本问题的心灵世界。人类的心灵是文化的酵母和发动机。只要分析到了哪一种军事智慧，从哪一种心灵中流淌出来，就会发现哪一种军事文化。文化的定义很多，但是，军事智慧与技巧表现出的军事文化，是独特的，是属于军事与战争的心灵结合。军事美学通过寻找人类的军事智慧，走向人类创造军事与战争实践的文化心理结构之中去。

可能我们这里论述有点玄虚。牵涉心灵的论述，本来就有点玄虚。但是，我们只要有聪颖的头脑，就一定可以通过经典战例的作战方法，去寻找军事智慧与军事文化的蛛丝马迹。比如"空城计"和"草船借箭"，从战斗层面上来，是一种作战方法和技巧；从军事智慧层面来看，它们折射出来的依然是"兵者诡道"的战争心灵。"诡道"，就是"战争中，不按常理出牌"，这种方法，从独具中国特色的、古今中外可以通用（相通）的战争心灵中折射出来，它所表现的军事文化和战争文化，建构起了人类军事文化心理结构的某一个重要的组成部分。只要你从军打仗，就摆脱不了这种心灵结构的启发、支配和制约。

三、战争承载丰沛感情

军人最讲感情，而且，军人所讲的感情，不是像柳永那样的"风花雪月"之情，苏轼那样的"大江东去"之情，而是一种感天动地的生死豪迈之情。

（一）情感与审美——桃花与桃花解剖图，审美与非审美的区别

一般美学原理告诉我们，美有一个最基本的特征，就是它的感情性。什么叫感情性呢？就是说，凡是美的事物，都具有作用于人的感情，感染人的情感，表现人情感的特征。

比如，春天里的一树鲜艳的桃花，只要我们能看到它、观赏到它，都会引起情感的涟漪。面对桃花的感叹、赞美、激动，或者思念、沉思，思绪翩翩，诗意盎然，都是桃花作为审美对象，作用于我们感情的结果。如果不是鲜艳的桃花，而是一幅桃花的生物学解剖图，它作用于我们的就不是感情，而是理性。谁会看到桃花解剖图而感动不已，并写出一首流传千古的关于桃花的诗篇呢？

> 去年今日此门中，人面桃花相映红。
>
> 人面不知何处去，桃花依旧笑春风。
>
> （崔护《题都城南庄》）

崔护的这首关于桃花的诗歌，表达和抒发的是作者"人生易逝，流动不居，自然依旧，思念甚至痛苦（因为失去桃花一样美丽的人儿的）永恒"的感情，和自然界某一束真实桃花根本没有什么必然关系。桃花的美，在作者心中远不是主要的，因桃花而触动起来的、对另一位和桃花相映成趣的"美人"的思念，才是主要的，也是刻骨铭心的。当然，我们都知道，作者思念

和痛苦的，不一定是因为失去了某一个具体的美人。这里的桃花仅仅作为一种审美意象，触动作者心灵，成为细弱而缠绵的人类情感"思念"的载体。

"被桃花及其相关的情感形象、精神意象所感动"和"关于桃花之所以为桃花的思考"，是桃花审美与非审美的区别。

所以，我们认为，自然界鲜艳的桃花，比桃花的生物学解剖图，更具有审美价值，因为鲜艳的桃花更具有引起人审美的情感特质。这种特质，是桃花固有的，也是桃花作用于人类心灵和情感的价值特征。当然，桃花解剖图，比鲜活的桃花，更具有科学研究价值。它们一个诉诸人的理智（解剖图），一个诉诸人的情感（鲜艳的桃花）。

审美价值的情感性包括两个方面：一是审美对象（桃花等）本身包含的作用于人类感情的价值特征；二是审美主体（人类）关于情感的价值创造。也就是说，作用于人类情感的事物，是美的；人类情感的表达、创造及其成果，也是美的。无论它们的载体是崔护笔下的桃花，还是苏轼笔下的月光。

归纳起来一句话：凡是能引起人类情感往积极方面变化的事物，都是美的；凡是人类的情感抒发、表达和创造，都是美的。

> 登山则情满于山，观海则情溢于海。（刘勰《文心雕龙》）
> 悲落叶于劲秋，喜柔条于芳春。（陆机《文赋》）

世间万事万物，只要能使人感动，就是美；人类心灵奇谲莫测，只要有情感活动，就有审美。人类军事领域，使人感动的事物何其多！从事军事活动的军人心灵，其情感活动何其丰富！军事美及其存在价值，已经是不言自明的了。军人也是感情充沛的人。他们登山、观海，一样会"情满于山，情溢于海"。他们也会在悲秋中落泪、感叹，在芳春中欣喜、欢愉。

战争年代的毛泽东，在马背上吟诵了无数华美诗章，成为军事情感审美创造的光辉典范。

（二）军事情感与军事审美

无论中国，还是西方，都有很多抒发人类感情的高手。比如，伟大的戏剧家、小说家和诗人们，他们对人类感情的理解和抒发，达到了很独特的角度和很奇异的高度，感染着一代又一代人类的心灵。托尔斯泰的小说艺术、普希金的诗歌艺术、罗丹的雕塑艺术，还有维纳斯和蒙娜丽莎那样的文学艺术作品，他（它）们把人类的感情（创造）推向了斑斓的极峰。但那些作家作品，很难说抒发的是军人感情。

1. 情感与审美价值创造

翻开中西方审美艺术的画廊，我们发现，人类最伟大的文化经典，大都和军事与战争有关。西方古希腊三大悲剧、《荷马史诗》、莎士比亚的《哈姆雷特》等，中国的《诗经》（某些篇章）、《左传》、《史记》等，从整体看来，它们抒发的就是军人的感情，因为，那些作品背后，有紧张、激烈的军事与战争背景和军人生命、行为的精神背景。也就是说，那些著名事件和作品中的主人公，和军事与战争结成了某种程度的深层价值关系。比如安提戈涅，《荷马史诗》中的阿伽门农，阿克琉斯，《诗经·无衣》中的战士，《左传》、《史记》中的桓公、刘邦、项羽等等，或描写的是战争场面，或那些人物，直接从事波澜壮阔的战争。哈姆雷特虽然不是军人，但该作品（艺术形象）体现和折射出来的关于战争、暴力和生死的观念，是很浓烈的。莎士比亚的作品，对社会生活"和平"价值的追求、创造和表现，虽然不能算做典型的军事审美创造，但它们的核心价值，完全可以纳入军事美和军人情感美的研究范围。

安提戈涅，作为艺术形象，也可以和维纳斯一样，同为美丽的女性，表现人类共同的审美价值观念，使人激动、爱怜和发出关于人生命运等感叹。但是，维纳斯不是军事美，安提戈涅属于军事美。维纳斯作为"爱与美的象征"，抒发的是人类的共同感情，表达的是古希腊古典静穆、高贵单纯、"神人合一"的审美理想。安提戈涅，表现的是在古希腊社会的伟大历史变革中，和军事战争有关的，可以通往人类普遍心灵的军人感情。维纳斯没有军事与战争背景，安提戈涅时刻都处在战争旋涡。军人感情美，是军人、军事与战争结成审美关系而产生的情感价值美。军事与战争的属性，使军人感情变得激昂和悲壮。军人情感的审美价值，和一般人类情感审美价值有联系，但表现是完全不一样的。

2. 军事情感与军事审美创造

真正的军人情感，不单单表现在文学艺术作品中，更多表现在军事与战争的战场上。古今中外伟大的军事家、革命家、战略家，其独特的军人情感，在他们的战争生涯和军旅生涯中，表现得何其充分、何其悲壮！

> 忽如一夜春风来，千树万树梨花开。（岑参《白雪歌送武判官归京》）
> 秦时明月汉时关，万里长征人未还。（王昌龄《出塞》）
> 雨后复斜阳，关山阵阵苍。（毛泽东《菩萨蛮·大柏地》）

气吞山河，气壮山河！军人的职业和事业，把他们的情感推向了绚丽壮阔的动人境界。这种境界，可以是悲壮雄奇、斑斓豪迈，也可以是缠绵隽永、情深意长的。如：同为婉约派，柳永的词，无论写得多么好，但抒发的都不是军人感情。李清照并没有军旅生涯，但是，单单一首："生当作人杰，死亦为鬼雄。至今思项羽，不肯过江东"，她就成为抒发人类军人感情的高手。作品传达出来的军人气节和个体人格——"气节高于生死"，是军人情感和军人精神、生命状态的真实写照。

> 大风起兮云飞扬，
> 威加海内兮归故乡，
> 安得猛士兮守四方。
>
> （刘邦《大风歌》）

> 力拔山兮气盖世，时不利兮骓不逝，
> 骓不逝兮莫奈何，虞兮虞兮奈若何！

　　　　　　　　　　　（项羽《垓下曲》）

　　白骨露于野，千里无鸡鸣。
　　生民百遗一，念之断人肠。

　　　　　　　　　　　（曹操《蒿里行》）

　　一代天骄，成吉思汗，只识弯弓射大雕。

　　　　　　　　　　　（毛泽东《沁园春·雪》）

　　以上诗篇，出自旷古绝代的几位军人情怀。刘邦的《大风歌》雄浑壮阔，吞吐大荒；项羽的《垓下曲》无奈婉转，苍凉悲壮；曹操的《蒿里行》是对战争场景和社会人生之间关系的苍茫浩叹。毛泽东的诗篇表达的是超迈豪雄历史豪情。如果没有征战南北、九死一生的军旅生涯，他们写不出那样的诗篇。

　　情感产生美，军人的情感产生军事美！

　　陆游和辛弃疾，都曾直接参与战争。他们的军人情感，在各自的军事生涯中，"复现"和"外化"为"家祭勿忘告乃翁"、"铁马秋风大散关"那样的著名诗句，创造了具有很高价值的军事艺术美和军人情感美。比他们早一点的苏轼，没有直接参加过战争，也没有领兵打仗，但他在《前赤壁赋》里表现了曹操指挥打仗、不可一世的场景，把曹操的军人生命价值和战争中的人物和情景，放在整个历史、宇宙的变化和时空（水月关系）的自然律动中，抒发了军事、战争和军人生命存亡关系的哲理。战争与人，总是短暂的。大自然的江山和风月美景，像长江的流水一样永恒。通过它们，我们能够感受到很深刻的军人生命和情感价值存在。

　　南唐后主李煜作为皇帝是失败的。但正是这位失败的皇帝，造就了中国诗歌历史上独一无二的优秀抒情诗人。

　　春花秋月何时了，往事知多少。
　　小楼昨夜又东风，故国不堪回首月明中。

雕阑玉砌应犹在，只是朱颜改。

问君能有几多愁，恰似一江春水向东流。

（李煜《虞美人·春花秋月何时了》）

该词的审美意识，把社会忧患意识（战乱、战争、国破家亡）和自然宇宙意识（春花秋月、春水向东）结合得十分完美，因而成为千古绝唱。作为军人，李煜是不合格的。他并没有像像样样地领兵打仗。但作为军事情感、战争情感、战争与人类生存关系的情感表达，李煜的彻骨感受，是上乘的、优秀绝伦的。他用艺术的手法，苦苦思索和表达的是"战争与人类（通过他的独特际遇带来的）绵绵无尽的生命之痛"。哪怕具有帝王生涯的人，也不能幸免。如果仅仅具有帝王生涯，他写不出这样一首因战争而变得"物是人非"的情感诗篇，以及这种"物是人非"给人带来普遍的心灵和情感伤痛，还有对社会与战争、财富、荣辱失去与占有等等审美情感价值的哲学思考。所以，我们认为这类军事情感的抒发与表达，富有极高的艺术审美价值。

毛泽东并不是专业的军旅诗人。他的诗篇，是他战争生涯的情感流露和自然记录。再加上他深厚的古典文化功底，自然而然地抒发出来，达到了同时代的军旅诗人无法达到的高度。首先，他是军事家。他是他笔下军旅生活和战争场景的指导者和亲历者。战争把他的军人情感诗意般地锻造出来，成为一首首表现军人情怀的华美篇章。而且，他不是只写一首，而是每一首战争诗篇，都表现得十分生动形象。这里有个体军人情怀和领袖英雄情怀的统一，还有战争场面的直接描写和整体军队形象的审美塑造。

红军不怕远征难，万水千山只等闲。

五岭逶迤腾细浪，乌蒙磅礴走泥丸。

金沙水拍云崖暖，大渡桥横铁索寒。

更喜岷山千里雪，三军过后尽开颜。

（毛泽东《七律·长征》）

该诗和"钟山风雨起苍黄"（《七律·人民解放军占领南京》）一样，描绘的是一支军队的整体审美形象；"战地黄花分外香"、"西风烈，长空雁叫霜晨月"，则是对具体战争场面的描绘；"数风流人物，还看今朝"，表现的是战士情怀和历史情怀的统一。郭沫若的历史诗剧《屈原》传达出来的军人情感和战争情绪，比如《雷电颂》的浑厚苍凉与大气磅礴，和毛泽东笔下的军人情怀，如出一辙。

　　风！你咆哮吧！咆哮吧！尽力地咆哮吧！在这暗无天日的时候，一切都睡着了，都沉在梦里，都死了的时候，正是应该你咆哮的时候了，应该你尽力咆哮的时候！

　　尽管你是怎样的咆哮，你也不能把他们从梦中叫醒，不能把死了的吹活转来，不能吹掉这比铁还沉重的眼前的黑暗，但你至少可以吹走一些灰尘，吹走一些沙石，至少可以吹动一些花草树木。你可以使那洞庭湖，使那长江，使那东海，为你翻波浪，和你一同地大声咆哮呵！

　　啊，我思念那洞庭湖，我思念那长江，我思念那东海，那浩浩荡荡的无边无际的波澜呀！那浩浩荡荡的无边无际的伟大的力呀！那是自由，是跳舞，是音乐，是诗！

　　啊，这宇宙中的伟大的诗！你们的风，你们的雷，你们的电，你们在这黑暗中咆哮着的，闪耀着的一切的一切，你们都是诗，都是音乐，都是跳舞。你们宇宙中伟大的艺人们呀，尽量发挥你们的力量吧。发泄出无边无际的怒火把这黑暗的宇宙，阴惨的宇宙，爆炸了吧！爆炸了吧！

　　雷！你那轰隆隆的，是你车轮子滚动的声音？你把我载着拖到洞庭湖的边上去，拖到长江的边上去，拖到东海的边上去呀！我要看那滚滚的波涛，我要听那鞺鞺鞳鞳的咆哮，我要飘流到那没有阴谋、没有污秽、没有自私自利的没有人的小岛上去呀！我要和着你，和着你的声音，和着那茫茫的大海，一同跳进那没有边际的没有限制的自由里去！

　　啊，电！你这宇宙中最犀利的剑呀！我的长剑是被人拔去了，但是你，你能拔去我有形的长剑，你不能拔去我无形的长剑呀。电，你这宇宙中的剑，也正是，我心中的剑。你劈吧，劈吧，劈吧！把这比铁还坚固的黑暗，劈开，劈开，劈开！虽然你劈它如同劈水一样，你抽掉了，它又合拢了来，但至少你能使那光明得到暂时间的一瞬的显现，哦，那多么灿烂的、多么眩目的光明呀！

光明呀，我景仰你，我景仰你，我要向你拜手，我要向你稽首。我知道，你的本身就是火，你，你这宇宙中的最伟大者呀，火！你在天边，你在眼前，你在我的四面，我知道你就是宇宙的生命，你就是我的生命，你就是我呀！我这能熊地燃烧着的生命，我这快要使我全身炸裂的怒火，难道就不能迸射出光明了吗？

炸裂呀，我的身体！炸裂呀，宇宙！让那赤条条的火滚动起来，像这风一样，像那海一样，滚动起来，把一切的有形，一切的污秽，烧毁了吧！烧毁了吧！把这包含着一切罪恶的黑暗烧毁了吧！

把你这东皇太一烧毁了吧！把你这云中君烧毁了吧！你们这些土偶木梗，你们高坐在神位上有什么德能？你们只是产生黑暗的父亲和母亲！

你，你东君，你是什么个东君？别人说你是太阳神，你，你坐在那马上丝毫也不能驰骋。你，你红着一个面孔，你也害羞吗？啊，你，你完全是一片假！你，你这土偶木梗，你这没心肝的，没灵魂的，我要把你烧毁，烧毁，烧毁你的一切，特别要烧毁你那匹马！你假如是有本领，就下来走走吧！什么个大司命，什么个少司命，你们的天大的本领就只有晓得播弄人！什么个湘君，什么个湘夫人，你们的天大的本领也就只晓得痛哭几声！哭，哭有什么用？眼泪，眼泪有什么用？顶多让你们哭出几笼湘妃竹吧！但那湘妃竹不是主人们用来打奴隶的刑具么？你们滚下船来，你们滚下云头来，我都要把你们烧毁！烧毁！烧毁！

哼，还有你这河伯……哦，你河伯！你，你是我最初的一个安慰者！我是看得很清楚的呀！当我被人们押着，押上了一个高坡，卫士们要息脚，我也就站立在高坡上，回头望着龙门。我是看得很清楚，很清楚的呀！我看见婵娟被人虐待，我看见你挺身而出，指天画地有所争论。结果，你是被人押进了龙门，婵娟她也被人押进了龙门。

但是我，我没有眼泪。宇宙，宇宙也没有眼泪呀！眼泪有什么用呵？我们只有雷霆，只有闪电，只有风暴，我们没有拖泥带水的雨！这是我的意志，宇宙的意志。鼓动吧，风！咆哮吧，雷！闪耀吧，电！把一切沉睡在黑暗怀里的东西，毁灭，毁灭，毁灭！

（郭沫若话剧《屈原·雷电颂》台词）

我们全文引用话剧《屈原·雷电颂》这长长一段台词，是想完整地说明郭沫若怎样借助古代屈原的遭遇，巧妙地来抒发那个民族危亡时代浓烈的军人感情和战争情绪。首先是象征。敌我双方精神形象的象征。"雷、电、风、火"，象征战争中的军人生命力和军事生命力。第二是对比。"黑暗"与"光明"的对比；无畏的勇士（风、雷、电、火）与怯懦者（东君、河伯）的对比。再加上磅礴的气势，以及对劈开黑暗、带来光明、扭转乾坤的军事生命伟力的描画、渴求与呼唤。饱满的激情如山崩地裂，雷电翻滚如滔滔江河，观之听之，眼前似乎出现了黄河壶口瀑布的气势与威力。郭沫若本身也是军人，他用艺术的手法，把军人生命的价值，放在自然宇宙中来激情浓郁地抒写。是那个时代军事精神、意志最集中、最浓烈的审美显示、表现和刻画。

郭沫若和毛泽东，都有狂放不羁、吞吐大荒、汪洋恣肆的军人情怀。

和毛泽东一样，具有"大江东去、雄视千古"审美风格的苏轼，在《前赤壁赋》中，把军人生命价值，放在整个社会、历史、自然、宇宙背景中来思考（郭沫若的《雷电颂》也有军人生命和自然宇宙的价值关系）。显然，毛泽东的诗词，社会、政治、军事功能，大于军人对自然、宇宙价值的认识、艺术功能。他经历的战争都很艰苦。他的战友，随时都有可能牺牲。他的诗歌，需要更加迫切、积极、向上的军旅情绪传达，避免了毛泽东诗歌有像苏轼"人生如梦"、曹操"去日苦多"那样显得消极的军旅情怀和传达。当然，毛泽东军旅诗篇中的某些审美意象，是想象奇特而独具艺术审美魅力的。

比如：

万类霜天竞自由（《水调歌头·长沙》）；

西风烈，长空雁叫霜晨月（《忆秦娥·娄山关》）；

> 战地黄花分外香（《采桑子·重阳》）；
>
> 山舞银蛇，原驰蜡象（《沁园春·雪》）。

3. 军事感情与军人职业生涯

战争年代，军人与军人之间，是生死情、战友情；和平时期，军队与人民之间，是手足情、鱼水情。经历过战争的军人，他们血汗一起流，一起穿过战争的硝烟，踏过死亡的脚步，历经生死的考验，那种感情是最真挚、最深厚，也是无坚不摧的。据一位参加过南方某边境作战的战士回忆：

> 那晚，一场鏖战之后，他们连战死过半。连长身中数弹，命悬一线。眼神凝含微弱的余光，血糊糊的嘴里发出断断续续的声音，"把……把我，抬……抬下去吧"。意思是抬往山下的野战医院。而下山的道路已被敌人火力封锁，炮弹的声音震耳欲聋。战友们谁都知道，他们冲锋在前的连长，已经活不成了。还是徒手做成担架，把连长抬起来，围着山巅的高地，一圈一圈地跑。
>
> 连长问："下……去……了吗？"
>
> 战士们边跑边哄着他："下去了，下去了，马上就要到了。连长，你要坚持住，坚持住。"
>
> 连长脸上露出欣慰的笑容。
>
> 血流了一圈又一圈，连长已经牺牲了，战友们还抬着他不停地跑。
>
> 排长集合起队伍，大家默默地放下连长的遗体，向侧面山头发起猛攻，天亮后，夺回了丢失的阵地，再回来把连长和其他战友的遗体抬下山。

什么叫出生入死？眼睁睁地看着自己的战友和亲如弟兄的连长，死在敌人枪炮之下，最容易激起英勇杀敌的斗志和决心。这就是超越生死的军人战友情，兄弟爱！这种感情的美，映照着战火的狰狞，焕发出难以言说的壮美。

军人之间的感情，不仅超越生死，还超越一般的伦理和道德。战友牺牲，有不少活着的战友，承担起了照顾他们死去战友父母、妻子、孩子的责任。为了更好地承担这种责任，有的还和他们死去战友的妻子结了婚。类似的真实故事，已经搬上了银幕。

一位军旅作家回忆：

> 某年春节，我给一位将军敬酒，将军曾参加南方某边境作战。一提到我是作家，将军立即叫我写一写他失去了的战友妻子们的故事。他说，"我都构思了许多年了，标题我都想好了，就叫《不该凋谢的玫瑰》。可是我不敢写，也不忍心写。我时常想到她们，也去看过她们，她们在我所经历的战争中失去了亲人和丈夫，那些人是和我并肩战斗过的兄弟和战友，他们的妻子和孩子们，不少生活得不很好，有的还很不好……"

说着说着将军就泪涌如泉，立即被他的警卫员护下酒席。

战友情，延伸到对战友妻子的感情。生死都经历过了，还有什么感情不能超越男女？为什么会这样？因为他们共同经历过战争！经过战争洗礼的大爱，超越亲情、友情和爱情。军人在战争中，用生命书写对人民的大爱；和平时期，当人民生命财产受到威胁时，军人总能毫不犹豫、不计条件和后果地挺身而出，捍卫人民的利益。

军人最讲感情，这种感情，严格地说来，无论怎样用艺术来歌颂，也显得苍白。实际上，我们对这种感情的认识、挖掘和歌颂，只是对这种情感价值的认识、肯定和补充。

第三节　美与军事美

一、为什么世界上有美和军事美

为什么世界上有美？原因很简单，因为世界上有人，有人的活动、创造和实践。为什么世界上有军事美？原因也很简单，因为世界上有军人，有军人的活动、创造和实践。

（一）军事美与人类军事和战争实践

"实践产生美"，是马克思主义经典作家著名的美学论断。为什么实践会产生美？因为每一种实践都是人类有意识、有目的的行动。它是"主观见之于客观"的行为。因此，每一次实践活动过程及其成果，都带着人的主观意识和情感色彩。而人的主观意识，也就是人文意识，是美产生的主要源泉。这个观点对于我们的美学启发是：创造美，就是在创造——当然是通过可见的形象——人类的主观意识。审美，就是在审视、认识和理解——当然是通过可见的、独特的形象——人类的主观意识。

创造美，就是在创造人的主观意识。维纳斯的形体创造暗含"神人合一"的审美理想，表达"人类生命之源的圣洁、完美与高贵"，就是人类主观意识之中最根本的一种。

欣赏美，就是欣赏人的主观意识。比如欣赏王羲之的书法《兰亭集序》，我们通过那些笔墨、线条，感受到王羲之书法艺术的飘逸与端庄，而"飘逸与端庄"，也是人类主观意识之一种。它们通过笔墨线条，在王羲之的心灵节奏和情感节奏中流露出来，洒落在纸上，呈现在世人面前。

我们在这里强调的美和审美，更多来源于、作用于、表现于人类主观意识，并不否定美的客观实在性。没有维纳斯的形体、没有《兰亭集序》的笔墨和线条，《维纳斯》和《兰亭集序》表现得那么深刻伟大的主观意识、人文意识从何而来？黑格尔说"美是理念的感性显现"，单纯的"理念"（人文意识）不是美；单纯的"感性显现"（杂乱无章的形式），也不是美。美是人文意识和客观形象天衣无缝地融二为一。马克思主义美学学派的观点：美是"人的本质力量对象化"，其意义与此相通。人的本质力量集中表现为精神、意志、情感、理念、价值追求等等人文因素。

为什么军事实践会产生军事美呢？原因很简单，既然实践是"主观见之于客观"的行为，军事实践也是军事主观（主体）见之于军事客观（客体）

的行为。因此，每一次军事实践活动、过程及其成果，都带着人的军事主观意识和精神情感色彩。这种军事主观（主体）意识和精神情感色彩，是军事美产生的主要源泉。

所以，不要简单地认为军事就是暴力，就是舞刀弄枪、互相残杀，就否定在军事实践领域有人类主观意识、人文精神、情感色彩、价值观念存在。想否定也否定不了，因为我们谁也没有能力将军事实践活动，排除在人类受思维支配的实践活动之外。军事活动是人类最基本、最激烈的对抗性生存实践活动，其人文精神、生存智慧、情感色彩，表现得更加集中和强烈。

大体讲来，美是人类和世界结成某种关系而产生的一种价值。政治关系产生政治价值，军事关系产生军事价值，经济关系产生经济价值，文化关系产生文化价值。以此类推。因此，只要是人类有选择、有目的的创造（实践），就一定和现实结成了某种关系，产生了某种价值。而"关系和价值"，都牵涉到美与不美的问题。所以，我们认为，凡有关系的地方，就有美；凡有价值的地方，就有美。美，不仅仅是关于艺术的学问，还是关于价值的学问。政治领域、军事领域、经济领域和文化领域，都有审美价值存在。只不过，艺术领域比其他领域的美与价值，表现得更加集中、更加令人易于认识和理解罢了。

（二）军事活动实践与军事审美价值创造

人类全方位、多侧面地和世界发生各种关系，政治的、军事的、经济的、文化的、宗教的等等关系，每一种关系都会产生一种相应的价值。但是，并非人类和世界结成的一切关系所产生的价值都是审美价值。

大体讲来，审美价值包含几个因素：

人文因素：比如政治上的忠君爱民意识、军事的战争智慧、中国农村改革带来的社会美（经济）、文化的艺术精神和风俗、历史人文景观，只要是正面的、对社会发展有积极推动作用的人文因素，都可以表现出很高的审美价值。

形式因素：人文观念必须和可见的形象结合，这是一切形式美的主要特征。因此，现代西方哲学与美学认为，没有哪一种形式不包含特定的内容。比如："神秘、神圣"的观念，必须和金字塔的三角形形体结合，我们才能看到和感受到金字塔的美。

心灵因素：也就是说，美必须是作用于人类心灵。无论和世界结成什么关系，只要这种关系所产生的价值，能够表现心灵、外化心灵、复现心灵、感动心灵，它们都是具有审美价值的，也是美的。

情感因素：美，必须是能够感染和打动人类情感的。

美和军事美都并不复杂。"观念、形象、心灵和情感"，形象性、观念性和感染性，是我们理解美、欣赏美、创造美的基本线索和精神轴心。

比如，原始人用过的一块石头，它们仅仅为了用来垒筑遮风挡雨的洞穴，今天，无论陈列在博物馆，还是在荒郊野外，都可以是社会美的审美对象，也可以是最原始的建筑美。因为我们可以从这块石头上，看到原始人征服自然、改造自然的生命力。也属于文化层次的美。因为这块石头记载着人类粗浅的、质朴的、笨重的心灵、精神、智慧和情感价值。如果这块石头，是用来防御作战，抵御外来的侵略战争，它就和人类结成军事属性的价值关系，可以作为军事美和军事建筑美的审美对象。因为从这块石头身上，可以看到原始人（进入阶级社会之后），最原始的军事生命力，以及较肤浅的军事智慧、才能和作战技巧。

实践产生美！搬石块垒筑洞穴，是原始人早期的一次社会生活实践活动，创造和表现了古朴原始生命力的文化美，和改造居住条件的社会生活美。搬石块垒筑洞穴以抵御外来侵略，创造和表现了原始古朴军事生命力的文化美，和改善作战条件、增强军事力量的军事智慧、才能、技巧美。有什么样的实践、有什么样的目的，和世界结成什么样的关系，就会产生什么样的价值。而这种价值，又是如何变成审美价值的？"目的、观念、形象、价值、意义、生命力、智慧、才能、技巧"等等，是我们理解审美价值的基本思路价和值核心。军事美和一般美在人类实践活动过程中，和世界结成的关系不同，产生的价值不同，其审美意义也就不同。

二、美与军事美的基本意义

(一) 美的基本意义

1. 美是一种价值和意义

美的定义很多，也很复杂。我们要善于把复杂的问题看简单。从最简单，也最深刻的意义上说，美，就是相对于人（类）的一种价值和意义。无论什么审美对象，我们只要把它的价值和意义看出来，就是审美；只要把这种价值和意义，通过客观（艺术）形象创造和表现出来，就是创造美。

什么叫价值呢？哲学家告诉我们，所谓价值，就是能够满足主体（人类）某种需要的客体属性（参见李德顺《价值论》）。比如："水"能解渴，能满足人们解渴的需要，就是"解渴"的价值。但是，并非所有的水，都有"解渴"的价值，或者，都有一样的价值。污染的水，不美，因为它的价值，对人们来说，是负面的，所以不美。肮脏的粪水，虽然称不上美，但它可以用来种庄稼。"粪水"对人类不具有"解渴"价值，因而是不美的。但对于种庄稼这种人类活动而言，就是积极的、正面的，因为它们能够给庄稼"解渴"。给庄稼解渴后人类会获得一个好收成，并不美的粪水，其价值对人类来说，通过劳动转化为积极的、正面的，因作用的"善"也成为美的了。用粪种庄稼，属于人类社会美，社会美之中的劳动美。被化学污染的水，对人类和庄稼来说，其价值都是负面的，没有作用"善"，也就毫无美感可言。总之，纯净的水，美，因为它的价值，对人类来说，是正面的。"上善若水"、"智者乐水"，这是水的人格精神价值，水的精神和某种人格相通。九寨沟的水，纯净而柔美，是水的自然价值；"黄河之水天上来，奔流到海不复回"，是水的艺术价值，也象征某种坚忍不拔、永远进击、永不退缩的人格精神价值。

美是一种价值，我们是不是实用主义者呢？还有，美可不可以和价值画等号呢？空气有价值么？月光有价值么？它们美不美呢？当然，月光和空气都是有价值的。空气孕育万物，月光普照万物，怎么会没有价值呢？至于美能不能和价值画等号，这个题目是很难的哲学问题。据我们初略理解，我们认为美和价值基本上可以画等号，我们想不出世界上有什么没有价值的东西是美的。没有价值，可能有意义的东西是存在的。没有正面价值，比如罂粟花，可能会有反面价值，反面价值也是一种价值，反面价值就是丑。黑格尔"美是理念的感性显现"，其实已经清楚地说明了这个问题。他说，没有理念的感性显现，是很少的。理念的感性显现，本质上就是价值和意义的感性显现。

所以，如果我们把美想得这么简单，美就毫无复杂可言。所谓美，就是围绕在人类周围的一种积极、健康、向上的自然、社会、历史、精神、文化价值。

2. 美是一种选择

比如我们买东西，总是要对所买对象，进行选择；去掉不喜欢的，选择喜欢的；去掉不合适的，选择合适的。"喜欢"与"合适"，就是较肤浅的审美判断。也是我们在对所买对象，进行审美判断之后作出的选择。买东西的过程，就是不断选择的审美心理过程。这里还牵涉用什么样的审美标准去选择、去判断，美和人的气质、才华、选择的眼光相关。选择本身不是美，如何选择、用什么标准去选择、选择的过程和结果，包含审美及其对所买对象的价值判断。

同样进入琳琅满目的超市，饥饿的乞丐选择的可能是一包方便面，阔少看到的可能是一堆精致的玩具。但我们不能说方便面和玩具具有相同的审美价值。但是，《维纳斯》（创作者）的选择，达·芬奇的选择，王羲之的选择，托尔斯泰的选择，李白、李商隐、贾岛的选择，就不一样了。那是人类心灵世界最精美、最精妙、最独特、最艺术的审美选择。正因为他们选择的千差万别，我们才看到了人类精神世界和他们创造审美价值的斑斓多姿。

3. 美是一种创造

凡是经过我们的手，有意识、有目的的创造，就是审美和创造美。

比如，我们写字，儿童时期写得很难看。后来经过训练，写得不那么难看了，这就是基本的审美创造过程。由此类推，人类的一切创造活动，都是审美创造活动。因为一切创造，都是有目的的。实践产生美，就是这么回事。人类总得把自己的观念，添加到所创造的对象身上。这些观念中，有一个很重要的观念，就是审美观念。政治活动创造政治美，经济活动创造经济美，军事活动创造军事美，艺术活动创造艺术美；由此类推。判断它们美与不美的标准，就是看它们产生的价值，是正面的，还是负面的。希特勒也在创造，但他创造的是反人类的罪恶军事价值，是军事丑。美和审美的创造和判断，一点也不难。

4. 美是一种智慧和技巧

当然，不是人类一切创造都是美。拙劣的创造、蠢笨的创造，就不是美，而是丑。所以，只有包含着人类智慧和技巧的创造，而且是具有正面价值的智慧和技巧的创造，才是美。比如工匠，做一根板凳。没有智慧和技巧的工匠，做的板凳也能坐。好比木桩，歪歪扭扭的，也可以坐，但是没有智慧、技巧，也就没有美。现在我们办公室的转椅，和木桩的结构、用的材料和功能，都很不一样了，所以，转椅比木桩更美。这里的美，就是做转椅比做木桩一样的板凳，掺入了更多的人类的创造智慧与技巧。

5. 美是一种文化

木桩作为板凳不美，但是，假如原始人坐过的木桩，现在看来，将比现代转椅，获得更高的文化审美价值，因为我们可以通过粗糙的木桩，看到原始人最初的审美生命力和他们征服自然、改造自然的能力。

所以，文化是一种美。什么是文化呢？就是表征着人类生命意识和生命能力、价值观念等的物质产品和精神产品。文化表征美。文化可以是看得见、摸得着的产品，如文物、如书本；同时，文化还是这些产品背后的人类主观精神意识、情感特征和价值观念等。

从以上几个方面，我们给美的寻找，画了一个大体的范围和几条大体的路径，沿着那几条路径摸索前进，去寻找美，创造美，大体没有错。为什么我们说是"大体"呢？因为，我们不是给美下精确的定义。美也没有这么多精确的定义。但是，美的精确定义，一定和"价值、意义、选择、创造、智慧、技巧、文化"这些因素紧密相关。再者,我们人类的创造"永远都还在路上"。美的终极意义,也还在路上。我们常说,所谓"美是一种过程",或者"过程美学",讲的就是这种意思。我们没有必要为没有寻找到美的终极意义大伤脑筋。那个终极意义的美,也许根本就不存在,或者,它们的存在,已经被我们"阶段性"地说清楚了。未来的美,将"阶段性"地留待后人去说。对美的这几层意义:价值、意义、选择、创造、智慧、技巧、文化等,只要能够深刻领会并且按此创造,哪怕只把其中某一项认真领会、做好了、做绝了(做成绝世范本和审美佳酿),也就是可以——无论作为美的探索者,还是美的创造者——要多么伟大,就可以多么伟大的了。这就是,放弃对美定义的空洞纠缠,将美的某一种意义、价值与内涵,理解、创造并发挥到极致,就一定会成为一个审美理解能力、创造能力很强的人,同时又可以极大地丰富美的定义。

(二)军事美的基本意义

1. 军事美是一种军事价值和意义

套用"美是一种积极、健康、向上的自然、社会、历史和精神文化价值"的观点,我们也可以认为:所谓军事美,就是一种积极、健康、向上的军事社会、历史、精神、文化价值。这里,我们没有说军事美的自然价值,因为在军事审美领域,没有纯粹的军事自然价值。只要是军事,就不是自然。军事是人类社会实践活动,没有纯粹的军事自然美。

人类意识和受人类意识所支配的社会生活实践,全方位地向世界展开,所以,因社会生活实践而产生的价值丰富多样。受人类意识所支配的军事实践活动,全方位地向世界展开,所以,因军事活动实践产生的价值也丰富多样。只要是正面、积极、健康、向上的那部分军事价值,就属于美和审美的军事价值。

那么,怎样判断军事审美价值具有正面、积极、健康、向上的价值属性呢?首先要从这些军事价值本身的属性"正确与否"来判断。比如,某一军事思想、军事战略、军事方法、作战技巧,比如军事思想"兵者诡道"、军事战略"积极防御"、军事方法"围魏救赵"、军事技巧"火烧赤壁"、军事智慧"四渡赤水"等等，我们认为它们具有正面、积极、健康、向上的审美价值属性，就在于它们正确地反映了军事与战争的独特规律，运用它们能够巧妙而准确地达到保存自己、消灭敌人的战争目的。第二还要从这些军事价值发挥的作用，包含哪些能够满足军事主体需要的属性来判断。比如：勇敢，作为一种军事价值，在抓歹徒的见义勇为者身上表现出来，对维持社会正义起到了正面、积极、健康、向上的社会作用，包含能够满足社会主体维护正义的需要，就是社会美而不是军事美。但我们不能说，只要勇敢就是社会美。歹徒作案不可能不"勇敢"。但它们的价值是负面的，因而是社会丑而不是社会美。勇敢的品格在董存瑞和黄继光身上表现出来，就是军事美，同时也是社会美。因为他们这些英雄"勇敢"的军事价值，在战争过程中，既起到了惩恶扬善的军事现实作用，又符合维护正义和履行国际主义的军事历史作用，因而我们认为这种价值是正面、积极、健康、向上的军事审美价值。判断某一个军人的战争行为美不美，可以用这个标准，判断某一场战争、某一种社会历史军事变革，是否具有这种审美价值属性，也可以用这种方法去判断。这里可以是宏观的战争，如三大战役；也可以是具体的行为，黄继光堵枪眼、董存瑞炸碉堡；既可以是军事文物，如严整的军装、凌厉的武器，也可以是一首军歌、一部反映军事审美意识的文艺作品；还可以是战争遗迹，或一段山水。如雪山草地，"承载"着红军艰苦卓绝、一往无前的军事精神价值，从而成为正面、积极、健康、向上的军事审美对象。

2. 军事美是一种军事选择

比如："农村包围城市"，还是"攻打大城市，然后占领农村"，就是20世纪初大革命失败后，中国革命领导者，根据中国社会实际状况作出的选择。毛泽东选择"农村包围城市，然后夺取城市"的道路，就表现为军事（指挥）艺术的美。其包含那种满足、适合中国革命战争取胜需要的军事价值，是不言自明的。每一种符合战争规律和战争指导规律的战略、战役、战斗的方略制定，都是一种选择，而且是优秀的、上乘的、完美的、完善的选择，因而才成为具有正面价值和意义的、属于具有军事审美价值的选择。军事指挥上面胡乱的选择、失败的选择，不是美。表现在战争中，就不是军事美。"空城计"是一种选择，"火烧曹营"是一种选择；毛泽东"钻山沟"是一种选择，蒋介石发动内战也是一种选择。不是所有的选择，都具有审美价值和军事审美价值。正义的、符合社会发展规律，也符合战争指导规律的选择，才具有审美价值和军事审美价值。

3. 军事美是一种军事创造

我们说政治、军事、经济等活动，可以创造美，而不是说，这些活动主要是在创造美，或者它们唯一的目的就是创造美。日常繁杂的政治、经济、军事活动，多数是不能用美与不美的标准来衡量的。你拿钞票到市场上去买了半斤肉回来炖了吃，这种单纯的经济、商业、日常生活行为，就不能说美还是不美。太实用了，就没有审美价值。但从事商业所需要的智慧，厨师烹饪的技巧，就包含审美文化价值。政治、经济、军事等活动，只有在深层意识和创造观念上，才可能和审美文化发生联系。而艺术活动的唯一目的，就是创造美。

军事创造是包含着军事目的的人类实践活动。战争和指挥战争，训练和军事科技活动，制造武器和创作军事题材文艺作品，都可以是军事创造。第一，要有战争目的；第二，要有军事主观意识；第三，要有创造才能和技巧；第四，要有可见、可感的创造成果。

4. 军事美是一种军事智慧与技巧

比如：毛泽东的"敌进我退，敌驻我扰"、《孙子兵法》的"能而示之不能"、诸葛亮的"空城计"、"草船借箭"等，都是包含着深刻军事智慧的军事技巧。

军事智慧与技巧，来源于正确把握军事与战争规律和战争指导规律，明白了复杂战争的取胜之"道"。我们知道，军事智慧是军事才智和处理军事问题的聪慧。军事技巧是军事领域内，那种具有事半功倍效果的方法和手段。只要是属于美的智慧和技巧，就一定是符合战争规律和指导规律的军事方法和技巧。创造了它，你就能在复杂多变、波诡云谲的军事与战争中，获得自由。一旦获得自由，你从事这项军事活动，就会比其他人有灵气一点、聪明一点、眼光独特高远一点。"自由、灵气、眼光、智慧、技巧"等，构成军事艺术美的价值核心。在军事领域内的一切创造，只要创造得灵活、自由、有智慧和技巧，能有效地达到军事与战争目的，对社会历史有推动作用，就是军事审美的创造。

5. 军事美是一种军事文化

文化是人类生命力的载体。只要闪现着人类生命力的载体，无论是物质载体，如文物；还是精神的载体，如一首诗歌，都可以是文化，同时也是美。也就是说，美承载文化，文化表征美。把它们连接起来的东西，就是人类生命力。这种生命力的载体，可以是一块石头，也可以是一枚航天火箭；可以是一段轻盈的乐曲音符，也可以是一场翻天覆地的历史变革和战争实践。审美生命力的源泉，是人类的主观意识。文化、审美和人文意识本质相同。审美生命力一旦形成，就不单属于客体的物，也不单属于主体的人，而是主客合一产生的价值。那就是文化。这个问题不难理解，没有贝多芬的审美生命力，再好的乐曲，也是冷冰冰的、杂乱无章的音阶和键盘，和音乐，当然也和文化毫不沾边。

军事文化可以分为物质形态的军事文化和精神形态的军事文化。物质形态的军事文化如：军装、军旗、武器、长矛、铠甲、导弹等等。它们直接或间接地用于战争，满足军事目的，联系着社会历史、政治意识形态、经济生产力的发展等等，表征人类在军事这一特殊领域的物质与精神生命力。精神形态的军事文化如军事思想、军事智慧、军事战略、军事艺术、军事技巧等。它们的生成、范围及其表现，我们在军事美的基本层次，要详细讨论。

以上，我们从军事美是一种军事价值、一种军事选择、一种军事创造、一种军事智慧和技巧、一种军事文化等五个方面，从美的基本意义，到军事美的基本意义，粗略地勾勒出研究、认识军事美的大致方向。

三、美与军事美的联系和区别

(一) 军事美和一般美

1. 军事美与一般美都必须是美

研究军事美和一般美的联系与区别，首先要去掉一个糊涂的观念，就是好像一般美是低层次的美，军事美是高层次的美。不是。我们这里所说的军事美和一般美，没有层次之分，因为它们首先是美，然后才是军事美和一般美。真正的美，没有层次之分，没有高级和低级之分。

2. 怎样理解一般美与军事美

首先就是寻找不同的审美内核。

比如，两幅作品，同样表现毛泽东的形象。油画《开国大典》上的毛泽东，有军事意义，属于军事美。李琦的国画《毛主席走遍全国》中的毛泽东，手拿草帽，和蔼可亲，有领导全国搞好生产的意义，没有军事意义，不是军事美。

我们审美要学会正确发现作品属于哪一种形态的意义和价值，并把这种形象和意义表达出来。审美之所以很难，就在于我们不能像一般事物那样，很容易看到和感受到它们包含的价值和意义。审美的价值和意义，不像街头贩卖的蔬菜、水果摆在那里。大白菜是青色的，煮熟就能吃，吃了就觉得有点饱。苹果是甜的，尝一口便知道。它们的价值和意义一目了然，一尝便知。审美的价值和意义，是巧妙地包含在可见的客观形象和艺术作品的内涵之中。那就是审美内核。所谓审美内核，就是该作品深层的审美意识，它是支撑艺术家创作该作品的心灵动力和精神核心。

寻找审美内核方法很多，最主要的方法有三点。一是感受，二是思考，三是表达。感受是基础，思考是深化，表达是成果和效果。思考得来的东西，往往比感受得到的东西，更加重要。比如油画《开国大典》，我们一看就能感受到作品的气势恢宏，雄伟壮阔。但这是该作品给人表面的感受。如果仅仅靠这种感受，还没有抓住作品的审美内核，还不算真正的审美。真正的审美还需要思考这种"气势恢宏，雄伟壮阔"的画面背后，包含的价值和意义，那就是：中国现当代社会历史的"除旧布新"。

有个学生作业，可以给我们理解《开国大典》的审美内核，带来启发：

> 《开国大典》中，那位身经百战的领袖，他的面容慈祥，而又自信。他站立在高高的城楼上面对一片红色的海洋，他在向我们诉说历史的创造是艰难的，是要有血的代价的。他的一言一行中，同时透露出对那些英雄的灵魂慈爱的召唤与呵护。这幅画不仅有艺术价值，更有军事价值和政治价值。中国人民从此站起来了！这句简单的话，不仅体现了这位伟大的历史功绩者，在向全世界告知，中国的崛起与强大，它就像一盏明灯，照亮了中国未来那花一样的火红之路。①

作者稚嫩的文笔，显示出来的犀利的审美目光，透视的是作品审美意蕴的深层，而不是表面给人"宏伟"的感受。严格地说来，《开国大典》的审美赏析，如果仅仅感受到作品的"宏伟"，还在审美内核之外。作品审美内核，是要通过深入的思考，有时是"痛苦"的思考，才能够得到的。

3. 寻找审美内核的步骤和方法

我们把寻找艺术作品审美内核的基本步骤和方法，归纳为以下几点：

> 判断该作品的门类和种类；
> 直感该作品塑造的是什么样的艺术（人物）形象；
> 作品采用了什么样的艺术（构图）方法和技巧；
> 挖掘与作者、作品相关的时代思潮、哲学观念和审美意识。

我们只要严格按照这几种方法和步骤，去寻找任何作品的审美内核，大

---

① 陈都：《军事美学文集》，2008 年内部印刷。

体都不会错。仅以罗中立的油画《父亲》为例：

第一步骤：该作品属于艺术门类；艺术中的美术门类；美术中的油画门类；油画中的人物肖像种类。这一个步骤，是基本的，也是最简单的。只要具备基本的艺术理论知识，一般都能判断准确。

第二个步骤，直接感受"该作品塑造的是什么样的艺术（人物）形象"，就要麻烦一点了。很多刚刚学习审美的人，往往不能准确地感受到作者塑造的是什么，画的是什么，并把它们表述出来。要说明一点的是，艺术形象并不等于人物形象，但人物形象，必须是艺术形象。徐悲鸿的马，齐白石的虾，有艺术形象（马与虾），而没有人物形象。再看《父亲》，人物形象是有的，什么样的人物形象呢？男的，老年的，只要不是瞎子，都能回答。但是，"老年的男子"，是不是对该作品人物形象的准确概括呢？不是。我们还必须追问，什么国籍的？哪个时代的？中国的，而不是外国的；现代中国的，而不是古代中国的。现代哪个时期的呢？"'文革'后，改革开放之初的"，而不是抗日战争、解放战争、土地改革时期的"中国老年男人形象"，这样一步步定位，该作品塑造的是什么样的人物形象，就很清楚了。但还不准确，还要看他的职业，不是工人，也不是军人，从他身处的环境"打谷场"和他的装束"缠白帕"，一看便知，这是一个农民形象。因此，归纳起来，第二个审美步骤的标准答案是：

"文革"后，改革开放初期的老年中国农民形象。

这个步骤有易有难，从作品给的基本信息看，还是表面的，大体说出来还是容易的。说它难，就在于我们已经不是感受作品的表面信息，而是开始一步步走进作品的审美内涵，我们的审美思路已经在逐步深入，稍有不慎，就会理解偏，就概括不准。但我们立即追问：

"什么样的老年农民形象呢？"

回答也将会是五花八门。"穷苦的，迷茫的，心酸的，慈祥的，无奈的，辛勤的，忧郁的，无助的，没有出息的，饥渴的，渴望的，充满希望的……"这些答案都对，可是，都不准确。甚至都还在作品的审美内核之外。

西方美学有个术语，叫"唯一的词"，就是说，作品的审美内核，必须是那个"唯一的，准确的词"，它只有一个。这也像，那也像，我们的审美思维不是混乱的么？我们还没有找到艺术作品中包含的那个"唯一的词"。这个词是什么？我们不得不进入寻找作品审美内核的第三个步骤：

分析作品采用了什么样的艺术手法和构图技巧。

这个步骤很难了。但是，只要我们知道了什么叫艺术手法，有哪些构图技巧，就会变得容易一些。艺术手法很多，大致可以从这些方面去把握：写实的，还是写意的；比喻的，还是排比的（这是修辞方法，不大适合该作品审美分析）；动与静，虚与实，形与神，对比，寓意，象征等等。而该作品主要的构图方法，是细节。哪些细节？两眼空洞，手缠胶布，写实主义风格等。

这么多艺术手法和构图方法，我们必须学会找到主要的艺术手法和构图方法。那么多细节描写，我们要善于找到主要的细节描写。因为，画有画眼，文有文眼，只有找到和画眼、文眼联系得最紧密的细节，才能找到审美内核。该作品的审美内核就是画眼，就是作品的灵魂。

请看，老人手里捧着的是什么？一碗清水。他背后金黄的一片是什么？稻谷。那些稻谷是谁种出来的？应该是……这个老农。对了，他辛勤，操劳，他流血（手缠胶布，就是流血）流汗，种出一地稻谷，他喝的是什么？说明他的命运是什么？啊，原来他的付出和他的得到，不成正比。对了！付出与得到不成正比，请用一个字概括出这幅作品的审美内核（画眼）："苦"，不对！这部作品的真正意义，不是诉苦！"累"，不对！"甜"，更不对。他辛勤劳作之余，喝口这样的水，感觉很爽快，很甜嘛。不对，越来越理解到一边去了。这样的一位老农，我们的生活，我们的社会对他怎么样了，请用一个字说出来：

歉！

对了，歉收的歉。这就是该作品审美内核"唯一的词"。是他一个人歉吗？不是，整个的中国农民。那时的中国，仅仅只有农民歉收吗？不是，几乎是整个中国，整个中华民族，都歉收了。正因为歉收，所以，才渴望改革、呼唤改革，必须改革。这样就已经自然而然地进入和完成寻找审美内核的第四个步骤：

把握和挖掘与作者、作品相关的时代思潮、哲学观念和审美意识。作者塑造的是"一个辛勤而歉收的中国农民形象"。

某些人可能对我们的审美赏析不以为然。人家作者哪里想了你分析的那么多？作者塑造的明明是一个勤劳而穷苦的老人，你们生拉硬扯地赋予了那么多意义在他身上。我们要明确告诉这些朋友，你知道西方有个美学理论，叫作"诗为寓言"吗？什么叫寓言？这幅作品就是形象的诗，画面的诗。寓言就是表面言"此"（农民的苦），实际言"彼"（一个民族的歉收）。这幅作品，只看到老人的穷苦，我们恰恰被作者的表面手法所蒙蔽。而且，我们之所以把这类作者，称为艺术家，就是因为他们总能够善于把自己更深刻的意义，巧妙地掩藏在你只能看到的表面形象之中。明明白白地把作品的意义说出来，那还是艺术吗？再说，也许创作该作品时，作者真没有想到我们分析的那么多，那不要紧，因为作者毕竟是艺术家。他们只是有感而作。但他们不能不是用艺术说话的思想家，只不过这种思想，是审美的思想。正如李泽厚所说，审美的思想，是融化在水里的盐。表面看来，是清亮的水，蘸起来一尝，是咸的。假如作者真没想那么多，他为什么要在"捧一碗清水"欲喝，而手和嘴唇因劳累过度皲裂不堪老人身后画上一地金灿灿的稻谷呢？那不是在诉说他的付出，并没有得到相应的回报，是什么？要不是通过这幅作品强烈地感受到一个民族的歉收，哪来几十年的改革开放，穷起直追？正如达·芬奇把文艺复兴"一个时代的忧郁"，挂在蒙娜丽莎"似笑非笑"的嘴角上一样，罗中立把"一个时代的歉收"，赋予了老人背后一地金灿灿的稻谷和手捧的一碗廉价茶水的对比关系之中。当然，这仅仅是一幅画，它的确承担不了中华民族振兴发展的重任，但艺术，真正的艺术，它们的审美内核和艺术灵魂，总回荡、激荡、缠绕着一缕两缕那个时代与历史，在作者心灵中清晰而遥远的回声。这种回声，只要具备犀利的审美眼光，我们总会在作品中，寻找到它们的蛛丝马迹。无论艺术家把它们隐藏得多么艺术、多么巧妙、多么高明。

4. 提高审美修养，为寻找审美内核铺垫精神背景

要准确寻找审美内核，还要善于提高审美修养，为寻找审美内核铺垫精神背景。我们认为毕加索的绘画很有价值，但倘若不具备一定的审美修养，有些还是绘画专业的审美修养，我们就不能够看出毕加索绘画的审美价值，究竟在哪里。看到毕加索的某些绘画，和少儿涂鸦没有什么两样。因此，一个会审美的人，必然应该有良好的感知能力，还要有一定的审美文化修养。不仅要学会看懂单个的毕加索的绘画，还要对整个人类文学艺术作品的审美方法，有一定了解。你自己心灵中有多少美，你才能在这个世界上，和在这个世界上创造的文学艺术作品中，看到多少美，感知到多少美。你自己心灵都是一张废纸，或者白纸，即使是在斑斓的文学艺术作品审美价值面前，也不可能看到多少审美创造价值。审美的头脑，需要哲学的、艺术的头脑。审美的眼光，需要哲学的、艺术的眼光。还有，我们对作品审美价值理解的过程中，还要学会用基本的"人类普遍认可的价值定向"，去对审美对象进行价值把握。所谓"基本的普遍认可的价值定向"，就是不要凭个人感觉去钻牛角尖。

（二）军事美的审美内核

1. 美的内核

军事美的审美内核，是军事审美对象集中传达出的内在军事精神信息。而且.这种军事精神信息，和军事与战争实践有相互贯通的血肉关联。

比如，雕塑作品《维纳斯》和《大卫》，作为一般审美对象，是优秀的，它们创造了人类文化、精神的最高审美境界。维纳斯半裸的身躯，展示的自然形体，是"典型的、成熟的西方女性形象"。她不是少女，也不是少妇。如果是少女和少妇，人们就很容易把她和恋爱、婚姻联系起来。但维纳斯是不能谈恋爱的，也不能考虑她究竟生没有生过孩子。如果你在维纳斯面前，想到的就是恋爱、结婚、生孩子之类非常"实用"的问题，就不可能对她的审美价值进行基本的正确的判断。因为，她表现的是古希腊"神人统一"的审美理想。维纳斯既是一个人，也是一个神。她本身就是爱神和女神。而

神，是不能恋爱结婚生子的。只要想到了这一点，就不可能在维纳斯身上动任何"实用"的"邪念"了。只要不动这种邪念，你就开始迈上真正的审美长途了。实用和审美是相对立的。康德认为，审美是不关涉利害关系的。只有摆脱物质功利考虑，才能走向审美。维纳斯告诉我们的不是某个人"恋爱结婚"的生命意义，而是整个人类爱与美的生命意义。既然古希腊人的审美理想："神"和"人"是统一的，那么，维纳斯即是具有了一切人性和神性。她有神的不可侵犯的部分，也有作为人很生动、很现实的部分。对维纳斯上半身的处理，她露出的部分，也告诉我们，作为一个女性是完美的，也是漂亮的，而且也是成熟的、可以孕育生命的。她展示生命完美的同时，也告诉我们这种生命，是可以孕育完美旺盛生命的。该雕塑是人类爱与美的歌颂。罗丹说："从维纳斯的上半身，我们可以感受到她的体温。"维纳斯面部表情的处理，她的端庄肃穆，她的高贵，她略微昂起的头颅，望着远方，好像看穿了世界上的一切邪恶的念头。她本身代表着人类世世代代爱情与生命的纯洁、美好和完美。她裸露的身躯告诉我们，人类的生命就是从那里源源不断流淌下来。我们是这么流淌下来的一个部分。她是人类生命蓬勃健康、积极向上、纯洁美好的象征。这些哲学意义，很深刻、很生动地包含在该幅雕塑艺术作品中。不是说不能和维纳斯谈恋爱和结婚，而是这种恋爱和结婚，必须像她的生命所显示的意义一样纯洁美好。真正纯洁的人类爱情，包括结婚、生孩子，也是像维纳斯一样，显示出深刻的哲学意义和美学意义，也属于神性（即自然）的一部分。人的身体，属于自然，通过精神的提升，达到神的境界。所以，面对维纳斯，如果我们的感情不纯洁，甚至有邪恶的念头，就一定是和这幅作品传达的意义背道而驰的。前苏联有个作品，描写了某个做了坏事的人，看到维纳斯之后就改邪归正了。他在这幅雕塑作品上，看到生命如此完美，爱情如此神圣，想到了自己的母亲。如果玩弄生命，玩弄感情，甚至犯罪，在维纳斯这样完美神圣的生命面前，就会显得十分低下和卑下。艺术作品能净化人的心灵，就在于此。

观看维纳斯，分析她的表情。人们说她没有表情。也有人说她在微笑，这是很错误的。只要维纳斯在笑，哪怕在微笑，这幅作品的意义就会变得两样，也变得毫无意义，甚至是一幅"淫荡"的色情作品。上半身那么裸着，维纳斯会微笑么？微笑，她想做什么？作者才不会那么傻呢！维纳斯是没有什么表情的。没有表情，正是真正的表情。那种表情有一种凛冽的、不可侵犯的寒光，照耀着我们的心灵。她表达的是"古典的静穆，高贵的单纯"的审美理想。不能在她那里动一丝邪念，她使我们的心灵端庄、高贵起来。像她一样，面对人类生命的汪洋大海。亵渎了她，也就亵渎了我们自己。我们从那里走来，还要世世代代走下去。人类世世代代"爱与美的象征"，就是《维纳斯》的审美内核。

2. 军事美的审美内核

《维纳斯》属于一般美，不是军事美。它显示和蕴含的人类生命、情感、哲学意义，没有军事与战争价值定向。虽然军人也可以欣赏《维纳斯》的审美价值，但该作品的主要意义"指向"，并不属于军事与战争。

同样，文艺复兴时期米开朗琪罗的著名雕塑作品《大卫》，那个身体健壮、健康的男人形象，也不是军事美。他显示的是中世纪之后，人们对自然形体和人类生命的重新尊重和发现，表现人类自然的生命的力量与美。《大卫》也不是军人生命的健康和强壮。可能有人会说，那样健壮的男人，青年壮年，可以从事战争。我们认为，即使大卫那样的男人可以从事战争，也不是军事美。因为作者的主观意图和审美指向，并不是表现一个军人的健康和力量，而是整个人类（男性）的生命与力量。同样，达·芬奇的《蒙娜丽莎》，也受到文艺复兴审美思潮的影响。那个带个神秘微笑的商人的妻子也很健康，但是和维纳斯不一样，我们可以考察蒙娜丽莎的恋爱和婚姻。她是一个健康的，而且也可以说生育能力很强、很旺盛的少妇。一个人的生育能力，就是自然赋予的，也展现了达·芬奇"美是自然"的审美观念。当然，她"神秘微笑"的原因，可能是她笑得苦涩，笑得忧郁，虽然文艺复兴使新兴的资产阶级登上了历史舞台，但是，资本主义的发展也是血淋淋的，也不知道这个新兴的资产阶级能在历史舞台上走多久、走多远。所以，我们常说蒙娜丽莎的微笑，是胜利的笑，是蔑视的笑，也是忧郁的笑。过去的苦难和未来的迷茫，都使她的微笑，不能开怀大笑。那是和哈姆雷特"生存还是死亡"一样的"一个世纪的困惑和忧郁",使她那种笑,变得更加神秘和捉摸不透。因为画家达·芬奇把那一个时代的社会思潮、哲学观念、文化思潮和审美思潮,都挂在了蒙娜丽莎的嘴角上,她的微笑,怎么不因此而变得那样神秘?至于这种微笑,是不是画家的模特,那个富商的妻子,是不是刚死了孩子,是不是他的自画像,是不是他在爱恋他的母亲(弗洛伊德"恋母"情结),这些解释,就变得无足轻重和无关紧要了。达·芬奇用他的手和笔,还有灵感,抓住了那个时代人类心灵中最本真、最真实地闪现出来的一抹亮光,并把它在画布上固定下来,令我们世世代代欣赏不尽、分析不完、赞不绝口。但《蒙娜丽莎》也不是军事美,还是因为她的审美"指向",没有和军事发生联系。可能我们会认为蒙娜丽莎产生的背景,和维纳斯之后"中世纪一千年的黑暗统治"与战争有关,但是,它不是直接描写战争。达·芬奇也没有把战争的观念,融入《蒙娜丽莎》的审美理念。《蒙娜丽莎》的审美价值和意义,不是关于战争的,而是关于人性的、社会的,它是文艺复兴人类普遍精神和心灵价值独特、深刻的表现和写照。

"神秘的微笑"!达·芬奇就是这样,把整个文艺复兴的精神氛围——"一个世纪忧郁——美丽的忧郁",挂在蒙娜丽莎微翘的嘴角上。因此,伟大的艺术审美创造,总是时代精神在作者心灵深处,留下的一丝深沉、遥远、隽永的回声。"美丽的忧郁",或者世上"绝美"的事物和人物,往往都带着一丝淡淡的、深深的"忧郁",就是蒙娜丽莎的审美内核。

哪些是直接描写的军事美呢?

首先,从作品题材上来看,必须有与军事和战争直接相关的人物和事件。比如《诗经》中的作品,多数没有直接描写军事与战争,但有表现在战争中亲人的团聚和离别的作品。比如,"昔我往矣,杨柳依依"、"岂曰无衣,与子同袍",有专家将"同袍"解释为战袍,那就是军事美,因为它们表现了生命与青春在战争岁月中消逝,或传达出了战争中战友之间的友谊和深情等相关信息。

我们非常熟悉的齐白石的作品,有很高的艺术价值,但是没有直接描写军事与战争,不能算做军事题材的作品,不属于军事美。比如,他的《荷花》其深层审美意识,对新生中国的歌颂和赞美,好像与战争有关,但他的主要目的，也就是这幅作品的"审美指向"，不是揭示军事与战争和祖国繁荣昌盛的关系。郭沫若的话剧《屈原》，虽然没有直接描写战争，但他创作的目的，即审美指向，是用屈原的精神，鼓舞抗战中的中国人民英勇顽强地从事战争，就属于军事美的作品。作者借屈原一生的遭遇，艺术地再现了当年"民族危亡"抗战时期的社会生活主题，如果不抵抗外来侵略者，个人的生命就会消失，民族的独立就不可能完成。老舍的《茶馆》，虽然也有军人参加演出，也有战争带来的社会变革和小人物的命运沉浮，但作者的主要目的，是通过活跃在茶馆里的人物命运，反映中国近现代社会历史演变的进程，也不能算做表现军事美的作品。

徐悲鸿的作品，在现代中国艺术中独树一帜。他抗战时期在重庆创作的作品，可以说没有一件直接描写战争。但从他的《田横五百士》和《奔马图》等作品中可以看出，他是为了鼓励从事抗战而创造的。他的作品也属于军事美的典型。《田横五百士》取材于历史上的一个军事事件。刘邦夺取政权后，田横麾下的几百个壮士，不愿意归顺刘邦，逃到一个小岛上去。作品表现的是田横和他的壮士们，在小岛上挥手告别的场面。历史事件告诉我们，告别他的壮士之后，田横在通往长安的路途中，就被杀害了。刘邦答应不杀害他麾下壮士的承诺，也没有兑现。刘邦派兵把小岛上的壮士们全部杀尽。这样一个悲壮的故事，本身就是军事题材。画面中，田横和他的壮士们表现出来的军人气节，也属于军事美，或军人精神品格美。徐悲鸿在那样的环境中，把他们的精神形象表现出来，有直接的军事目的，就是唤醒当时的中华民族坚持自己的正义和理想，把日本强盗和刽子手赶出中国。徐悲鸿的《奔马图》借助奔马的形象，或仰天长啸，或四蹄生风，背后传达出的是不屈不挠的民族精神，鼓舞中华民族进行艰苦的抗日战争，我们也视之为"间接"表现军事美的审美对象。

(三) 怎样判断一般美与军事美

下面我们把军事美和一般美的判断方法，再明确地归纳出来：

1. 战争题材判断

作品必须是直接地描写战争、军事历史人物和事件，这是表面的，也是最好区分的标志。比如，《西游记》和《水浒传》。《西游记》虽然描写了取经路上的道道难关，也有克服敌对势力的重重包围，而达到目的，但那不是真正的战争。《西游记》的作者，也不是为了表现我们通常意义的战争。我们看《西游记》，也不是为了欣赏战争的艺术和审美。虽然《西游记》之中表现的人物、故事和种种敌对关系，孙悟空等表现出来生存智慧和取得胜利的方式方法，可能对从事军事与战争，有许多启发，但《西游记》本身，并不是表达军事与战争的审美意识。而《水浒传》，无论从外在气氛，还是内在核心，无论大小人物，还是大小事件，都是在描写真正的战争。它们所传达出来的，也是军事与战争——社会、历史和心灵的军事审美意识。

这是独特的军事审美意识的区分，而不是表面打得热闹那样的区分。可能有人会这样提出质问：

> 为什么孙悟空和牛魔王、白骨精等等，打得难舍难分，还不是军事美。而宋江怒杀阎婆惜，武松打老虎、杀他嫂子潘金莲和西门庆，那时的阎婆惜、潘金莲、西门庆，还有老虎等，根本就不是人（老虎）或军人，再说，那时的武松和宋江是小官吏，都不是正统的军人，怎么还是军事美？

判断军事美与非军事美的标准，不能单单看他们打还是没有打，和谁打，而是看它们表现了什么样的属于军事与战争的审美意识。即，战争中的正义与邪恶的较量，和战争中表现出来的军人情怀。孙悟空的打，也表现了正义与邪恶的较量，但那不是战争中表现出来的，或者表现出来并不是因为战争。宋江怒杀阎婆惜、武松打虎和杀潘金莲与西门庆，表现的是疾恶如仇的军人情怀。虽然那时他们的打杀场面和人物不是战争和军人，恰恰是为了表现他们后来遇到的战争，以及为战争中的军人情怀的表露，埋下了伏笔。这些事件背后也隐含了巨大的战争背景，不然，水泊梁山作为军事重镇，怎么会如此兴盛？因此，军事美与非军事美的区分，根本上是审美意识的区分；而审美意识的区分，才是根本的，也是唯一的区分。

2. 战争情绪判断

某些作品表面没有描写具体的战争，但作品中包含的战争情绪，流露出了战争中的人物感情，就应该算做军事美。比如，李清照"至今思项羽，不肯过江东"的诗句，郭沫若的《屈原》等，没有直接描写战争场面，但因其传达出了人类某种战争情绪，就可以毫无愧色列入军事美的艺术画廊。杜甫的《三吏三别》：如"暮投石壕村，有吏夜捉人"。没有直接描写战争，但开篇就表达了浓厚紧张的战争情绪，因而属于军事审美对象。

比如，李白的诗《蜀道难》，虽然有"杀人如麻"的诗句，但是并没有表现战争，不能算做军事美，而他的诗歌：

> 长安一片月，万户捣衣声。
>
> 秋风吹不尽，总是玉关情。
>
> （李白《子夜吴歌》）

这首著名的《子夜吴歌》，表现的是长安城里的女子，夜晚思念她们在远方的玉关征战的丈夫。那就是表现战争中的情绪，是直接的军事美。虽然，那种战争情绪，是通过间接的方式表现出来。在月光下的女人们，翻来覆去睡不着，还起来洗衣服，一边洗衣，心里却是在思念丈夫。因为不知道远方征战的丈夫，究竟怎么样。他们是否还活着？这种思念，将随着月亮的升空，变得绵绵无尽。而最后一句："何日平胡虏，良人罢远征"。似乎在问："什么时候才能平定北方的匈奴，我的丈夫才能从遥远边关的战场上，平安归来？"作为人类情感和表现人类情感，尤其是表现女人情感，和战争中的女人情感的高手，李白和他同时代的金昌续一样，用"曲折"的手段，巧妙地表现军事美和军事情感美的作品，堪称一绝：

> 打起黄莺儿，莫在枝上啼。

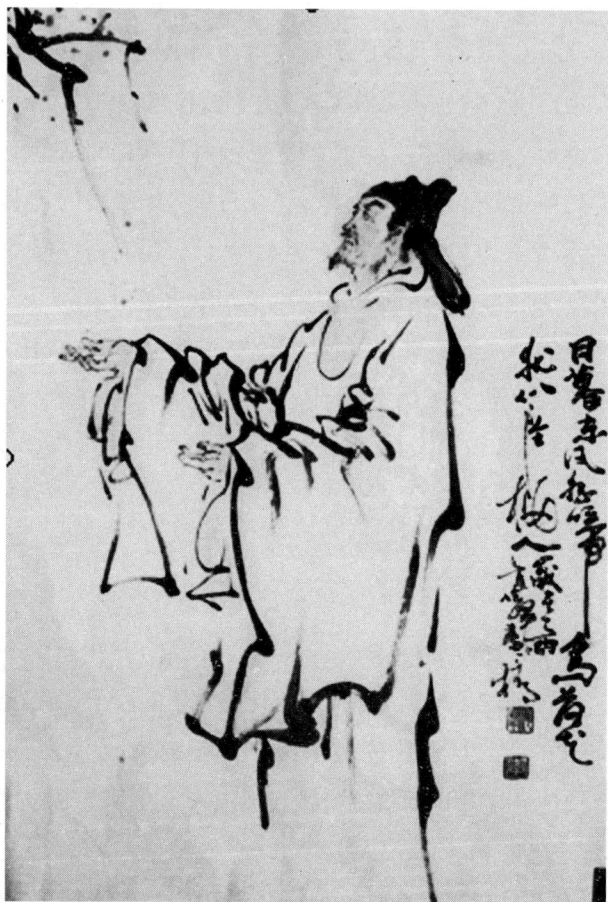

杜甫诗意图：家书抵万金，离乱中的亲情

啼时惊妾梦，不得到辽西。

（金昌绪《春怨》）

讨厌的黄莺儿啊！你不要在枝头上叽叽喳喳叫个不停吧！你那一啼，把我从梦中惊醒，而我的梦……做着做着……就将到辽西……我的丈夫正在那里拼死搏杀。我在梦中，看看我征战的丈夫，他的身影，他在做什么都行……只要能相见！……可是讨厌的黄莺儿啊！你这一叫……我到哪里去见我的丈夫啊！

这是一种梦幻般的战争中的美丽！独特、冷艳、绮丽而又凄绝的美丽！作为女人，这种短暂的梦幻般的美丽，都不能得到，与其说在埋怨黄莺儿，不如说在埋怨战争！又不仅仅是埋怨，还有刻骨铭心的思念，还有战争对人类正常情感的阻隔、对生命与情感无端的流失戕害与摧残！当然，也可能还有对丈夫"保家卫国"之后团圆的期盼。

李白的另一些诗，也写月光，比如：

举杯邀明月，对影成三人。

（李白《月下独酌》）

床前明月光，疑是地上霜。
举头望明月，低头思故乡。

（李白《静夜思》）

尽管它们都是月光，表达的都是思念，上面两首诗歌，都不是军事美。因为它们关于"月光"的审美意象，也就是审美意识的"最终指向"，不是军事与战争。《子夜吴歌》表现的军人和他的妻子之间生死思念之情，而这两句诗，表现的是一般人的思念之情。它们都可以表现得很深刻很生动，都可以成为人类精神与情感哲学的千古绝唱，但也只有《子夜吴歌》月光中的亲人思念，成为军事美。而这两句诗一般人性的情感和思念，成为具有很高审美价值的文学作品。

用这样的标准来区别，我们就很容易判断军事美和一般美的联系和区别了。

> 离离原上草，一岁一枯荣。
> 野火烧不尽，春风吹又生。
>
> （白居易《赋得古原草送别》）

该诗不是军事美，因为它没有传达战争情绪和人性，而他的《长恨歌》就直接地描写了战争，以及战争中的爱情，成为军事美典型的审美对象。

杜甫的诗歌，"无边落木萧萧下，不尽长江滚滚来"不是军事美，《茅屋为秋风所破歌》，虽然描写了战乱，也不是军事美。《三吏三别》就属于军事美。该诗表现的是战争状态下，普通人生活的艰辛。杜甫《春望》中"烽火连三月，家书抵万金"的诗句，表现的是"战争离乱中的亲情和真情"，具有很高的军事审美价值。

（四）军事审美价值对社会生活的介入

1. 生活——全方位介入

军事审美价值介入社会生活，并不一定看军事价值主体是不是军人。一般人具有的思想、美德、品格、精神美，不属于军事美。军人思想、道德、品格、精神美，既可以是军事美，也可以不是军事美。关键看究竟和军事与战争有没有关系，有什么样的关系？开山填海，表现人民群众战天斗地的壮举，是社会美而不是军事美。开山填海、修红旗渠，没有军事目的，属于一般社会生活美。可能有人说，移山填海、修红旗渠，劳动丰收了，也可以保卫国防，还是有军事价值和意义。我们认为，尽管可以保卫国防，但这种活动本身的意义，并不指向战争。抗洪救灾、抗震救灾有军人参加，就属于军事美，因为既表现了军人征服大自然的英雄品格，也表现了军民鱼水深情。解放战争时期，老百姓推着小推车上前线，帮助解放军打仗，不是军人的妇女、儿童、老人，也可以创造和表现撼天动地的军事美。如果他们在家推着小推车上街做买卖，就不属于军事美。

2.情感——心灵介入

和一般人一样，军人也要谈恋爱、结婚、生孩子。尽管并非只要是军人谈恋爱、结婚、生孩子，就是军事美，但有些情况就属于军事美。比如，我们今天在某些边陲军营看到，和当地团委、妇联联合举办集体婚礼，既可以看作一般社会生活美，也可以看作间接的军事美。尽管这种活动，和军事与战争之间，没有发生必然的逻辑联系。军民关系的融洽，举办集体婚礼之后，军人可以更好地担负保家卫国的使命，就属于军事美的重要组成部分。

恋爱、结婚、生孩子，这些人类生活的日常琐事，也可以成为直接的军事审美对象，有时往往是更深刻、更强烈的军事审美对象，因为它们有浓烈的情感掺入其中。电影《这里的黎明静悄悄》之中的女兵谈恋爱、《雁南飞》之中的红嫂和受伤战士的感情，就属于军事美。电影《南京！南京！》中，有个公务员被杀害的时候，不断地说："我媳妇要生孩子啦！"这里的"生孩子"，尽管孩子的父母，都不是军人，也属于军事美。因为这个孩子的出生，和公务员的被杀害，构成了战争影片要表达的军事审美意识。它象征无论战争多么残酷，人类将在艰难、灭绝人性的战争环境中，生生不已。毁灭人性的战争，最终是不能毁灭人类的！

军事美，无论通过什么方式来表现，都必须有特定的军事目的审美指向，和军事审美意识与观念的真实传达。同时，这种战争中表现的军事审美价值，在人类社会历史发展过程中，是积极的、健康的、向上的。它的审美指向，进入了人类军事本质、战争本质和生存发展本质。

一般爱情，比如《红与黑》中于连的爱情，尽管也经历了生死考验，最终于连因为这种爱情，失去了生命。但这不是军事美。因为于连不是军人，他的三段爱情和他的生与死，都和军事与战争没有发生任何联系，更没有军事与战争的审美指向。同样，托尔斯泰的作品《复活》，作品的主人公玛丝洛娃的爱情，也令世人感动不已，但也不是军事美。把军人的爱情和亲情，写得很好的作品，在西方和中国都有不少。写得最好的，比如苏联电影《第四十一》、《这里的黎明静悄悄》，法国电影《夜茫茫》、《广岛之恋》等，中国的古代作品如《花木兰》，现代作品如《林海雪原》、《苦菜花》、《青春之歌》、《红日》、《野火春风斗古城》等。军事美中对爱情、亲情的表现和描写，之所以深刻伟大，就在于那些作品有一个很深刻的军事美学命题，就是通过人物情感、生命的生存与死亡，显示了战争条件下和严酷的军事环境中，人类最深刻的生命哲学、情感哲学和战争哲学。

3. 哲学——精神介入

社会生活中的一般美，显示的是人类一般的生命哲学和情感哲学，军事美显示的是关于军事与战争的人类生命哲学和情感哲学。在生死考验的战争面前，往往最能把人生命的绚烂和死亡的痛苦，以及它包含的军事价值和意义，淋漓尽致地表现出来。军事与战争，尤其是军人生命的价值，因哲学的介入，构成社会生活和人类情感的伟大奇观。哲学的介入，本质上是审美、文化、精神的介入。

4. 社会生活中一般美与军事美的相互转化

军事社会美，既包含战争推动社会历史向前发展的悲壮、雄壮、惨烈的美，又可以看到军民关系美，战争与社会生活和谐的美。只要社会生活介入了军事目的，表面上不是军人的老人、妇女和儿童，也可以创造撼人心魄的军事美。《红灯记》中的李奶奶、《沙家浜》中的阿庆嫂、《小兵张嘎》中的少年儿童，还有刘胡兰、江竹筠、王二小等等，都可以成为典型的军事审美对象。虽然不是像标准的军人那样驰骋疆场，但他们的事迹、成长轨迹，以及人物命运，水乳交融地熔铸在国家、民族解放事业之中，构成军事审美的基本价值。他们生命的价值，和军事与战争的目的紧密相关。同样，社会生活中，拾金不昧的老人、妇女和儿童，优秀的医生、志愿者和人民教师，奉献爱心的老人、妇女、公交车售票员等，他们的事迹，虽然很感人，但是和军事没有发生直接的联系，就不能算做军事美。

最明显的例子就是"学雷锋"活动。作为军事英雄的雷锋，表现的优秀品质，属于军事美。"甘于奉献，尽职尽责"，是雷锋精神的基本审美价值。单纯的军事英雄雷锋，可以作为军事美的审美对象。但是，整个社会掀起的

"学习雷锋的活动热潮"，就只能是社会生活美，不是军事美。因为"学雷锋"使我们的社会充满和谐、充满友谊、充满爱心，而这种爱心、友谊与和谐的审美指向，并不直接地指向军事与战争的目的。

5. 自然——宇宙军事生命价值介入

我们常常把美分为自然美、社会美和艺术美。我们也可以把美学基本原理对美的分类，运用到军事美的分析之中。

自然美之中的一般美和军事美的区别也是很明显的。比如宇宙太空开发，是为军事与战争服务，就成为军事审美对象。

自然中的军事美，是人类军事精神、意志、价值和情感，在自然中的表现和延伸。为了军事目的征服宇宙太空，在研究、开发、征服、利用太空空间的过程中，表现出来的军事精神、智慧、技巧，就具有军事审美价值属性。航天英雄的美，除了他们本身的职业、精神和价值外，我们对航天英雄的欢呼、送行场面，既属于社会美，也属于社会美中的军事美。青松、梅花、和平鸽和橄榄枝等，象征了特定的军事意义和军人人格，成为军事审美对象。自然中带着军事色彩的地方和场景，如军事建筑、战争遗址，表现和蕴藏了军事与战争的历史与文化，都可以成为军事美的审美对象。

这样的自然景物，在我们祖国大地上有许许多多。山海关、长城、楼兰古城、边疆、边关、海岸线等等，都属于军事审美对象。军事遗址，经过历史沉淀，往往和自然山水联系起来。一般来讲，凡经历过重大战争、战役和战斗的地方，往往都是自然山水最美丽的地方。在那里，我们能够看到和感受到军事、战争和自然山水、历史文化之间的相互关系。战争（社会）、山水（自然）的激烈对抗、矛盾、冲突与和谐，能给人带来深刻的美学启示。那是它们赋军事美以深刻哲学理性的启示。把战争放在永恒的大自然中来观照思考，告诉我们人类生存与自然之间的深刻哲理。军事对抗，无论多么激烈，在自然永恒面前，都是短暂的。正义的战争，可以照亮永恒自然于一瞬。罪恶的战争，无论多么凶残，最终要失败，只能在自然中留下它们耻辱的痕迹。

> 东临碣石，以观沧海。
> 水何澹澹，山岛竦峙。
> 树木丛生，百草丰茂。
> 秋风萧瑟，洪波涌起。

以上是曹操的诗《观沧海》，表达了自然宇宙美景之中超迈豪雄的军人情怀，何等雄奇、壮阔！

毛泽东说：

> 东临碣石有遗篇。

如此雄奇、壮阔的诗篇，在毛泽东眼里，仅仅是一篇遗篇。可见，在"日月之行，若出其中"的永恒大自然面前，个人的抱负，哪怕是曹操那样的个人抱负，都将显得渺小！同时，也表现了他们在大自然中获得的军事理想抱负、雄才大略和壮阔昂扬的军人之心。

苏轼《前赤壁赋》，将军人生命与自然宇宙水月的关系，说得十分悲观，也更加富有永恒哲理：

> 客曰："月明星稀，乌鹊南飞"，此非曹孟德之诗乎？西望夏口，东望武昌，山川相缪，郁乎苍苍，此非孟德之困于周郎者乎？方其破荆州，下江陵，顺流而东也，舳舻千里，旌旗蔽空，酾酒临江，横槊赋诗，固一世之雄也，而今安在哉？

曹操的诗歌，属于军事美。军事美之中的军人情感美和军事艺术美。再加上"建安体"的铿锵韵律，流露出征服一切的军人情怀。"幸甚至哉，歌以咏志。"面对如此美丽壮阔的大自然，雄才大略的军人曹操，此时没有一点悲剧意识。毛泽东在这里写的诗，有一种淡淡的伤感。伤感中，也透露出对曹操的雄才大略、抱负才情的肯定，也属于军事美。苏轼的作品，表现的是永恒大自然对"一世之雄"的彻底否定。没有军事美学意义，有人的生命意义，或超越了军事意义，进入人类与宇宙之间的辩证关系的思考。那就是整个人生，包括军人曹操"征来征去"的人生，彻底的无意义。苏轼作品不是典型的军事美，但也可能是更深层次的军事美。苏轼把人生、自然、宇宙看得如此透彻，但他并不像屈原那样绝望跳江自杀。对着秋风明月，酩酊大醉，呼噜一睡，不知不觉，天就亮了。第二天，又是一个艳阳天！"把握当下，向往永恒。但不为追求永恒所困。永恒是无意义的。"苏轼比西方存在主义哲学家，更早地说出了存在主义哲学的精髓。

6. 军事——地理审美价值介入

下面，我们还要对一些自然山水进行军事美学分析：

山海关的美，作为战争的美学意义，就在于把大好河山，浓缩在山海关的关口。

所以，它的美有军事地理学的意义。

山海关，作为古战场，有军事历史和文化的美。

山海关，作为一种军事建筑，有军事建筑艺术的美，和古代人民建筑山海关的劳动智慧、建筑技巧的美。

作为军事遗址，我们可以从山海关战斗过和牺牲了的军人身上，感受到中国历代军人为保护大好河山，奉献牺牲的军人精神、品格的美。

如今的山海关，以历史文化建筑风格，挺立在我们面前，又使我们感受到现代军人保卫祖国大好河山的责任美和力量美。

作为一般人，对山海关进行审美分析判断的时候，又可以感受历史文化，和它的军事价值。从而更加热爱祖国大好河山，珍惜今天的幸福生活。

每一个战争遗址，都具有独特的军事地理意义。它的形态和布局，从专业角度讲，必须符合军事地形学的原理和要求。除非在万不得已的情况下，战争、战役和战斗，不是想在哪里展开，就在哪里展开。前方、后方、攻防、退守等综合因素，都必须考虑进去。我们一般人都有这样的体会，无论走到哪里，只要听说某个年代、某个时间和某某人曾经在这里打过仗，这里的位置，就和其他地方不一样。它们是染上了军事特色的大自然。或一马平川，或陡峭险峻，或靠近大海，或河流汹涌，属兵家必争之地。

7. 军事——意志价值介入

红军翻过的雪山草地，密布于险恶的自然环境中。阴云笼罩的沼泽地，人马掉下去了就再也起不来，如果没有当年红军的英雄壮举，从它的自然意义来看，是没有任何美可言的。雪山草地的审美价值，包含了红军的军事精神和意志。我们感受到它们的美，是对艰苦环境中军人生命、价值和意义的肯定，同时，也可以看到和感受到代表正义力量的军事生命，无论在多么险恶的自然环境中，都可以创造战争的奇迹和壮举。凭临南海炮台，面对滔滔大海，我们也能感受到中国军人的军事精神和意志。虎视大海，背靠高山；海天相接，辽阔宽广，铺开了广阔无际的军事与战争搏杀的战场。那是美丽大自然的组成部分，也是中国军人为捍卫祖国领土主权的军事生命组成部分。军事美，是社会（军事）与自然的矛盾统一，是自然与军人生命价值的矛盾统一。这里的军人所坚守和表现的军事意志，是国家意志、民族意志，和抵御外侮而获得中华民族更好生存发展的精神意志之中，最优秀的部分。

第四节　军事美的产生与发展

一、军事美的哲学生成

（一）人类军事本质力量的复现和外化

人类军事本质力量，指人类在从事军事活动过程中所表现出的精神、情感、意志、心境、生命意识等内在要素的总和。

怎样区分人类一般本质力量和军事本质力量？首先，人类一般本质力量是大概念，军事本质力量是小概念。军事属性的本质力量只是人类本质力量多种属性之中的一种，严格的军事属性只限定在某一社会、阶级和团体范围之内。其次，军事属性的本质力量，只能通过军事活动表现出来。精神品格，如忠勇，在唐代魏征身上表现出来主要构成社会美，而不构成军事美。在宋代岳飞身上表现出来就构成军事美。同时，某一精神品质在某一人身上，也有不同表现而构成军事美。诸葛亮的智慧，表现于政治生涯中构成社会美，表现于军事生涯中构成军事智慧美。人的一般本质力量必须灌注军事的属性，在军事与战争实践过程中复现和外化在某一军事客体审美对象身上，才构成军事本质力量。"复现和外化"，就是主体精神意志的客体化和价值化。

（二）人类军事精神、意志的美学显现

军事精神，指人类从事军事活动过程中所表现出的整体内在风貌。它是军事品格、军事气质、军事个性、军事态度等精神要素的总和。如，有我无敌、压倒一切、力拔千钧、智取全胜、视死如归等等，在军事活动中充分表现出来，构成军事活动独特的精神美。

军事意志，指军人从事军事活动过程中的总体心理趋向及其表现。如坚毅、果断、韧性、一往无前等。军中谚语如"两者相逢勇者胜"、"坚持最后五分钟，战斗的结果就会两样"等，就是军事意志的充分体现。无论是一场战争、一次战役、一场战斗，还是参加战争、战役、战斗的军人个体，都可以充分表现自己的军事意志。抗日战争，持续八年，充分表现了中国人民的军事意志。淞沪会战、血战台儿庄，表现了当时中国军队英勇顽强的军事意志。平型关战斗、上甘岭战役，表现了我八路军和志愿军的军事意志。宁可被烈火烧死也不暴露军事目标的邱少云，誓与阵地共存亡的王成等等，他们身上都充分体现了军事意志美。军事意志美，实际上是军人为正义和真理献身的不屈不挠的精神的美。

（三）军事与美的哲学联结

第一，哲学的实践观点，把军事美的产生根源，限定在人类军事实践活动过程中，实践产生美，劳动创造美。军事，作为人类生存与发展的基本社

会实践活动之一，无疑创造和表现着美。

第二，从哲学的唯物主义观点来看，军事美是可见、可感知的。无论是物质形态的军事美，还是精神形态的军事美，都是人类在军事实践活动过程中，对客观存在事物的反映。军事的美、军人的美、军队的美，都是军人的创造。它们具有有形的物质形象载体，使人通过有形的形象，领会美的意蕴。

第三，从哲学上的理性观点看，军事美表现着人类理性的光辉。非正义的军事活动和战争行为之所以丑，正是因为它们是非理性的，不代表正义和真理。正义的军事活动和战争行为之所以美，就在于军人从事的一切活动，是为正义和真理而战。

第四，从哲学上的价值论观点看，不是人类一切军事行动都在创造和表现军事美，军事美有鲜明独特的社会历史价值。军事美只产生于人类征服暴力、创造和平的军事实践活动过程中。

因此，军事美学是一种价值的哲学。

请看，一个淮海战场幸存老兵的回忆：

> 陈官庄——淮海战役主要发生处，杜聿明指挥部所在地——战斗结束，清晨，雾蒙蒙的，我跟随连长打扫战场。空旷的庄前庄后，断墙残壁，毫无生气，横七竖八地躺着我方和敌军上千具尸体。
>
> "你们知道野狗吃人的尸体，是从哪里开始吃的吗？"老兵沉凝地停顿下来，问面前采访的记者。
>
> 记者语塞。
>
> "从肚子……先把肚子撕开，吃掉内脏，再吃外面的身躯……"老兵缓缓地说，眼含泪光，继续说，"一群一群的野狗啊，正在那里撕咬战士们的尸体，我们的，敌人的尸体……肠肠肚肚的，乱翻成一地……"
>
> 停顿。场静。
>
> "唉……"老兵自语着说，"真希望，千万千万，这样的战争，不要再发生……"

　　对这样的战争场面，究竟可不可以用"诗与美"来形容？如果说这种残酷的战争场面，野狗撕咬我们革命先烈的尸体，也是"诗与美"的话，那么，是不是既对不起革命先烈，也对不起"美与诗"？我们通过反复思索之后，得到的结论是：这就是战争特有的"美与诗"，不是一般意义的抒发感情，吟诵风花雪月，鸟语花香，阳春三月，莺飞草长的"美与诗"。因为军事美学，主要不是研究战争场面和景象包含的"美与诗"，而是研究战争（军人）内涵和价值的"美与诗"。

　　子弹不认人，野狗撕咬尸体也不认人。但那些战士（牺牲了的我方和敌方战士）生命的价值是不一样的。一些是"新中国的殉道者和殉难者"，即我方战士；一些是"旧中国的殉葬者和陪葬者"，即敌方战士。两者的价值和意义都是"诗"。前者是颂歌，具有正面军事价值，是军事美；后者是挽歌，具有反面军事价值，是军事丑。战争的历史逻辑和审美逻辑，逼迫我们不得不作出这样的审美价值评判。如果看到这令人窒息的战争场面，就不分善恶美丑地憎恨一切战争，憎恨一切参与战争的人，那我们的战士和烈士情何以堪？他们的生命及其价值，会不会遭到我们和敌人的双重杀害？尽管我们的军事美学对他们的歌颂还不够，而且，对他们自然生命的价值意义关系不大，但是，对历史此消彼长、对社会进步与倒退、对人类忠奸善恶的认识和判断，是有价值的。

　　我们应用这些基本原理，对上面提出的黄继光、邱少云、拿破仑、希特勒等的军事生命价值，乃至对武器、军装、军旗、阅兵等，都可以根据它们的形象，进行审美价值判断。只要是形象，必然包含和凝聚一种价值和意义。我们把这种价值和意义，称为哲学与诗也好，称为美与价值也好，都是一回事。再说，我们一定不要认为只有吟唱"鸟语花香，春光无限好"才叫诗，高呼"念天地之悠悠，独怆然而涕下"才叫诗。西方美学理论告诉我们，有朴素（浪漫）的诗和伤感（悲剧）的诗（席勒）。诗不仅能让人兴奋昂扬，豪情勃发，还是使人沉郁悲怆。诗不仅能给人一般的美感和快感，还能使人像观看伤感的诗——悲剧——一样"痛感转化为快感"（康德）。诗是类似于"天地人心"的根本性的哲理和情怀，是连接世界、自然、宇宙、社会、人心的，无所不容、无所不包、无所不在的意志、意念、理念和意蕴。无论它以文字排列、形象组合、山川景物、动物植物、人物场景，以什么方式、什么场合、什么时间在这个世界上出现，都是美与诗。文化人类学、美学家卡西尔关于人类审美本质的"符号说"和维特根斯坦的"图像说"，就是这个意思。

可能有人会说，我们的美学和军事美学讲得有点"虚"。我们的意思是，假如你真觉得美学和军事美学有点"虚"，就好了。我们的体会是，美是我们睁眼就能看见，用心就能感受的人间事物万象，但万象本身并不是美的本质。美的本质在于万象投射到的人类的心灵。一旦牵涉到客观事物、主体心灵及其价值，这样，美学就成为一门要多"实"就有多"实"，要多"虚"就有多"虚"的学问。我们认为，只有彻底领会了它的"虚"，才能真正领会它的"实"。不会"虚"，也就不会"实"。一般而言，通往"实"（现实）的道路，清楚明白，不难把握。通往"虚"（心灵）的道路，诡秘神奇，斑斓多姿。无论多么勤劳的哲学家、美学家，穷尽毕生精力，也只能在那里抓住一鳞半爪。何况我们？美学和世界上大多数学问一样，都是懂得越多，如果要想继续懂得的话，就会觉得越难。目前的状况是，我们往往探求"实"的功夫，即形而下（客观事物）的功夫好下，探求"虚"的功夫，即形而上（主观心灵）的功夫，就难了。我们在"虚"的方面，下的功夫远远不够，因而，我们既没有好好领会"实"，也不能好好领会"虚"。暂时的审美的"虚"的功夫做足了，可以帮助你真正地把审美的"实"，长久地理解和表述得一清二楚。

二、军事审美哲学，是什么样的军事哲学与诗学

我们不能笼统地说军事美是军事哲学就完了。我们还必须研究和追问，军事美，究竟是什么样的哲学和军事哲学。

哲学是关于世界观和方法论的学问，它揭示人类现实和思维领域各种运动形式、主客观因素相互联系及其转化的一般规律。军事哲学是关于军事的世界观和方法论的学问，它揭示军事领域各种运动形式、主客观因素相互联

系及其转化的一般规律。正如纯粹的哲学不是美学一样，纯粹的军事哲学也不是军事美学。军事哲学有特有的研究范围、范畴、定律和原则。军事哲学，又称为军事辩证法。

单纯哲学的辩证法三大规律，如对立统一规律，质量互变规律，否定之否定规律，既可以用于哲学，又可以用于军事哲学，但还不是军事美学。哲学上的三大定律，我们就不讲了。军事哲学（辩证法）的三大定律，比如，军事上的对立统一规律，质量互变规律，否定之否定规律之中，讲述革命与反动，光明与黑暗，忠奸与善恶，它们是怎样对立与统一的，相互斗争而发展变化，推动了事物向前发展的？没有革命，哪来反动？没有光明，哪来黑暗？没有忠奸，哪来善恶？我们的政治课讲中国近现代革命历史的发展，如国共两党几十年来的对立统一，相斗争而发展，解放战争时期共产党军队力量的从量变到质变，蒋介石集团内部从北伐战争的肯定、第一次国内革命战争的否定，到抗日战争肯定、再到解放战争否定之否定，完成事物（蒋介石集团）的螺旋式上升（下降），直到败退台湾。丰富的历史、鲜活的人物和戏剧性的故事情节，肯定会把这种军事辩证法的军事哲学"三大规律"讲得有声有色。

但这样的政治课、历史课，甚至是军事课的讲述，哪怕是精彩的讲述，还不是美学和军事美学课的讲述。为什么？因为，知识层面的讲述，无论讲得多么生动形象，都不是审美。审美还必须揭示知识层面背后的理念，及其对它们产生价值的审美评判。但优秀的教师，可以把这种知识课讲述得包含了某种审美因素。正如优秀的教师，可以把艾思奇的《大众哲学》、范文澜、任继愈的《中国史纲》，讲述得包含某种审美因素而大受欢迎一样。这里要重申，我们前面对美和军事美层次的划分，不能给人造成这样误会，好像世界上的一切著作（和现象），只要包含观念、形象、智慧，都是美学著作。不是的。古今中外历代兵书，如《孙子兵法》、《战争论》、《战略论》、《战争艺术》、《三十六计》、《尉缭子》、《论持久战》等，可以是优秀的军事文化学著作，但还不是真正的军事美学著作，他们都不是为了军事美学而著书立说的。我们只能说这些著作包含了丰富的军事美学思想，只能说我们的军事美学理论大厦，就是从这些军事文化学著作提供的丰富美学原料基础上，挖掘并建立起来的。审美是一种文化，但并非一切文化都是审美。正如我们反复强调，审美是审视一种价值，但并非一切价值都是审美价值一样。

军事美学更是一种形象的哲学。比如，哲学和军事哲学都有辩证法的三大定律。

军事美学是怎样把哲学和军事哲学的三大定律，对立统一规律、质量互变规律、否定之否定规律，上升到审美层次的呢？请看影片《建国大业》：

片段一：开头——

重庆。金碧辉煌的宴会厅。

蒋介石（气宇轩昂）："欢迎毛先生来渝，共商和平建国大计，干杯！"

……

毛泽东（回答记者）："我们（国共之间）有一致的地方的，我们（指蒋介石）都穿着中山装，我们都是孙中山先生的信徒。"

片段二：

黑云压城。

国民党军队进攻延安。

片段三：

蒋介石（对蒋经国）："反（腐败），要亡党。不反，要亡国。……国民党败在自己人手里喽。"

片段四：结尾——

蒋介石问俞济时："他们的会（开国大典），什么时候开？"

俞济时："下午，三点。"

……

俞济时:"空军司令周至柔报告,飞机(轰炸天安门)什么时候起飞?"

蒋介石一愣:"嗯?……"

余济时:"美国人没有同意,我们的飞机在韩国釜山加油。"迟疑地,"也就是说,去了,就不能回来……"

停顿。

蒋介石:"告诉他们,任务……取消吧。"

俞济时:"是……"离去,转身——

窗帘拂动。

蒋介石立在门前,手拄拐杖,佝偻着腰的剪影。

风雨飘摇。

以上片段,告诉我们的不是知识,而是形象。虽然包含了毛泽东和蒋介石较量的过程及其结果的知识,但目的不是告诉我们知识。巧妙的是,关于军事哲学三大定律,毛泽东和蒋介石在中国革命战争中,如何对立统一的,毛泽东领导的军事力量,是如何质量互变的,与之相关的中国社会历史发展,是如何否定之否定的,用作品中的人物形象,说明得清清楚楚,但影片中对这三大定律,没有说一个字。包含的军事美学道理是什么?

战争胜负的最终决定力量,往往在战争之外。很大程度上,战争的胜负,决定于自己。只有自己才能打败自己。顺道者昌,如毛泽东领导的"建国大业",其兴也勃焉;逆道者亡,如蒋介石在大陆"建国"的命运,其亡也忽焉。

军事美的哲学意义告诉我们:军事美源于人类军事活动与战争实践,它是人类追求真理、创造和平的精神、情感、意志、愿望在军事领域的形象显示。它是人类生存价值与军事价值在社会历史中的统一。

三、军事美的情感特征

（一）鲜明的爱憎

军事爱憎、军事愉悦、军事激动、军事悲喜，对参加过战争的人来说，大都有最充分的体验。一位参加过南方边境自卫作战的军旅作家有过这样的描写："当我和我的战友亲自将一发发炮弹一鼓作气地泻向敌人的阵地的时候，那种感情难以描述。那是一个没有月光和星光的夜晚，炮弹出膛的火光强劲地在阵地上明灭闪烁。映照在大地、掩体，也映照在战士的身上和脸上，有种奇观，还有种狰狞。当我们看到自己经手的一发发炮弹在遥远的黑暗中升腾起一堆堆黑色巨大的蘑菇云团的时候，一种征服严惩敌方的欲望得以实现和满足的快感陡然充塞于胸。"

此刻，这位军旅作家，既是军事美的创造者，也是军事美的体验者。这种创造和体验，都是在不自觉的状态下进行的。战争中的军人，当然和平常人有不同的情感体验，他们是用枪炮在抒发悲喜、爱憎的感情。

军事精神美倾向于军事理性，军事情感美倾向于军事感性。人类最基本的情感如爱憎、愉悦、激动、悲喜等等完全可以在军事活动中得到最充分的表现。如对自然的爱、对生命的爱、对战友的爱、对人民的爱，著名的"老山兰"所表现出的不正是最动人的军事情感美吗？对敌人的憎恨、对非正义的战争的憎恨，如魏巍《谁是最可爱的人》中所写的志愿军战士死后还咬下敌人一块耳朵，等等，所表现的不正是最动人的爱憎交织的军事情感美吗？

（二）生死的情怀

军事生命意识指军事活动中对战争条件下的生命现象和本质的感应、感知、认识、理解。战场上，每一颗飞向己方的子弹和炮弹，无论落不落在自己身上，都是一封封死亡发出的邀请信。死亡之剑每时每刻都高悬在所有战争参与者头上。孔子说："未知生，焉知死。"我们却说："未知死，焉知生？"

我们认为，只有深刻地认识和理解死亡，才能更深刻地认识、理解、珍视、热爱生命。因此，对生命与死亡的独特感受和理解，构成了人类军事属性的生命意识的全部内容，创生了战争条件下动人的生命的美，如"全胜"、"不战而屈人之兵"的思想，"尽可能多地消灭敌人，尽可能少地牺牲自己"等战役方针的确定，不杀俘虏、不射杀平民，救活、哺养对方家眷和幼儿等等都表现出独特的、充满人情味的军事属性的生命意识。抗日战争和解放战争都流传着中国军民救活美国兵、日本兵和日本小女孩的动人故事，这些故事充分表现出人性中独特的军事生命意识和最动人的军事美。

（三）激烈、壮美与崇高

军事美是一种激烈的情感美。这种激烈，来自军事本身的对抗。它的基本意义包括，军人创造的是激烈的情感美，比如黄继光、董存瑞，他们的情感美表现在激烈对抗的军事活动中；同时，我们在认识和欣赏军事美的时候，得到的是激烈的情感冲击。正因为激烈，军事美又是一种雄壮的情感之美。军事美雄壮的情感特质，源于军人为正义与真理而战。因而它又表现为一种崇高。激烈、壮美和崇高，完全可以从董存瑞、黄继光、王成的英雄形象中显现出来。非军事美，如商业谈判，可以表现得很激烈。如雄伟壮丽的山河表现出壮美与崇高，但都不具备军事的对抗性质。只有在为人类和平而战的军事活动中，军人激烈、壮美和崇高的情感美，才能充分显示和表现。

四、军事美的历史生成

（一）军事美的历史生成本质上是人类和世界结成军事属性的审美关系

比如铠甲与人类军事属性本质力量有关。一副铠甲，厚重而精美。排放在博物馆里供人欣赏，成为典型的军事美的审美对象，我们应该如何看它的

万里长城——攻与守的战争哲学

美？它是如何确证和显示着人类属于军事的本质力量？

铠甲本身是一种美。它的制作，精细、厚重、对称，有实际的战场效用。它是人类军事意志，如坚韧、气势、力量等本质力量的外观化。所谓外观，就是根据铠甲的目的和效用，把它制作出来，还表现了古代兵工匠人的制作智慧和技巧，所以美。

当我们今天流连于军事博物馆，把一副铠甲作为审美对象，又看到了什么美呢？铠甲的结实、厚重是和冷兵器时代的军事方法和技巧相联系的。所以，站在铠甲面前，我们心灵中会升腾起军事历史的厚重感和沧桑的美感。如果是一副残破的、血迹或者锈迹斑斑的铠甲，比如项羽披十余处创伤的铠甲，如果还保留下来给人们作为审美对象来观赏，又会给人一种悲剧的美，悲壮的美。可见，同一审美对象，和人类结成的军事审美关系不同，生成军事美的形态也不相同。

和一般审美关系一样，人类军事属性的审美关系也是一张复杂的网络。

制作铠甲的工匠，首先要和铠甲的物质材料如铜、铁、棉布料结成实用的军事关系，一旦他们按照军事意图，制成一副漂亮而耐用的铠甲，就和世界的物质结成了军事审美关系，铠甲身上就"复现"着、确证着人类属于军事的本质力量和智慧技巧。厚重、拙朴，可以抵御外敌进攻的古代军装的审美价值就这样生成了。铠甲的美是可见的、可分析的，又有实际军事功用的，所以我们说军事美是人类和世界结成军事属性审美关系而产生的一种价值。单纯的铠甲确证工匠的军事智慧美；穿上铠甲的武士显示军事力量美；项羽身上的铠甲则表现了军事悲壮美。正因为铠甲复现着人类金戈铁马的悲壮岁月、"萧萧斑马鸣"的沧桑激情、呜咽悲愤的生命律韵，才使我们站在它面前静默、肃穆，歔歔不已、感慨不已。

那是一种历经岁月的流逝而越显刚强、越显明亮的生命色彩，使穿着轻便军装的我们平添一种生命的豪壮英迈之气，让我们沿着岁月的枯藤，聆听并叩响横亘于天地间军人生命的大音。这，就是我们在众多军事美审美对象中，选取铠甲为例所看到的，在历史上生成的军事美。

（二）固守与防御——从万里长城看军事美的历史生成

严格地分类，万里长城属于军事建筑美。它不是为美而建筑的，但千百年来，万里长城的确产生了意蕴悠远的中国社会美、人文意识美和军事美。固守与防御是人的本能，这种本能在军事领域表现得特别明显。万里长城的美，首先在于它的军事目的，给中原大地筑起了一道坚固的防线。蜿蜒于崇山峻岭的巨石建筑，既符合西方"蛇形线最美"的审美法则，又充分体现了古代劳动人民为垒筑这一浩大军事工程而表现出的智慧和技巧。蜿蜒于北方崇山峻岭中的长城，还沉淀着中国人的军事观念和人生观念。积极防御，或闭关自守。而今，还在启示我们，落后就要挨打，软弱就被人欺。现实、时代、历史的军事价值，构成长城作为军事美的主要元素。

（三）军事历史审美价值生成

军事美的历史生成是人类在军事活动中和客观世界结成军事关系的价值生成。

从事军事实践活动的时候，我们整个身心都全方位向军事领域展开。我们不可能只显示某种本质力量而隐藏起某种本质力量。比如人的七情六欲、喜怒哀乐、亲情友情爱情、进攻与防卫、隐逸、生的眷恋、死的恐惧等等，哪一种和人类本质密切相关的东西，不可以在军事领域得到充分表现，生成强烈而富有感染力的军事美？赵一曼的粗瓷大碗，老班长"金色的鱼钩"，战争把人类最普通的饥饿，也塑造成最动人的军事美。

同为爱情，同样经历生死磨难，《红与黑》中于连的爱情不是军事美，《静静的顿河》中格里高里的爱情则是军事美。同为生，耶稣的降生，有宗教的美学意义而不是军事美，《红岩》中"监狱之花"的降生则是军事美。刘胡兰的死是军事美。梁山伯、祝英台的双双优美化蝶，则不是军事美。因为他们没有和世界结成军事属性的审美关系。刘胡兰、"监狱之花"，她们的生与死，都同周围的环境和任务，结成了军事关系。刘胡兰的死和"监狱之花"的生都处于人民革命战争之中，她们都获得了同等价值的审美属性，诠释着人类生命在战争的利爪百般蹂躏之下生死的意义和奥秘。

（四）杨玉环的军事美学启示

作为军事美的杨玉环有几分柔弱，有几分冷艳。她不是虞姬，把如花的生命之火，熄灭在项王充满金属味的铁马金戈岁月里。唐明皇几乎算不得一位像样的军人。他们夫妻二人生命的纵情爱欲之火，导致了战争。杨玉环则死在这场战争的台前幕后。杨玉环的凄艳美，与其说显示了战争的狰狞，不如说暗示了生命的残酷。她不像虞姬，死在丈夫开拓的战场上，而是死在尾随丈夫逃难的途中。极美的杨玉环死于马嵬坡，只是一种符号，以美的幻灭来否定战争和带来战争的生命情欲：极度欢愉的生命之潮下面隐含着不期而至的死亡利爪。虽然柔弱，虽然远离战争，但生命的"不慎"仍将杨玉环推上生命的祭坛，昭示着一派残酷、狰狞的军事美的生命风景。

五、军事美的文化内涵

（一）美是文化的外在显现

军事文化是军事美的深层意蕴。所以，研究美不能不研究文化。军事美的文化意义主要包括：第一，战争文化，战争本身表现的文化和人类创造的战争文化；第二，兵器文化，指人类创造和使用兵器过程中表现出的科技文化智慧；第三，从文化学的高度，对人类军事理论与战争实践分析和观照其主要特征。文化学主要表现为价值学、情感学、心灵学、精神学。

（二）军事美是一种钢铁文化

军事美显示的军事文化属性向着整个文化领域展开，因而它既有军事的价值属性，同时也有整个人类文化的价值属性。铠甲的美，孙子兵法的美，万里长城的美，军事卫星与火箭的美，从来都是人类文化的一个重要的有机组成部分。文化浮载着人类精神结构，充溢着军事美的内在底蕴。粗粝、力量、硬朗、壮阔、崇高，是钢铁文化的主要特征。

（三）军人生活在一个金属化的美的世界里

军人生活在一个金属化的美的世界里，并不单单因为在战争中，军人的手中握着钢铁，向他们飞来随时可致人于死命的子弹，也是钢铁。它包含军人所处的外在世界和自身特定的思想、精神、品格等，都具有钢铁的秉性。

钢铁的文化，硬朗、干脆、率直、坦诚，直立如青松挺拔，横亘如山脉纵横，掷地有声、朗朗生韵。军事美的钢铁文化秉性源于人类军事实践活动的目的。它以暴力征服对方的意志，摧毁对方势力，实现自己所需要的特定的和平。暴力和意志，本身就有钢铁的坚硬。非此即彼，不胜即败，不死就生。棱角分明，毫不含糊。钢铁的秉性，赋予它刚劲、冷峻的形态和灵性。

（四）冷兵器时代的金属文化及其审美

火药用于战争之前，作战双方所用的武器，如长矛、大刀、箭镞、钩戟、长铩等等，它们虽然不是人们直接进行审美创造的成果，但从那些或粗糙或精致或古朴的冷兵器身上，可以看到古代兵工匠人的高超技艺、智慧和与之相应的生产力发展水平，使我们想起那些远逝的铁马金戈的战争岁月。

旌旗猎猎、战鼓喧天、血流成河、杀声震天的战争岁月，冷凝成博物馆里冷兵器的锈迹斑斑。铡刀，作为普通人的劳动工具，它的灵巧和功用，可以表现劳动生活美而不是军事美。梁山好汉林冲在"风雪草料场"上使用的铡刀，毛泽东的养马员侯老头使用的铡刀，间接地服务于战争或使人记忆起战争，间接地表现为军事美。杀害谭嗣同的一把铡刀，放进历史博物馆，表现为社会生活和历史悲剧美。铡杀刘胡兰的那把铡刀，则表现为残酷、狰狞的军事美。刘胡兰的死，和社会历史结成了悲壮的审美关系。美丑与善恶、崇高与卑下、腐朽与新生，都从这把铡刀暗示和表现出来。

刘胡兰的崇高生命和中国革命历史构成的军事关系昭示着一种被残暴熄灭的生命之火，在社会历史中的永生。敌人的残暴，无意中直接催生出这种美，促成了一种高洁、完美、神圣的生命价值的诞生。

钢的意志，铁的品格，注入军人的精神和血液，浩荡在军事与战争实践的各个领域，在军人生命撞击与历史撞击中，把人类军事属性的本质力量显示出来，构成有独特精神文化韵味的豪壮与刚强之美。这，就是军事美，作为人类军事属性的本质力量的外观和复现。

（五）军事美的现实观照

军事美不单是军事历史的美，更是军事现实的美。我们每一个人都生活在各种各样的军事信息之中。美的军人、美的军装、美的军营、美的军事活动、美的军人心灵、美的和平生活和情调等。

军事美的现实观照包括形式美的观照、精神的感应和价值的判断。对一切军事美的感受和理解，基本上可以遵循这种从现实到心灵、从心灵到价值判断的审美心理过程。这是我们处于现实中的人或军人认识军事美的基本步骤。军事的美洋溢在我们每一个人的周围。我们享受着它，创造着它，欣赏着它，只不过多数人没有自觉意识到而已。

军人，现实中的军人，既生活在军事美的现实氛围之中，又创造着多姿多彩的军事美。出操、夜训、演习、阅兵，普普通通的军旅生活本身就是表现美和创造美的生活。只要我们有一颗知美爱美的心。

六、军事美的理性诠释

（一）军事美的研究范围

人类军事活动源远流长，军事活动和战争实践丰富多彩。军事美学的审美眼光投向何处？军事美学研究的范围是什么？

首先，军事美学研究人类一切军事活动，研究人和世界结成什么样的军事属性的审美关系，研究人和世界结成军事属性的审美关系产生的价值。这种军事生命价值，只要有助于社会进步和历史发展，都是美的。

其次，因为人和世界结成军事属性的审美关系不同，它们所产生的军事美学价值也就不同。比如：军人和武器的关系，军人和社会的关系，军人和自然的关系，军人生命的存在价值和历史的关系，军人和文化（军事文化）的关系，等等，都因人类和世界结成的军事属性审美关系的不同而产生不同的审美价值。

总之，军事美和军事美学研究的范围，以人类军事活动为逻辑起点，以人和世界结成军事属性审美关系为径，向着社会、历史、精神、文化、自然领域全面展开，寻找和判断属于人类军事属性本质力量表现出的军事生命审美价值。军事美研究的范围，既是社会、历史的范围，也是精神、文化和自然的范围。军事美，也是属于自己的社会美、军事自然美和军事艺术美。

（二）军事美的产生演变规律

军事美是怎样生成的？军事美的生成遵循着哪些基本规律？

根据马克思主义的实践观点，军事美来源于人类基本的军事活动实践。人类在军事实践过程中，把自己的精神、情感、意识、意志表现出来，凝集在军事客体身上，表现为军事美。军事美生成的第一条基本规律是军事主体与军事客体的统一。毛泽东的军事智慧美，就是毛泽东的智慧和才华与中国革命具体军事实践相结合的产物。

军事美生成的第二条基本规律是军事主体的军事意志在社会历史中的生成规律。正义的战争，为社会历史的进步与发展，生成为军事美。它是一种社会的美、历史的美。军事主体获得社会历史的进步价值，表现为美。这种军事美，是军事主体和社会、历史的统一。

军事美的生成规律还是人类精神、文化产生和发展的规律。这种规律使军事美获得人类精神、文化的军事生命内涵。比如：孙子兵法的美，既属于军事智慧，又属于精神文化。军事理论、战争思维、方法和技巧是人类精神文化的重要组成部分。兵器制作技艺的发展演变，集中表现了人类精神文化和军事科技智慧的美。

军事美的生成规律还是形式美的组合规律。每一种军事美都有特定的形式。军人有形式美，军装有形式美，武器有形式美，阅兵有形式美。如对称、统一、节奏、韵律、整齐、协调等等。一般形式美的组合规律也适合军事美的组合规律。当然，所有形式美，都是有内容的。军人的形式、军装的形式、武器的形式、阅兵的形式，都以其特有的形式美组合规律，表现一种规律，一种军事生命的力量与美。军事美是特定军事形式和特定军事内容的统一。

军事美的发展演变规律比较多，也比较复杂。它不仅牵涉哲学问题，还牵涉社会学、历史学、人类学、文化学的基本问题，归纳起来：

1. 军事美受阶级的制约

不同的阶级赋予军事美不同的内涵。无产阶级有无产阶级的军事观和军事审美观，资产阶级有资产阶级的军事观和军事审美观。奴隶社会、封建社会的统治阶级和被统治阶级，其军事观和军事审美观截然相反。维护旧的社会结构的统治阶级绝不可能认为代表社会进步的新兴军事力量和战争行为有共同的军事美。

2. 军事美在不同社会形态中有不同的表现

奴隶社会、封建社会、资本主义社会、社会主义社会的军事与战争，赋予军事美不同的内涵。同为英雄人物美，荆轲、武松、岳飞和董存瑞、黄继光、雷锋、李向群相比，除基本品格相类似以外，其时代特色和思想内涵有明显的区别。荆轲勇敢，却不知为谁而勇敢；武松表现的是个人的力量；岳飞的爱国主义精神永垂千古，很大程度上是为了一个不可救药的王朝；从董存瑞到李向群，有无产阶级思想和理想之光的照耀，牺牲个人，为了广大人民群众的利益，把自己的生命融入人类的伟大事业中。可见军事美的时代特色和历史色彩何等鲜明。

3. 不同的战争形态制约着不同的军事美

古代战争比体力，现代战争比武器，高技术战争比智力，战争形态、作战方式和作战技巧不同，所创造和表现的军事美也不同。海战时代有海战时代的军事美；陆战时代、空战时代、海陆空立体战争也有各自时代的军事美。也就是说，军事美的领域，随时代、社会和作战方式的演变而演变、发展而发展。我们不是说战争场面的变化"越变越好看"，"越变越美"，而是说随战争发展而变化的人类军事审美价值观念在不同社会里的不同变化。军事价值的扩展就是军事文化和审美价值的扩展。

4. 军事美受人类文化发展演变的制约和影响

这种文化，既指一般文化，又指军事文化。一般文化制约军事文化。比如冶炼技术制约兵器文化的形态和发展，同时，军事文化又丰富了人类文化。无论是军事思想、兵器制造，还是作战方式，都受着人类文化和思想意识的制约和影响。质言之，在阶级社会中，军事美的创造和表现，是人类精神文化的重要、特殊的组成部分。军事美的发展演变规律是特殊的社会、历史发展演变规律，也是特殊的文化、艺术、审美价值的发展演变规律。

（三）军事美的研究方法

军事美的研究方法较多。从认识论的角度看，有认识的方法；从范畴论的角度看，有分类的方法；从创造论的角度看，有军事美的生成方法。

军事美的生成方法，在前面已有论述。军事美的分类方法，如对军事审美范畴的分类，军事审美形态的分类，下面将列专章论述。这里我们主要讨论的是军事美的认识论方法。

1. 阶级分析方法

军事美是有阶级性的。因为军事、军队本身，都是为一定阶级和社会集团服务的。它带有强烈的阶级性的政治色彩。封建社会有封建社会的军事美，资产阶级有资产阶级的军事美，无产阶级有无产阶级的军事美。西方认为的某些军事美，我们并不认为美。非正义的战争、肆意践踏人类和平的军事行为和战争行为，绝不可能创造军事美。

2. 历史分析方法

军事美的历史分析方法和阶级分析方法紧密相连。一切正义的战争，一切个人的军事行为和军事精神，只要在社会历史中获得进步的、积极的、肯定的军事生命价值，它都是美的。我们对古今中外的军事美学分析，其实就是把一切军事现象，军事主体和军事客体，放在社会历史中来，考察它们的军事生命价值。无论是秦始皇兵马俑的美，万里长城的美，还是文天祥、林则徐的美，都可以放在中国历史的发展进程中来考察其审美价值。

武器的美，比如远古某一箭镞作为审美对象的美，如何放在社会历史中加以考察？武器也是人类军事精神的文化创造物。精神与文化，当然可以考察它们的历史价值。远古箭镞，凝聚着远古人类的军事生命智慧和技巧，记载着某一社会发展历程，当然可以作为军事美的审美对象。

3. 逻辑分析方法

逻辑分析方法是为了寻找军事审美现象产生、发展、演化的必然联系。它包括军事美的哲学逻辑，精神、文化和心灵的逻辑。也就是，某一军事审美现象，包含什么样的哲学逻辑、历史逻辑，是美的；不包含什么样的精神逻辑和心灵逻辑，是丑的。举个简单的例子，岳飞、江竹筠为什么是美的？秦桧、蒲志高为什么是丑的？原因在于他们的精神逻辑和心灵逻辑包含的内容不同，他们在社会历史中的审美价值美丑也就不同。

总之，军事美的研究方法很多，只要我们牢牢抓住基本的分析方法，树立正确的、健康的军事审美观念，就能对世界上的一切军事审美现象，进行大体准确的审美价值判断，以丰富我们的情感和心灵，塑造军人美的人生。

第五节   质疑——解密军事美

一、军事与美的内在连接——文化、价值、智慧、自由创造之境

在我们从事多年取得一定成就、得到多数人认可的军事美学教学、研究和出版一系列军事美学、军人美育专著教材的过程中，我们形成了一些军事美学基本观点，比如：军事美不完全等于，甚至主要并不在于军事形式（外在形象）的美，而在于军事内容和军人精神品格内涵的美；理解军事的美，不完全等于，甚至根本就不在于像欣赏艺术、音乐和诗歌那样，可以获得赏心悦目审美感受的美，而在于悲剧、悲壮、激烈、冲突、崇高的美；研究、宣扬并认可军事的美，并不等于研究、宣扬和认可世界上一切暴力的美，而是认识、宣扬和认可"正义战胜邪恶、光明战胜黑暗"的那种代表和促进人类社会历史进步和发展的美（与价值）。因此，和世上所有"美"的基本含义一样，军事美是一种价值，一种智慧，一种文化，一种自由创造的生命（军事生命）存在方式和境界。我们这些军事美学的基本含义，目前来看，基本上是毋庸置疑，也没有遭到谁来质疑。因为，它们（这些军事美学基本含义的确立）既植根于一切"美之为美"的理论根基，又植根于军事与战争"美之为美"现实实践土壤。对于最初听到"军事美"这个名词，就简单地、条件反射似的给予否定的人们来说，他们和我们一样，可以说军事与战争，不能用"好看、漂亮、看了舒服"这些美的一般，也最肤浅的意义来形容，但他们也和我们一样，决不能否定军事与战争也是一种，或者包含着一种独特的价值、文化、智慧和自由创造的生命境界（即：掌握军事与战争独特的"规律"与"道"，自由灵活地从事艰难而又难以把握的战争）。这里的"美学特征"，包含着美与军事美"毋庸置疑"的本质内涵。

但是，我们的军事美学基本含义，依然会遭到一些很难作出完美回答的质疑。正是这些质疑，一步步地把我们引向继续深入发展探索的学术之境，

构成了我们撰写《军事美学研究》的学术起点。也就是，要从事"军事美学研究"，就必须进一步解开军事美学基本的，也是艰难的理论和现实课题，必须对使人最容易产生困惑，或某些"糊涂"认识的一些美学和军事美学基本问题，加以厘定和澄清。那样，我们的军事美学研究，才会越来越有把握；我们对军事美学的学习和理解，才会在比较混乱的思绪中，寻找到一条越来越清晰、越来越敞亮的通往美和军事美的现实和精神道路来。

那么，我们在研究军事美学的过程中，遇到过哪些难以解答的质疑呢？他们是怎么质疑、为什么会质疑的呢？遇到这些质疑，我们又是如何应对并解答的呢？下面我们将一一论述。

二、"邪恶"为什么会产生美

质疑一：

军事与战争，怎么会有美？战争本来就起源于掠夺、征服、霸权、残杀、屠戮这些人类最卑鄙、最邪恶的心理欲望。人类战争的历史，本来就是一部血淋淋的征服史、掠夺史。私有制的产生、国家的产生、战争的产生、军队的产生，本来就是用来互相残杀、互相掠夺的。战争最基本的特质：如"掠夺"、"血淋淋"、"屠戮"、"残杀"等等，本来就是反理性、反人类、反人性的负面价值。克劳塞维茨、列宁等，都有关于战争是"政治的继续"，战争是"流血政治，政治是不流血的战争"的观点。马克思也说过，战争是人类互相残杀的怪物，它们终究有一天，会随着私有制的灭亡而消亡。一句话：战争本来就是人类社会不该存在的，军事本来就是人类用来互相残杀的。这样的军事与战争，怎么可能有任何"美"可言？相反，军事与战争，不仅没有美，而且具有的只是丑，人类最"丑恶"的本性，都从军事与战争中最集中、最完全地表现和显示出来。你们的"军事美学"，怎么能够从人类最丑恶的"社会实践"和"战争实践"中建立起来？

　　的确，要创立一门新型的学问——军事美学，还任重道远。柏拉图说："美是难的。"我们今天则认为："军事美更难。"人们要认识到真正的美，本身就很困难，何况军事美？但我们不能说美和军事美的认识很困难，就不去研究它和认识它。面对学术与真理，我们不能不真诚而且严肃地指出：上面所有对军事美学的质疑，他们的理论根据，他们建立理论根据的战争观、军事观、美丑观，哪怕表面看起来是那样"正确"，比如人类的战争历来都是鲜血淋漓，哪怕来自片面地理解众多革命导师和军事与战争哲学大师的经典论述，哪怕来自一颗善良的军人之心，认为军事美学是"以丑为美"的学问，我们依然要毫不客气地指出，那些质疑，没有一个观点是全面的。他们的想法和思维，基本上还在我们军事美学、审美哲学、审美思维之外。

（一）邪恶不是一切战争的本质

　　不能认为"军事与战争本来不该存在"，就不能研究和认识它们独特的价值与美。而且，我们好像还不具备判断世界上"什么东西应该存在"和"不应该存在"的标准和理由。况且，提出"军事与战争不该存在"这个论题，本来就是幼稚的、没有学理依据和意义的。你认为它不该存在，它就不存在？战争的起源就是私有制的起源，战争在人类私有制漫长的发展过程中发展，直到私有制灭亡。按照经典革命导师论述，实现了共产主义，消灭了私有制，战争才会消亡。也就是说，人类社会有这么一个发展轨迹：

　　　（原始共产主义）——（私有制社会）——（未来共产主义）

　　　　没有战争　　　　　战争发展演变　　　　　战争灭亡

　　明白了人类社会这一发展轨迹，就能理解，我们军事美学的着眼点，是站在人类社会中存在战争的这一个特殊历史阶段，对人类军事与战争这一特殊领域的是非善恶、忠奸美丑进行价值判断。具有正面价值的军事行为和战争行为，就是美；反之，就是丑。我们的这种研究判断，和战争应该不应该存在，毫无关系。

（二）"罪恶和欲望"不根源于一切战争

我们承认战争起源于人类"邪恶"的欲望，古代中西方战争，的确可以看到"征服者、掠夺者"罪恶的铁蹄，踏遍人类历史的山河。我们不是歌颂这种邪恶的欲望，而是使人们分清，哪些欲望在战争中的表现，是邪恶的。在这个问题上，我们一定要树立历史唯物主义和辩证唯物主义的观点。不能因为战争起源于邪恶的欲望，就反对一切战争。战争应该区分为两极，一是正义战争，一是非正义战争。一切非正义战争，都起源于人类邪恶的欲望，征服、占有、掠夺、屠杀等等；一切正义的战争，都起源于人类征服邪恶的欲望，反征服、反占有、反掠夺、反屠杀等等。军事美就是在这样"反征服、反占有、反掠夺、反屠杀"的军事活动中表现出来的"人类精神和历史文化价值"。一般来讲，起源于征服与掠夺本性的战争，无论最初多么气势汹汹、不可一世，无论战争过程中取得过多么辉煌的胜利，最终都以失败告终。比如，古代的波斯帝国、奥匈帝国，正是因为它们在军事上发展到了顶峰，四处征战，才导致了它们加速灭亡。

（三）战争本性不是互相残杀

只要明白了并非世界上一切战争，都起源于人类"邪恶的征服欲和占有欲"，那么，就能认同"人类军事活动都是互相残杀的活动"这个观点有失偏颇了。的确，军事活动和战争行为，是在互相残杀，但绝对不是在无缘无故地"互相残杀"。比如，20世纪的抗日战争之前，中华民族生存得虽然十分艰难，但毕竟没有进入战争状态。我们为什么要投入全民抗战，拿起远没有敌人精良的武器，上战场"互相残杀"呢？这不是互相残杀，而是伟大的卫国战争！作为中国军民来说，你不上战场"互相残杀"，就要亡国灭种。所以，在"互相残杀"和拯救"民族危亡"之间，有军事美学审美价值分水岭。当年日军入侵，是典型的军事丑。"互相残杀"是军事美学上的美丑不分。中国军民拯救"民族危亡"的军事行为和战争行为，哪怕表面看来是那样勇敢地"互相残杀"，也是典型的军事美。因为他们是在从事埋葬邪恶、争取人类和平的战争。

　　人类历史的发展，多数时候，并不是在温情脉脉中进行，总是在战争中挣扎前进。战争，作为一个中性的名词，通常都是和瘟疫、地震等灾难联系在一起的。瘟疫和地震，肯定不是美的，但战胜瘟疫和地震的人们，他们在战胜瘟疫和地震的过程中，表现出来的"人饥己饥，人溺己溺"的人性美，抗击瘟疫灾难、抗震救灾中的人们，医生、军人和志愿者，他们责任与牺牲的精神品格美，既具有救苦救难的价值，又能光照千秋。战争也是这样，就其对人类生存的破坏力、摧毁力而言，是毫无审美价值的，但是，从事战争的人们，尤其是从事正义战争的人们，他们身上总有那么一种属于人类正义、真理与良知的审美价值，值得肯定。

（四）战争是衡量军人生命价值的天平

　　人类军事活动，决不是互相残杀！虽然我们也承认，人类军事的历史就是一部鲜血淋漓的历史，但是，这些鲜血的价值，一定是不一样的。希特勒和墨索里尼，在战场上流尽了一腔血，我们决不能认为他们流的血，和古今中外志士仁人流的血，价值是一样的。虽然生理上的血液是一样的，但精神上，在人类普遍价值衡量的天平上，价值决不一样。难道我们会愚蠢到认为当年灯市口谭嗣同被砍头流的血，和当年日军战犯流的血是一样的么？"人生自古谁无死，留取丹心照汗青。"战争肯定会使多少人的生命，非自然地消失。但我们中华民族传统军人，他们的精神审美价值，在正义与邪恶的历史天平上，历来就是泾渭分明的。我们的军事美学，就是要认识这种价值、高扬这种价值。如果认为刘胡兰、江竹筠和许云峰流的血，和反动派流的血是一样的，那么，所有革命先烈的血，真是白流了。

　　我们曾经到浙江舟山群岛调研采访，看到镇海、定海鸦片战争纪念馆，那里雄踞的炮台虎视眈眈，而博物馆里的清朝海军图片，他们拖着长辫子，有的还那么年轻。位于舟山定海竹山鸦片战争遗址公园的记载是：

　　1841年9月，英军再犯舟山，定海抗英"三总兵"葛云飞、郑国鸿、王锡朋率 5800 名将士血战六昼夜，全部殉国。后人缅怀先烈，建三忠祠以纪念三总兵，山顶塑三总兵像塑，山顶有百将题碑，由中国人民解放军著名将领题写，以纪念和弘扬鸦片战争中抗英将士的爱国主义精神。

望着竹山公园长长的烈士墓，那里躺着拖着长辫子的满清官兵，他们也是儿子的父亲，或者是父亲的儿子，也和我们目前军营中的大多数军人一般大的热血男儿。他们在这里从事并为之献身的战争，决不是互相残杀，而是守护家园，他们是我们中华民族的军魂和脊梁。

归纳起来，不能笼统地说"战争起源于人类邪恶的欲望"，只有非正义战争才起源于"邪恶"的欲望，正义战争正是植根于一种征服和战胜"邪恶"的欲望，而表现出辉煌动人的军事美。人类战争的历史，并非一部血淋淋的征服史、占有史、掠夺史，还是一部充满正气与豪气的反征服、反占有、反掠夺的历史。我们站在人类正义、真理与良知的角度，明白他们为什么要残杀，怎样残杀。战争必然是充满罪恶的，但是，并非所有参与战争的人们都在制造罪恶。正义战争的参与者和实践者，正是为了遏制和避免战争罪恶的制造者，制造更大的罪恶！我们要全面地理解革命导师关于战争的经典论述。他们主张"战争是流血的政治"，咒骂战争是人类互相残杀的"怪物"，但是，他们同时也号召人们坚强、团结起来，拿起武器，以革命战胜反动，以战争制止战争。这里，为我们正义战争的美与价值，奠定了理论上的注脚。

我们英国的生活是否能继续下去，我们的财富是否能流传下去，我们的帝国全要看这一仗了。敌人很快会以雷霆万钧之势来攻击我们，希特勒也知道他必须粉碎英伦三岛，否则就会输掉这场战争。倘使我们能够幸存，全欧洲都将获得解放，全人类的生活都将迈向更高的境界。但是假使我们不幸败了，全世界，包括美国以及我们所熟知、所关心的各国在内，都会沉沦于新的黑暗时代，而且由于科学的滥用，黑暗时代将会更加凄凉，也许会永远保持下去。因此，让我们负起责任，担负起大英帝国和欧洲在绵延一千年的责任，那时，人们将会说：这是他们的黄金时代。①

　　以上所录丘吉尔的讲演词，充分说明，战争是互相残杀的论调有失偏颇。难道当时的英国及其同盟国，他们非得想上战场去"互相残杀"么？战争的魔鬼，气势汹汹，正将到来。他们是"匡扶正义"，挽救英伦和人类于水火。倘若不能肩负起这个责任，人类将"沉沦于新的黑暗时代"，同时，拿起武器和法西斯决战并取得胜利，将会创造人类的"黄金时代"。这两个时代，美丑价值分明。军事美及其军事审美价值，是人类从事正义战争艰苦的过程，及其最终创造的社会、历史成果。

三、"成王败寇"的军事审美辨析

（一）人类社会的发展与达尔文进化论学说

质疑军事美学的观点认为：

　　人类社会历史的发展都是弱肉强食，哪有什么正义可言？军事与战争，从来就是胜者为王败者寇，大刀长矛一旦出手，子弹导弹飞毛腿一旦出膛，是不管什么正义不正义的。再说，上了战场，都是谁的官大谁说了算，没有什么道理可讲，也不管什么正义不正义。

　　上面的观点听来好像振振有辞。人类靠弱肉强食发展，好像很符合达尔文的进化论。多少物种消灭了，多少盛世衰亡了，好像也印证成王败寇的观点。子弹出膛的确就有可能熄灭任何一朵旺盛的生命之火，战场上的确要树立指挥官的绝对权威。可是，仔细一看，上面的观点，没有一个是全面的，而且还思路混乱。子弹出膛和指挥官的绝对权威，好像和人类社会究竟有没

---

① 《第二次世界大战经典演说》，时代文艺出版社 2005 年版。

有正义，关系不大。再说，成王败寇、弱肉强食，究竟是不是人类社会发展的唯一规律或根本规律，也值得怀疑。再说，为什么成，为什么败，为什么弱，为什么强，对它们发展规律的探讨，恰恰是军事美学研究的核心。也就是，"弱肉强食"背后一定有为什么"弱会肉、强会食"的历史演变发展规律。只要代表人类的正义和良知，只要符合社会历史发展的必然规律和真理，它就会由弱到强。

最简单的例子就是中国人民解放军，从当初在井冈山深山沟里挥舞着的几把长矛大刀，到1949年的挥师几百万解放全中国，再到今天发展成为世界上任何一支军队也不敢轻视的正义、文明、威武之师，在她的艰苦卓绝的发展过程中，难道没有创造恢宏的军事美，即社会变革美么？我们也曾经质疑过某些难以承认军事美的"文化人"，对咱们这支军队真心热爱吗？对她的发展及其对中国现当代社会历史产生的价值，有基本的认识吗？对缔造和引导这支军队由弱到强的领袖们，他们在艰苦战争中把握"世道人心"，创造和付出的非凡的军事智慧和技巧，有过真心的感受和理解吗？推动社会历史变革发展，就是军事美，也是社会美。从事正义战争活动创造的军事智慧和技巧，就是军事艺术美。一个积弱积贫的民族，经历几十年发展，今天立于世界优秀民族之林，军事与战争在当中起的作用，军人、军队在战争与和平时期的表现，以及创造出的社会发展变革的美，如诗如歌的斑斓、婉约与壮美，我们怎么能够感受不到呢？

因此，当年的共产党军队和国民党军队，从八一南昌起义算起，到1949年，22年的时间，共产党军队由弱到强，国民党军队，由强到土崩瓦解，这种天翻地覆的变化，都不是而且绝对不是"弱肉强食"的问题。也不是"成者为王败者寇"的问题。这里涉及他们的领导者和实践者的思维结构、文化传统，以及掌握时代历史发展方向、制定战略战术等等复杂问题。这是思想的较量，文化的较量，历史观、战争观、文化观等等战争之外的思维结构的较量。我们常常说战争的胜负往往决定于战争之外，就是这个道理。

当然，我们也不能忽视战争本身，还是具有一种钢铁般的逻辑力量在运行。战争之内和战争之外的因素，都不能忽略。我们之所以更加着重战争之外的思维和文化，就是一般战争学术与艺术研究者，往往忽略战争之外那些决定战争胜负的因素。我们就是要研究并且明白地告诉人们，战争和军事，决不仅仅是钢铁的较量，决不仅仅是打枪放炮只要瞄得准、打得狠，就够了，就一定会取得胜利；军事与战争，决不仅仅只有流血、死亡、硝烟弥漫，还有哲学、思维、文化、社会历史价值和军事智慧技巧与美，渗透其中、参与其中。

（二）"成王败寇"不是社会发展规律，也不是军事与战争发展规律

现在我们要好好分析"成者为王败者寇"的论题。的确，军事与战争的目的，就是要使对方或者敌方，屈从于己方的意志。战场上，往往都是以成败论英雄。不想当将军的士兵，不是好士兵。不想取胜的军人，当然不会是好军人。但我们常常把"成者为王败者寇"的论题，用于社会发展和时代变迁，作为社会历史发展和朝代更迭的唯一标志，这就不大正确了。

"成王败寇"作为一种事实判断，也许还说得过去。比如某一场战斗，胜利了就是英雄，失败了就不是英雄。我们这里没有说失败了就是狗熊。战争中，失败了也是英雄的例子还不少。至于是不是失败了都是寇，我们不会这么认为。但是，"成王败寇"，决不能作为一种社会历史价值判断。我们的观点是：

王永远都是王，寇历来就是寇。

当年日本军国主义者发动侵华战争，即使他们打了胜仗，还是寇。上海、南京、武汉、长沙，他们都打了许多胜仗。他们可以取胜于一时，但不可能真正取胜于中华民族。相反，中华民族军人在那时虽然失败于一时，他们才是真正的王，或王者之师。侵略战争的发动者，永远都是寇，决不能成为王。抵抗侵略者的军队和战争，即使再失败，也是正义之师、王者之师，永远也不会变成寇。"师出无名"必定失败。得道者昌、逆道者亡，就是这个道理。军事美学把"正义与非正义"，作为军事美丑的分水岭，就是坚信人类社会历史发展，是有"道"（规律）可遵循、可掌握、可创造的。无论

是谁，都逃不脱它的制约。这里的"道"，就是正义，就是良知，历史的正义和人类的良知，以及它制约和支配人类社会在战争中发展，就是"道"与美。得到了它，无论多么弱小，表面无论多么像"寇"，比如当初蒋介石把长征路上伤痕累累的红军，称为"流寇"，终有一天会发展壮大成为"王"。当然这个"王"的称谓，是一种中国共产党的军队取得胜利的标志，并不是古代历史意义的王。

（三）"王寇"演化与"世道人心"

可能有人会反问，难道国民党军队在大陆失败了，他们就是寇吗？如果他们是寇，按照你们所谓"寇历来就是寇"的观点，北伐战争的国民革命军为什么取得胜利了呢？八年抗战，是整个中国军队的胜利，包括国共两党的军队。难道他们（国民党军队）当初也是寇，为什么会取得北伐战争和抗日战争的胜利呢？对这个问题，我们应该这么看。

北伐战争、抗日战争，是国共两党的军队参与的，北伐国共两党组成的是同一支军队，抗日战争也是同一支军队，国民革命军，即中华民族统一的军队。八路军是这支军队一个集团军，当然不是寇，而是为了征服寇、抗击寇。北伐战争清算封建时代遗老遗少和军阀割据，是正义的，符合中国当时社会历史的发展。抗日战争的正义性质，当然不容怀疑。因此，我们可以明确地说，北伐时期和抗战时期的国民党军队，总体看来不是寇，而是王。可是，1927 年清党，违背孙中山三民主义和联俄联共的建党思想，大量屠杀共产党人，国民党就变成"寇"了。他们本来就是盗取北伐胜利果实，变成寇的。抗战后的国民党军队也是这样，盗取抗战胜利果实，屠刀对准人民，依仗美国武器，发动国内战争，再加上贪污腐败，盗取民脂民膏，民心丧尽，他们的失败也在所难免。

"王永远都是王，寇历来就是寇"，还要加上一句，"寇"和"王"都不是一成不变的，有的人——这里的"人"，指的是一个政权、一个朝代，或者它们的军事领袖——可以由王变成寇；有的人，可以由寇变成王。当年蒋介石的国民党军队，自孙中山逝世后，就渐渐变得有些"寇"气了。偷政权，把一国之财据为己有，盘剥和杀戮自己的同胞，不是寇是什么？逃离大陆时杀人放火，屠杀妇女儿童，的确我们认为国民党军队当年的"寇"气很重，不然他们怎么败得那么快，那么惨？相反，毛泽东和共产党领导的人民军队，和工农大众鱼水深情，当年的他们几乎没有什么个人财产，他们不会被经济财产所累。而国民党的军队，稍微一个军官都有财产在身上。而且当时国民党不少将领，战争时期还在开公司做生意赚钱，他们怎么用心打仗呢？怎么不败呢？蒋介石杀了多少无辜同胞？他们逃离大陆，留下了多少供我们后人瞻仰的"烈士墓"？这就是寇嘛！相反，我们读了中国人民解放军作战史，没有看到祖国大地任何一处留下了他们"屠杀无辜平民"的证据，也从来没有看到任何一处共产党军队"屠杀国民党军人（俘虏）的万人坑"。当然，双方明火执仗在战场上作战不算屠杀。而留下的恰恰是国民党军人被俘后，立即投入埋葬蒋家王朝的战斗，上午参军、下午牺牲的感人故事。还有优待俘虏、改造国民党高级战俘的佳话。

电影《大决战》中有这样一个细节，淮海战役胜利后，粟裕将军在战场上捡拾起牺牲了的战士头上的一顶军帽，上面还缀着国民党党徽，心情十分沉重。他说："这也是我的战士啊！参军（被俘后立即投入战斗）刚刚半天。"

这就是世道人心！

影片《建国大业》中有一个情节。李宗仁和白崇禧在一片青翠的树林里举枪射击。枪杆上面刻着"蒋中正"的名字。白崇禧说："现在的军队都是蒋家的私人武装了。"李宗仁告诉他："可是，这种刻着他名字的枪杆，那边共产党军队里也有很多人在用。"他们的对话，充分说明了战争胜负的最终决定力量，根本就不完全是或者主要是武器和暴力，还有世道人心。

我们不知道人们能不能完全理解我们研究和认识的这种军事美学，也不知道它是不是真正完美的军事美学。但可以肯定的是，我们在探索战争胜败的根本道理。"得道多助"的"道"，就是正义。"失道寡助"，就因为它是非正义。正义战争创造军事美，非正义战争属于军事丑，也是具有钢铁一样不可辩驳的社会逻辑、历史逻辑、军事逻辑和审美逻辑的。

（四）军事与战争的历史逻辑与审美逻辑

西方战争史上，"成王败寇"的事例，符合我们上述分析的地方，可能比较遥远。中国战争史，我们都比较熟悉。印证我们观点的战争史实，比比皆是。商汤称霸、武王伐纣，都是公认的正义战争。他们以军事的手段，埋葬了罪恶，创造了中国历史的新生，属于军事历史美。秦始皇横扫六合，结束中国历史上最混乱的诸侯割据，达成中国社会新的统一与和谐，也是正义战争创造军事美的典型事例。秦朝迅速灭亡，在于秦始皇的暴政统治，屠戮人民，而不在于军事和战场上的较量，因此，失败了的秦始皇也就成为"成王败寇"的典范。但是，从历史功绩来看，秦始皇身上"王"的成分，远远大于"寇"的成分。正义的"王"的成分附在他身上，即取得胜利，创造军事美；非正义的"寇"的成分附在他身上，即失败变成军事丑。被秦始皇消灭的六国诸侯，并不是失败了就变成寇。他们历来就不是寇。他们割据了中国领土，并没有丧失中国主权。而且六个诸侯国当时都拥有一大批赫赫有名的军事将领，他们和秦朝军队作战，并不是王和寇作战，而是中国历史顺流与逆流作战。陈胜、吴广推翻秦朝暴政，即使失败了也是王，而不是寇。他们都是失败了的英雄。这种失败了的英雄，中国历史上还有许多。项羽的失败令司马迁长吁短叹，司马迁从来没有把项羽看成寇。他不是窃贼，也没有盗取什么。倒是刘邦身上有无赖和盗贼气质，司马迁的口气里十分清楚，但我们认为，刘邦的成功，以及后来的汉朝盛世延续几百年，都不是因为他们开国领袖身上的无赖和盗贼气质，而是把握了中国社会历史发展的"世道人心"使然。黄花岗烈士，也是失败了的英雄，他们身上历来和始终都具有王者之气，他们坚定的理想、远大的抱负、无畏的精神、勇敢的行动，和失败了就是寇贼一点都不沾边。他们的失败，仅仅是因为历史的机遇没有很好地垂青他们而已。即使没有垂青他们，历史也会垂青他们的继任者。因此，后来，中国共产党继承孙中山遗志，领导中国革命取得的胜利，也是符合中国社会向前发展的历史辩证法"正义"的胜利。而军事上的胜利，毛泽东军事战略思想的胜利，战场上真刀真枪取得的胜利，虽然也值得大书特书，据我们看来，仅仅是这种历史辩证法胜利的"附庸"而已。当然，这里的"附庸"，并不是指军事上的胜利不重要，而是，依然是我们一贯的主张，"功夫在诗外"的为文之道，也符合"功夫在战争之外"的为军和为兵之道。

人类不可能没有正义与邪恶之分，军事与战争的最终取胜之道，主要并不在或者说并不唯一在两军对垒的战场。历史辩证法的胜利大于所有政治、军事、经济、文化上的胜利，军事与战争，并不仅仅在于钢铁的逻辑，还受历史、文化、精神、情感逻辑的制约和影响。军事美学要寻找的当然不仅仅是两军对垒战场上，谁丑谁美，而是要寻找制约战争运行规律的历史、文化、精神氛围和内涵。

"成者为王败者寇"，可以有一定的军事操作平面的"衡量与指标"意义，但不能以此作为军事与战争的历史以及人物评价标准。能够取得成功的，始终都必须具有正面价值的王者风范，具备这种风范，即使失败了也属于"王"；相反，失败了的始终都属于负面价值的"寇"，本质上属于寇，即使取得了短暂的胜利，也会很快败下阵来。"天行有常，不为尧存，不为桀亡"（《荀子·天论篇》）。这里的存亡之道，主要也包含了军事与战争的"正义与非正义"之分。一切把所有战争都看成"人类相互残杀"，并以此抹杀战争性质的观点，或者把军事与战争仅仅看成"成王败寇"的非历史唯物主义观点，都是和军事美学思想背道而驰的。

四、有没有能得到全人类认可的军事美

（一）暴力仅仅是军事与战争的工具和手段

质疑军事美的观点认为：

> 军事与战争从来都是以暴力（武器）的强弱来对话。从某种程度上，我们可以认为，从车臣来袭击俄罗斯的黑寡妇最"美"。她们为了车臣独立，自己那么美的生命都不要了，用人体做武器来实现她们民族独立的所谓"理想"。由此看来，什么恐怖袭击、人体炸弹，她们采取如此

无奈之举，就是因为她们自己武器力量不够，哪有什么美不美可言？战场上失败的原因也只有一个，就是他们暴力、战力、战计和战技不如人，决不能用美与不美去衡量。再说，我们今天读到和学习的军事美学，好像政治性太强，都是为了歌颂我们中国人民解放军战争战略战役取得胜利，而建立军事美学体系的。美国军人、朝鲜军人，越南军人，还有我国台湾地区的军人，他们会接受这种建立在中国人民解放军战役战斗实践基础上的军事美学吗？我们歌颂抗日英雄杨靖宇、张自忠的美，日本军人会认为他们这些抗日英雄美吗？江姐、许云峰等反抗国民党政权，国民党军人会认为他们美吗？日本军人、当时的国民党特务，可能一提起张自忠、江雪琴，恨不得剥他们的皮呢！怎么还会认为他们身上有什么美？再说，我们认为抗日英雄身上表现有美，痛斥国民党的共产党人身上表现有美，日本人和当时的国民党政权，他们也不一样认为日本军人"勇敢作战"、剖腹自杀，还有疯狂屠杀革命志士的国民党特务刽子手，是他们的所谓"英雄"么？如此混乱的价值判断，怎么能够区分军事与战争的美与不美？在没有找到，或者根本就找不出能够得到全人类（军人）都认可的军事美，我们在这里来学习、研究军事美和军事美学，不是混乱的没有多大意义的么？

真理毕竟是真理。所有学问，只要是真正的学问，必然是根据某一社会、历史、文化、精神现象，对某一特定领域的社会现实实践，进行理性分析概括，从人心灵中沉淀和深化出来，呈现在人们面前。它当然应该具有普遍的人类历史和精神价值，并得到现实与实践的不断充实、丰富和检验。正如数学的基本原理"一加一等于二"能够得到全世界认同一样，军事美学的基本原理，也应该得到全世界认同。虽然我们是中国人民解放军的一员，既然是在严肃地把军事美学作为一门学问来研究，我们研究的结果，当然面对的是全人类的普遍军事价值。军事美学，作为关于人类军事与战争的哲学与诗学，当然不会仅仅是对中国人民解放军历史功绩的褒扬，对当年日本和国民党军队制造战争罪恶的批判。

究竟有没有能够得到全人类，或者世界上所有军队、所有军人都认可的军事美？当然有。在哪里？笼统地讲来，我们的军事美学思想，我们关于军事美的所有表述，都是可以得到全人类认可的，或者至少它们都具有能得到全人类认可的基本潜质。哪怕对共产党军队的"表扬"和对日本军队的"批判"，我们也力图把这些"表扬"和"批判"，概括和显示出一种学问来。因为我们这种"表扬"与"批判"，都根植于严格理性的学理分析之中。不然，军事美学就不是一门学问。虽然有些观点，我们并没有打算立即得到世界上所有军队、所有军人接受。比如，我们宣扬军事英雄黄继光的美，也没有打算让黄继光堵枪眼的军事美学价值，被他堵在碉堡里被消灭了的那几个美国军人接受。但我们的军事美学，依然对那几个美国军人，给予必要的学理分析。正因为他们和黄继光那瞬间的同归于尽，使我们明白，同样是战死沙场，并不是每个军人生命的价值是一样的。他们生命的消亡背后，依然具有正义与邪恶较量的战争逻辑和军人审美价值判断的宏大背景。

那么，哪些军事美学观点能够得到全世界所有军人和军队接受呢？比如，正义战争创造军事美，非正义战争表现为军事丑，全世界的军人都会接受。关键是对正义与非正义的理解不同，有时可能敌对双方都认为自己是正义的。1946 年，国民党发动内战，他们认为是在"剿匪"，因为抗战，使过去他们认为的"匪"——共产党军队发展壮大，危及他们的政权。共产党军队也认为是在消灭"蒋介石匪帮"，"推翻蒋家王朝，解放全中国"。这时，就要把他们都放在中国历史发展的天平上来衡量，看谁更能代表历史前进方向。代表历史前进方向的共产党军队，也就是正义的，而且注定取得胜利；代表历史发展落后方向的国民党军队及其反动腐朽政权，也就是非正义的，而且注定彻底失败。从军队、集团、军人价值，到正义与非正义的判断，再到他们在社会历史发展进程中起什么作用，是判断军事美丑的基本思路和军事美丑表现的分水岭。

（二）战争逻辑的审美价值指向面对全人类的生存与发展

对战争性质的判断和把握得到的人类普遍军事价值，当然会得到全世界认同。还有，军人的职业责任感和为了正义的事业赴汤蹈火的献身精神，也会得到全世界军人的认同和尊敬。杨靖宇牺牲后，日本指挥官没有在他身上搜到一块铜板，用马刀剖开他的肚子，看见里面还有没消化的棉絮、树皮和草根，立即指挥大家向后退了三米，面对他的遗体深深三鞠躬。并感到这样的军队是打不垮的，这样的人民是不可战胜的。这就是军魂。真正的军魂是会震撼全世界所有军人的。同样，渣滓洞里，被严刑拷打、皮开肉绽，依然坚贞不屈的共产党员，如陈然、江竹筠等，据沈醉回忆，也使特务打手心惊胆寒，只能甩掉皮鞭喟叹："这样的共产党人，我们是无法征服的。"并且感到自己的末日，已经不远。

军事智慧，以及军事智慧的美，即获取战争胜利的自由之道，也是全人类取之不尽的源泉。以《孙子兵法》为代表的东方军事智慧，得到西方兵家的广泛尊重、研究和实践、运用；同样，西方军事著作，古代现代战争战略理论精华，及其包含的基本精神智慧，也得到我国军事理论研究与战争实践的充分吸收和运用。面对人类军事思想智慧精华，所有人，包括一般人和军人、军事理论家和实践家的态度都是一样的。朝鲜战争结束后，20 世纪 80 年代，洪学智将军访问美国，遇到当年战场上的对手，还在向将军讨教当年战胜他们的经验。西方军事学者，多次远涉重洋，到四渡赤水的赤水河和淮海战场旧址等地调研考察，并把三大战役等作为著名军事典例来研究分析，就是在寻找和认同一种属于整个人类的军事价值与战争智慧。

军事美学是一种军事思维之学和军事智慧之学。学习了军事美学，我们的思维、目光和看问题的视野，就要远一点，宽一点，看深看透一点。要看到军事与战争背后的社会历史文化和历史发展方向，要看到军人思想行为背后的精神心理动机，不要仅仅看到他们在战场上的一举一动，杀人放火、打枪放炮，就作出感性的判断。那时你就能够理解为什么我们赞扬杨靖宇、张自忠抗击侵略者的精忠报国，而把日本军人剖腹自杀看成是对天皇的"愚忠"。因为他们是在为一种负面非正义的军事价值献身，那不是军事美。杨靖宇、张自忠是在为一种正面的正义的军事价值献身，就是军事美。这种军事美，无论能不能得到日本军人和剖腹自杀者认可，一点都不影响它们获得全人类普遍的军事价值。日本军队的负面的军事价值，已经遭到了全人类的唾弃和历史正义的审判。再说，我们是中国军人，一个爱好和平的正义之师、文明之师之中的一员，我们在判断军事审美价值的时候，为什么要站在当年的日本军人一方，认为他们的军事"英雄"也美呢？

至于"黑寡妇"、恐怖袭击、人体炸弹等战争行为，我们的军事美学必须作出负面的军事价值判断，决不能认为它们也属于军事美。虽然这些行为的出现，有深刻复杂的时代、历史、宗教等原因。军事美丑判断，应该有底线。

（三）军事美丑价值判断底线

1. 不能伤及无辜与平民

人体炸弹本人也是平民，他们受到背后黑手的操纵，他们伤及的也是平民。既为战争，就真刀真枪在战场上拼。可能有人认为，就是因为恐怖袭击的策划者没有能力在战场上拼，才采取人体炸弹这个无奈之举，但我们也不认为他们的军事价值是正面的。也许他们背后正义与非正义因素，还暂时不好判断，但是战争中以平民生命为代价来实现某种军事目的，本身就是反人类的。越过这种底线，就是罪恶，不仅是军事的丑，还是人类的丑。这和战场上他们具有多少力量，没有太大的关系。邪教和针对平民的恐怖袭击，是当今社会的毒瘤。

2. 不能泯灭良知

战争摧毁人类良知，但并非一切战争中人都会泯灭良知。当年歌乐山上被屠杀的杨虎城及其秘书一家，连七八岁的小孩子也不放过。刽子手用匕首，把小萝卜头和杨虎城八岁的女儿，一刀刀刺死，小尸体摆在刽子手警卫室。当时的军统少将、后来的战俘沈醉看了，在回忆录里还这样记载："……心情很沉重。一个政权靠如此手段来维护，离它灭亡的日子，就不会远了。"这也是多少有点良知的军人，看到此情此景会生出的真切感受。1949年冬天，云南起义前夕，代"总统"李宗仁到昆明见到卢汉。卢汉叫李宗仁把"九九整肃"关押在监狱里的几百名学生放了。李宗仁满口答应，并说："如果这些手无寸铁的学生娃娃，都在反抗我们的政权，那么，我们这个政权，的确就该垮台了。"而那时的重庆林园官邸，军统头子毛人凤拿着关押在重庆渣滓洞监狱里的几百名政治犯名单，问蒋介石怎么处置的时候，蒋介石脱口而出："还用问吗？都统统杀了！密裁！我们之所以这样失败，就是因为我们杀人太少！"[①] 面对失败，只有良知才能反省。没有良知，只有疯狂，必将加速失败的进程。西方谚语曰："要让他灭亡，先使他疯狂。"世界上所有刽子手的坟墓，差不多都是他们自己挖掘的。

3. 不能灭绝人性

反人类也是"灭绝人性"的一种。希特勒屠杀犹太人，日本军队侵华时，大量杀害无辜平民和对放下武器战士的杀人表演、奸淫掳掠、三光政策、慰安妇以及毒气弹、细菌弹、731 部队人体活实验等，把灭绝人性的战争罪行发挥到了极致。这些反人类的军事行为，受到我们军事美学的完全唾弃，并希望以此为人类世世代代敲响警钟，不得重演。

五、战争与暴力究竟美不美

(一) 正义战争"惩恶扬善"、"埋葬罪恶"本身就是震撼人心的社会生活美

斯诺的《西行漫记》中有这样的记载，毛泽东曾幽默地对斯诺说：……后来，我背叛了父亲要我经商的愿望，我当了兵，干起了杀人的活路。

军事美学的质疑者认为：

> 连毛泽东都把当兵看成是"杀人"的职业，军事，战争，还有什么美可言呢？军人在战争中，无论正义与非正义，都是用暴力来摧毁生命。正义战争的"杀人"，毕竟也是用暴力剥夺另一个人的生命权利。

---

① 引文参见沈醉：《军统内幕》，中国文史出版社 2001 年版。

潘冬子砍死胡汉三，并不是一般意义的儿童"虐待"老人，为什么是美的呢？

说它是"美"，总觉得心理上有点过不去。可不可以把这个"美"字，换一下呢？用其他什么字来代替。还有，你们研究的军事美学，好像给人的印象是军事领域美的东西太多了。有没有不美的，或者说，最难以分析它的美的呢？比如，军人履行自己的职责和忠贞最美。古代搞宫廷政变的也是军人，有些宫廷政变可能是正义的，我们可以说他们符合军事美的定义。可是，有些宫廷政变是非正义的，那时作为普通士兵，只知道执行命令，他们又不知道究竟正义还是非正义，他们也是在履行军人的职责，忠于他们的主子，叫他们抓谁就抓谁，叫他们杀谁就杀谁，但命运却不一样。有的军人忠实执行上司的命令，上了贼船，很快就被另一方处死。他们这种忠于职责的行为，是美还是不美呢？

这些问题的确很难回答，但我们必须回答。战争中的"杀人"，哪怕正义战争中的"杀人"，究竟美不美？关键仍然是我们对"美"这个字含义的理解。我们往往把"美"作为形容词看待。认为美就仅仅是好看的、漂亮的，看了使人觉得舒服的事物。其实，军事美学和所有美学，都不仅仅把"美"看成形容词，而是名词或中性词。"美"更重要的意义是代表一种价值，和对这种价值的判断。比如，潘冬子放火烧了米店的蚊帐，还用刀砍死了胡汉三。我们就不能用一般对"美"的定义来判断，仅仅认为砍死胡汉三的场面好看、漂亮，看了使人觉得舒服。潘冬子手中的大砍刀砍下去，胡汉三必然要鲜血洒满他温暖的床，再砍几刀，必然毙命。我们说过你死我活的战争行为，不能讲良心，不能温柔，不能讲善心和爱心。如果没有正义与邪恶较量作为是非判断标准，以胡汉三那么大年龄而论，我们还可以说潘冬子不尊重老人、虐待老人、杀害老人呢！怎么能这样看呢？不把胡汉三除掉，还有多少正义无辜的生命会消失？理解了这一点，我们就可以认为潘冬子干得漂亮了！这种美和漂亮，是在肯定一种正面的军事价值。称为"美"也好，或用其他词代替也好，这里仅仅是对这种惩恶扬善的军事价值的一种肯定。换不换"美"这个词，意义都是一样的。一切正义战争的屠杀、杀人、暴力的正面军事美学价值在于，它们是在以摧毁和熄灭罪恶生命（敌人肉体）的方式和手段，来挽救更多无辜生命，以遏制他们被罪恶的暴力所摧毁和牺牲。比如，不把希特勒这种专门为人类制造罪恶的生命除掉，那将会带来数以万计的无辜人类生命的牺牲。这些生命，既包括战斗在反法西斯战场上的军人，也包括可能在战争中失去生命的普通平民。这里有一个"虽死犹生"、"以死换生"的过程。战争，有时候也是人类生命的温床和摇篮，只不过这种温床和摇篮里孕育出来的生命，来得更加残酷、更加充满血腥罢了。

我们也当然理解战争与人性的矛盾，战争与社会的矛盾。既然代表了一种正面的军事价值，上了战场就没有什么人性和良心可讲。一不小心，你和你战友的生命就没了。据参与南方边境作战的某战士回忆，他们初入边境，上级规定对妇女儿童不能开枪。某天行进战斗途中，他们把负重伤的排长简单包扎后放进路边草丛，等待后续部队送下去医治，继续前进。可是不久，草丛中钻出一个小男孩，把不能动弹的排长的两个眼珠子，抠出来扔了。后来，他们也就把不明身份的小孩、妇女，作为战斗人员对待。战争就是这样残酷。但是，我们一定要明白，代表正义的力量发挥得越充分、越强大，就能很快、很有效地制止战争，使更多的无辜平民和作战部队人员，不至于牺牲生命。我们赋予这种力量以美的内涵，就是要歌颂真善美，鞭挞假丑恶。当然，同时，我们也要明白真正的"不战而屈人之兵"的道理。军人和军队，都不能仅仅作为暴力、杀人的机器，高超的军事智慧，还在于善于寻找战争之外的途径，获取战争的胜利。

张召忠在接受中央电视台的访谈时曾经谈到过，我们不要误解"不战而屈人之兵"，不要轻易相信真的有什么不经过战争就能取得战争胜利的方法、智慧和技巧。不要一提起打仗就一味地反对。没有战争，哪来和平？所谓"不战而屈人之兵"的战略，是指大敌当前，己方准备了十倍于敌人的兵力"屯"在那里，吓阻敌人不敢进攻而退却，才取得战争胜利的。如果没有十倍于敌人的兵力面对劲敌，你看有没有可能"不战而屈人之兵"吧？当然，战略制定得好，军事实力很强，使得敌人不敢和你打仗，这样的"不战而屈人之兵"，又是另外一回事。仗都还没有打起来呢，不存在战与不战的问题，但是都必须以自己强大的军事实力为基础。①

---

① 参考中央电视台第 4 套 2013 年 4 月《海峡两岸》节目张召忠访谈录。

张召忠讲演词包含的军事美学思想，清楚地说明了军事、战争、暴力与和平的关系。我们认为，一味地、不分青红皂白地反战，反对"暴力"与"杀人"，不仅是在有效地帮助敌人，而且还是在加速地毁灭自己。

（二）一切服从与忠贞都会产生军事美吗

至于参与宫廷政变的军人，怎样履行军人使命与忠贞"美与不美"的问题，原则只有一个，正义与非正义，仍然是检验他们军事行为美丑价值的标准。明白了代表正义与真理，无论怎样履行军人责任与使命，都是具有正面价值的战争行为。这种正义与非正义，并非由哪一个人说了算，而是社会与历史说了算。如果军人遇到了非正义的战争行动，又要去执行，怎么办呢？那就看你的选择。军人是工具，但毕竟不是木头木脑的糊涂的工具。他还应该有判断，有思想。"犯上作乱"并非都是坏人。张学良、杨虎城的"兵谏"，符合中国社会历史发展方向，因此成为"千古功臣"。当然，我们也不能否认，古代的宫廷政变，君臣父兄互相残杀，冤死了许多军人。他们糊里糊涂地执行上司的命令，忠于职守，后来对方得势后也被处决。这只是一种特殊的战争状况，并不值得肯定。值得肯定的状况是，一旦明白自己军事行为的非正义性质，就不能同流合污。即使奋起反抗，流血牺牲，也是顶天立地的"军魂"。

六、战争究竟有没有胜利者

（一）怎样理解"没有一个女人，愿意送她丈夫上战场"

没有一个女人，愿意送她丈夫上战场。

（美国电影《魂断蓝桥》台词）

战争，没有胜利者。

（龙应台《中国 1949——大江大海》）

电影《魂断蓝桥》台词:"没有一个女人,愿意送她丈夫上战场"

"没有一个女人，愿意送她丈夫上战场"，电影《魂断蓝桥》的这句台词，是深刻的，符合一般战争实际状况的。尤其是对那些在战争中失去亲人的女性看来，这句台词表达的意义，更是刻骨铭心，饱含无可言说的生命伤痛。艺术的感染力，也是非常强烈的。但是，严格地说来，这句台词，并不符合军事美学观点。因为，军事美学认为，战争面对的是整个人类的伤痛，而不仅仅是某个女性具体的伤痛。以某种个体的伤痛，来否定整个战争，尤其是匡扶正义的战争，也是不符合人类战争实际状况的。

当然，我们不是说这句话，有什么特别的不对。而是，在哪种角度看，它才是正确的？有几分正确，又有几分不正确？我们不少人，对军事与战争的认识，往往和上面所讲的电影女主人公一样，是比较感性的，并没有经过严肃的理性认识和梳理。靠这样的认识，来树立军事美学观点，当然是很困难的，而且是十分有害的。有这种认识的，还不是一般人，有些学者、专家、文化人，对军事与战争的认识，也是非常感性的、糊涂的，甚至是混乱的。原因在于，他们的认识，并不符合我们在严肃的战争理性和军事理性基础上，推论、发现、阐释的军事美学观点。他们——正如上面《魂断蓝桥》这部著名的军事题材战争影片的台词表达的观点一样，是站在上帝的角度，而不是站在人类正义与非正义的角度，来看待军事与战争。

（二）战争——究竟有没有胜利者

台湾有个作家，叫龙应台。她写了一部论述、描写国共两党当年交恶当事人以及他们后人命运的书，叫做《中国1949——大江大海》。但是，她描绘和反思的结果是："战争，没有胜利者。"

这个结论，表面听起来，好像也没有什么不对。因为战争，敌对双方在战场上，动枪动炮，谁都杀红了眼，谁都恨不得彻底消灭对方而后快。的确他们都那么做了，双方都消灭了对方不少人的肉体，而且，给当事人及其子子孙孙，带来了难以抹平的伤痛和灾难。

但是，我们能不能据此说"战争，没有胜利者"呢？不能。为什么？因为她模糊了战争的是与非。按照这个观点来看，既然战争谁都没有胜利，那么，这样的战争，就是敌我双方乱打一气，就是一台纯粹的绞肉机。但是，战争的本性不是这样。

龙应台是逃到台湾的国民党老兵的后代。她当然是站在一个连她自己都不承认的"失败者"的角度，来看待当年的国共战争。我们完全理解战争给他们那一代人带来的个人切肤之痛。但这种个人的切肤之痛，无论多么深刻，都不能超越战争包含的历史辩证法本身。既然没有胜利者，那当年那场战争的发动者，为什么要打？自己（国民党）没有打胜那场战争，就宣称战争没有胜利者，是不是有点自欺欺人？那场战争，给谁都带来了灾难不假，关键是这种灾难是谁发起的？是谁强加到谁头上的？

"没有一个女人，愿意送她丈夫上战场"也是一样。"子弹不认人"，上了战场的"丈夫"，谁都有回不来的可能。关键是，明明知道可能回不来，那战场又送谁去呢？比如当年，日本人的妻子，当然不应该送自己的丈夫上战场。因为她们的丈夫上战场从事的是侵略战争、非正义战争。而当年的中华民族，被侵略、被凌辱的中华民族，他们的女人，如果也不愿意送自己的丈夫上战场，那中华民族不就面临亡国灭种的危险了么？

实际上，当年的抗战，的确有无法统计的中国女人，眼睛也不眨地把自己的丈夫，送上了正义的、反侵略战争的战场。不用说，她们之中，有无法统计的丈夫战死沙场，没有能够回来，成为中华民族不朽的军魂、国魂、民族魂。我们不仅为她们哀痛惋惜，还为她们骄傲自豪，她们这些女人和她们的丈夫一样，都是民族的脊梁。唯一使我们感到不安的是，我们往往忽略了这些女人，也是民族脊梁的军事价值。但她们的无私奉献精神，连自己的丈夫都甘愿奉献给人类反法西斯事业的伟大崇高精神，和她的丈夫一样，应该是可昭日月，万古流芳的。冯德英小说《苦菜花》中娟子的母亲，自己是个女人，不仅自己上战场，还把自己一个个如花似玉的女儿，都送上战场，有的还为国捐躯了么？"大义凛然"！大敌当前，在义与理之间，从来不乏女人可歌可泣的行为和选择。

没有正义与非正义，没有战争性质的是与非，怎么能够分辨得出战争的失败与胜利？怎么能够在送不送自己丈夫上战场这个问题上，作出正确的抉择呢？我们这么说，不是对那些送丈夫上战场的女人们不同情，不是对她们的命运很残忍，是站着说话不腰痛。从某种程度上，我们也承认这一点。但是，侵略者已经到了你家门口了，已经在你眼前烧杀抢掠、奸淫妇女、杀害老人和儿童了，你如果那时还把自己的丈夫抱在怀里，或者藏起来不上战场，那结果是什么呢？肯定是你的房屋被烧、亲人被杀、土地被占。往大里说，国家要灭亡；往小里说，你自己也活不成。强盗是不会因为你不愿意送丈夫上战场而软手和住手的。相反，他们会抢劫、偷盗、杀人越货得更加起劲。因为进入了无人之境，正是强盗们求之不得的。

再说，我们不得不说以下一些真实得很"残酷"的话：

> 面对国家、民族、亲人和你自己的生死存亡，你个人保存一个丈夫来有什么用呢？保存得了吗？即使能够保存，这样的丈夫拿来作什么用呢？当汉奸，还是帮凶？或者逃到世外桃源苟活下来。但那不是和动物一样"行尸走肉"的人生吗？或者，我们可能认为，桃花源中"不知有汉，无论魏晋"，就是这样从战乱中逃出来，活下去了的人，但这样的人，他们的这种"怡然自得"，并不被我们的军事美学价值给予肯定。军事美学肯定的正是一种面对正义与非正义，面对国家、民族和自己的生死存亡，而站出来，为自己、为国家、为民族、为社会、为邻里乡亲，义无反顾、奔驰疆场、拼死搏杀，或荣归故里，或虽死犹生的军事生命。无论这种生命，属于丈夫，还是妻子，都是值得军事美歌颂和肯定的对象。

军事美的存在状态，就是在这样的挽救国家民族危亡"义薄云天"的军事价值中。无论他是丈夫，还是妻子。这里的丈夫和妻子，只是一种军事审美价值的载体。无论男女老少，张自忠也好，戴安澜也好，赵一曼也好，朱老忠也好，放羊的王二小也好，送鸡毛信的海娃也好，只要具有这种价值，他们就是军事美的正面军事审美价值表现形态。地处四川的建川博物馆，展览着一位老人、一位父亲，送儿出川上抗日战场的一面白布。上面写了"杀敌立功"几个血写的大字。还有一排小字，写的是父亲告诉儿子，如果你在战场上被打死了，就用这块白布裹尸。后来，儿子的遭遇成就了父亲的心愿，杀敌立功，马革裹尸。

你看，我们不能说这个父亲，不是心甘情愿送儿子上战场的吧？他并非不知道送儿上战场，就是去送死吧？然而，即使是死，国家民族生死存亡之际，又怎么样呢？这就是磅礴天地的军魂、国魂、民族魂。舍生取义，军事美学肯定和高扬的正是这样一种"正面"的军事价值。他们是"挽狂澜于既倒"的不朽军魂。没有他们，我们的社会哪来和平？我们的民族，哪来顺利的延续和辉煌的振兴？

明白了这一点，再来看龙应台"战争，没有胜利者"，这个貌似很"哲学"的论断，究竟有几分正确，几分错误，甚至荒谬，就十分明显了。人类的战争，从来就是分出了胜负的。正义的战争，哪怕暂时失败、暂时挫折，终将会取得胜利。非正义的战争，可以取胜于一时，终将会被人类扫进历史的垃圾堆。

第六节　战争与社会的矛盾与和谐

从整个人类生态平衡的角度来讲，没有哪一场战争，不打破社会生态的平衡。也就是说，没有哪一场战争，不是对社会生态的破坏。现在的关键是，是不是所有社会生态都是不应该被打破的？

战争与社会的矛盾很好理解。我们一般人，怀着很高尚的道德和良心，一提起战争就恨得牙痒痒，好好的社会会因为战争而破坏。这个问题要具体分析。战争的确该诅咒，但不是一切战争都该诅咒。侵略战争、非正义战争是应该诅咒的，而且怎么诅咒都不过分。正义战争和反侵略战争，是万万不该诅咒的，而且，不仅不应该诅咒，还应该尽一切力量打好正义战争和反侵略战争。

一、战争与社会的矛盾

战争与社会的矛盾，即战争打破社会和谐，有以下几种方式：

（一）战争毁坏社会物质成果

常言道："兵马未动，粮草先行"。无论正义还是非正义的战争，都要破坏和消耗社会已经创造的物质成果。不仅军队内部人员衣食住行的物质消耗，还包括作战本身的物质消耗。军装、武器都是要用钱来购置的。现代战争武器的价格，比如一颗飞毛腿导弹的价格，昂贵得惊人。军事专家们常常这么认为，美国打的科威特战争、伊拉克战争等现代战争，不仅是在打后勤，还是在打金钱。其实，打后勤和打金钱，含义是一样的。因为现代战争中的后勤，必然是用大量的金钱武装起来的。试想，军备开支这么大，如果没有战争，这些物质财产运用于民用建设，将发挥多大的作用？

同时，战争对社会物质成果的毁坏，还包含在战争进行过程中。好好的建筑、桥梁、公路及其他设施，枪炮一响，瞬间就灰飞烟灭。长城、金字塔等，就曾遭到战争的毁坏。抗战时期的焦土抗战，如长沙大火、花园口决堤、重庆大轰炸等，都是战争对社会物质成果破坏的典型事例。

（二）战争毁坏社会精神成果

比如火烧阿房宫、毁坏庙宇博物馆文物等等。八国联军入侵中国，火烧圆明园，多少珍贵的精神成果毁于一旦？西方的宗教战争，比如十字军东征等，也是战争毁坏人类精神成果的实例。还有许多著名书简、名著、名画、名帖等，因战争而毁坏的例子比比皆是。

战争毁坏社会物质成果

（三）战争阻滞和延后社会正常发展

比如中国近现代的战争，从鸦片战争开始，到辛亥革命、第一次国内革命战争、抗日战争和第二次国内革命战争，即解放战争。历史没有假如。但为了论述，我们还是要假如，当年按照孙中山先生规划的蓝图，建立政权，好好搞经济建设，没有国共之间的内战，没有抗战八年，那么，也可能中国这条巨龙，20 世纪就已经崛起了。20 世纪中国的战争，至少延缓了中国社会发展数十年。即使某些小战争，也会阻滞和延后社会发展的。假如没有这些小战争，中国社会的发展肯定会更好。至少没有那些战争的物质消耗。

当然，对战争阻滞和延后社会发展，也要具体分析。历史总是按照辩证的逻辑发展的。正因为战争，正因为战争对社会物质、精神成果的毁坏，一旦战争结束，或者还没有结束，社会修复战争创伤的能量，已经聚集起来，转化为人们更大的创造社会物质与精神成果的力量。

（四）战争给人类心灵带来巨大创伤

战争给人类带来心灵创伤，首先表现在战争中妻离子散、家破人亡，多少人战死沙场？每一场战争之后，都有多少家庭破碎？而且几十年，上百年都不能修复。有些是永远都不能修复的伤痛。它们是战争进行时的心灵伤害和战争之后的心灵伤害。

即使在战争中活过来的军人、战争亲历者、战斗者本人，他们因为战争而发疯、致残，一辈子住在医院。还有现代战争各种辐射对人体生理和心理的伤害，也就是战争职业病的增多。

战争对人类心灵的伤害，还可以从古今中外的艺术作品中表现出来。美国的好莱坞大片，许多都是反战题材的。《夜茫茫》、《广岛之恋》、《魂断蓝桥》等影片，在表现战争对人类心灵和肉体伤害方面，独具特色。

《广岛之恋》根据法国女作家玛格丽特·杜拉斯的小说《广岛之恋》拍摄而成。电影画面是破碎的，仅由两个主人公反复的诉说，以及单调急躁的钢琴音乐，透露着不安和绝望。电影讲述了一个法国女演员来到广岛拍摄国

《广岛之恋》剧照　法国导演：阿仑·雷乃

际性的和平宣传片，内容是战后日本的状况。在广岛邂逅一个男子。她向他讲述二战中自己最初的爱恋，以及死去的爱人——一个年轻的德国军官。在她的家乡内韦尔，人们反对他们的爱情。人们暗杀了德国军官。当她的恋人在她怀里变冷的时候，内韦尔也解放了，但是她却疯了。十四年后，她来到广岛，男子唤起了她心中的爱情。她把他甚至当作死去的恋人，向他倾诉自己一刻也没有忘记过的痛苦，男子要求她留下来，留在广岛，因为他爱上她。她在走与留之间徘徊着。她一直以为自己是忘记了痛苦的。但是却在内心深处一遍一遍回想自己的青春岁月。她是被毁灭的。在内韦尔，勉强活下来的她已经为了爱情而死去了。又在广岛为了爱情而复活。去与留，念与忘。神秘的男子一直是深爱着她的：在她悲伤颤抖的时候紧紧按着她瘦弱的肩膀；在她不愿启齿的时候要求她竭力回忆；在她愤怒尖叫的时候给她倒酒，握住她的双手；在她哭泣的时候为她捂住双眼——倔强地、深刻地、顽固地爱着她。他要求她留下来，结束内心不安的痛苦的日子，和他一起住在废墟上的广岛。她在这要求面前一再退缩。最后她捏着拳头怒不可遏地说："我一定会把你忘记的！看我怎样忘记你！"男子过来握住她的拳头，她抬起头说："我知道了，你的名字叫做广岛。"男子微笑着说："是的，我的名字叫做广岛，而你的名字叫做内韦尔。"电影戛然而止。留下最后一句耐人寻味的台词。而她的去留已经不再是关键。

最后一句话堪称全片的主旨所在。当把人上升到城市的地位身份时，整个电影的意义就完成了一次飞跃：不再局限于个人的爱恨情愁这样的小题目，而是上升到战争对整个人类生存的影响和威胁。这才是杜拉斯想要表现的主题。广岛是被人类的文明和仇恨所毁灭的城市，在这部镜头摇摆不定、画面破碎的电影里，有限的一段完整的全景镜头被长时间地用来描写二战中广岛被原子弹毁灭时惨不忍睹的情景，和人被原子弹辐射影响而产生的身体畸形变异。广岛是一座没有历史、没有回忆的空城，它的一切，都要从毁灭开始算起。而这样的状态，正与杜拉斯笔下人物的状态相契合。所以，当表面完整安好，但是实际上从内部、从精神上被毁灭了（爱情）的内韦尔遇见了毁灭之后重新建立起来的广岛时，电影被赋予了历史的、人文的全新意义。当女主角面对着广岛阑珊的夜色，绝望而沉醉地喃喃自语道："在这永不醒来的黑夜，在广岛，请你把我吞噬了吧。"看电影的人不禁浑身一阵颤抖，眼鼻酸涩。

战争对人类心灵的毁坏，是以经历战争的人们心灵和肉体的无法弥补为代价。西方战争题材影片中，还有在战争中"失忆"和战争后"补忆"、"忆起"的种种悲剧辛酸故事。面对毁坏的家庭、社会、环境、爱情，一个战场下来受到重创的老兵，已经神经质、痴呆，只要背后有谁向他呐喊一声，他立刻下跪，举手投降。后来人们有意安排和制造他过去和未婚妻见面的种种幸福场面，试图勾起他的美好记忆。然而，当他朦朦胧胧地回忆起这一切逝去"美好"的时候，未婚妻已经另嫁他人，生儿育女，物是人非了。影片结尾，这位伤痕累累的老兵的人生，陷入了永远无法醒来的"夜茫茫"之中。这部影片的名字就叫《夜茫茫》，

它的主题歌《永远留在你身旁》是这样的：

> 你叫我离开，我可以听
> 从叫我不爱你，我也能忍受
> 如果要抹去这一切的记忆
> 对你对我都万难做到。
> 望穿秋水，咫尺天涯，
> 朵朵愁云，声声断肠
> 关山重重，天各一方
> 剪不断的记忆慢慢淡忘。
> 想起了过去，美好的时光
> 我们欢笑，轻轻叹息
> 心中的爱恋，苏醒了的希望
> 我愿永远留在你身旁。

《夜茫茫》发表在 20 世纪 90 年代的《世界电影》杂志上。其主题歌男女主人公似乎还在凄惶地叙述"战争"给他们带来厄运，以及厄运中期许扼住永远消失、无法挽回的爱情和美好人生。它的主题和《广岛之恋》、《法国

中尉的女人》等反思战争的同类影片，有异曲同工之妙，那就是战争对人类肉体、心灵和精神的伤害，永远无法弥补。

面对他们，我们要做的事情是，首先要憎恨战争，倾尽全力，避免战争的发生。但是，憎恨战争并不困难，谁都能够做到，也理所应当。我们绝不仅仅教会人们憎恨战争就了事，而是要充分领会为了人类正义的事业，军人所付出的肉体、心灵和精神的代价，是多么的惨痛！它们的价值，是何等的崇高！而且，单单认识和歌颂这种崇高，还远远不够。还要具备更加强硬地制止战争发生、发展的动量和能量，使这样的生命、命运、爱情、精神、心灵的悲剧，不要再次发生在"为人类和平而战"的军人及其家庭的身上。

（五）社会该如何诅咒战争

一般状况而言，战争对社会和谐的破坏，无论如何诅咒也不过分。我们要继续思考的是，是不是所有战争，都是应该诅咒的？

不是！我们要把社会和谐分为正常和谐和非正常和谐。打破正常社会和谐的战争，是应该诅咒的。比如20世纪日本发动的侵华战争，打破了当时中国社会历史正常的和谐发展。打破非正常社会和谐的战争，是不应该诅咒的。比如，秦扫六合，肯定打破了那时中国社会的和谐。但那种诸侯林立的"和谐"社会，阻碍了中国历史的发展。诸侯林立的和谐不是真正的和谐。所以，经历秦扫六合的战争，打破六国虚假的、对中国社会历史发展有害的和谐，达到统一中国的新的社会历史发展阶段，实现中国社会新的和谐，正是秦扫六合战争的军事审美价值。当然，对战争破坏社会和谐的价值分析，也是复杂的。比如，鸦片战争，八国联军入侵中国，属于侵略战争，打破了满清帝国社会的和谐，是应该被完全否定的。但是，鸦片战争也可以说从另一个侧面，打破了封闭、腐朽的满清社会和谐。当然，这里是外来罪恶（鸦片战争）对内在罪恶（满清腐朽帝国）的摧毁，其价值的正面与否，是可以具体分析的。后来的辛亥革命，打破了满清腐朽政权统治社会的非正常和谐，其历史价值是正面的，应该和已经得到充分肯定。

二、战争与社会的和谐

战争与社会的和谐，和战争与社会的矛盾，是相辅相成的。战争对社会和谐所起的作用，也有以下几种方式：

（一）战争可以从另一个侧面带来巨大的社会物质成果

战争的过程不能带来物质成果。但正义战争之后，往往都是社会发展得很快，巨大社会物质成果创造时期和快速恢复时期。比如历次农民战争，打破中国社会腐朽的和谐以后，往往就会带来中国社会一个高速发展时期。比如秦汉之际，魏晋南北朝、隋唐之际，宋朝、清朝初期，都有一个巨大的恢复和发展时期。汉唐盛世，基本上就是汉唐战争带来的巨大物质成果恢复和创造时期。

（二）战争可以从另一个侧面带来巨大的社会精神成果

纵观中国文化发展的历史，最辉煌的时期，比如先秦时期的百家争鸣，汉朝董仲舒的独尊儒术、汉赋，魏晋诗歌、宗教、雕塑，唐宋诗词和明清小说的巨大发展，都和战争有直接或间接的关系。和战争带来的物质成果不完全一样，战争带来的精神成果，可以在战争过程中实现。如建安诗歌、边塞诗歌、陆游和辛弃疾的军旅诗歌，都是战争直接催生出来的艺苑奇葩。战争带来的精神成果，大量在战争之后出现。比如先秦诸子散文、理论，董仲舒的学术，魏晋雕塑，明清军事题材小说如《三国演义》、《水浒传》，都是战争之后带来的对中国社会历史及人性的反思，而创造的灿烂的精神成果。

战争与社会的矛盾与和谐，完全适合西方社会历史的发展。战争带来的巨大精神成果，比如《荷马史诗》、古希腊悲剧，以及托尔斯泰、肖霍洛夫、海明威、福克纳的小说等等，几乎囊括了西方文学艺术最美的精华部分。

(三) 正义战争可以带来巨大的社会发展力量

哪怕是经历非正义的战争之后，也会迎来一个社会历史的高速发展时期。比如，二战时期的德国、日本、意大利，发动了非正义战争，被打败之后，都发展得不错。当然，他们的社会发展很快的原因，并不在于他们发动了非正义战争，而在于战争之后，一个社会健康发展的力量，因反思战争带来的力量在快速增长。正义战争取得胜利之后，更加激起这个民族的全体人民，把在战争中被摧毁的巨大物质财富和精神财富，立即或很快就转化为一种推动社会历史飞速向前发展的、更加巨大的物质力量与精神力量。因为那时，人类生存的目标更明确，人与人之间的关系更单纯，更加珍惜生命，热爱生活，创造人生是战后人们不约而同追求的价值理想。因为他们懂得幸存者生命的来之不易。远的不说，单说我国 20 世纪 50 年代的高速发展，就完全明白这个问题了。

> 中国人民将会看见，中国的命运已经操在人民自己的手里，中国就将如太阳升起在东方那样，以自己的辉煌的光焰普照大地，迅速地荡涤反动政府留下来的污泥浊水，治疗战争的创伤，建设起一个崭新的强盛的名副其实的中华人民共和国。[1]

毛泽东这段充满激情的演说，激发起来的正是中国人民修补战争创伤，推动中国社会历史更快、更好地向前发展的巨大物质力量与精神力量。

(四) 战争可以从另一个侧面修复与烫平人类的心灵创伤

比如，战争中的人性美，军民关系美。不杀害俘虏。遣返战俘。寻找战争中失散的亲人。战争中建立起来的战友情、官兵情，甚至亲情、友情与爱

---

[1] 毛泽东 1949 年 6 月 15 日《在新政治协商会议筹备会上的讲话》，见《毛泽东选集》第四卷，人民出版社 1991 年版，第 1467 页。

情。战争中的国际主义精神，如白求恩、黄继光。甚至化敌为友、战俘改造等等。都可能因为战争而使人类的心灵和精神，变得更加璀璨动人。比如中国电影《小花》、《今夜星光灿烂》、《雁南飞》，外国电影《夜茫茫》、《广岛之恋》、《这里的黎明静悄悄》等，都表现了很真切、动人的战争带来的人间真情和深情。

总之，正义战争推动社会发展，非正义战争阻滞社会发展。虽然，正义战争也可能破坏、毁坏、摧毁社会物质与精神成果，但是，从长远的历史发展来看，正义战争是以暂时破坏社会物质成果和精神成果的方式，战胜非正义战争，得以使社会物质成果和精神成果更好更快地创造和发展。正如毛泽东同志所说，不要怕"打烂坛坛罐罐"。打烂了旧社会的坛坛罐罐，是为了建设新的社会发展与和谐。

第七节　战争与人性的矛盾与和谐

理解军事美学还有一个难题，就是，只要是战争，无论正义战争还是非正义战争，都要以消灭某一类人的生命为代价。每一颗子弹打出去，只要你枪法准，必然就有一颗人头落地。而人头的落地，是再也不能复生的。不像割韭菜，割了还可以一茬一茬地长出来。从人类社会终极意义的观点看，从生命至上的观点看，战争永远都是和人类生命与人类本性相矛盾的。而且这个矛盾，只要有战争存在，就不可调和。战争的本质，是以暴力使对方屈从于己方的意志，包括消灭对方的肉体。

我们也看到并承认这种战争和人类生命矛盾的不可调和性。但我们不能就此宣布：没有战争不消灭人类生命和肉体，所以军事与战争是不存在审美价值的。我们要继续探索的问题是：战争与人性存在着哪些矛盾？这些矛盾中，哪些是具有正面军事审美价值的？

一、战争与人性（生命）的矛盾

战争与人性和生命的矛盾，主要表现在以下几个方面：

（一）战争摧毁和消灭军人的生命与肉体

只要是真刀真枪的战场上，双方都是以人类最残酷、最野蛮、最灭绝人性的方式在上演和进行。这些肉体的消失，包括对方和己方，往往侵略者和反侵略者、魔鬼和天使、败类和英雄的血，是流在一起的。但这种流血的价值，是不一样的。

> 比如：抗战期间的三峡石牌之战。国军师长胡琏带领上万将士，和数倍于己的日军作战。开始双方炮轰，数十里外都能听到，震耳欲聋。后来的几个小时周围四里听不到枪炮声了。原来双方已经短兵相接，拼刺刀和肉搏。一场鏖战下来，漫山遍野横卧着敌我双方成千上万具尸体。国军中有不少刚参战的川军，他们年龄只有十六七岁，穿着草鞋，身单力薄，人还没有他们手中的枪杆高，抓咬着对方战死沙场。

同为英勇战死，中国军人和日本军人流血（生命消失）的价值，是不一样的。中国军人为保卫家乡而战死沙场，生为军人，死为军魂，浩气长存；而日本军人发动侵略战争命丧异乡，不齿于人类。

（二）战争摧毁和消灭平民的生命与肉体

我们不要一味地完全讨厌"杀人"这两个字。对该杀之人，就要努力学会去"杀"，而且要"杀"得越多、越艺术，越能保护自己和无辜平民越好。军人和军事就是这样一种社会存在。但是，敌方已经放下屠刀，成了俘虏，就不能再杀。俘虏已经没有了武器，就是平民。这是一般军事的原则和规则。但反人类、非正义的军队，经常出现这种反人类现象。射杀俘虏、枪杀平民。而这样的军队，没有不被扔进历史垃圾堆的。他们不仅枪杀俘虏，还有大量的平民在战争中消失了生命。这也是应该诅咒的战争罪恶之一。

（三）对抗——战争与生命矛盾逻辑的依据

只要是战争，就有对抗。只要是战争中的对抗，就有对方生命、精神和肉体的消灭。古代的对抗性战争，完全是以"杀人如麻"的方式进行的。现代的机械化战争、信息化战争，可能对人类肉体消灭的程度有所降低，或现代战争不再以大规模的人类肉体消灭为代价和目的，但现代化的武器，终究是人去操作的。战争的本性没有改变，战争和人类生命之间不可调和的根本矛盾，也不会改变。

只要是战争，就肯定有暴力。只要有暴力，就一定会有人类生命的消失。一切非正义战争，对人类生命的戕害，是应该制止和谴责的。

二、战争与人性（生命）的和谐

那么，又应该怎么看待正义战争和人类生命之间，不可调和的矛盾呢？也就是说，非正义战争的杀人，不应该肯定，不具有正面军事价值，那么，正义战争的杀人、暴力，应不应该肯定呢？当然应该肯定！

（一）摧毁罪恶生命有助于人类生命生存

对战争魔王和杀人机器，我们根本就不能把他们当作正常的人来看待。就可以把它们看作是随时都在威胁、随时都准备撕咬我们和我们亲人肉体生命的野兽。比如希特勒那样的罪恶生命，如果早一点消灭，人类生命受到的损失，就不会有那么巨大。

因此，假如我们早日举起枪，准确地消灭希特勒的生命，虽然也是杀人，但是，这里的杀人，将挽救成千上万的人类生命。如果说正义战争的暴力本性、杀人本性，依然存在和人类生命不可调和的根本矛盾的话，那么，我们就应该好好利用这种矛盾，即以消灭敌人肉体方式，避免和换来更多人类生命不被消灭。在最终能够保护更多人类生命好好生存的基本点上，正义战争和人类生命的矛盾，达到了短暂的和谐。以结束和消灭罪恶生命的方式，达到了整个社会前进的历史辩证法（即：有战争的"死"，才有未来社会的"生"）的统一。

（二）摧毁罪恶生命表达对人类生命的终极挚爱与关怀

为正义而战的军人上了战场，用枪杆和暴力来表达对敌人的仇恨，也是以多杀敌人的方式，来表达对家乡、对亲人、对祖国和民族的热爱。"恨"是"因为爱，为了爱"，这种观点在战争中体现得特别充分。因此，上了战场，如果没有苦练杀敌本领，你不仅不能消灭敌人，自己也不能保护。你对家乡、对亲人、对祖国和民族的爱，就无从谈起。

因此，正义战争的"杀人"，不仅是值得肯定的，而且是必须的。它是以消灭一部分罪恶肉体生命的方式，来保护和捍卫人类生命获得更好的生存方式，基本上是战争的唯一方式。比如，潘冬子杀死胡汉三、李向阳杀死松井小队长、《苦菜花》中的娟子娘杀死汉奸王谏之，都是在消灭罪恶的生命，同时，也是在保护更多的无辜生命不被消灭。

据参加过南方某边境作战的战士回忆：一天清晨，战斗结束，他和排长踏上 XX 高地。面前一片狼烟，树枝上挂着断肢残臂，它们属于敌我双方谁的都分不清楚。这时，路口低洼处，倒下了几个敌兵，其中一个胸腿已经被打得血肉模糊，但还没有断气，还在抖抖索索地操枪向这边射击。排长急忙拽过他，对他说，快！快！快去把他弄一下！所谓弄一下，就是去再补他一刀或一枪。不用说，这个战士听了他排长的话，去弄了那个试图射击的敌兵一下。敌兵死了，当然，也没有子弹从它的枪管里射出来了。假如这个战士一犹豫，敌兵的子弹射来，他和他的排长的生命就可能消失。

这个例子最能说明，上了战场就是你死我活。稍一疏忽，自己和战友都

战争的利齿撕咬吞噬着人类的肉体 尼克·尤特摄

可能流血牺牲。正义战争中，消灭敌人，就是保护自己。消灭敌人越多，保护自己就越有效。

（三）摧毁罪恶生命可以迎来人类生命的再生与新生

正义战争也可能伤及平民，甚至还可能伤及自己，是不是正义战争就没有正面军事价值了呢？不是的。正义战争的目的，是为了保护平民，伤及平民和甚至误伤自己，都是属于正义战争目的之外的"误伤"。当然，我们认识到这一点之后，在作战方式手段上要更多地注意，不要伤及平民。

尼克·尤特这幅获得普利策奖的摄影作品，难道仅仅描写越南战争中，一个奔跑的小女孩么？不是！他是在借（也是瞬间捕捉到的）小女孩形体，在赤裸裸地宣扬一种关于"战争与人性"的军事哲学和军事美学观念。1972年6月8日，对可疑的越共藏身地实施凝固汽油弹空中轰炸后，惊恐万状的孩子，包括9岁的女孩潘金淑（图中脱掉烧毁衣服者），沿公路逃跑，一队南越士兵紧随其后。这幅作品的获奖，高扬、肯定和蕴含了人类共同的军事美学价值，使每一个看到这幅作品的人心里一震：战争的利齿，就是这样无情地撕咬人类生命的。薄如蝉翼的女孩形体，衰草般地飘动在硝烟滚滚的背景中，沉重而浩大，是战争中整个人类生命的象征。无助、惶恐、无处可逃，谁也不知道哪一分哪一秒，子弹或弹片将呼啸而至，这样轻飘的肉体就会灰飞烟灭。还有什么能比这样赤裸、真实地否定战争，具有更深邃的艺术魅力呢？

真实的历史是这个小女孩终于跑出来了，并且活着，成了联合国的和平大使。残酷的战争和真实的历史前后对照，诠释了"战争与和平"既矛盾又统一，或者最终统一、终将统一的军事美学意义。

战争不是目的，和平、爱与美将永生。另一位美国摄影家阿尔弗雷德·爱森斯塔特的作品《胜利之吻》绝妙地宣示了这一主题。据载，这幅作品也是作者偶然发现之作。战后，阳光明媚、熙熙攘攘的纽约大街，一对"恋人"忘情拥吻。周围的人们向他们投来和善、艳羡的目光，他们全然不顾，浑然不觉，沉浸在自己"爱与美"的表达里。关键是，他们并不认识，穿着上看，男的是水兵，女的是护士。听到战争胜利的消息，水兵顺势就近揽了这个姑娘就忘情拥吻，而姑娘也没有拒绝，没有任何不自然。这样的一吻，就如终于摆脱了沉重的战争阴霾，从他们的心灵深处，升起了一缕灿烂阳光，照彻人类生命之海。拥吻表达的是爱，这样的爱，是可以在战争之殇后孕育生命的。但真实的情况是，他们并没有孕育生命。据载，这个姑娘现在已经成为苍苍老妇，她还在刻骨铭心地回忆和追忆那位勇敢表达爱情，又像云彩一样飘荡得不知所终的年轻水兵。正因为他们不认识，正因为他们没有成为一对夫妻，这幅作品的军事美学价值和意义，如战争风雨之后的斑斓霓虹，才能如此透彻地闪耀在人们的心里。

战争和人类生命是一对矛盾体。它既可摧毁生命，同时，它又可以保护生命，发展生命。每经历一场千万人头落地的战争之后，社会发展到休养生息的和谐时期，又有多少生命来到这个世界？"不经历风雨，怎能见彩虹？""风雨之后，又是一个艳阳天"。从这个意义上，战争又可以以这样曲折的方式，在人类生命的生存与发展历史上，达到新的和谐。

第二章　军事美学结构研究

军事美究竟是怎样构成的？它可以分为哪些基本层次？

大的层次看，有物质层次的军事美，如军事文物、军事建筑、战争遗址等；有精神层次的军事美，如上乘的军事思想、军事哲学、军事理论、军事文艺等；有文化层次的军事美，如军装、武器、阅兵等。严格说来，无论物质层次，还是精神层次，只要是军事精神、军事情感、军事心灵、军事意志和人类长久不衰的军事生命力的创造和表现，就是文化层次的军事美。从这个角度看，军事美的结构，只有一个系统，就是"人——军事——心灵——文化"之间的价值系统。无论对军事美的层次划分，还是对军事美的价值判断，我们都将在这个系统中来进行。

第一节　美的基本层次

要了解军事美的基本层次，必须了解美的基本层次。所谓层次，就是事物结构功能相对独立集中，又相互联系的基本意义和等级秩序。下面，对美和军事美基本层次划分的论述，是我们对美和军事美的本质意义，试探性、开拓性，而且也是很有把握的理性阐释和理解。

在理解美的基本层次之前，我们一定不要认为，美仅仅就是好看、漂亮，看了使人舒服的人物和事物。我们一定不要认为，美和审美，就是我们读的小说、看的电影、听的音乐、欣赏的图画。这些属于艺术美。艺术美和对艺术的审美，仅仅是美和审美的一个部分、一个方面。甚至，据我们看来，还不是最主要和最重要的方面。

"美是人的本质力量对象化"。这种"本质力量"全方位向世界展开，不可能只对象化在艺术领域。美是人类赋予整个世界的一种价值。除了赋予世界好看、漂亮、看了舒服和艺术创造的价值以外，人类赋予世界的价值还有许许多多。我们认为，美是人类一切创造，包括物质创造和精神创造的基本精神动力之源。只要沾染上了人类生命意识的创造，都有美和美的价值产生。我们不赞成美和美的创造，仅仅是关于艺术创造的哲学问题。西方有伟大的美学家，否认美学的存在。他们认为没有什么美学，至多只有几条关于艺术创造的原理。美和审美的道理其实很简单，一是要有客观外在形象，二是要有人类审美意识。只要是有意识（意义）的形象，就是美的形象。"美是人本质力量对象化"的定义，和柏拉图"美是（事物的）理式"、黑格尔"美是理念的感性显现"，本质上并没有太大的区别。

"事物"、"理念"、"本质力量"，即审美客体；"理式"、"感性显现"、"对象化"，即审美主体。单纯的审美客体和审美主体，都不能构成美的本质。二者必须天衣无缝地融合为一，才能构成美和审美的价值事实。所以，我们认为，美的定义，凡是人类能够说得出来的，已经基本上说出来了。以后的人们，无论多么伟大的美学家，他们要说出的美的本质和定义，也万变不离其宗。离开了主体（人类）或者离开了客体（世界），离开了主客体之间（人类和世界之间）生成的价值关系，谁也不知道美的道路，该怎么走，往哪里走。

这么说来是不是人类美的价值世界，就因此而穷尽了呢？不是！为什么？因为人类永远都是变化的、常新的，他们和世界结成的价值关系，也永远都是变化的、常新的。人类对即成审美价值世界的探索，尚处于大体清晰而永久迷茫的阶段。比如，我们永远也无法解开李白为什么将"床前明月光"，酿造成了千古"孤独的美丽与美丽的思念"之象征的奥秘，因为，李白此时此刻运思艺术和语言的心理意绪，谁也无法代为重复和复制。最高境界的美，只能是不可重复的个体心灵和同样不可复制的世界之间，卓然独立的，而又和世上所有美"绝缘"的"唯一的词"（西方美学观点）。况且，还有那么多新的创造和实践，每天都摆在人类面前。人类无穷无尽，人类的创造无穷无尽，美的价值和新的审美世界，必然无穷无尽，日日翻新。这就是为什么"美的终极定义无法找寻，但美的价值及其光辉，又是如此诱人，引领着人类不断地去创造新的现实与精神美境与新境"的原因。

存在主义美学认为终极意义的美学本质是不存在的。因为"意志"作为审美本质，是一种"不可遏止的冲动"，促使人驾驭自己的命运之舟，绕暗礁，过险滩，最终还是沉没（参见叔本华《意志与表象的世界》）。所以，人生的价值和意义，和美的本质一样，不在命运之舟沉没之后，而在驾驶的过程中。把握"当下"，就是这个意思。我们认为，过程美学，讲得有几分道理。但是，过程美学并不是要求我们放弃对审美本质的追寻，而是审美本质的基本意义，已经包含在人类历代最优秀的审美研究者、创造者的论述及其创造成果过程中了。我们现在仅仅处于这个过程的一部分。

这样，我们就可以据此把人类能够把握的审美世界的美，划分为以下一些基本层次：

一、纯粹自然美

何谓自然？从字面意思来讲，自，即"自己"；然，即"这样"。连起来，它，指客观事物，"自己本来就是这样"，就是自然。人把它没办法的事物，就是自然。康德把美分为"自由美"和"附庸美"，这里纯粹的自然美，就是自由美，也就是和人类的精神意识无关的美。"附庸美"就是染上了人类思想、意识、情感等生命价值色彩的美。也就是经过"人化"的美。原始的九寨沟、张家界，就是自由美。但经过人的改造，成为旅游景点，就染上了人的思想和愿望，变成不是纯粹的自然美了。"自然的人化"，是很重要的美学命题。康德认为，自由美，也就是纯粹的自然美，是相当少的。我们所处世界上的美，物质层次的也好，精神层次的也好，前者如一个精美的陶罐，后者如一首韵味深长的诗，都是经过人的手和心灵，根据一定的目的，创造出来的，因而是"人化"了的美。

世界上完全和人类无关的美，极为稀少。山川、江河、日光、月光，处于原始的自然状态下，可以看成纯粹的自然美。但是，泰山华山、黄河落日、中秋圆月，都不是纯粹的自然美，而是人类某种精神象征的美，也就是人化、人格化、心灵化的自然美了。

那么，究竟哪些属于纯粹的自然美呢？比如，地理课本上的宇宙光谱，神舟 X 号宇航员，在机窗拍摄的宇宙画面和录像，整个天宇像蔚蓝色海洋，浅蓝浅蓝的，无边无际，浩瀚无垠，点缀着无数金色的星星。那就是"人类拿它没办法的美"。还有冬天生活在北方的人，都有这样的体验。早晨起来，窗棂上的雪花和霜花，形态美不胜收。这也算纯粹的自然美。但是，有个叫高尔泰的美学家认为，雪花窗花霜花，不算艺术。因为它们不是一种创造，没有掺杂人的主观意识和艺术理念，按照他的"美在主观"的观点看来，也不是美。但我们深信，"人类把它没有办法"的纯粹自然美，即康德所说的"自由美"，是存在的。杨振宁说过，整个自然宇宙就是一首和谐的诗篇。比如我们演算完复杂的方程式，心里会产生一种快感。那就是有如写诗作词之后，获得的快感一样，是自然排列组合规律，赋予人类的美感。处于自然状态下的时空排列组合，完全和人类没有关系，可以看成是纯粹的自然美。但是，人类登上太空的宇宙飞船、月球探险，就不是纯粹的自然美，而是延伸了的社会美。因为人类把他们的思想愿望、价值追求，写进了太空，把太空人化了。如果对太空的探索，融进了军事目的，沾染上了，或者说"对象化"了人类的军事精神和意志，就属于军事美的研究对象和表现范围。

康德自由美与附庸美的论述，和黑格尔"美是理念的感性显现"对美的分析有几分类似。黑格尔认为，"一切存在的就是合理的"，因此，他认为，一切存在（事物）因为合理（显示理念）也就是美的。理念显然指的是人类的理念。这类美，就可以看成康德的附庸美。但是，黑格尔也认为有些存在，很少量的存在，并没有显示理念，因而就不是合理的存在，也就是不美的存在。比如，马路上一堆乱石没有显示任何理念，就是不合理的存在，因而也就是不美的存在。这类没有理念的存在，看来还不是康德所指的自由美。自由美比如宇宙光谱，没有附庸人的主观意识毕竟还是美。马路上的乱石，没有人的主观理念，显然就不是美，更不是纯粹的自然美。

二、人类某种精神象征的美

也就是，象征了人类某种精神的自然物的美。比如，伟岸的青松、报春的腊梅、浪漫的玫瑰、缠绵的杨柳、淡雅的菊花、壮丽的晚霞、清新的朝露、皎洁的月光，这些自然景物之所以美，已经被人类赋予了特定的价值、意义和色彩。同样，自然的色彩，比如红、黄、蓝、白、黑，根据李泽厚的"积淀"说，都是积淀了人类某些特定历史时期的精神内容，因而成为特定审美对象。红的热烈，黄的高贵，蓝的梦幻，白的哀思，黑的忠厚，粉的雅致，紫的幽思和神秘等等，和自然色彩的关系并不大。它们的审美价值和意义，都是人类赋予的某种精神象征。

三、侧重感性创造的美

比如文学、艺术、某些原始宗教等。文学是语言艺术，也是广义的艺术美。某些原始宗教属于社会美。原始宗教怎么会有美呢？英国人类学家弗雷泽所著《金枝》，是著名哲学著作、人类学著作，也是美学著作。该书用大量篇幅探讨了人类的起源和美的起源，把原始宗教的图腾和表现，和美、审美、艺术创造的紧密联系，研究得很充分。审美原本就和原始宗教紧密相连，有时混为一体。我们现在使用的"美"字，据许慎《说文解字》分析，一是"羊大为美"，从实用的角度看，好吃的大肥羊很美；二是"羊人为美"，所谓羊人，就是头顶羊角的巫师。李泽厚《美的历程》把在古代部落首领面前持爻占卜的巫师，称为那时人们的精神领袖。那时的部落在劳动、打猎、打仗之前，就要招来巫师占卜，然后，围着某些象征物又唱又跳。剔除纯粹迷信的《易经》，之所以是我国古代的哲学之书、占卜之书，也是美学之书，就是这个道理。

我们把文学艺术和某些原始宗教划分为侧重感性创造的美，并非说这些美不包含理性。但主要并不是宣扬理性。艺术创造中的理性，和理性创造的美不一样。艺术理性是融合在形象创造之中、蕴含在艺术创造形象背后的理性。比如《维纳斯》包含的理性及艺术哲学，是可以写一本书的，但作为维纳斯的艺术形象，是如此光昌流利，生动无比，和纯粹宣扬理性的文字一点都不沾边。原始宗教也宣扬理性，但更注重形式和形象，大多以"神灵凭附"癫狂状态表现出来，所以我们把它归纳为"侧重感性创造的美"。

四、侧重理性创造的美

如庄子的散文，尼采、萨特等人的诗化哲学。真正的哲学不是教条，本身就是诗情浓郁的。"道生一，一生二，二生三，三生万物。"这是老子哲学勾画出来的宇宙生成图谱，它是哲学的，也是蕴含生气勃勃的形象的。贝尔认为："有意味的形式"就是美。我们认为：与其说"美是有意味的形式"，还不如说"美是有意味的形象"。两者大体都差不多。庄子散文根底里讲的是哲学，但它具有气势美、形象美。"大鹏展翅九万里，翻动扶摇羊角"，那种恢宏的气势美，是我们谁都能感受得到的。尼采、萨特的哲学，有些是直接用诗行排列，萨特直接把哲学思想创造成诗歌和剧本。西方古老的诗学就是美学，柏拉图把哲学与诗，作为人类精神创造的最高层次和典范。我们不能简单地把美分为自然美、社会美、艺术美就够了。美最终是要把我们的思维和思路，带领到人类灿烂绚丽的心灵结构之中——也是人类创造的文化宇宙之中去。

侧重理性创造的美和侧重感性创造的美，可以这么区分。庄子的散文再美，尼采、萨特等人的诗化哲学再美，他们的主观意图，本质上是为了宣扬哲学。而《维纳斯》的作者和达·芬奇的作品，意蕴和理性无论多么深厚，他们的主观意图，本质上是为了塑造维纳斯和蒙娜丽莎的艺术形象，而不是着力宣扬任何艺术之外的道理。艺术用形象说话，作者想说的话（理性），全蕴含在艺术形象之中。所谓"不着一字，尽得风流"就是这个道理。有些作品，比如罗丹的《思想者》，曾命名为"思"，只有一个字。而且这个字，还不一定准确。没有这个字，也就是"不着一字"，并不妨碍人们对该作品内涵的理解，可能还会更加"风流"。有了这个"思"字，还有可能限制我们对该作品更加深刻和宽广的审美凝思。

五、思维结构的美

比如牛顿与爱因斯坦，他们阐释世界的思维方式，本质上是诗性的，也是美的。牛顿的几大定律，把人们的思维从上帝那里解放出来，西方社会走出了封建时代；爱因斯坦的相对论，激励了西方资本主义物质化的大生产。他们改变了人类的思维结构和精神方式的同时，也改变了人类的社会物质形态和行为方式。我们说他们属于思维结构的美，就是在肯定一种精神价值。他们是自然科学家，也是自然哲学家，还是给人类创造带来了巨大物质财富与精神财富的思维结构层次的美学家。从某种程度上说，最伟大的自然科学家，必定是最伟大的哲学家、艺术家和美学家。自然科学和人文科学，在深层思维结构上、在人类精神创造力上，原本相通。而伟大的艺术家，则不一定是伟大的自然科学家。只有极少数最伟大的文学家、艺术家，才可能把他们的艺术作品，创造来达到"自然哲学"的高度。比如《荷马史诗》、但丁的《神曲》等。在人类追求美、创造美的漫漫征途上，自然科学家和社会科学家，在思维和创造力方面，并驾齐驱！

思维结构怎么会还有美？思维结构的美是一种什么样的美？我们认为人类思维结构的美，是最伟大的美。尤其是那类改变了人类物质生活和精神生活方式的伟大人物的思维结构，典型的如《创世记》作者、牛顿、爱因斯坦、马丁·路德·金等，还有"改革开放的总设计师"邓小平，他们贡献于人类的美，远远不是一幅油画、一首乐曲、一本小说、一首诗歌、一部电影所能带来的，而是社会物质与精神的变革。这类形态的美，可以是他们思维深处的某一个闪念，比如"道生一，一生二，二生三，三生万物"，也可以是翻天覆地的社会历史变革和物质、精神成果的"井喷式"的创造、呈现和涌现。

思维结构的美，还是要以形象的方式表现出来。我们曾经考察过即将落成的三峡大坝，其内部结构的壮阔与恢宏，韵律与节奏，怎么能够用一首诗表现出来？在它面前，什么样的诗，可以获得同等的分量？建筑是凝固的音

乐，也是立体、动感、凝重的诗。建筑的美，主要不在我们能够看到的外在
形象，而在构筑它们吐纳和承载"天人之心"的思维结构。

六、文化层次的美

即：人类在改造客观世界和主观世界过程中，所创造的一切物质成果和精
神成果的总和。物质成果，主要用于满足人类物质需要，即衣食住行需要而创
造的产品，如历代文物、建筑、服饰、电灯、电话等；精神成果，主要用于满
足人类精神需要，即礼仪乐艺需要而创造的产品，如历代文学、艺术、宗教、
风俗等，哲学、思想、逻辑、文化（含自然科学），也可以归入另一种形态的
精神产品。当然，这里关于物质成果和精神成果的区分，是学术意义的区分，
而不是断然的区分。没有哪一种物质成果，没有内含一种精神；同时，也没有
哪一种精神成果，没有一定的物质载体。准确地说，是侧重满足人类物质需要
的文化产品，和侧重满足人类精神需要的文化产品，都属于文化层次的美。

所以，我们认为，美是人类物质与精神创造的根本动力之源。价值与文
化，是人类创造物质世界和精神世界的同时，创造的"第三世界"，即"美
和审美的价值世界"。

第二节　军事美的基本层次

根据我们对美基本层次的理解，军事美的基本层次，也可以如下划分：

一、有纯粹的自然美，但没有纯粹自然形态的军事美

军事美属于社会美，是充满激烈冲突、对抗的那部分社会生活的美。和

正常的、和平的、美的社会生活不同，军事与战争，是人为制造并强加给人类社会生活的美。其审美价值，只有通过它对人类社会产生的价值和作用来评判，不能用，也没有纯粹的自然价值来评判。也就是说，只要是军事与战争，就不是"自然"。

战争中的社会美，也不单单只具有对抗性质。战争前、战争中和战争后的社会生活，也有诸多平和与优美。全民抗战、后方劳动生产支援前线的正义战争、战争中的人性美、战争中的军民鱼水情、优待俘虏和感化战争罪犯、战争中的爱情等等，也属于军事美，但并不对抗，或者并不时时处处对抗。某些战争生活表现，某些表现战争年代的军事文学艺术作品，对自然美的描绘，其平和优美的程度，远远胜于一般社会生活的美。

> 洪湖水，浪打浪，洪湖岸边是家乡。
> 清早船儿去撒网，晚上回来鱼满仓。
>
> （歌剧《洪湖赤卫队》插曲选段）

> 九九那个艳阳天来哟，十八岁的哥哥坐在河边。
> 东风呀吹得那个风车转哪，蚕豆花儿香呀，麦苗儿鲜。
>
> （影片《柳堡的故事》插曲选段）

歌词美，景色美，场面美，感情美，人物美。比兴手法综合巧妙运用。我们认为这些战争题材的文艺作品，在自然中的优美程度，是一般社会生活无法比拟的。其艺术成就，几乎达到"美妙绝伦"的境界。原因在于，这里的自然美，不是唯优美而优美，而是壮美之中的优美，或者崇高、壮美、背景之中的优美。作品的背后，都有宏大甚至惨烈的战争背景。因此，我们认为，军事美更加符合"壮美衬托优美"和"优美中显示壮美"的艺术辩证法。

> 娘啊，儿死后，
> 你要把儿埋在那洪湖旁，将儿的坟墓向东方。

让儿常听那洪湖的浪，常见家乡红太阳。

（歌剧《洪湖赤卫队》韩英选段）

九九那个艳阳天来哟，十八岁的哥哥呀告诉小英莲。

这一去呀翻山又过海呀，这一去三年两载呀不回还。

这一去呀枪如林弹如雨呀……

（影片《柳堡的故事》插曲选段）

军事与战争是全民的社会活动，既然是军事美，就没有纯粹的自然美。自然是他们优美生活的舞台，更是展示军人伟力、祭奠军人生命的舞台。无论意图埋在洪湖畔的韩英，还是在艳阳天中告别，立即投入枪林弹雨的"小哥哥"，纯美的大自然，都是牵挂着他们血肉和生命的祭坛。军事生活中的自然，是带着军事色彩的自然。打鱼捞虾，谈情说爱，尽管和自然一样纯美，但它（他、她）们都已经没有了纯粹自然美，那种单纯属于形式美的自然属性。自然衬托战争，战争捍卫自然。或者，捍卫自然的美，成为军人从事战争、流血牺牲的主要动力和精神源泉。

吴宇森电影《赤壁》片头的军事美学意义、雪山草地的审美价值、宇宙太空显示的军事精神意志，都说明没有纯粹意义的军事自然美。但是，在自然中表现的军事审美价值，因其背景的宏大和意义的深远，往往更加广袤和深邃。

二、人类某种军事精神象征的美

比如青松、梅花、玫瑰，既可以象征一般精神、人格美，也可以象征军事精神、人格美。关键是看它们和象征物之间，有没有结成军事形态的价值关系。青松在岩石中挺拔生长，象征人类顽强勇敢的意志和生命力。青松总在艰难的环境中伟岸地生存，象征人类在最坚苦的环境中，也要彰显伟岸的风采。这种品格和军人极其相似。一般战争纪念塔、烈士纪念碑，总是松柏环绕。"青松气节，云水情怀"，是军人、英烈的心灵和精神写照。青松耐寒，而且长寿，虽死犹生，象征英烈精神灵魂的再生和永生。梅花在最艰苦的自然严寒环境中，告诉人们春天即将到来的消息，象征革命先烈的生命和精神价值。他们流血牺牲的军事生命，换来祖国的黎明和春天。青松、梅花和玫瑰，尤其是象征战争中热烈而凄美爱情的"战地玫瑰"，比如少剑波与白茹（《林海雪原》）、沈振新与华静（《红日》）、卢嘉川与林道静（《青春之歌》）、刘洪与芳林嫂（《铁道游击队》）等的爱情，都是在战争的背景或者战争硝烟烈火中绽放，浓烈而凄美。这些自然物的品格，和军人（战争和参与战争非军人）的精神、品格、生命与情感价值之间，产生了必然的价值对应关系，构成人类某种军事精神象征的美。

这个层次的军事美，还有其他动物和植物，比如和平鸽、橄榄枝等，因为它们的基本自然属性，和人类军事属性、军事活动实践的价值追求，"热爱和平、追求和平"等等理念，也产生了某种必然的相互对应的价值关系，构成了典型的某种军事精神象征的美。

三、侧重感性形态创造的军事美

感性和理性，仅仅是学理上的区分。每个人的心理结构，都是感性和理性的综合体，往往难以区分。一般而言，感性属于艺术，理性属于哲学。又有理论家认为，感性创造接近于社会科学，理性创造接近于自然科学。无论感性和理性，我们认为，只要是创造，它们都属于人类精神文化创造。

既然"文学、艺术、某些原始宗教等"属于人类"侧重感性创造的美"，那么"军事文学、艺术、某些和军事相关的原始宗教等"，也是属于"侧重感性创造的军事美"。它们主要包括古今中外流传下来的战争题材的小说、诗歌、戏剧、散文和音乐、美术、舞蹈、建筑、书法、影视等文艺品种，和某些与军事相关的原始宗教活动。它们的审美属性，来源于人类共同的军事审美意识和价值评判标准。

侧重感性形态的军事美，还包括军事形式的美。如正义战争场面、军营生活场景等积极、健康、向上的审美因素。它们一般通过可见的军事形式表现出来。对这类军事形式的审美：一是审视它们怎样按照军事艺术创作规律和表现手法来创造，理解它们之中蕴含的人类共同的军事审美意识、战争观念和思想情感；二是对它们进行军事形式美组合规律的感性直观，一般不需要理性推理和逻辑判断。比如，阅兵的形式美、军人形体审美塑造，它们主要作用于人们的感官，对其形式作出符合军事审美的价值判断。当然，这是为了研究和需要的区分。只要是侧重感性创造的军事美，无论是军事艺术创造，还是战争场面和军人形体，都是作用于心灵、表现于心灵的。武器也是可以通过形式来感受和分析的军事美，但它更属于文化层次的军事美。

可能有人发问，宗教本身和军事是对立的，怎么原始和军事相关的宗教活动是军事美呢？总体而言，宗教和军事是对立的。我们现在的条令条例规定，军人不能相信宗教。马克思说："宗教是麻醉人的鸦片"。比如，宗教宣扬无原则的善良，佛教讲因果轮回，宣扬不能杀生。今生杀了生，来世要遭报应。如果军人相信这些，被这些精神鸦片所麻醉，上了战场，为正义而战，不杀生怎么办？相信来世遭报应，面对凶残的敌人，我们怎么下得去手？所以，军人，哪怕是一般人，也不要相信和迷信宗教。假如真有报应，发动战争的历史罪人，他们遭的报应应该更多。为正义而战的军人，无论这世，还是来世（假如真有的话，实际上也没有），都是人类和平的天使，都会戴上而且已经戴上推动人类历史发展无比尊贵的"桂冠"。

和军事活动发生正面价值关系的原始宗教活动，可以纳入军事"礼仪美"研究的范围。比如，早期军事活动之前，部落进行的宗教活动，军事地形学之中的八卦风水、天文地理，和战场地点、作战时机的选择，它们构成战争智慧和作战艺术的有机组成部分。只要有助于进行正义战争，都可以纳入军事美的研究和认识范围。不能把它们完全看作封建迷信，彻底抛弃。但这类军事审美价值，有一部分不属于侧重感性创造的军事美，而是侧重理性创造的军事美，比如军事地形选择等。

四、侧重理性创造的军事美

侧重理性创造的军事美，是以军事思想、军事哲学、军事战略等理性存在状态的方式，创造和表现出来的军事美。它们的审美价值，诉诸理性、源于理性，需要我们理性的判断。为了更好地理解这类军事美，我们需要对美的定义进行扩展和探索。一般人印象中，美的东西，就是好看的事物和形象，但是，任何好看的事物和形象之所以美，就在于那些形象和事物背后包含着特定的深刻意义。所以，对美的欣赏，并不是看到美的形象就完成了，而是要通过那些形象，把它们包含的价值和意义，充分理解、分析和感受表达出来。无论是理性创造和感性创造的美和军事美，我们的审美过程，必然是直观外在形象，感受内在的价值和意义。

军事思想、军事哲学、军事战略，为什么会表现为美呢？怎样看待军事思想、军事哲学、军事战略包含的独特审美价值呢？我们认为，一般的军事思想、军事哲学、军事战略，仅仅是以理性方式存在，不能表现为美。比如，"战争是政治的继续"，仅仅告诉我们战争与政治的关系，还不能包含审美价值。但是，如果我们以"战争是政治的继续"的军事哲学思想，制定适当的、可行的，既符合社会历史发展规律，也符合战争指导规律的军事战略、战术，该军事哲学思想，就包含特定的军事审美价值，而属于侧重理性创造的军事美了。比如，毛泽东根据中国革命战争的实际状况制定的从"农村包围城市，然后夺取城市"的革命道路，因为它的"真"——符合中国革命战争规律和指导规律，还因为它的"善"——符合中国近现代社会历史发展方向，再加上它包含中国革命战争独特的军事战略和战争"智慧"，它产生的价值，就是美的了。这里的军事美，既是军事理论的美，因为它的真；也是军事现实的美，因为它的善；再加上它包含的独特军事智慧和技巧，这种军事艺术的美，是真善美的统一。"真善美统一"，是解开世界上一切美的奥秘的钥匙，也是解开世界上一切军事美的奥秘的钥匙。

可能有人会发问，美本来就是和理性对立的。典型的理论，比如军事思想、军事哲学、军事战略都是靠理性逻辑、判断、推理来制定和建立的，怎么还有理性创造的美？这样的审美理论和军事审美理论，不是违反审美基本原则和规律的"反审美"的理论么？

我们完全同意"美和理性的对立"，但我们必须明白，真正的"美"，所对立的是什么样的理性。我们要提出也许被美学界不少人忽略的，没有完全弄清楚"审美和理性"对立的问题。我们的美学，反对的是一切糟糕的、违反审美规律的，也就是马克思所批评的"席勒式"的只做"单纯时代号筒"的理性，比如根据"主题先行"、"政治任务先行"进行的文学艺术创作。这种理性，当然是反审美的。我们可以把这里的理性分为糟糕的、坏的理性，和纯粹理性、审美理性。糟糕的理性根本就不是理性，而是阴谋。不仅反审美，而且是反社会、反人民的。比如 20 世纪六七十年代，某些根据某种政治目的（理性和主题），而进行的文学艺术作品的创造。这样的理性不是美，也不能创造美；纯粹理性，尚处于纯理论存在形态的理性，不是美，也不能创造美；而审美理性，无论处于什么状态，都是美，而且是有极高审美价值的。"真正的、符合艺术与学术本身规律的理性"，本身也是美的。比如，西方哲学、美学史中的经典理论，"美是理式"（柏拉图）、"美是理念"（黑格尔），尼采、叔本华、萨特、海德格尔、维特根斯坦的理论，中国的"道"、"无"、"理"、"气"、"仁"等，即使以纯理论的方式存在，也是美的。还不仅仅它们既真且善，既反映了世界运动和事物发展的规律，有助于人类认识世界、改造世界，对人类思想文化精神建设带来了好处，还因为它们本身是诗意的、形象的、生机勃勃的，也当然是美的了。中国理学大师朱熹的诗歌，为什么有那么高的审美价值？就是因为他诗歌中的"理"，如"等闲识得东风面，万紫千红总是春"，还有苏轼的"淡妆浓抹总相宜"等，是一种"审美化的存在"（参见张晶《理性的审美化存在》）。人类最优秀的理论著作，无论自然科学还是社会科学，如果我们在当中读不到思维、读不到诗意、读不到美，或者不能获得审美享受和感受，就基本上说明我们还是这部著作的门外汉。

理论本身是美的，军事理论本身，当然也应该是美的，这就是侧重理性创造的军事美存在的形态及其价值。要强调的是，我们常说理论本身也是一种美，真正的哲学、思想、理论本身，也应该是形象生动，而且赋有感染力的。比如《孙子兵法》和《战争论》，它们的文字系统本身，也是很优美而富有感染力的文字。它们的创造过程，本身也包含着生动的形象和饱满的激情。因此，《孙子兵法》和《战争论》，既可以作为文学和文化著作来读，也可以作为军事思想、军事哲学，在军事领域内创造的典型艺术范本。还有西方的一些战略家、思想家，他们的军事理论著作，他们著作中的某些篇章，比如，约米尼的《战争艺术》、科林斯的《战略》等，包含着丰富的诗意和联想，气势磅礴，语言富丽，想象恢宏，写得像一首首诗歌。我们理解他们理论著作中的军事理论的同时，也深刻地看到和感受到了他们带来的军事文学艺术的审美感受。

理性创造的军事美，有以下一些特征：一是它们是以理性的形态出现，对军事与战争进行哲学思考；二是这种思考又以形象的生动的方式表现出来；三是我们对侧重理性形态的军事美的理解，主要是对军事意义和价值，以及它们显示这种价值和意义的"思维方式"的理解；四是因为是对思维的和哲学的审美，所以我们欣赏和理解这种类型的军事美，主要侧重理性的感受和思考；五是侧重理性创造的军事美，也不单单只有军事思想、军事哲学、军事战略思维等理论形态的军事美，还有主要作用于我们哲学思考理解的那一部分军事的审美价值。比如，军事遗迹美、军事历史美等，我们在那些经历过战争洗礼的军事遗迹面前，得到的更多的是关于生命与战争、社会与历史，以及军人价值和祖国、民族发展与进步之间等等关系的思考，它们给人带来的就是属于理性创造的军事审美价值。

五、思维结构的军事美

思维结构的军事美，也就是古今中外最伟大的军事家、战略家，他们阐释军事与战争的思维方式的美。这是更高层次的军事美。它们不是军事手段、军事技术层次的军事美，而是从更高层面，更本质地思索战争，寻求更完美地解决军事与战争根本问题的思维结构的军事美。它已经不在于我们看到了什么军事形象，也不在于我们对某个具体军事哲学的辩证思考，而在于深深沉入军事理论家的心灵结构之中，看到他们形象生动地解决人类普遍战争问题最耀眼的军事智慧的光辉。

这种类型的军事美比较少。西方兵圣克劳塞维兹"战争是政治的继续"的观点，对战争本质的认识，无疑是深刻而又独到的。但如果我们仅仅停留在接受这种观点，还不能算做理解了它的美。而要据此观点，深入他"解决战争根本问题"的军事思维结构之中，通过对战争本质的认识，制定相关军事战略方针，并艺术地运用于军事与战争实践，那样，这种纯粹的军事理论价值，就能产生纯粹的军事艺术和审美价值，成为思维结构的军事美。从深层军事思维角度看，它具有很高的军事指导、军事智慧和军事艺术价值。它的美在于一种正确认知战争，并制定相关军事战略，形成战争艺术的"军事思维"。

比如，《孙子兵法》关于"不战而屈人之兵"的思想，"全胜思想"，也就是在战争之外去寻找战争取胜之道的思想，用形象生动的语言，传达出的上乘的军事思维结构。那里的美，是高超的军事智慧和战略。西方战争艺术"间接路线"、"大战略"的思想，包含着解决战争问题的思维结构，对那些军事美的理解，应该说相当困难，但也是可以看到并且感受得到的。除了《孙子兵法》、《战争论》和《大战略》等著作，在很多著名军事著作和著名军事家的战争实践中，我们都可以读到和感受到。

诸葛亮和毛泽东的军事思维结构的美，集中表现在他们面对军事问题的胸怀、气势和战略眼光，以及基于这种胸怀、气势和眼光的军事智慧在战争中的独特运用和表现。诸葛亮军事思维结构美，不在于他的"鞠躬尽瘁"和"死而后已"，那是他的思想道德，和他的军事思维结构，有间接关系，而没有直接关系。理解诸葛亮军事思维结构，也不是看他指挥了哪一场战争，运用了哪一种具体的作战方法和技巧，而在于他"高屋建瓴"的军事思维方式。《隆中对》中，诸葛亮对"天下大势"的理解，对过去发生的、还没有发生的和正在发生的军事形势的分析和把握，那种必然进入他的思维结构中的精神视野，才是他的军事思维结构审美价值所在。毛泽东的军事思维结构，不是他的具体作战方法和技巧，也不是他指挥某一场战争、某一场战斗的具体作战方法。林彪也创造了优秀、具体的作战方法，但他没有整体的战争全局观和整体的军事思维结构，或者这种思维结构不明显。国外军事理论家，把林彪称为"军事战术家"，而把毛泽东称为"军事战略家"。军事战略家，看到的是大局和整体，军事战术家，应对的是局部和具体的作战。

我们可以把毛泽东的军事思维结构审美价值，用"势"与"巧"来概括。这里的"势"和"巧"，更主要的是"势"。也就是诸葛亮《隆中对》讲到的"天下大势"。战争中，"势"是无形的军事力量，也是无比强大的军事思维力量。表面看来，它很难把握，埋藏很深。但它可以使弱小的军队，变得强大；使处于劣势的失败的战争，变成处于强势的胜利的战争；使没有武器或者缺少武器的军队，战胜武装力量特别强大的军队。

当大革命失败后，在共产党内主要领导人积极准备攻打大城市的时候，毛泽东带领他攻打长沙失败了的残破队伍，上了井冈山。后来反"围剿"战争失败后，江西不能待了，毛泽东和他的战友，又带着那支队伍从江西走到延安，在延安指挥了八路军抗战。八路军、新四军在敌后得到迅猛发展。抗战胜利后，毛泽东把林彪的部队迅速派往东北，又从东北往下一路席卷下来，直到华中、海南岛。这里包含的"势"与"巧"，在于"迂回的势与巧"。从城市到农村的迂回，从江西到延安的迂回，从延安改编为国民革命军第八路军和新四军，到发展成为几百万大军的解放军的迂回。种种迂回，来源于"巧妙的军事思维结构"。好像"把手缩回来，又攥着拳头打出去"一样充满力量。中国革命在失败困境中的战略"迂回"，包含着"直接"通往未来胜利的气势和力量。

中国古代有"无为在歧路，先据要路津"的诗句。所谓"先据要路津"，就是要首先占领最关键、最有气势、可以一招扼住敌人咽喉的那个路口。长征结束，党中央和毛泽东把军事大本营安派驻扎在延安。在中国历史版图上，从国人暴动开始，到汉唐王朝定都长安，从西北往南攻打并入主中原的，一般都取得了胜利。那就是军事大"势"。林彪入关，经营东北，在中国的版图上，从东北往南席卷而下。"东北"就是夺取解放战争胜利的"要路津"。解放战争中后期，毛泽东和党中央把首都定在北京，也是"先据要路津"的典型。"太平天国"战争是从南往北打不能取胜的典型战例。建都南方的政权和王朝，比如杭州和南京的王朝，一般都不长久。从军事气势和心理气势上看，都不符合"先据要路津"的意蕴。这不是迷信。军事地理与心理的"气与势"，往往是看不见的决定性力量。我们常说："得势，就得胜。"这是把握战争根本问题，并制定相关的上乘战略、战术的军事思维结构。

以时间换空间，以空间换时间。（毛泽东《论持久战》）

认识思维结构的军事美，实质上是要我们去理解最高战略之中，包含的最丰赡军事智慧的军事思维结构的美。那里的美，符合战争规律和战争指导规律的"道"。它根据战争情势制定出来，并能够指导战争取得胜利。毛泽东在《论持久战》中提出来的"以时间换空间，以空间换时间"，就是根据当时抗战敌我双方兵力、战力实际情况，前期，给予敌人（日寇）一些地盘（空间），让它去占领。然后，积蓄力量，把占领广阔空间的敌人拖疲，拖垮，再组织反攻（获得时间），开始不和敌人拼阵地战、消耗战。"以时间换空间"呢？则是在战略、战役方针的制定上，用几年的"时间"，经过战略退却、相持到大反攻，把敌人占据的"空间"夺回来。

毛泽东抗日战争整体思维结构，为什么是美的呢？因为它揭示了抗日战争的取胜之"道"（规律）。它是着眼当前、立足长远的战略智慧，并由此制定出一整套面对强敌、长久抗战的作战方法和技巧。它解决了战争"快与慢"、"短暂的失利与将来取胜"之间的辩证关系。军事辩证法是军事哲学的核心，也是军事美学的核心。

当然，不是一切军事哲学、一切军事辩证法，都是思维结构的军事美。只有那些包含着深刻战争规律、高超战争智慧、灵活巧妙的作战方法和技巧的军事哲学和军事辩证法，才是思维结构的军事美。因为它们包含着军事审美价值的最高境界——军事自由、灵动和卓尔不群的军事智慧和技巧。

六、文化层次的军事美

文化层次的军事美，包括物质形态的军事美和精神形态的军事美。按照

文化的基本含义，还有制度文化、行为文化、风俗文化等。我们这里严格地
把军事文化，限定在物质文化和精神文化两大类。因为制度文化、行为文化
和风俗文化，在军事与战争中的表现，不那么直接。所有文化，最终要立足
于人类的精神层次和心理层次上，才能看到它们的价值。比如制度形态的军
事文化，可以从军事设施与军队组建等方面，看到当时的社会形态、制度结
构和应对军事与战争的观念、方法、手段和技巧，分析到这个层次，才能构
成军事制度文化审美价值的主要内容。

　　军事文化研究，很少有关于军事风俗文化的内容。军事不是一种风俗，
而是一种战争行为和手段。虽然也可以从历史与风俗的角度来研究军事文
化，但研究的范围和视野比较狭窄。从风俗角度，很难进入军事文化审美价
值的核心。端午节挂"菖蒲"以辟邪，和把关云长做"门神"以驱鬼，同样
作为风俗文化，它们的审美价值取向，并不在于"驱邪扶正"的军事本身，
而在于人们对平和、安宁、日常的生活期盼、祈福与向往。把它们挂到战场
上去，是没有一点军事价值的。

（一）物质形态军事审美文化

　　物质形态的军事审美文化，是人类直接或者间接为了军事与战争的目
的，创造出来的物质文化产品。它们是可见的，也是可感的。精神形态的军
事审美文化，也是一种创造，但这种创造出来的产品，并不一定被我们的肉
眼能够看到，只能靠精神和心灵去感受。无论物质形态的军事文化，还是精
神形态的军事文化，它们的审美价值，都是通过人类有目的的创造，有些是
通过手的创造，有些是通过心灵的创造。只要是创造，必然在创造的成果上
面，打上了人类的，也打上了创造者个人的生命意识、心灵情感色彩和与时
代相关的普遍的价值追求。只要在产品上，看到了人类的生命意识、心灵情
感色彩和普遍价值追求，我们就看到了文化，又看到了美。同样，我们只要
在那些产品上，看到了人类的关于军事与战争的生命意识、情感色彩和价值
追求，都看到了军事文化和军事的美。

　　比如武器、军装、军旗、军事建筑等，都是为了军事与战争的目的创造

出来的。从远古人类有阶级社会开始，也就是国家的起源和战争的发生发展开始，这些物质成果就开始创造出来。比如，一块石头，在早期战争中，可能是最好的武器。因为它不仅包含了人类最原始的军事生命力，还包含了人类最原始的军事智慧和军事技巧。用石头砸，总比赤手空拳去迎接来犯的强敌，能更加有效地消灭敌人和保护自己。从肉搏，到用石头砸，是人类军事生命力的一次解放。我们对这块石头的审美，就在于在这块石头上面，看到了原始的军事生命力，和拙朴的军事智慧和技巧。当然也代表了那个时代普遍的军事感情和价值追求色彩。随着科技的进步，石头已经不能再作为最好的武器了。于是人类又发明了弓箭和钢刀。人类从石器时代，进入冷兵器时代，再进入热兵器时代，到现在机械化战争和核武器、导弹为代表的高科技战争，都是在不断地解放人类的军事生产力。人的本质力量，也属于军事的本质力量，向着更广大、更有效的空间发展。在这个发展过程中，世界各地的军事博物馆里，给我们留下了琳琅满目的物质形态的军事审美文化。它们的审美价值，首先创造出来的产品，符合形式美的组合规律，各种武器，基本上都是符合形式美的组合规律创造出来的。兵器博物馆展示的历代武器，有的可以说美轮美奂，是人类在军事领域创造出来的艺术珍品。这种艺术珍品的审美价值，主要是它们的文化价值。

对物质形态军事美的审美文化分析，我们往往忽略了它们存在的目的。革命者的武器和反革命者的武器，它们的文化价值并非不一样。谁来用这种武器，怎样用这种武器，这些武器的运用，达到了什么效果，这种效果对人类社会的历史发展，有阻碍作用，还是推动作用，构成我们对"武器的审美文化"研究的内容。

物质文化形态的军事美，除了包含的人类军事智慧外，还和它们相关的人类经济和科技的发展变化，以及这种变化带来的科技革命和军事科技革命有关。武器的变化，有时直接改变了战争形态。从冷兵器、热兵器，到机械化战争、现代高科技战争，武器直接导致了战争形态的改变。它们的审美文化价值，不是改变战争场面，不是战争场面的改变带给我们的审美感受，而是这种改变背后包含的人类军事思维、战略和科技智慧的历史发展。

(二) 精神形态军事审美文化

精神形态的军事审美文化，和物质形态的军事审美文化一样，是人类为了直接或间接的军事与战争目的而创造的审美文化成果。前者（精神形态的军事审美文化）是不可见的，但是是可以感受的，注重内容的军事文化的美；后者（物质形态的军事审美文化）是可见的，也是可感受的，注重形式的军事文化的美。它们都一样表现和蕴含人类普遍的军事精神价值、生命意识、战争观念等哲学思考。

侧重理性创造的军事精神层次的审美文化，比如，军事思想、军事战略、军事哲学等，这些军事精神文化，由理论形态表现出来，成为人类军事精神创造产品。其文化审美价值，主要看它们对人类的军事理论、军事思想、军事精神和意志，有哪些独特的创造和表现。它们可以纯理论的方式出现，更主要的是以高超的军事思维、军事心灵结构方式呈现出来。比如，《孙子兵法》的"兵者诡道"，作为军事理论，表现了人类对军事本质的认识。只停留在这个层次，我们可以说它是文化，因为它包含了人类对军事本质规律的认识和把握，是精神和心灵的创造。表现了人类社会某种生活、某个领域的"真"。只要这种军事思想的"真"，包含的军事智慧，并用此"诡秘"的方法，来解决战争问题的"道"，建立并创造一套用"诡"来解决战争问题的方式和技巧，"不按常理出牌"，进入获取战争胜利的自由境界，就是标准的军事美，军事智慧美与军事自由美。

从军事理论到军事文化，从军事智慧到军事自由与审美，是一个相互链接、相互贯通、相互作用的过程。只要是优秀的军事著作，它们都包含着人类普遍的解决军事问题的基本价值和根本方法，包含着人类普遍的军事智慧、军事技巧、军事文化与军事审美。它们之所以具有审美价值的原因，正如我们反复分析的，它们解决军事问题的根本方式，本质上是诗性的、哲意的，因而是审美的。比如，孙子"动则九天之上，静则九地之下"的论述，本身是形象的，也是诗意的，用了比喻的方法，也是美的。所以，面对军事理论的文化形态，我们要从诗意的、形象的角度，看到它们军事思维的、文化的独特创造与美。

军事精神形态文化，还有更直接的表现方式。比如，军事艺术美、战争艺术美、军事智慧美。人类军事智慧背后深深地掩藏着解决军事难题的"艺术化"与"审美化"的心灵。这样的心灵，我们把它称作军事艺术美中的"灵气和眼光"。作为领兵打仗者、军事指挥者，他们的"灵气和眼光"必然会和一般没有军事智慧的"灵气和眼光"的指挥者不一样。"战争灵气"与"战争眼光"，维系着军事美的主要灵魂。通过它们，战争艺术达到"审美化"的自由境界。

侧重感性创造的军事精神层次的审美文化，比如，军事题材的文学艺术作品。它们是直接表现军事与战争的艺术审美创造。战争显示暴力。往往某些不明就里的人，因此否定军事有美，战争会产生美，但无论是谁，都不能否定军事和战争有文化、需要文化，可以创造文化。因为历代有那么多军事精神文化产品创造成果摆在那里。说它们是精神文化产品，就在于它们都是人类精神的创造物。既然是人类有目的的精神创造物，这些成果不能不包含人类的审美观念。而军事题材的文学艺术作品，是人类直接"以创造美为目的"的精神创造物。

直接表现战争，以创造美为目的的军事文学艺术作品，无论经典的，还是现代的，都已汗牛充栋。开列出它们之中的优秀作品和作者名单，可以把人类最优秀的作家、艺术家及其作品大体包括在内。西方从古希腊悲剧、《荷马史诗》，到托尔斯泰的《战争与和平》、肖洛霍夫的《静静的顿河》，再到现代的《战争风云》、《第二十二条军规》，及海明威、福克纳等的作品；中国从《春秋》、《左传》，到司马迁的《史记》、施耐庵的《水浒传》、罗贯中的《三国演义》等，都是世界上一流的作品。除此而外，还有许多优秀的艺术作品，如德拉克罗瓦的油画《自由引导人们》、苏俄的军歌、中国的边塞诗等，都是这种军事审美意识创造的人类绝美的精神佳肴。如果把这些作品和作者的名字，从人类精神文化创造史册中抽去，那么，人类的精神文化成果，将会变得多么单薄和苍白。

军事与战争雕塑了人类社会的主要表现形态，同时，军事与战争也雕塑了人类主要的精神文化表现形态。

文化形态的军事美，无论是物质文化，还是精神文化，都有可见可感的载体。古代一支兵器、一副铠甲——物质文化；军事智慧、军事艺术，表现战争的诗歌、散文、电影戏剧——精神文化，它们究竟美在什么地方？或者是一种军事生产力、军事智慧和技巧；或者是像军旗、军装所表现的军事精神和观念；或者是像军事艺术展现战争与军人的高尚品质和气节；还有关于战争与人性、战争与和平、战争中人性的悲剧性的美的幻灭与再生等等哲学思考。对这些军事审美意识和观念的探讨，有助于我们军事精神文化的熔炼和心灵境界的提升。由它们构成的军事文化价值，蕴含着丰富的军事审美价值。

第三章　军事美学历史研究

军事美学历史研究，主要研究古往今来人类社会在军事活动和战争实践过程中，创造和表现出来的军事价值、军事智慧、军事技巧与军事文化。这是一个十分浩大的工程，所以，我们只能粗略地谈谈西方和中国军事美学的基本精神和它的简要发展概况。

第一节　西方军事美学的基本精神

我们知道，军事美学是一门开创性、探索性的学问。可能有些同志会这么认为，作为一种学问，军事美学都还没有得到普遍承认，都还没有建立起它的理论体系和框架结构来，怎么又来了一个"中国和西方军事美学史"？要明白这个问题，首先要明白我们的军事美学的基本含义，究竟是指什么？它研究的是什么？我们研究古往今来人类社会在军事活动和战争实践过程中，创造和表现出来的军事价值、军事智慧、军事技巧与军事文化，需要谁来承认？再说理论框架，任何学问的理论框架，为什么而建立？建立起来做什么？只要我们的研究得出来的是真正的美学和军事美学，即使没有我们常见的那种像样的理论框架，也不能否认它就是一门探索性、开创性的学问。关键是看我们的军事美学基本观点，是否能够站立起来。既然我们的军事美学是判断从古至今的军事生命存在价值，既然我们的军事美学研究人类在从事军事与战争实践活动过程中，显示、表现和创造出来的军事观念、军

西方军事美

事智慧、军事技巧、军事艺术与军事文化，那么，只要从人类自觉地、有目的地、有意识地从事军事与战争活动那一天起，就有它独特的军事审美价值和意义，紧密相随相伴。因为"美"，或者对"美"的选择、价值和意义的显示与追求，总是有意无意地贯穿在人类从事的军事与战争实践活动过程中。当然，军事美学产生发展的历史，和艺术审美产生发展的历史不一样，人类一开始就是自觉地以创造美为目的创作艺术作品，因而，我们可以毫不含糊地编写艺术发展审美的历史。军事活动，显然不是人类以创造"美"为目的来进行的，甚至军事与战争活动本身，都不是人类心甘情愿从事的。但是，不管有意无意，人类在军事与战争实践活动过程中，军事观念价值的创造与选择，军事智慧技巧的表现与运用，总是和军事活动一刻也不分离。因此，我们可以这么理解，军事美学产生发展的历史，就是一部浓缩的审美化的军事观念、军事价值、军事智慧、军事艺术、军事技巧与军事文化，显示的历史。可能有人会发问，既然我们已经有了军事思想史、军事价值史、军事智慧史、军事艺术史、军事文化史，那么，再生出一种军事美学史来做什么？我们的想法是，第一，即使有了像样的这些"史"，我们的军事美学也不会和这样的任何一种"史"重复。比如，比较成熟的军事思想史，古代军事思想、现代军事思想、当代军事思想，有许多著作论述，在那里摆着，我们绝不会简单地去重复军事思想史知识的介绍，而是发现它们独特军事思维及其价值产生发展规律。再比如，军事智慧和技巧，作为一般性的知识和方法论的介绍，和我们站在军事美学的角度，对它们进行审美文化价值的考察，绝对是不一样的。一般性的知识介绍，不是军事审美分析，一般性的军事价值和军事智慧，也不是属于军事美的军事价值与智慧，只有包含着精确的军事思维、高超的军事智慧、灵活的军事技巧，能够达到军事"自由"境界的那一部分军事思维、智慧、文化和技巧，才是"美"和具有军事审美价值的军事思维、智慧、文化和技巧。所谓军事美学史，不过是站在历史、价值、文化、审美的高度，把那些既成的军事理论与战争实践，梳理一遍，寻找出当中最有价值、最有文化含量，也最符合战争规律和战争指导规律的那一部分军事生命价值来。使受限的、不自由的军事活动，达到自由审美的境界，完成军事与战争的独特使命。第二，据我们看来，几乎所有军事科学领域，许多学科，现在都正处于不断探索、不断修正、不断建立的过程中。至今为止，我们还很少看到专门的真正的论述军事价值、军事智慧、军事文化、军事方法和技巧的专著和高质量的论文。如果真有一部军事美学专著，能够从人类智慧、文化，以及军事生命意识产生表现发展的角度与高度，来观照整个波澜壮阔的人类军事历史，那样，这样的军事美学史，就一定是一部不可多得的军事文化和人类文化学术著作。这样看来，我们试图建立军事美学学科，试图从审美的角度观照整个人类军事与战争发展的历史，这些努力，现在，不过是很有价值的一种阐释军事与战争的方式方法而已。远远还没有完成，而且，我们常常怀疑自己的能力，能不能完成。我们建立军事美学的种种努力，不过是提供一种更自由、更灵活地寻找军事与战争规律的思路而已。

说了这么多，我们还没有谈西方军事美学史，究竟是一部什么样的历史？简言之，如果说军事美学的历史，是一部人类军事思维史、军事价值史、军事智慧史、军事文化史，那么，西方军事美学史，就是西方军事思维史、军事价值史、军事智慧史、军事文化史等等的总和。西方军事美学的基本精神，就是西方军事思维、军事价值、军事智慧、军事文化的基本精神。这个高难度的军事科学课题，据我们看来，人类还没有真正完全地进入。因此，当我们谈论西方军事美学基本精神的时候，也是在试探性、摸索性地来谈论。我们现在不是有许多学科对中西方思想、文化、哲学、艺术、宗教等等，进行比较么？站在中西方比较文化的角度，我们完全可以对中国和西方的军事精神、军事智慧、军事价值和军事文化进行比较。当然，这种比较是有意义的，也是很困难的。但是，并不是不可以比较的。中国和西方，战争形态、战争观念、战争智慧和作战方式手段的相同点和不同点，历来十分明显。比如，我们借用文学、艺术、哲学，对中西方相同点和不同点比较的观点。比如，中国艺术是"写意"的，西方艺术是"写实"的，这种"写实"和"写意"的区别，可不可以借用来看中西方军事美学发展的相同点和不同点呢？当然可以。西方的战争，从古希腊的海战，罗马军团的陆地大战和平原大战，规模宏大，横跨几大洲。就有点类似于"写实"风格。中国的战争，大都是农民起义，主要用于政权的更替，从气势的恢宏来看，就有点"写意"

风格。当然，成吉思汗的战争，横跨欧亚大陆，有点类似于西方战争的"写实"风格。不过，成吉思汗的战争，从他征服世界的欲望和战争形态来看，已经具有欧式战争风格了。同时，成吉思汗主要是骑兵作战，而不是西方陆军作战的对垒，还是带着浓厚的东方征战色彩。也许用个不恰当的比喻，西方的战争，类似于贝多芬宏大繁复的交响乐；中国的战争，类似于一首首精致细腻的抒情诗。当然，我们也知道，借用文化上的"写实和写意"，来比较中西方战争形态和观念，以及这种战争表现出来的军事精神和智慧，不太妥当。但是，如果我们看到这种写实和写意风格形成的思维和哲学审美意识，不依然会认为这种比较是十分恰当的么？"写实"、"征服"、"宏大"、"张扬"与"扩展"，这些西方典型的哲学、文化智慧，不依然支配着他们从事战争？因此，我们可以猜测性、试探性地得出我们关于西方军事美学基本精神的主要观点。首先，从中西方文化表现形态来看，西方有一部部关于军事的鸿篇巨制。从恺撒、亚历山大，到约米尼、克劳塞维茨，他们关于战争的论述，建立起来的宏大军事科学体系，类似于柏拉图、亚里士多德、康德、黑格尔建立起来的宏大哲学美学体系。他们关于军事科学的建立，基于西方的"战争"写实主义哲学根基，那是一种纯粹理性和科学精神的反映。因此，西方的战争形态，是扩张性的、宏大的，他们的战争智慧，是以哲学和科学，也就是以宏大、开阔的战争实践和军事视野为基础的。而且，他们的军事思维、战略智慧，是一次次战争实践理性的概括和深化，同时有利于直接指导战争，推进一场场战争方式和作战手段的变革。其次，也是最重要的，西方政治、经济、科技的发展，对战争观念、形态发生的深刻变革和影响，对我们从科学、文化的角度来研究西方军事美学基本精神，给予了极大的启发。现代西方，从近代资本主义军事变革的兴起，出现了一大批研究海战、空战以及现代的高技术战争的军事著作，都有极强的近现代科学、哲学、文化的理论支撑。因此，我们认为，西方军事美学的基本精神，从战争观念来看，是扩张性、拓展性的；从战争形态来看，是动态的、裂变性的；从军事技巧来看，是进攻性、全方位的；从军事智慧来看，是"间接"性、整体性的；从军事文化来看，是科学性、自然性的；从军事理论大厦的构建形态来看，是理性的、哲学性的。当然，以上我们对西方军事美学基本精神的理解，不完全是一种结论，也仅仅是一种思路。何况，我们使用的某些概念，有它独特的军事美学意义，这种意义，我们还没有完全展开来论述，可能有些意义，和我们平常谈到它的时候，对它意义的理解有所不同，但是，我们给出的仅仅是一种思路，而不是结论。比如，从文化的角度来考察西方军事美学，我们的认识是科学性、自然性的，这里的科学和自然，就是西方的自然科学成果，对西方战争观念、战争手段、战争智慧的影响。从海战、陆战、冷兵器作战、机械化战争，到现代高技术战争，这些战争形态变换的背后，既有西方哲学文化观念的制约，也有这些观念带来的科学技术文化背景的支撑。我们的军事美学，就是要从这些不断变换的战争形态和作战方式之中，寻找到属于西方特有的战争智慧和军事文化的来龙去脉。并且，让它们对我们的战争智慧和军事文化，起到推动、形成的借鉴作用。美是智慧，美是文化，我们的军事美学，就是要寻找到这种独特的军事智慧和军事文化，以及它们在战争中丰富多样的现实表现。

第二节　中国军事美学的基本精神

我们知道，对军事美学历史的认识，就是对军事观念、军事价值、军事智慧、军事文化发展演变历史的认识。它不可能套用一般美学的研究方法，机械地划分"中国古代、现代、当代军事美学史"和"西方古代、现代、当代军事美学史"。它可以是宏观的人类历史军事智慧阐释，也可以是微观的军事价值分析。我们也不可能像一般美学史那样，提出诸如古希腊军事美学、罗马军事美学、文艺复兴军事美学、近现代军事美学，美国军事美学、苏联军事美学，先秦军事美学、两汉军事美学、唐宋军事美学、明清军事美学等等美学论题。我们也不一定要这样来论述中国和西方军事美学思想，如恺撒的军事美学思想、汉尼拔的军事美学思想、拿破仑的军事美学思想、约米尼的军事美学思想、克劳塞维茨的军事美学思想；中国军事美学思想，如孙子的军事美学思想、尉缭子的军事美学思想、六韬的军事美学思想、诸葛亮的军事美学思想、何博士的军事美学思想、毛泽东的军事美学思想。我们不要认为这些概念是荒唐的。如果把这些概念中的"美学"二字，换成"价值"、"智慧"和"文化"，就一定说得通，也很有意义。举个最简单的例子，比如孙子的军事美学思想，换成孙子军事智慧、孙子军事价值和孙子军事文化研究，就一定有意义。只要在孙子的军事思想中，看到人类普遍的共同的军事价值和军事智慧，只要在他的军事著作中，看到那种能够自由地驾驭战争，灵活的军事方法和技巧，那就是孙子的军事美学思想。我们已经看到过研究孙子军事美学思想的论文。我们认为，孙子的军事美学思想，从军事与战争的本质观念上，从"道、天、地、将、法"五个方面，建立起考察人类军事活动和作战技巧方法，和老子"人法地，地法天，天法道，道法自然"的美学思想，是完全一致的。孙子在考察军事的自然宇宙观念上、思维上，和老子的美学思想是完全相通的。我们可以说，孙子军事美学思想大体包括这几个部分：

　　道、天、地、将、法。（军事本质美）

　　能而示之不能……（军事智慧美）

　　全国为上，破国次之。（军事手段美）

　　不战而屈人之兵。（军事目的美）

　　以正合，以奇胜。（军事技巧美）

　　孙子军事思想，粗略看来，不外两个部分：什么是战争以及怎样进行战争？仔细一想，并非完全如此，而是，什么是战争，以及怎样自由灵活地驾驭战争？"自由灵活"，就是把艰难、艰苦的战争，作为一种创造性的活动，或者带着审美色彩的活动来进行。只要有智慧，就有美。只要有创造，就有美。只要能够像孙子所说的那样，高度自由灵活地创造和实践军事活动，就是一种美的创造。这样的军事与战争实践活动，既是"漂亮"的、"好看"的，也是具有高度审美创造文化价值内涵的。

　　夫兵形像水。水之行，避高而趋下；兵之胜，避实而击虚。

　　　　（《孙子·虚实篇》）

中国军事美

善守者，藏于九地之下；善攻者，动于九天之上。

　　　　　　　　　　　　　　　　《孙子·形篇》

故其疾如风，其徐如林……

　　　　　　　　　　　　　　　　《孙子·军争篇》

静如处子，动如脱兔。

　　　　　　　　　　　　　　　　《孙子·九地篇》

　　《孙子兵法》这些论述，不仅语言美，排比、比喻的运用，气势恢宏。读着，脑海里会有生动的军事、军人形象，一一闪现出来，而且，更重要的是，它包含着自由灵活地驾驭战争的那种高超的军事智慧。为什么自由灵活？因为它包含着战争取胜之道。道，即规律。军事之道，即军事的规律。认识把握了战争规律从事的军事活动，就是自由灵活的创造活动。"道"与"自由"，从来就是一切"美"产生的根源。这种包含着高超智慧的"道"与"自由"的军事价值，就是我们常常反复论述的军事审美价值。况且，"虚与实"、"动与静"、"奇与正"等等军事辩证法思想，本身就是军事哲学的重要组成部分。而军事哲学的最生动、最形象的显示，就是军事美学。和一般美学一样，军事美学应该是最深刻的军事思维学、军事智慧学，也是最形象生动的军事现象学、军事价值学。无论是军事美学原理，还是军事美学史，如果能够从浩如烟海的军事理论和战争实践活动，挖掘发现这样的军事审美思维和军事审美价值，谁不欢迎这样的军事美学和军事美学思想史呢？

　　寻找战争规律，挖掘军事智慧，寻求通往军事与战争取胜之道的自由境界，判断最用得着、用得灵的军事价值，是军事美学的着眼点、出发点，也是最终的目的和归宿。

　　据我们试探性、探索性的观点来看，我们可以大体地粗线条地把中国军事美学发展的历史，分成以下几个层面来认识和研究：第一，中国军事思想层面的军事美学发展历史研究。如，不同历史时期军事家的军事观、战争

观，及其发展演变规律。他们的军事著作中包含军事与战争思维观念的局部
研究。第二，中国军事智慧层面的军事美学发展历史研究。如，不同历史时
期军事家的战略观、战术观，及其军事著作和战争实践中表现出来的深层智
慧产生、演变、发展规律。第三，中国军事文化层面的军事美学发展历史研
究。如，不同历史时期军装、武器制作、兵器文化的产生发展和军事方法、
军事手段、战争类型的产生、发展、变革、演变规律。军装与武器的军事审
美意识，以及军装武器演变和人类经济、科技、生存状态的紧密关系。军衔
军章等标志的文化含义等等研究。第四，中国军事价值层面的军事美学发展
历史研究。如，不同历史时期军人生命价值、军人意识（意志）价值、军人
品格价值等等研究。以及军队组成、军队历史的演变和当时社会历史发展的
进步，起到了什么推动作用。军事价值与历史价值的矛盾冲突与和谐统一等
等研究。第五，中国军事手段技巧层面的军事美学发展历史研究。如，不同
历史时期的作战方式、作战手段、战役战例、战争手段与历史的扩展，及其
发展演变规律研究。第六，综合层面，即军事与社会、历史、经济、人文、
风俗、地理等层面的军事美学发展历史研究。比如军事环境、军事遗址、军
事建筑、军事艺术、军事文学、军事天文、军事自然、民族精神、宗教道德
等等之中包含的军事美学发展历史研究。

　　这样，我们研究的中国军事美学发展史，好像很宏观、很完备。既有深
层军事意识、军事理论，又有表层军事现象、战争实践。既有军事智慧，还
有显示军事智慧的技巧。既有军事历史的演进、军事文化的分析，还有军
队、军人、军装、武器，战争与社会、军事与风俗的价值判断等等。好像无
所不包，无所不容。那么，这样的中国军事美学史，是不是一锅不伦不类的
大杂烩呢？不是，这就是我们研究军事美学史的方法，眼光视野要广阔，但
是，要紧紧抓住它们之所以称为美学的基本观点，就是，分析一切军事现
象，物质现象和精神现象，军事理论与战争实践，它们背后的深层的既属于
军事，又属于审美的"价值、智慧、技巧、自由（'规律'和'道'的显示
与把握）"。这样，我们研究军事美学，无论中国还是西方，军事美学发展的
历史，它的作用，连接传统军事与战争实践，又承接着现当代的军事理论与
战争实践，达到从审美的角度认识过去，又从审美创造的角度指导现在和未

来的军事理论与战争实践。那样，我们的军事美学和军事美学思想发展的历史，就不是一门空洞的学问，而是能够争取用得活、用得灵的新型的军事审美文化哲学著作，因为，它们能够形成和改变我们的军事思维，提高我们的军事智慧，使我们在未来的军事实践中，追求和达到自由创造的审美境界。那才是真正的战争审美艺术境界！这，也许是我们建立军事美学发展历史研究的初衷和最终目的。我们知道，要达到我们的目的很艰难，但是应该有一门既研究高精军事思维，又认识众多生动军事现象及其价值的学问——军事美学以及研究它产生发展历史的学问的诞生。我们打算这么做，可是，我们更加呼唤未来，期待我们的同道者，一同攀登最高的军事审美境界，运用"自由"的军事智慧，进入完美的实现和创造更新的军事价值之境。

《孙子兵法》包含着高超的军事思想和军事智慧，但还不是中国军事美学的全部。我们说西方军事美学像贝多芬宏大繁复的交响乐，中国军事美学像精致细腻的抒情诗，仅仅是一种比喻。应该说，中国军事美学的发展，也秉承了中国"写意"艺术的哲学传统和文化智慧。

当然，我们在比较中国和西方军事美学基本精神的时候，不是在判断它们孰优孰劣，我们要想说明的主要观点，第一，中国和西方军事美学历史的发展，同样受到了它们固有的哲学和文化背景的制约和影响。我们在分析判断中国和西方军事美学发展历史的时候，既要看到它们产生的共同精神文化背景，又要看到在这种文化背景影响之下的战争形态和军事智慧的不同表现。因此，中国军事美学的基本精神，如果和西方比较起来，那么，战争观念影响了作战方式，西方是进攻性的，中国是防御性的。前者是无休止地占有，后者是尽可能地积极防御。万里长城是这种积极防御军事美学思想的代表。从战争形态上看，中国基本上几千年来的战争，大都是陆地作战，步兵作战，冷兵器作战。中国并没有像样的机械化战争。晚清的中国海战，基本上是一部战败的历史。中国没有著名的，像西方近代史上的资产阶级军事家。因此，中国的战争形态基本上是单一的、静态的。第一次世界大战和第二次世界大战把机械化战争运用发展到了高峰，中国也不是这两次世界大战的主要参与者。中国没有杜黑和马汉那样强调制空权和制海权的人物出现，也就没有多少海上和空中作战的经验。解放战争时期的"三大战役"，也不是严格意义上的机械化战争。目前为止，中国军队也没有高技术战争的实战经验。我们说这些，究竟想说明什么？是不是想说明中国军事美学的基本精神落后了？不是这样。这不是落后与先进的问题。我们是对中国的军事与战争形态、观念、作战方式和手段，进行整体的宏观的文化的把握。我们不是说中国还差机械化战争、高技术战争，这种"差"，正好说明我们传统的军事文化，是优秀的军事文化。"不战而屈人之兵"、"从古知兵非好战"，是我国军事文化智慧的精髓。中国军事美学的精髓，正是中国军事文化智慧的精髓。同时，也要说明我们勤劳勇敢的中华民族，在对抗外敌入侵的历次战争中，从来就没有含糊过。虽然，不少抗击外来入侵的战争，得到的是惨败的结果。当又一次抵抗侵略者的战争来临，中华民族的铁血男儿，总是挺身而出，肩负起保家卫国的重任。因此，中国军事美学的基本风貌，除了农民起义战争的惨烈与悲壮之外，多数情况下，是一种理性的、温婉的、雍容大度的、"发乎情止乎礼"的、绵里藏针的美。像诸葛亮一手摇着鹅毛扇，抚着琴弦，一手指挥一场场战争、战役一样。中国人的军事智慧和技巧，以及中国军事美学的基本精神，和中国人生存观念、生存智慧和哲学意识的紧密联系，由此可见一斑。

当然，理解中国军事美学的基本精神，除了以上战争形态、战争观念和战争价值认识分析之外，还有中国的兵器文化、科学技术对中国战争形态和作战方式的制约和影响，中国历代战争遗址的美学分析，尤其是中国军事精神和智慧的独特内涵，不把武器作为赢得战争的决定性因素，注重战争中的人的主观能动性，以及战争中的人性光辉，如"先礼后兵"，"有理、有节、有力"，"和为贵"，"不欺软，不怕硬"，"三军可以夺帅，匹夫不可夺志"，"天下兴亡，匹夫有责"等等，这些中国军事思想观念、军事智慧的核心，都应该纳入中国军事美学价值的研究范畴。

第四章　军事美学价值研究

　　理论上讲，人类要思维，要劳动，要生存，要发展，必然和世界结成各种各样的关系，物质的、精神的、文化的、审美的关系，或者政治的、经济的、军事的、宗教的、艺术的、风俗的等等关系。每发生一种关系，就会产生一种价值。人类活在世界上，就是活在一张看不见的、硕大无朋的关系网络，因而也是价值网络之中。比如，种地，要用锄头，如果你不会自己打铁制造锄头，就要和铁匠发生商业关系，就会产生锄头"能帮助种地"的价值；农民和土地之间要发生人与自然的关系，土地是自然，春耕、夏种、秋收、冬藏，是自然与人类的关系，当然也是产生了诸如"种瓜得瓜，种豆得豆"和因为这种收获，满足人类生存发展需要的价值；父子、夫妻、邻里一起种地，发生了人与人、人与社会的关系，产生的价值当然是"亲情、友谊、农业的丰收"等等。这一切价值，如果对人类来说，是正面、积极、健康、向上的，那就是美的价值。比如劳动美、人和自然亲近美、邻里和睦亲情美。这些美，不用美学家来创造，这一家人劳动本身，就是美的创造和表现。如果画家把这种劳动场面画下来，或者写一首"锄禾日当午，汗滴禾下土"的诗，那就是艺术美了。

　　人类社会全方位向世界展开，和世界结成的关系多种多样，产生的价值也多种多样。军事活动是人类基本活动之中的一种，它也是全方位向人类军事世界展开，和军事世界结成了各种各样的价值关系。无论多么复杂，和人类同世界结成的关系一样，人类和军事世界结成的关系，不外乎还是物质的、精神的与文化的。我们这里要研究的问题是，什么叫军事价值？它有哪些基本特征？这些特征又是怎样成为审美价值的？要弄清这些问题，我们还是从什么叫价值说起。

第一节　价值与军事审美价值

什么叫价值？目前来看，我国思想界、学术界对价值问题的研究很热闹，取得的成果也较多，但价值的定义，还众说纷纭。社会学、经济学、军事学、文化学、宗教学，都可以有自己的价值定义和价值观。比如，助人为乐有社会学价值，商品馒头有经济学价值，惩恶扬善有社会学和军事学价值，李白、杜甫的诗歌有文化学价值，烧香拜佛有宗教学价值。我们论述军事美学价值系统的时候，又采取哪一种定义来论述呢？

美学属于哲学，军事美学属于军事哲学。因此，我们论述军事审美价值的时候，当然应该应用哲学和军事哲学的理论来研究。哲学上对价值的定义，差别很大，定义也多。我们只选择认为相对满意的、可以为我们所接受的价值定义来论述。这就是：

> 所谓价值，就是能满足主体需要的客体属性。同理，军事价值，就是能满足军事主体需要的军事客体属性。军事审美价值，就是能满足军事主体需要的军事审美客体属性。为了避免人们把我们误解成军事审美的实用主义者，我们把军事审美价值"满足军事主体需要的军事审美客体属性"，定义为正面、健康、积极、向上的军事精神和历史价值。

对价值的理解，包括对军事价值和军事审美价值的理解，要树立这样一种观念，就是，世界上的一切事物，万事万物，花鸟虫鱼，都是有价值的，因而，都是可以对它们进行价值判断和审美价值判断的。政治、军事、经济、宗教、文化领域概莫能外。

比如水，纯净的水，能满足主体（人类）"解渴"的需要，因而具有正面的价值，这种水，就是美的。污染了的水，不能满足人类"解渴"的需要，而且颜色难看，因而具有负面的、反面的价值，这种水，就不是美的，而是丑的。矿泉水用来作为商品流通，具有经济价值。"上善若水"、"黄河之水天上来"，这里的水具有文化价值；"上善若水"比喻人的精神、品格，"黄河之水天上来"，构成了气势磅礴的审美意象，属于文化意义的水，也是具有正面、健康、积极、向上"审美价值"的水；"镜中花、水中月"，有佛教意义。可以认为它们是宗教意义的水。上面这种种水，自然的、社会的、经济的、宗教的、文化的、审美意义的水，无论怎么表现，都能够满足和已经满足了人类主体的某种或者种种需要，因而它们具有自然、社会、经济、宗教、文化、审美价值和意义。

但我们还需要讲清楚两个问题。一是有价格的，不一定有价值。水是有价格的，也是有价值的。空气是有价值的，能满足我们呼吸活下去的需要，但一般而言，空气是没有价格的。月光、日光是有价值的，能满足人类和地球上其他生物生存，但也是一般而言，月光、日光也没有价格。当然，医院用于病人吸氧的氧气，用来照明、洗浴的太阳能，就有价格了。它们之所以具有价值和价格，就在于它们的价值实现，包含了人类的劳动。有劳动就有价格，也才创造了价值。这里好像是在讲经济学了。我们也只是顺便讲讲，好区分价值与价格的关系，以免对我们的价值观念产生误解。二是污染的水，是具有负面价值的，不美的，而是丑的水。但是，红军过草地、爬雪山，最艰难的时候，却靠这些污水生存下来，这样的水，还美不美呢？从自然意义上看，污染了的水，永远也不会变成纯净水那么美，因为它绝对不会具有纯净水那样的正面价值。红军靠污水生存下来，并不能认为污水是美的，是具有正面价值和军事价值的，而是说明红军战胜险恶大自然、挑战生命极限的军事精神，是美的，是具有正面军事价值的。当然，那样的污水，也满足了红军生存下来需要的价值，但是，那种需要的满足，是以牺牲红军的健康和生命为代价的。污水的价值并没有改变，而是透过污水的利用，看到了红军在信念与理想的光辉照耀下，超越生理极限，追求崇高，表现顽强的军事精神与生命奇迹，那才是正面的军事审美价值。

上面，我们对价值和军事价值、军事审美价值有了一定的理解。现在，我们要继续讨论的问题是：什么叫军事审美价值系统？军事价值和军事审美价值怎样去寻找? 怎么去区分?

我们所面对的是一个充满价值和意义的世界。这个世界,又被现代西方哲学家波普称为"第三世界",即文化的世界、审美的世界。他认为他之前的古代哲学家,把人类世界分为"物质世界"和"精神世界"。他呢? 则在这两个世界之间,加了一个世界,就是"价值的世界、意义的世界、文化的世界、审美的世界"。所以,"美、审美、文化"只能在这个处于物质与精神世界之间的"价值和意义的世界"之中来寻找。这就是为什么美学界现在"文化热"的原因。因为理解清楚了世界的"价值和意义",就基本上可以理解清楚"审美与文化"。

世界是一个硕大无朋的价值系统,军事美学研究的军事价值和军事审美价值,只是这个硕大无朋的价值系统之中的一个部分。根据人类对价值世界的认识,我们可以首先从侧重物质形态和侧重精神形态两大系统里面去寻找军事价值。然后,通过对这些军事价值的审美判断,寻找军事审美价值。根据我们军事美学的定义,具有正面、积极、健康、向上的军事价值,就是军事审美价值。

军事美的基本价值,是怎样满足了军事主体的需要,而成为军事审美价值的呢?

第二节 军事审美价值要素

一、正义

"正义"是军事美的基本要素。为什么? 因为军事与战争的特殊性质所决定。军事与战争,以暴力的手段,摧毁、颠覆、打乱、破坏了人类的基本价值,同时,作为军事审美价值的"正义",又将这种种被摧毁、颠覆、打乱、破坏了的基本价值,再拨乱反正、匡扶建立起来。"匡扶正义",成为人类社会生活中，尤其是军事领域最基本的价值要素形态。

那么，"正义"满足了，或者能够满足军事主体哪些"需要"，或具有哪些能够满足军事主体需要的"价值属性"，才成为军事审美价值要素的呢？

（一）正义是推动人类社会健康发展的总体价值追求

我们绝不能认为"军事与战争、暴力就是互相残杀，没有正义可言"。无论这个世界有多少战争与暴力，无论生活在这个世界上的人，人性还有多少缺点，我们这个世界，还有多少灾难和痛苦，但是，我们一定要坚信，人类总体价值追求，千百年来，总是朝着一个大体进步、文明与和平的目标前进。尽管这个目标有时清楚，有时模糊。而且这个目标，也并非一成不变。我们不能想当然地全盘否定，这个世界固有"正义"的一种基本价值。也就是说，我们要对"正义"有正面的理解。有些难以理解军事美的同志认为：人类社会从来都是尔虞我诈的。军事与战争，敌我双方从古至今都是在互相残杀的。军事与战争的结果，从来都是胜者为王，败者为寇的。所以，这个世界，不存在什么"正义与非正义"的问题。因此，就没有军事美，这样的一个基本要素和价值——正义，也就不存在。

对这种观点，我们的态度是否定的。如果没有"正义"，在这个世界上生存的人类，就和一群野蛮的野兽无异。假如世界上没有正义，可能就没有我们的生存和人类世世代代的延续。我们要树立起关于"正义"的心理依据。这个依据，是对这个世界的正确价值判断，我们生存的这个世界，是有价值的，而且这种价值，对我们人类的生存和发展，是有正面意义的。这种正面意义，是值得肯定和人类普遍向往的。人类社会的发展，哪怕在战争与烈火中的发展，都是按照一定的必然规律在运行。这种规律，就是历史的辩证逻辑，只不过这种辩证逻辑的发展，并不能够轻易地被我们认识到。无论我们能不能够认识，它也支配着人类社会的发展。

从社会历史发展进程来看，人类的理想和梦想，总是一步步地在社会实践的活动中得到实现。有些梦想，已经实现。比如，航天的梦想，我们现在的科技发展，导弹和原子弹，也是人类在军事领域实现了的梦想。当然，这个梦想的实现，我们还不好判断究竟是好是坏。在军事活动中，原子弹的杀伤力如此强大，但人类把原子弹创造出来，也基本上没有用它来滥杀无辜。原子弹的威慑作用，其实已经发挥出来了。它仅仅是一种工具，关键是人类怎样利用这种工具。人类的梦想，世世代代承载着人类向理想的境界飞奔。

既然是有理想的世界，怎么可能是没有正义的世界？"正义"在人类实现理想的过程中，起着不可或缺的价值引导作用。人的一生，就是在不断实现自己理想和梦想的过程。人类社会的发展，从低级到高级，从野蛮到文明。也不是说，过去的就一定比现在好。我们现在享受的一切，是人类社会流传下来，多年传统积累起来的。虽然，有的人还在怀疑，人类社会究竟是从文明发展到野蛮，还是从野蛮发展到文明？比如，西方某些哲学家，认为科技的发展摧毁了文明，使社会倒退。也有人认为，我们可能没有古代人那样的文明礼貌。那些礼仪规范，都是古代思想家建立起来的，我们还做得不够。但那只是一个方面，一种思路而已。古代社会中那种和平礼仪，是建立在生产力发展相对落后的情况下。也许，我们现代人类，比古代人类心灵更丰富，也会更加尔虞我诈。但也不能因此认为，人类社会发展得越来越快，就会变得越来越野蛮。我们只能说，每一个时代都有自己的文明与野蛮的判断标准。

正义与邪恶的较量，在军事领域，构成了军事基本价值的核心。它是一种普遍的社会价值。毛泽东说：

> 我们的事业是正义的。正义的事业是任何敌人也打不败的。①

这个论点告诉我们，正义战胜邪恶，是历史发展规律，就像河水要从高处往低处流一样自然。只要你是正义的，那么，可能你暂时失败，暂时处于劣势，终究你会取得胜利。因为，无论人类社会，还是个人人生实践，都摆脱不了"正义战胜邪恶"的历史发展规律和人类社会生活的运行规律与法则。因此，我们给正义下的第一个定义就是：正义是一种正面的社会价值。只要

---

① 引自大型纪录片《走近毛泽东》解说词。

是为这种正面的社会价值而生存、战斗就是美，也就会取得胜利。社会生活是这样，军事实践也是这样。

（二）正义是积极健康的人类（军事）主体价值选择

正义还是历史运行规律。"正义和邪恶的较量"，"正义终将战胜邪恶"，也是军事美产生的规律。它是军事主体积极健康的价值选择。一个军人，所从事的正义战争行为，无论做什么，无论做得如何，都是美的。一般人在社会生活中，坚持正义，坚持原则，不颠倒黑白，提倡正面的、健康的、积极的、向上的价值和意义，就是在维护正义，也是在创造美。

除正面价值和历史规律以外，正义还是积极、健康的精神价值。我们在价值选择和行为选择过程中，究竟是不是正义的，应该十分清楚。但是，正义并不是唱高调，它和我们的实际生活联系，好比一加一等于二一样自然。如果你说一加一等于二，就是正义，因为它是自然的事情，而且实事求是。如果你说一加一等于三，或一加一等于零，你自己肯定也知道，那不是真实的，也就不是正确的。如果自己明明知道，一加一等于二，你非要把它说成三或等于零，那时就要怀疑你的真实性。你究竟是邪恶，还是正义的代表，也就能够很清楚分辨出来。"正义"有时候简单朴实，比如我们自然生理状态，不需要多么费力气，就能够把握。真理和正义，往往也是十分简单的。这里正义的定义，就是正确的。有暂时的正义，有永恒的正义，有明显的正义，有隐晦的正义，而且有些邪恶中也包含着一定的正义的因素，同时，有些正义的因素，又包含着某些邪恶。有没有发现的正义，到了几十年、上百年才表现出来，也就是迟到的正义。无论军人，还是一般人，都要固守这种价值选择。

（三）正义是军事主体价值和国家、民族、社会历史发展价值的统一

正义作为一种基本价值，是怎样在军事与战争中表现出来的呢？
人类社会的战争由来已久。一般军事理论书，把战争分为正义的战争和

秦扫六合

非正义的战争。简单说来，只要是正义的战争，就是创造社会美的战争；只要是非正义的战争，就是创造军事丑的战争。判断正义与邪恶的标准，就是看那场战争，是推动了社会历史向前发展，还是阻碍了社会历史向前发展。

那么，判断军事与战争究竟推动还是阻碍社会历史向前发展的标准又是什么呢？反过来，就是战争的正义与非正义性质。一般来讲，军队，作为捍卫某一政治实体利益的武装集团，以一个国家、民族的利益为基准，以世上普遍认可的边土疆界为标志。侵略战争、屠杀战争、掠夺战争，就是非正义的。反侵略、反屠杀、反掠夺的战争，就是正义的战争，这一点十分明显，也好区分。比如，日本军国主义侵略中国，肯定是军事丑。因为他们不好好在自己国家搞建设，大老远地入侵别人的国家来烧杀掠夺，不用说也是非正义的。而中国人民和世界人民反法西斯的战争，都是在反对战争、创造和捍卫和平。那肯定是军事美，因为这个战争具有正义性质。

的确，中国历史上一场场农民起义战争，改变了中国社会历史的基本面貌，也推动了中国历史向前发展。农民起义并掌握了政权的战争，是正义的战争，并且创造了军事美。因为他们代表了先进生产力和社会发展方向。因为统治者太专制、太黑暗，逼迫人们活不下去。人民起来推翻统治者，创造公平正义的社会，那就是军事美。我们可以用这样的观点，去衡量中国历史上所有改造换代的战争，创造了中国社会军事美的战争。比如，秦始皇统一中国，表面上看来，也是掠夺和侵略那些诸侯国。对秦始皇的征服和掠夺，作为诸侯国来说，肯定是不能接受的。但要看它的历史价值。因为秦始皇把四分五裂的中国统一起来。试想，如果秦始皇没有统一中国，那么，七个诸侯国之间，又将怎样的打仗和掠夺？所以，秦始皇的"掠夺"，站在整个中华民族利益的角度来看，就是正义的战争。如果他不进行那样的战争，诸侯国也不可能和平统一，战乱还会持续发展。至于后来发动统一中国正义战争的秦始皇，在他统治中国的过程中，成了罪恶的统治者，使得陈胜、吴广起义，成为正义的战争，这种转换，并不能说明秦始皇统一中国战争的正义性质是错误的。只能说秦始皇后来镇压起义者的战争是邪恶的，因为他已经从正义，转到了统治者的邪恶，而这里的正义和邪恶，是两回事情，不能混淆来谈。他发动统一中国的正义战争，代表了当时中国历史的发展方向；他后来的镇压和罪恶统治，可以看出统治者从正义转向邪恶的历史轨迹。这里尽管转向，但是正义和邪恶的标准和价值，并没有改变。所以，陈胜、吴广起义，尽管没有取得胜利，但他们也是正义的、创造了军事美的战争，因为他们推翻的是腐朽、邪恶的王朝。

用这样的标准来看中国历史上的战争，哪些创造军事美，哪些属于军事丑，从总体上来看，就十分明显了。基本上有一种规律，那就是早期的代表历史前进方向的农民起义战争，创造了军事美。当他们掌握了政权又开始发展壮大，直到后来，因为各种内部矛盾，变成镇压人民的反动腐朽政权。那时他们又镇压人民起义的战争，就属于军事丑。从创造军事美，到后来表现军事丑，是历史给予他们的王朝生存发展的轨迹。无论怎么变化，正义与邪恶的是非判断标准，没有变化。比如，刘邦、项羽当初联合发动的战争，是正义的，也创造了军事美。推翻了腐朽反动的秦王朝政权。后来，刘汉王朝，发展到镇压黄巾军起义、就从创造军事美，到变成反动的政权。镇压农民起义的朝代，在中国历史上隋朝、唐朝、宋朝直到元明清，基本上都没有逃脱历史逻辑和社会逻辑。

中国历史太悠久，中国历代变迁太复杂。军事美在中国社会发展历史中的表现，并不那么单一。比如，宋代的战争，还有蒙古人的军队，推翻宋王朝的战争，岳飞抗击金兵的战争，还有清朝的祖先入侵中原占领和统治中国的战争，是不是军事美，怎样去分析他们的军事美？还有魏晋南北朝的战争是如此的多，我们怎样去分析他们的军事美？

这样的战争，依然可以纳入"正义"的军事审美价值标准来评价和判断。如果蒙古人统一中国的战争，对中国社会历史的发展有进步和推动作用，那就是正义的，可以创造军事美的战争。清朝祖先入侵中原也一样。他们那个强大的民族，尽管是少数民族，发展壮大起来，推动了中国历史前进，也是在创造军事美。中国社会在他们的统治下，得到了发展进步，而且北方少数民族统治，比如元朝和清朝的统治者，他们都很尊重和继承中华民族优秀文化传统，并给予了积极改造和发展进步，同时，他们所推翻的都是腐朽没落的王朝。所以，从整体上看，依然符合过去中国历史上从正义的战争、农民起义到夺取政权，发展生产，直到后来，代表落后腐朽的社会势力，被另一波新的农民运动和起义所推翻，那样一条社会历史发展定律。

　　　　其兴也勃焉，其亡也忽焉。

　　当年，在延安窑洞里，黄炎培和毛泽东的对话，讲述的虽然是中国历史发展辩证法，其包含军事美学道理，依然是深刻的。"革命战胜反动，新生战胜腐朽"，符合社会历史发展规律，也符合军事美的创造发展演变规律。

　　至于岳飞那样的军事英雄，好像也在为腐朽的宋王朝政权服务，算不算军事美？这个问题要具体分析，单从军人所具有的国家品格和民族品格来讲，岳飞的确是军事英雄，也有军事美学价值和意义。虽然岳飞帮助的是就要被推翻的腐朽王朝，也不能说岳飞的战争，就是非正义的。即使在非正义战争中，也有少数军人，他们的精神品格和思想价值意义，超出了非正义战争的局限，进入了特定的，也是共同的军事审美价值与意义评判标准，这时候，那种非正义因素，就退到后面，而凸显出军人必须保持和具有的优秀品质。那就是岳飞的军事美学意义。

　　综上所述，归纳起来：

　　正义，作为军事审美价值要素，它是一种理性，一种规律，一种符合人类社会向前发展的总体价值追求和信仰。它能满足和实现军事主体"惩恶扬善"的需要，使腐朽的社会得到新生，使颠覆了的价值得到匡扶，使罪恶的、黑暗的、反动的势力得以埋葬。捍卫和履行正义的战争和军事行为，可以创造社会变革美与历史发展美。这里的军事主体，可以是一场战争，也可以代表一支军队，或整个人类的战争和军事、军队。只要它们具有"正义"这种军事价值，就能创造同种类型的军事美。

　　正义，作为军事审美价值要素，它能满足和实现军事主体进行"是非善恶、忠奸美丑"价值判断的需要，调动巨大的心理能量，义无反顾地投入到军事与战争实践活动中，追求美善和真理，消灭丑恶和奸佞。它是军事情感美、军事心灵美、军事力量美、军事行为美的心理动力和精神源泉。这里的军事主体，可以是一支军队，也可以是军人个体。可以是军事领袖和将军，也可以是普通军人。

二、忠诚与忠贞

忠诚与忠贞，属于人的思想道德范畴。在社会生活中，除军事外的其他领域，人类的忠诚与忠贞，也能表现出感天动地的美。作为军事美基本价值的忠诚与忠贞，主要指军人的基本素质和道德品质。"正义"是军事美的社会历史价值判断，"忠诚"与"忠贞"是军事美的人格和道德价值判断。

（一）忠诚与忠贞是军事主体不计一切代价的坚守

什么叫忠诚与忠贞？"忠"指忠厚。"诚"指诚实。它要求军人忠实于自己所属的集团，而且这种忠实，必须真实、诚恳。忠贞，主要指坚贞不渝，道德品格上没有瑕疵。前者是军人个人内在的心灵品质，后者是这种心灵品质的外在表现。

忠诚和忠贞，都是"不计一切代价的坚守"。我们说革命者"忠诚履行自己的使命，对党、军队和自己的事业忠诚"，但不一定是忠贞。革命者在监狱中遭受严刑拷打，也不背叛组织和人民，那就是忠贞。军人对自己的理想和军队的宗旨，抱着坚定的信念，自己的思想行为，始终沿着这条道路前进，这就是忠诚。当遇到外在原因，或被敌对势力要求他们背叛和改变这种宗旨和理想的时候，哪怕严刑拷打也不改变，那就是忠贞。忠诚和忠贞，在基本道德品质要求上是一致的。只不过在不同环境和状况中的表现不一样。它们都是信念的坚守和固守。坚守信念，忠于理想，对军人来说，不仅在心灵，还包括肉体，随时准备作出牺牲。

无论你是什么样的军人，只要你无论在什么环境下，都忠诚于自己的理想和努力追求的价值观念，并且这种价值观念，对祖国、人民、军队和民族，都具有正面意义，那么，你的军事行为、战争行为和心灵人格，就具有军事审美价值，因而是美的。

不是所有忠诚于自己理想和军队的宗旨的行为，都是美的。这要看忠于哪一个理想，它的军事价值和社会价值，能否经受历史的考验？作为军事集团，必须要求它的每一个成员，有绝对共同的努力方向，才能取得胜利。军人的忠贞，和对祖国、民族的忠贞结合起来，构成这支军队无坚不摧的力量。

比如，长征中的战士，有不少在爬雪山过草地过程中掉队。几十年后，他们历尽千辛万苦，才找到自己的组织，拿出当年参加红军的证件，回到革命队伍中来，这就是忠诚。西路军中有不少红军战士，他们在队伍被打散后，历尽千辛万苦，躲过敌人的追捕，讨口要饭，找回到延安。那就是对延安，包含着的他们人生理想价值的忠诚。他们之中，有些战士，尤其是女战士，被抓捕后受到拷打和欺辱，有些自杀，用生命来捍卫自己的忠贞。有些战士没有自杀，而是按敌人的要求活下来，最后采取另外的方式逃跑，回到革命队伍的怀抱。那也是另类形式的忠诚与忠贞。西路军某妇女独立团，团长和战友被捕后，采取各种方式，尽量活下来。有的被迫和敌人结了婚，有的做了敌人工厂里的女工，还有的被收编到敌人的部队中去。但她们的心，始终在革命阵营。团长王某某逃跑出来后，到兰州八路军办事处，又得不到革命阵营内部的承认，只好沿途逃荒。多年后才逃回她的江西老家，又嫁给了当时一个国民党军人，那个军人在缅甸抗日前线的战斗中牺牲了。她的一生曲折艰苦。老年的她，对当年的惨烈战斗和壮怀激烈的岁月，带着感情，唱着当年的军歌，终身不悔。这不仅是对红军组织的忠诚，还是对事业与信念的忠贞。

军人用生命捍卫忠贞，表现出革命英雄主义气概。他们是最高形态的军人生命价值。革命军人是"以暴制暴"的工具。既然是工具，在生死面前，就没有任何价钱可讲。"砍了脑袋，碗大个疤。""杀了夏明翰，还有后来人"。在人类战争史上，有多少这样的军人抛头颅、洒热血。给予军人忠诚与忠贞最高的审美评价，不是说军人被捕之后就必须砍头。我们是对他们生命的失去，和战争胜利之间的价值关系，作出肯定评价。人类生命，像战争这样，在不自然状态下牺牲的例子很多。他们的死，捍卫了正义和理想，争取了战争的胜利，给我们换来了生活的和平。

（二）忠诚与忠贞是军事个体生命价值和社会历史价值的统一

中国人有一种生存智慧，就是"留得青山在，不怕没柴烧"。屈辱地活着，或在特殊岗位上执行特殊任务，等待将来东山再起，也是非常时期的生存智慧和军事生存智慧。他们有的打入敌人内部去获取情报，然后被敌人杀害，铸就感天动地的军魂。张露萍、电影《永不消逝的电波》里的李白、女特工关露等，在抗日战争和解放战争中，他们打入敌人内部获取情报，在另一条战线上，表现出更有价值的忠贞。歌乐山集中营，关押过的华子良，用装疯卖傻的方式，表达一个战士对革命的忠诚。江竹筠在老虎凳上不屈服，最后被敌人杀害，用生命来表达对党和人民的忠贞。无论牺牲，还是后来回到革命队伍中，他们的军人生命价值和整个中国革命的社会价值和历史价值，是完全统一的。

凡是为个人小集团利益的忠诚和忠贞，都没有军事美学价值和意义。比如，一支军队内部的小集团，对他们首领忠诚和忠贞，土匪袍哥内部，也非常讲究义气和忠贞，反动军队里的流氓团伙，都讲究忠诚和忠贞，有的甚至采取残酷的手段，迫使下属无原则地忠诚于自己的利益集团和个人。这些都不构成军事美的基本要素，而是军事丑的典型，因为他们生命的存在价值，和社会、历史发展的总体方向，是负面的、不一致的。

反人类、反社会的军人忠贞，为什么不会成为军事审美价值？座山雕的八大金刚，忠于他们的首领；黑社会的啰啰，为主子献出生命。他们的生命价值，危害了民族利益和社会价值，就不能创造军事美，而是军事丑和社会丑。如果土匪袍哥的队伍，加入了抵抗外来侵略者的战争，并且牺牲，那他们的军事生命价值，就和正面的、正义的中华民族的生存价值联系起来，创造和表现另类形态的军事审美价值。比如，影片《红高粱》里的土匪"我爷爷，我奶奶"，在民族大义面前，克服了土匪杀人越货的内部忠诚，表现为对民族的忠诚与忠贞，具有民族抗争的社会和军事审美价值与意义。

忠诚与忠贞，作为军事精神价值和道德价值要素，能满足和实现军事主体"坚守信念、履行使命、纯化心灵、凝聚精神能量"，来更有效地从事正义的战争的需要，创造和表现出军事精神美、军事信念美、军人品格美和军事道德美。它是军事个体价值和军队存在价值、社会历史价值整体的统一。

三、责任与使命

什么是军人的美？什么是军人的最美？

我们在研究军事美的过程中，列出许多军人最美的思想品德和表现，让大家选择。比如：

勇敢、顽强、责任、良知……

开始，不少人选择勇敢、顽强。我们说军人的最美，就只能选择一个。回答依然勇敢顽强，是军人最美的品质。不错，我们也认为，只要是军人，只要知道为正义而战，他们就应该勇敢顽强，具有压倒一切的精神力量，在战场上赴汤蹈火。

我们必须进一步追问，是什么原因支撑军人在战争中，赴汤蹈火、奔驰疆场、流血牺牲、在所不惜的呢？

那就是责任。

（一）责任与使命是军事主体必须履行的"天职"

"责任"是军人品格的最美。有了责任和责任感，必然会赴汤蹈火。没有责任和责任感，即使赴汤蹈火，也不知道为何而战。"责任大于天"、"有了责任就有了一切"、"责任重如泰山"，这些社会价值的美，也完全适合，或者说更加适合于军人。既为军人，无论在战场，还是在和平环境中，都有一个职业的要求，那就是你的"职业操守"，决定你必须勇敢顽强、流血牺牲。军人的责任高于一切。无论是你处于炮火连天的战场，还是和平年代你所从事的各种工作，管理训练、教学科研，都有一个军人的"职业责任感"高悬在你的头上。哪怕前面是地雷阵，是通红的枪管，是碉堡，是凛冽的大江长河，是漫天大火，还是疑窦丛生的和平年代科技攻关，你都必须义无反顾，勇往直前。哪怕下一步就踩上地雷，也是你的责任。这是职业的要求，没有什么价钱和条件可讲。

什么叫责任？责任是一种职业的规定性。属于精神、品格、道德范畴，更属于军人生命价值选择范畴。所谓"不二选择"，就是舍此无他。只要作出了这种选择，履行了你的责任，就是流血牺牲，也会赋予军人最高价值实现的使命感、满足感。

> 我做梦都在想，怎样牺牲在战场上。
>
> 　　　　　　（《激情燃烧的岁月》石光荣台词）

电视剧《激情燃烧的岁月》中，石光荣的这句台词，集中表现了一代老军人的价值选择和职业操守。

中国古代有很多著名诗篇，对军人的职业操守和责任意识，有很好的概括：

> 醉卧沙场君莫笑，古来征战几人回。（唐·王翰《凉州曲》）
> 凭君莫话封侯事，一将功成万骨枯。（唐·曹松《己亥岁感事》）
> 青山处处埋忠骨，何须马革裹尸还。（清·龚自珍《己亥杂诗》之一）

上面几句诗，苍凉、悲壮，豪迈、崇高。是对军人生命价值、责任使命的诗意抒写。它们本身具有很高的军事艺术审美价值。同时，这种军事艺术审美价值，集中表达的是军人履行职责的生命价值。苍凉而不低沉，悲壮而不悲观。

（二）责任与使命是军事主体没有选择的承担

哪些责任的履行和实现，对军人来说才是最美的呢？

只要为了正义的战争，只要为了你代表的军队在战争中取得胜利，那就是在履行一个军人的职责。我们穿着军装，就代表自己已经履行着责任和使命，也就是"天职"的无声承诺。军装的设计，规定了职业对我们的要求。

我们观看军事题材的影片，观赏战争题材的油画，屏幕上、画布上浓烟滚滚，千军万马投入激战。万炮轰鸣，敌我双方，冲锋陷阵。前面的战士成连成排地倒下去，后面的战士又成群结队地冲上来。比如，反映朝鲜战争的油画《汉江战役》，淮海战役纪念馆、西柏坡纪念馆的实景画，都能看到这样的场面。

这样的战争场面给人感动和震撼。但，我们思索过吗？他们为什么要这样？这就是在履行一个军人的责任。"责任"之剑横在军人精神的太空。军号一响，军人就应该毫不犹豫地站出来，只有前进，没有退缩。

因此，我们不能看到黄继光堵枪眼、董存瑞舍身炸碉堡、罗盛教跳进冰冷的河水中舍身救朝鲜小孩，仅仅认为他们勇敢顽强，就够了。他们是在履行一个军人的责任。无论作为领袖，还是士兵；无论作为指挥员，还是战斗员；无论当什么兵种，打枪放炮，还是保障供应，做什么不要紧，关键是要出色地完成任务，并且是冒着枪林弹雨和失去生命危险去完成。只要你履行了这种责任，无论你参加的是抗日战争、解放战争、朝鲜战争，还是今天到外国去参加联合国维持和平部队，还是当年的白求恩来中国，帮助中国人民战胜法西斯，最后因做手术感染牺牲，那都是在履行一个军人、一个国际主义者和反法西斯战士的责任。军事美把军人职业的要求、责任感，看作是军人最崇高的审美境界。对军人来说，这是自然的需要，也是自觉的要求。它是军人行为的心理依据。正义的战争，也会以千百万人的流血牺牲作为代价。即使有千百种困难需要克服，甚至献出生命，那也是作为军人对自己职业、责任、忠诚与忠贞的最高荣誉和奖赏。

军事美决不是研究战场打枪放炮有多美。也不是单纯研究分析董存瑞、黄继光和邱少云，他们的军事行为和战争场面的美与不美，而是寻找一种军人心灵固有的价值观念。这种观念一旦树立起来，构成军事美的基本要素，军人的斗志、感情、勇敢、智慧，都会在这样的心理根据，或精神价值中表现出来，产生无比强大的精神力量，去征服一个个难题和堡垒。

对黄继光堵枪眼、董存瑞炸碉堡、邱少云被大火烧死的战争场面，是不能简单地用"美"字来概括的。黄继光、董存瑞、邱少云等军事英雄，仅仅使我们获得审美感受，是远远不够的，也是不合适的。我们要看到他们坚守自己的责任和军人生命存在的核心价值，并把这种核心价值，和我们的心灵价值、行为选择联系起来，获得理解、共鸣和沟通。军人的核心价值，不是好看的外表，而是军人职业的心理依据，那就是——履行责任，忠于使命，赴汤蹈火，万死不辞！

堵枪眼的肉体，肯定会被子弹穿过，黄继光知道；敌人的碉堡被炸毁，巨石肯定会掉下来，把自己被炸药包炸毁的身体掩埋，董存瑞也肯定知道；草丛中，动一动扑灭身上的火，自己就能活下来，但暴露了目标，战友就会牺牲，战斗就会失败，如果不动，自己就会被大火烧死，邱少云也肯定知道。资料记载，邱少云身旁，并不是没有可以浇灭身上烈火的水沟，但他能滚进去、跳下去灭掉自己身上的烈火吗？不能够。之所以我们称黄继光、董存瑞、邱少云、罗盛教为磅礴天地、光照日月的英雄，就在于他们那个时候，只能作出军人的唯一选择。不是苟活，而是赴死；不是一般意义的战死沙场，而是主动凛然地将自己的血肉之躯，融作通往战争胜利的路基和阶梯。大义凛然地死，就是他们在履行一个军人责任的时候，作出的唯一选择。

履行责任与使命，是军人的最美。

我们曾到某空军部队采访，参观他们琳琅满目的荣誉室，探访他们的心理咨询实验室。某教官告诉我们："别看我们的飞行员，一个个都训练有素，业务过硬，身体强壮。但是，他们驾驶飞机上天，每一次都是有生命危险的。军人也是有血有肉的普通人，普通人的一切思想感情，他们都有。面临生死考验，他们为什么能临危不惧？那就是……忠实地履行一个革命军人应尽的职责，还有沉着冷静地应对各种风险的特殊本领。……我们对他们也在观察，凡是有什么思想动态的，语言和行动有什么反常的，或者埋头抽烟的……都要观察，不能贸然让他们执行任务，驾驶飞机上天。"

身在陆军，也许我们并不知道，其他兵种，比如空军、二炮和核实验基地，尤其是武警，每年都有战友奉献出了宝贵的生命和青春。

和平时期，军人不用上战场，也有经历生死考验的时刻。既然这样，我们为什么能够面对？就是因为"责任与使命"之剑，也是光荣之剑，时刻都横亘在军人生命和精神的天空。

四、道德与良知

"子弹不认人"、"战争没有人性"。《游击队之歌》唱道："每一颗子弹消灭一个敌人"。军人、军事和战争，能够讲道德和良知吗？我们也常常想："如果军人讲良知、战争讲人性，那么，世界上就不会有战争了"。战场上，我们面对的敌人，也是活生生的生命。怎么办？就应该绝不软手，没有什么人性可讲。因为，那时一个革命军人的人性，就是多杀敌人，以毁灭罪恶生命的方式，来捍卫美好人性。

人类某些必须坚守的基本价值，比如：真诚、道德、良心、良知，在军事与战争领域，是无效的、不起作用的，甚至是相反的。比如道德，道德讲究的是真诚，"有一说一，有二说二"。这样的道德在人类其他生活领域，是必须坚守和歌颂的。军事领域则不行。

"兵者诡道"，是《孙子兵法》的核心。既然是"诡道"，就不是一般的道路和道德，这里的"道"，还主要是指战争的规律和方法。也就是说，战争必须有一种离奇的、不为常人所识破的规律和方法。战争中，对敌人决不能讲真诚，决不能"有一说一，有二说二"。军事欺骗，从来、本来就是克敌制胜的法宝。可以这么说，人类社会中一般用来歌颂的道德含义，就没有在军事领域真正实行过。"能而示之不能"、"将欲取之，必先予之"、"空城计"、"草船借箭"、"四渡赤水"等等经典军事理论和经典战例，都说明战争中，没有什么一般意义的真诚和道德可讲。

但是，能不能因此而断定，军人就完全没有或者不讲良知、良心、人性、道德呢？那不能！那样，军人就如同一根棍棒无异。虽然我们也绝对承认，军人就是暴力的工具，但这种工具，毕竟是人，毕竟不是单纯的棍棒。人类一些固有的基本价值准则，诸如良知、良心、人性、道德等，不可能不在人类的军事领域和军人身上体现出来，而且有时还更加集中强烈地体现出来。

"子弹的确不认人，但还要看它认的是什么人"。"战争不讲人性，但还要看它讲的是什么人性。"不是军人有没有、该不该讲良知、良心、人性、道德，而是从古至今的军人，讲的究竟是什么样的良知、良心、人性和道德。

（一）道德良知与军事良知或军人良知

良知和良心有区别，也有联系。良，即善良。良知和良心，都具备"良善"或"善"的道德价值。良心趋同于人的本能，"人同此心"，谁都应该具备；良知更加趋同于人的理性，"心同此理"，是谁经过考虑都能明白的一种道德价值。

良知和良心都属于道德品质范畴。是人类思想、行为积极、健康、向上、向善，也就是追求真善美的心理根据。军事良知，是人类在军事领域的思想、行为积极、健康、向上、向善，也就是追求军事真善美的心理依据。军人良知的含义，包含在军事良知之中。

社会生活领域，从真诚、善良、爱出发，不损人利己、不制造罪恶的思想和行为，表现人类良知的社会生活美。人的道德、情感、精神、心灵美。它们可以是国家的良知、民族的良知、个人的良知。比如，某一个国家遭了灾难，遇到大的地震、洪水和飓风等等，世界各国都施以援手，无论这个国家过去怎样，属于什么社会形态，它们曾经多么友好，或者曾经恶语相向，此刻，都通过各种方式援助。这就是人类良知，也属于国家良知。1973 年，西沙之战，某国侵犯我国西沙岛屿主权，台湾当局也发申明称"西沙群岛是'中华民国'固有领土"，并让解放军军舰顺利通过台湾海峡，赴西沙作战。这就是民族良知。大学里的某些老教师，宁愿评不上教授，也不弄虚作假。宾馆里的扫地女工，捡到十万、二十万，也原封不动地退还失主，失主给的一分奖金也不收取。这就是个人良知。无论国家良知、民族良知，还是个人良知，它们坚守的价值，第一是真，不颠倒黑白；第二是善，非己勿取。

军事良知指军事与战争领域，从人类真理出发、从惩恶扬善出发、从人间大爱出发、从重创损人利己和消灭埋葬人间罪恶出发的思想和行为。它们可以是国家战争、战略、战役方针的制定，战斗时间、地点的选择和军人的作战方式和行为，以及优待俘虏、不射杀平民和妇女儿童等等。

据载，1951 年 9 月，中南海再次讨论要不要出兵朝鲜，双方争执不下。金日成发来求救电报。毛泽东说，人家遭到这样野蛮的侵略、轰炸，看着战火已烧到鸭绿江边，再不出兵支援，总觉得心里过不去。唇亡齿寒啦！

于是决定：没有苏联空军支援，也要出兵朝鲜。

为了避免唇亡齿寒，抗美援朝，保家卫国，这是制定国家军事战略的国家军事良知。面对即将被侵略者灭亡的朝鲜，果断出兵打击侵略者，捍卫人类的正义与和平，也是人类军事良知。

1979 年 2 月初，解放军打下谅山，很快就要取下河内，但邓小平下令立即停止攻击，果断撤兵回国。据资料记载，前线指挥员许世友很不服气、很不心甘。许世友当然是从军事角度考虑，但邓小平是从国家战略考虑的。"教训而不是为了占领"，"有理、有力、有节"，这是一个国家军事良知的充分体现。这里还不是"穷寇勿追"表现的军事良知。

我国的固有领土必须捍卫，这就是求"真"，追求"真理"，也是"真诚"，"求实"，这就是"有理"；给侵略者以教训一定要痛击，把他打伤、打残、打痛，这就是"有力"；"教训而不占领"，这就是"有节"、"向善"了。战争与军事的铁拳头，永远、最终还是依然指向人类真善美的。

因此，社会良知，作为社会价值，是心灵、道德固守的人类真、善、美；军事良知，作为军事价值，是铁拳头赢得和捍卫的人类真、善、美。正因为如此，这种军事价值，无论怎么表现，以什么方式和载体来表现，它们都属于人类历来共同追求和坚守的军事审美价值。

（二）军事良知暴力显示的哲学根源

军事良知作为军事价值和军事审美价值，在战争中表现为以"埋葬邪恶、捍卫和平、创造新生"的方式，创造社会和谐美和军人道德美。

为什么良知、良心这样的社会学价值观念，进入军事领域，就会构成军事审美的基本价值和元素？因为军事领域善恶的较量表现得太集中、太充分、太激烈，和一般社会生活领域的善恶表现出完全不同的价值色彩。

军事的主要目的，就是尽可能多地消灭敌人，保护自己。正义战争也有暴力。手中紧握的正义之剑，越锋利越好！因为只有这样的暴力，才能更有效地制止非正义的暴力。

战争的残酷，常常无理性与道德良知可言。军事美给人的心灵"死结"，就是："杀人，为什么会有审美价值？"道德良知，作为军事审美价值，来概括正义战争的杀人到底合不合适？

的确，每个人的生命都只有一次。一颗子弹射出去，无论落在谁身上致命的地方，都可能熄灭一朵生命的火焰，再也不能复生。我们的观点是，不在于你杀不杀，而是杀谁，或者怎样杀，以及为什么要杀，杀了这个人、灭掉了他的生命之火之后，有什么作用？这里深深地牵涉战争与生命的矛盾、战争与人性和社会的矛盾。

战争起源于掠夺。但是，非正义战争可以起源于掠夺，而正义的战争，就不是起源于掠夺。非正义战争的掠夺，为了侵略和扩张，本来就违反了人类生存的基本法则。我们不能简单用人类一般生存法则来理解。侵略者已经端起了刀枪，已经践踏了人性，摧残了人类良知，如果你还去向践踏人性、摧残人性、毁灭良知的刽子手讲良知，讲良心，那么，就会招致反侵略战争、反掠夺战争的失败。正义战争军事力量的损失和牺牲，正义战争的失败，即标志非正义战争的胜利。

而非正义战争的胜利，必然就是人类更大灾难的降临。那时，整个人类社会就成为没有秩序的、没有是非正义的野蛮混合体。处于战争劣势的、被动的，也是正义战争的指挥者和战斗者，一定要明白，自己在战场上运用的暴力，是"以暴制暴"，是在捍卫正义和真理，也是在捍卫随时可能会被邪恶暴力吞噬的无辜生命。这样，正义的暴力，就运用得越有利越好，越巧妙越好。只有这样，你才能捍卫真理、捍卫正义，保护人类无辜的生命，使正义得到伸张，这就是生命、战争与道德、良知的激烈冲突与和谐。哪怕这时你不得不承担战争与人性的矛盾、战争与道德良知的矛盾，你也要勇敢站出来，作出你的选择。因为你稍微犹豫，就会带来你的牺牲和更多正义、人民的牺牲。我们在分析正义战争暴力的美，并不是单单在分析正义战争，比如，杀人场面究竟美不美，而是在分析一种军事生命的存在价值。如果你不捍卫这种正义战争的军事生命存在价值，那么，你就是对人民的犯罪，对正义的背叛。

质言之，正义战争的美，是在军事与道德、战争与良知的激烈对抗冲突中实现，达到新的军事与道德、战争与良知的和谐。

军事良知的审美价值，能满足和实现军事主体"埋葬邪恶，捍卫和平，创造新生"的需要，创造出社会历史价值美和军人职业道德美。

（三）军事良知与战争本质的对抗冲突与和谐

我们也不得不承认，军事良知，在残酷的战争面前，有时显得那样苍白无力。战争，毕竟还是严格地按照军事逻辑规定的方向进行。这不是讲不讲良知的问题。中国古代宋庄公的教训，关于不能怜惜恶人的传说，"农夫和蛇"的寓言，讲的也是良知与善恶矛盾的道理。战争中的良知，还不是农夫和蛇的问题。因为被蛇咬了，还可以医治，也不一定必然死亡。但是，战场上如果你的枪口，对着的是已经向你举起枪的敌人的枪口，那时，稍微犹豫，你的生命就会完结。在战场上杀红了眼，就是这个道理。那时，所有良知乃至人性，都已抛弃。但是，互相射杀的正义战争和非正义战争的战斗员，决不是一对杀人的机器和吃人的野兽。因为他们代表着、包含着不同的军事价值。

据一位参战战士回忆：

1979年初，当初进入南方某边境作战的部队，开进之前，上级明确交代，不能向儿童、妇女和老人射击。进入边境，战斗很激烈，排长受了重伤。战斗刚开始，部队继续推进。战士们用身上的急救包，草草替排长包扎了伤口，把昏迷的排长隐蔽在路旁的树林里，等后来的部队，收容到野战医院医治。可是，当我们的队伍，继续向前走了之后，不久，从树林中钻出了一个敌方小孩，残忍地把昏迷不醒的排长裹着的绷带扯掉，将眼珠抠出来，扔在一边。排长后来因伤势太重而牺牲。部队宿营，敌方的两个小女孩，偷偷来到战士们的宿营地，悄悄把捆好的手榴弹，趁夜色扔进正在休息的战士们军车上爆炸了，炸毁了车辆。使几十个战友，未能上战场就失去了生命。后来，我们就不按照上级的要求了，只要向我方靠近，无论是谁，都向他们开枪。

战场上的一般规则和良知，对战斗人员来说，一点不起作用。只要是战争，就是你死我活。敌我双方，明火执仗，无论是谁，只要手中有武器，就必须作为敌人来对待。再比如，杀不杀俘虏？怎样杀俘虏？也要根据战场上的具体情况来定。

该作者继续回忆：

> 清晨，浓烟滚滚，战斗结束，打扫战场。大路口的树丛中，横七竖八地坐着一群俘虏。我和连长上前查看，有一个受了重伤装死的俘虏，大约是个军官，全身血肉模糊，还没有断气，抖抖索索地掏出手枪，就要扣动扳机。连长眼疾手快，声严色厉地给我使个眼色，暗示我：快去把他"弄"一下。谁都懂得，所谓弄一下，就是快去把他弄死。当然，我毫不犹豫地抢上前去，向那个垂死的偷偷举枪的敌人补了一刀，毙命。

这里射杀的不是俘虏，而是假装俘虏的战斗人员。这里的真实战争场景描绘，可能很残酷、很血腥。但是，只要是战争，哪有不残酷、血腥的道理？战场上，谁也不可能向你讲善心和良心。我们只有站在没有战争、诅咒战争的角度来看，战争的本性和人类生命之间的冲突和矛盾，在阶级社会中不可调和。一旦调和，就会走向反面。军事美，绝对不是夸耀残酷、血腥的战争场面，而是分析它们的社会价值和历史价值。发动战争的侵略者，必然得到那样的惩罚。只有那样的惩罚，才能维护新的社会的秩序和世界的和谐。

（四）军事良知的人性美

两军对垒的战场，为正义而战的军人，狠狠打击敌人，用枪杆和暴力来抒发对人民的爱，取得战争的胜利，这样的军事价值，也是军事审美价值，才是最好的军事良知。

侵略者究竟有没有良知？制定政策的侵略者，是没有良知可言的。大多数侵略者的战斗人员，也是没有良知的。当然，不排除他们之中有那么小部分，因激烈的战争、个人的际遇，良知没有完全泯灭。侵华战争中，日本军国主义队伍中，有很少的日本军人，因为厌战，或因为被俘，调转枪口，加入了抗日的队伍。但是，这不是日本军队的主流，不能因此而认为日本军队也是一支有良知的军队。陆川的电影《南京！南京！》，以一个日本军人"良知与人性"发现的角度，来构思作品，给人的感觉好像日本军队还不是完全泯灭良知的军队，似有"以偏概全"的审美偏差。不否认有这样的日本军人，但不是日本军队的整体价值取向。把这种意识用来构思作品，遭到日本军人泯灭人性大屠杀的中国人民，感情上过不去。这是审美的失误，而不是历史的失误。

侵略者的良知，经历战争几十年后，日本老兵来到南京、来到卢沟桥，跪在地上，久久不起。正义的社会良知，唤醒了罪恶的灵魂，那是军事美不能不看到的人性美好的一面。这是他们灵魂反省的结果，也是战争带来的另一种形态的社会美和人性美。军事良知在侵略者身上的最终复活。

当侵略者放下武器，成为俘虏，正义战争的执行者，就不应该再屠杀。中国人民解放军"三大纪律，八项注意"中有一条纪律："不虐待俘虏"，是军事良知的反映。战争摧毁人性中美好的一面，但同时又最能够把人性中最美好的一面表现出来。所以，人类良知，正义良知，虽然在战争中得到了摧残，但它终究会在人性中苏醒过来。

反人类的、没有良知的、灭绝人性的军队，可以把人类最丑恶、最没有人性的部分，动物性的部分，表现得很充分。比如，屠杀俘虏、屠杀平民、奸淫妇女、放毒气、在战场上用人体和细菌战来做实验等等，都是对人性的彻底摧毁，对生命的极端蔑视，对人类良知的最大伤害和残暴。南京大屠杀，日本军队杀害了多少放下武器的中国军民，和没有武器的平民。他们把战争变成了一台赤裸裸的杀人机器。

军事良知，可以在单个军人，也可以在整个战争中表现出来。还可以在战争指导者制定战略，尤其是国家战略和军事战略中表现出来。社会良知、民族良知，可以和军事良知相统一。战争的最终目的，不是为了杀人，也不是摧毁一切，破坏一切。

当年，解放军计划攻打北平。党中央和中央军委制定战术的时候，就圈出来，哪些古迹文物不能打，哪些大学校园不能打。因为，文物代表一个民族的优秀文化，大学校园是知识、知识分子和青年学生聚集的地方。这就是民族良知、社会良知和军事良知的统一。解放天津、上海，也制定了同样的战术，哪些著名人物住所，比如，宋庆龄住宅不能进也不能打，哪些外国使馆、洋行、难民营和俘虏营不能打。

为什么国民党军队在中国大陆灭亡得那么快，那么惨？日本军队、希特勒军队和当年的国民党军队一样，无论武器多么精良，队伍多么强大，都不可能是决定战争胜负的主要因素。除了发动战争的非正义性质以外，就是他们违背了良知，违背了人性，或者说，用反面来说明了要消灭他们才捍卫和表现人类军事的基本价值——军事良知。对人类固有价值和军事价值的摧残和践踏，必然要受到历史的惩罚。当时纳粹德国希特勒的军队屠杀了多少无辜的平民，日本军队屠杀了多少中国军民和亚洲军民，蒋介石的国民党军队屠杀了多少解放军俘虏和老百姓，在中国大地上制造了多少罪恶的万人坑？他们哪怕就要失败，离开大陆，也没有忘记把监狱里手无寸铁的政治犯拉出去枪毙，而且，采取各种灭绝人性的手段来枪毙。机枪扫射，刺刀屠杀，暗杀，甚至把尸体扔进镪水池。所有罪恶，都被他们做尽了，而且，还有一些没有公开的屠杀和绑架。相反，中国人民解放军在战场上也歼灭了众多国民党兵团。正规战场互相开火，杀掉生命不算屠杀。放下武器，虐待俘虏就是屠杀。西方谚语说："要想他灭亡，就使他疯狂"。越疯狂，临灭亡的日子就不遥远。"歼灭了八百万蒋匪帮"，在中国人民解放军作战史上，没有看到和听到，在哪里屠杀多少国民党俘虏，制造了惨案和万人坑。中国土地上，至今留下的却不少是国民党军队屠杀解放军和平民百姓的烈士墓和纪念碑。

　　由此可见，中国人民解放军为什么能够取得胜利，而且那么快，那么彻底。军事良知，是一种军事审美文化，反动派的失败，不仅是军事的失败，更是一种审美文化的失败。

　　并非所有代表正义的军队，都不会做出违背良知的事情。苏联红军在德国军队失败后，也发生强奸德国妇女的事件，也有屠杀德国军人、妇女和俘虏的事件发生。纳粹女兵被俘虏之后，依然遭到了奸污。哪怕从事正义战争的军队，也有可能做出毁灭良知、摧残人性的事情来。这要看他们军队的整体价值。要看整体这支军队代表的是什么样的正义力量。他们因为报复和仇恨，图一时心头之快。即使如此，军事美学还是要对苏联红军的这种行为，作出负面的、否定性的军事价值评价。以暴制暴，战场上毫无非议。已经放下武器，就不能用毁灭良知来换取军事正义。缅甸战场，日军屠杀中国军队太多了，太惨了。仁安羌大捷指挥官，被称为东方"沙漠之狐隆美尔"的孙立人，俘虏了几千日本兵。据资料记载，孙立人立即下令，把那些俘虏亲自招来询问，凡是到过中国的都统统活埋。按孙将军理解，只要到过中国的，就属于曾经犯下侵略战争滔天大罪的敌人，十恶不赦，不能算作俘虏。对日本军队仇恨，也可以说是中国军队对日本侵略者的一种严惩。中国人民解放军，从来没有如此大规模屠杀俘虏，而是教育俘虏，给他们养伤，发路费，让其回家。如果愿意参军，还可以留在部队里继续作战。中国人民解放军，是正义之师，文明之师，威武之师，还是礼仪、仁义之师。在这里讲的礼仪、正义、文明，不单单是军事良知问题，还是这支军队宗旨的要求。他们为了最广大人民群众的利益。被俘的国民党俘虏，多数都是受苦受难的农民，被迫当兵，怎么能够因为他们已经放下了武器，还把他们的肉体消灭掉？军事良知，作为基本军事价值和军事审美价值，还和这支军队的目的、理想和宗旨紧密相连。

　　军事良知和人性，不仅可以通过优待俘虏，还可以通过对待敌人的家属和子女表现出来。比如，我军的高级将领，曾经收养过日本小女孩，把敌人的儿女，作为亲人抚养。

　　东北解放时，日本家属，有很多留下来和中国农民、工人结了婚，组成新的家庭。几十年之后，他们没有了恩仇，更增添了骨肉之情。那也是一种战争中的人性美。这种人性美，是建立在人类良知、正义良知、战争良知和军人良知的基础上，同时说明，军事良知，可以在人类良知的光辉照耀下，战胜战争与仇恨，放射出璀璨的人性善与美的光辉。

五、军魂

军魂，作为军事审美价值的基本要素，透过它，可以回答军事、军队、军人为什么而存在、以什么方式等核心价值问题。

（一）人类军事太空的灵魂之声

军魂——如阳光，如雨露，布满和横亘于人类军事太空的灵魂之声。我们身穿军装，或在战场上出生入死，或在和平时期刻苦训练；或制定战略战术运筹帷幄，或研究军事与战争理论、技巧于书斋，我们的耳畔和心灵中，有没有回荡和激荡一种来自远古、横贯太空的灵魂的声音？

那就是人类军事灵魂的声音。

什么叫军魂？我们谈得最多的是军魂，了解得最少或者了解得很不够的，仍然是军魂。我们常常说人民军队忠于党、忠于我们的事业和人民，"党指挥枪"，就是军魂。明白并坚守这一点之外，我们还要仔细研究，军魂包含的基本军事价值和军事审美价值要素，看看这种价值要素，是如何在人类军事与战争实践过程中锤炼、表现和创造，成为一种军事精神的阳光雨露，布满和横亘在人类军事的天空？

所谓军魂，就是磅礴天地的军人诗魂。它是世上一切军人和军事存在共同的灵魂。也是军人必须固守的核心精神价值。"诗魂"中的"诗"，是个形容词，而不是名词。这种"诗"的含义，也不是李白的诗和杜甫的诗，那种"诗"的观念。而是，亚里士多德《诗学》那种"诗"的观念。亚里士多德的"诗学"，就是"美学"和哲学。罗素的《西方哲学史》，也把哲学、美学、艺术统称为"诗"来论述。我们称军魂为诗魂，借助"诗"来论述，要想说明的是，军魂是包含深刻哲学、军事哲学和军事哲理的；它的价值、意义和表现形态，是形象的、生动的，也是美的。军事美学的主要价值和意义，就是要从人类宽广、深厚的军事沃野中，去发现军魂，歌颂军魂。

（二）古希腊战神的军事美学意义

我们可以把思路引向远古的战争年代，古希腊城墙上雕刻着一个倒地的军人，他就是战神。他的生命已经消逝，但是，他还半跪在地上，手握盾牌，并没有倒下，他那颗坚强的头颅还昂扬地挺立。那就是军魂和战神。古希腊神话里的战神，哪怕已经倒下，已没有了生命迹象，他高举的盾牌，就是号召所有军人，为了正义和真理继续战斗下去。那是一座雕像，也是在宣扬一种军人存在的价值和意义，为了正义和真理赴汤蹈火，在所不辞，哪怕已经牺牲，他的精神和事业还在，他在昭示一种军人生命的永恒价值和意义，也昭示未来的军人必须勇敢顽强地为正义和真理继续战斗下去。这是不单单属于军人灵魂的声音，还是社会历史赋予军人磅礴天地的声音。那种声音，千百年来在人类社会历史上，在军事与战争的实践过程中，久久回响，没有停息，而且在未来还会以更加强大的声音，出现在人类"正义征服邪恶"的战争历史上。

军魂，是和军人肉体相对的精神价值，是一种征服邪恶的力量，神圣的召唤，拯救与呐喊，在人类社会滔滔历史长河中，挽起一道坚强的臂膀。它是人类社会和平的脊梁，也是人类良知的召唤，还是人类秩序和谐、和平的缔造者和维护者，他们用生命来维护正义和被邪恶毁坏了的人类秩序。有了他们，人类就有了靠山，有了希望，有了和平，有了世世代代战胜悲剧和苦难，不断推动社会前进的动力和保障。

只要在人类征服黑暗和苦难的过程中，一切为人类献身，为人类操劳的军人的灵魂，都可以算作这样的军魂。战场上，在刀光剑影中挺身而出的毫不犹豫的身影，一旦倒下去，那就是军魂。他们倒下去，总是能够呼唤千百万人民和军队站起来，向罪恶宣战，继续斗争，直到把黑暗的邪恶势力完全消灭干净。军魂是一切在人类社会征服黑暗、悲剧和苦难，在战争中，

人民英雄永垂不朽

坚定不移、毫不犹豫地失去生命的军人的灵魂。

军魂往往和国魂、民族魂联系在一起。军魂是人类社会对军人生命价值的最高奖赏。"身既死兮神以灵，子魂魄兮为鬼雄"，是军魂；"首身离兮心不惩"，是军魂。屈原作品《国殇》中的年轻战士，为了国家而战斗。那就是国魂。每一场战争，每一场征服邪恶的战斗，都有这样的军人的捐躯。无论中国历史上，还是西方历史上，都可以看到这样的军人。他们以牺牲生命为代价，换来祖国和民族的安宁。一切为了民族、为了祖国牺牲的军人，他们的灵魂，都可以得到军魂价值的最高奖赏。毛泽东撰写的天安门广场人民英雄纪念碑的碑文这样写道：

> 三年以来，在人民解放战争和人民革命中牺牲的人民英雄们永垂不朽！
>
> 三十年以来，在人民解放战争和人民革命中牺牲的人民英雄们永垂不朽！
>
> 由此上溯到一千八百四十年，从那时起，为了反对内外敌人，争取民族独立和人民自由幸福，在历次斗争中牺牲的人民英雄们永垂不朽！

这篇著名碑文昭示的意义：无数革命先烈，鸦片战争、辛亥革命、抗日战争、解放战争中牺牲的革命先烈，统一在军魂的名义下，作为重点歌颂对象。肯定了一种为人民共和国胜利捐躯的先烈们生命的价值和意义。

那么，是不是只有牺牲在那里的革命烈士，才属于军魂呢？也就是说，究竟是牺牲了的军人，才算军魂？还是，活着的军人，也算军魂？一般来说，只有当他们用生命，无论用什么方式，去从事和完成正义的战争，实现了军人生命的价值，就属于军魂。活着的也是为这样的一种价值实现而战斗和工作的军人，算不算军魂呢？从整体上来看，只要具备那种价值，无论活着，还是死去，他们生命的价值，都是一样的，都算军魂。只不过呈现的方式不一样罢了。有些人可能会说我们的生活很平淡，每天训练，每天看书，好像和那么伟大的军魂联系不在一起。我们的理解是，只要他们终究是为了那种价值的实现，就算作军魂。比如，我们刻苦训练的目的，是为了捍卫正义与和平的战争，做好最充分的准备。虽然我们的生命没有消失，也算伟大的神圣的军魂。或我们日常军旅生活和心灵中，总有这样的军魂在激荡。军魂的表现方式，又多种多样。我们这里肯定的是一种价值，在这种价值的连接之下，所有军人所从事的军事活动和战争行为，终究要在这样伟大崇高的精神旗帜下，获得力量和表现，即使在战场上不幸被消失了肉体，也会获得精神的再生和永生。

（三）军魂的表现

1. 军魂与英魂

一般人心目中，认为军魂就是勇敢，像张飞，像黑旋风李魁，那样的军人才是军魂。其实不一定。军人应该勇敢，军魂的表达和表现方式，又不一样。曹操有曹操的军魂，诸葛亮有诸葛亮的军魂，只是他们表现不一样罢了。但他们的军人存在价值，是相同的。张飞的一往无前，曹操的雄才大略，诸葛亮的神机妙算，周瑜的聪明才华，只要他们在正义的战争中表现出来，都可以算作军魂，也是普通军人学习的榜样。《水浒传》中的宋江，作为军人的存在价值，就不一定算作军魂。虽然他也打仗。他存在的价值主要是为了封建统治政权。正如毛泽东所批判的那样，他"只反贪官，不反皇帝"，也可以说明军魂在他身上的正面价值和负面价值，是交叉表现的。黑旋风李魁，对宋江的愚忠，也说明军魂必须为正确的军事目的服务，它的价值，才会完全显示出来。如果军事价值和意义，本身是负面的，那么你的本领再强，也不能显示出真正军魂的意义。我们往往给予武松正面的肯定，就在于武松打虎，是一种军人力量最强烈的显示和象征。军人，就应该像他一样不畏强敌，勇敢作战，战胜敌人。武松不仅是军事力量的化身，还是疾恶如仇的榜样。他打西门庆、惩罚潘金莲，都是人类普遍的道德良心，在军人身上的反映。他并不是一个仅仅具有伟大力量的军人，还有判断是非标准。他后来英勇作战失去了手臂，逃离了宋江的部队，出家去当和尚，也可以看出武松的心灵中，并不仅仅是暴力，而是对暴力的否定。他用生命来否定了无意义的战争，因为他在军事生涯中所做的一切，完全没有意义，只是成为皇帝招安的对象。作为军魂，武松留给我们的价值和意义是一笔丰厚的遗产。

2. 军魂与国魂

军魂是军人的生命价值和社会、历史、阶级价值的统一。谭嗣同，秋瑾，他们并不是牺牲在战场上，他们也不是正规的军人，但他们生命的死亡和牺牲价值，和整个中国社会历史的军事价值是统一的。甚至，送鸡毛信的小孩子海娃，放牛娃王二小，十几岁的少女刘胡兰，遥远山村里用乳汁来喂养革命战士和伤员的大嫂，他们身上都有和整个中华民族抗击侵略者建立新中国的军事价值共通之处。那里的军魂，是整个民族战争年代的责任与担当。

3. 军魂、党魂与民族魂

军魂的表现，在某种时候，并不那么一目了然。因为阶级因素、历史因素和某一军事集团的因素，变得十分复杂。

胡琏是国民党军事集团的重要将领。解放战争资料记载，山东、鲁南、华中、淮海战场上，胡琏兵团都是国民党军队的一支劲旅。当年文学作品中的胡琏，则是一个杀人不眨眼的刽子手。一想到他，谁的脑海里都会闪现出一个魔鬼的形象。但是，抗战中的胡琏，表现出来的却是一个中华民族军人最基本，也最优秀的品质。那就是，拼死和外来侵略者抗争。著名的三峡要塞宜昌石牌之战，被称为东方的"莫斯科保卫战"。为了抵抗日本人的军队从三峡坐船攻打抗战首都重庆，作为中华民族军人的胡琏，带着他的整个三十七师，及其他部队十万之众，在石牌顽强地抵抗日本人野蛮的进攻。战斗打得十分艰苦，因为蒋介石给他下了死命令，决不能让日本人的船队沿长江三峡，向重庆进发。战斗前夜，胡琏作为最高军事长官，给他的父母和妻子写了情深意长的遗书，声称他作为中华民族的军人，为了保卫祖宗留下来的土地，上战场决一死战，生死不惜。上午十时，战斗即将开始，胡琏带着数万参战国军战士，在石牌要塞山腰设台祭天，带头领誓。他写的祭文，也是遗嘱，有深厚的古典文学修养，读后令人动容。祭文如下：

陆军第十一师师长胡琏

谨以至诚昭告山川神灵

我今率堂堂之师

保卫我祖宗艰苦经营

遗留吾人之土地，名正言顺

鬼伏神饮，决心至坚

誓死不渝

汉贼不两立，古有明训

华夷须严辨，春秋存义

生为军人，死为军魂

后人视今，亦尤今人之视昔

吾何惴焉！

今贼来犯，决予痛歼

力尽，以身殉之

然吾坚信苍苍者天

必佑忠诚，吾人于血战之际

胜利即在握

此誓

大中华民国三十二年

五月二十七日正午

这篇祭文，可以读到中华民族军人的英雄气概。"生为军人，死为军魂"，是对军魂审美价值要素的最好诠释。他和他的战士，履行的是中华民族军人的职责。战斗打得十分艰苦。数十几万日军围攻他们的阵地。那些士兵，有些是川军，装备很差，年龄很小，才十多岁，入伍不久，穿着草鞋，打着赤脚，还没有手中的枪杆高，上战场就和敌人拼得你死我活。那场战斗，从上午打到下午。开始用炮轰，当地居民，有两三个小时没有听到枪炮声了，还以为战斗已经停下来。实际上并没有停，而是那些军人和日本人展开肉搏，用刺刀拼，用大刀砍。其惨烈程度，双方人员伤亡，好像屈原《国殇》里面的诗句。被砍杀的士兵，都很年轻，也是一种军魂，一种国殇。那是正义与邪恶的较量，是真正的中华民族军魂。

但正是这个胡琏，后来逃到台湾，当上了驻守金门的防御司令。当年解放军战士，坐了几十艘船，开往金门，在临近金门的海域，被胡琏的队伍歼灭得干干净净，当时，一艘船只、一个军人也没有回来。

可能我们会发问，胡琏的部队，打日本人那么英勇，属于民族的军魂。但是，还是他的队伍，打人民解放军的时候，又那么凶残，他们是不是我们民族的军魂呢？我们的回答是：要看他在什么环境，什么时间、地点和谁打仗。他们的打仗，对社会历史和整个中华民族生存发展的价值和意义，究竟是正面的，还是负面的？和日本人打仗，他们的英勇，绝对是中华民族的军魂。他们残暴地打击中国人民解放军解放台湾，目前看来，和当时看来都是一种战争犯罪。假如，因为胡琏的残暴，人民解放军没有能够解放台湾，那么胡琏在金门的军事行动，就是中华民族历史的罪人，其反面的、反动的军事价值和意义，是十分明显的。我们牺牲了的解放台湾的官兵，其英勇作战行为和流血牺牲都是一种共产党的党魂和中华民族军魂的统一。因为他们的军事价值，是在捍卫民族独立和领土完整。所以，尽管军魂的阶级性、时代性、历史的局限性和统一性，会使我们觉得衡量军魂没有一个统一的标准，但这个标准，我们认为绝对是明确的。军魂的价值，无论是谁，放在国家民族、社会历史发展的天平上来衡量，都是十分清楚的。为了实现和满足国家需要、民族需要、社会历史发展需要，而实现的军事价值，是军魂的价值，也是军魂的军事审美价值的基本要素。

只要军人履行职责，或者牺牲生命，获得和祖国、民族生存发展相统一的精神价值，就是军魂。为正义战争，牺牲生命，在民族、社会、历史、军事价值中，获得永生。民族不灭亡，人类不灭亡，这种军魂的价值和意义，也不会灭亡。军魂的精神价值，超越阶级和党派，超越国家和民族，成为整个人类征服悲剧与苦难，换来人类社会和平事业的生存进步与发展，这就是人类的军人之魂。认识这种军魂，呼唤这种军魂，赞扬这种军魂，维系和发展这种军魂，不仅是中国军人的责任和使命，也是整个人类军魂的责任与使命。

第三节　军事审美价值特征

按照一般艺术分类标准，我们把军事艺术，分为军事与战争本身的艺术，和表现军事与战争的艺术。前者主要指军事与战争的指挥艺术和作战艺术，后者主要指古今中外军事题材的文学艺术，如小说、诗歌、散文、戏剧、舞蹈、美术、音乐、电影电视等。

本节主要论述战争本身的艺术，即战争指导艺术的审美内涵和价值特征。

一、间接路线

"间接"，又称间接路线。作为军事艺术的主要方法，来源于英国军事战略家利·哈特《战略论——间接路线》。他认为：

> 间接路线战略是最具效果、最为经济的战略形式。看似最远和最弯曲的路线，往往才是真正的"捷径"。在任何竞争中，只有击败对手才能获胜。而在未克服对手的抵抗之前，应首先减弱他的抵抗，最有效的方法就是将其引出自己的防线之外。这就是间接路线战略的精髓所在。因此，"间接路线"不仅是战争的定律，更是一个哲学上的真理，在战争之外，于人类生活中的政治、经济活动等各个方面，都有着广泛的应用。

在西方军事史上，利·哈特是基本上和克劳塞维茨齐名的军事理论家。他通过分析世界历史上自希波战争到第二次世界大战的 30 场战争、280 多次战役，得出一个结论：间接路线战略是最具效果的战略。他同时还说明，不仅在军事领域，在人类其他活动中，比如搞政治、经商、艺术创造等活动，间接取胜的方法，也很适合。

（一）"间接取胜"与军事方法

"世界上最长的道路，往往是最短的道路"。纵观人类军事的历史，"间接路线"，或"间接取胜"，的确抓住了军事艺术的主要特征。《孙子兵法》开篇就说："兵者，诡道也。"所谓"诡道"，本身就是一种间接路线。"欲擒故纵"，"围魏救赵"，"将欲取之，必先予之"等等，几乎所有最好的军事方法，都是间接取胜，或者包含间接取胜的深层军事智慧。

（二）"间接取胜"与人类生存智慧

"卧薪尝胆"，"能屈能伸"，"君子报仇，十年不晚"等等，要知道，这些成语和谚语，都是有历史故事的，这种方法的成功运用，是得到了实践检验的。作为艺术创作构思，尤其是绘画、书法中的"间接"运用，比如书法的"留白"，绘画的"虚实"，"虚则实之，实则虚之"等等"间接"手法的运用，产生了令人回味的艺术效果。我们要做成某一件事情，不是从正面直接去做，而是迂回地间接地去做，往往最后能够更加巧妙地、快速地实现自己的目的。升学、就业、提拔，都可能用这种间接的方法，会更加奏效。当然，这种人生艺术和军事艺术，也称为人生谋略和军事谋略，除生存智慧和军事智慧外，还包含着计谋的因素。即使运用"间接"路线取胜，也要用之有道。谋略和计谋，不能变成搞阴谋诡计，耍小聪明。无论军事，还是人生，计谋变成了阴谋，谋略变成了小聪明，也许可以投机取巧，取胜于一时，都不能算作高超的、可持续的、立于不败之地的生存技术、军事艺术与谋略。

军人要善于吸收人类生存智慧和军事智慧的精华，无论战争年代攻一个山头，还是和平时期完成一项军事科研任务，适当运用间接取胜的方法，都能达到很好的效果。

(三)"间接取胜"在战争中的运用

军事活动最显著的特征,就是激烈的对抗性。既然敌我双方明火执仗地对抗,我们想不出有什么方法,直接对抗比间接对抗更好。这就是哈特说的减弱对方的抵抗把对方引出防线之外,然后加以击破的"间接路线"精髓所在。军事哲学是一种辩证的哲学。再好的军事技巧,不分时间场合、不根据战场具体情况来运用,也用不灵。不是为了间接而间接。该直接的时候就直接,该间接的时候就间接。已经削弱了对方的力量,该总攻了。总攻,就是直接路线,或者是间接路线运用之后的直接路线。短兵相接的冷兵器时代,用刀砍,用弓箭射击,就是直接的。攻城,可以直接,也可以间接。项羽在围困的队伍中左奔右杀,很快就杀出了一条血路,就没有什么间接路线可言。每一刀砍下去,就会掉一个脑袋。《三国演义》中赵云大杀长坂坡,在敌人队伍中一路杀下来,怀里还抱着一个孩子阿斗,不知砍下了多少头颅,最后衣袖里都装满了血。也是直接而不是间接。最好的军事艺术,就是"因地制宜、因时制宜、因人制宜"。战争是灵活的,军事手段是多样的,再好的战争艺术,也不是一成不变的。

但我们不能因此否定间接路线,作为军事艺术的普遍有效性,它来源于战争实践,并且得到了战争实践的反复检验,成为军事艺术的典范和军事艺术审美价值最显著的特征。

(四)"农村包围城市,然后夺取城市"——间接路线军事艺术价值审美

当年,中国革命的许多领导者、指挥者,都在攻打大城市的时候,毛泽东为什么带着他的队伍上井冈山呢?而且,上井冈山之前,毛泽东也不是没有攻打大城市长沙的,但是,他失败了。夺取大城市的战争目的,并没有因此而在他的心中消失。他胸怀着这个目的,迂回地走上了一条和大城市越来越远的路。上井冈山,当起了"山大王"。

毛泽东军事战略思想的核心:"农村包围城市,然后夺取城市"。这就是

间接路线的军事艺术在中国革命战争中的最好运用。如果像当时毛泽东之外的众多领导者一样，带着那么薄弱的军事力量，去攻打大城市，那么，整个中国当时有多少个大城市？他们要多久的时间，才能够一个一个地把所有城市打下来，也许十年、二十年、五十年也打不下来，说不定，还会在某一次攻打某个城市的过程中全军覆没。

"直接路线"，"直接攻打"，在这里不单单是路线长短的问题，而是牵涉生死存亡问题。毛泽东采取的间接路线，从井冈山，到长征，再到延安，再到抗日战争和解放战争三大战役，到1949年，只用了27年的时间，使一支弱小的军队，多数为山沟里的农民，到最后掌握了国家政权，完成了建立中华人民共和国的历史壮举。

27年，算起来很漫长。但是，毕竟毛泽东的队伍，当年是绝对的弱小，而整个当时的政权，是那样的强大。这是一种翻天覆地的变化。毛泽东领导中国革命军事与战争的实践表明，他走了一条表面看来，和大城市最远的路线，实现了建立新中国最短的路线。这就是间接路线作为军事艺术的最好运用。因为当中包含人类最优秀的军事智慧，运用得得心应手，表现为军事智慧美和军事艺术美，同时，又创造了中国现代社会发展美和历史变革美。

"农村包围城市，然后夺取城市"，从总体看来，是一条间接取胜路线。在这条路线上，实现军事目的的过程中，又包含着许多条小的和分支的间接路线。

比如长征，二万五千里，一步一步靠脚去丈量，远不远？当然远。红军为什么要长征，而不待在江西瑞金他们已经建立好了的共和国首都呢？因为当时那种状况，待在瑞金，等来的不是胜利，而是灭顶之灾。所以，长征，作为中国革命的一条最远的路，实际上又成为夺取全国胜利的一条最短的路。

"西安事变"，已经活捉了蒋介石。"杀掉蒋介石"，"为十年内战被杀害和牺牲了的战友报仇"，当时共产党内这种呼声很高。这可以说是一条最直接的路线了。但是，这条直接路线，能通往中国革命的胜利之路吗？当然不能。假如杀掉了蒋介石，内战硝烟再起，日本人乘虚而入，那全国的局面，靠陕北经过长征疲惫不堪的几万红军和张学良、杨虎城人心涣散的队伍，能收拾吗？答案也是否定的。直接路线，并不能通往胜利。留下蒋介石，拥戴他抗日，"直接"变"间接"；八年下来，红军壮大成了上百万的军队。"间接取胜"的道理，不言自明。

间接路线，作为军事艺术，实际上是一种战略的眼光和灵活的眼光。

间接路线在中国革命战争中，被毛泽东和他的战友们运用自如。游击战争的精髓，就是间接路线：

> 敌进我退，敌驻我扰，敌疲我打，敌退我追。
>
> （毛泽东《星星之火，可以燎原》）

"十六字诀"规定的四条游击战争路线，没有一条不是间接的。

解放战争三大战役中运用的迂回和包抄，大迂回、大包抄，也是间接路线成功运用的典范。抗日战争刚刚结束，党中央提出"经营东北，向南发展"，派林彪十万部队入关，不是进攻南京，就是一条间接路线。刘邓挺进大别山，经营中原，下了一盘活棋，也是一种间接路线。林彪部队从东北打到海南岛，陈赓部队从广西打到云南，刘邓部队从中原到华东，再到解放西南，到后来进军西藏，军事战略上的大迂回，军事艺术的大手笔，表面看来离目标越远，但是，通过迂回包抄，就离目标越近。没有哪一场迂回没有实现包抄，没有哪一场包抄，不是为了迂回地达到目的。许多迂回包抄加起来，就完成了战争目标，推翻蒋家王朝，建立崭新的中华人民共和国。

"间接路线"，按照利·哈特的观点，总体看来，是战略层次的军事智慧。他论述间接路线的军事著作，本来就是以"战略论"命名的。但是，据我们的理解，间接路线，不仅适合于战略，还适合于战役、战斗、战术层次的军事智慧。比如，淮海战役即将发起总攻，毛泽东命令：不要打，原地待命！等平津战役布置好了，然后，在冰天雪地发起总攻。这里有两个间接路线，一是不忙着彻底解决淮海战役，而是把战役的时机和效果最大化时，再一鼓作气解决，先把淮海战役的间接，变成平津战役的直接，达到胜利的目的。二是把淮海战役的战斗阶段，和平津战役的战斗阶段联系起来。那时，淮海战役的直接，又变成了平津战役的间接。三大战役，环环相扣，军事艺术，熠熠生辉。间接路线和直接路线，是可以综合应用的。有时，又可以相互转化。间接路线的结果，变成直接路线，或者直接路线，为间接路线埋下伏笔。比如，林彪的"三三制"原则，排兵布阵用的"三个三角形"，属于间接路线。三猛原则，即"猛打、猛攻、猛追"，就属于直接路线。间接路线还可以运用于战术的层次，比如，某一个军人要去炸一辆坦克，不是直接冲上去，而是挖壕沟，从战壕里爬过去，就是走间接路线，达到既保存了自己，又炸毁了敌人坦克的目的。这就是一种最具体、最基本的战术方法和手段了。

间接路线最能达到直接取得战争胜利的目的。直接和间接，不是路线长短的问题，而是胜利与失败的问题。这样的军事智慧与军事艺术，为什么是美的呢？

因为，间接路线的运用，集中体现和包含了人类的军事智慧，灵活巧妙地达到了取得战争胜利的目的。有智慧就有美，有技巧就有美，有艺术就有美。这里的美，既然是军事艺术的美，依然包含着军事与战争正义的和正面的军事价值。也就是说，反动的、非正义的军事与战争，尽管打得再有智慧、有艺术，但，那也是一种反动的、非正义的军事智慧与艺术。军事艺术美的审美本质，军事艺术本身所包含的军事智慧和技巧，还要和运用它所产生的社会价值和历史价值完美统一起来。毛泽东运用间接路线，指挥的军事与战争取得胜利包含的军事价值，表现了中国社会变革美。长征、抗日战争、三大战役包含的军事智慧产生的军事价值，摧毁了反动政权，那种摧枯拉朽的军事力量和气势、改变中国社会历史进程的宏大场面、悲壮牺牲的革命烈士的崇高精神、战争中军人的勇敢顽强，还有人民支援前线的鱼水深情，包含在战争智慧美和军事艺术美之中，完成了中国社会历史的伟大变革，综合起来，才构成了"间接路线"，作为军事智慧与军事艺术美的主要意义和内涵。

"间接路线"，作为军事艺术美，包含的军事智慧和技巧，并不是专门为中国革命设计的，而是，毛泽东的军事思维和战略，集中体现了"间接取胜"的观点。毛泽东的军事智慧，扎根在人类军事智慧浇灌的战争沃土中。间接路线，作为一种军事艺术和技巧，总是通往全人类生存智慧和军事智慧的。

二、智慧和技巧

（一）智慧和技巧的基本含义

智慧和技巧，是相互联系，又相互区别的两个概念。没有哪一种技巧，没有包含智慧；同时，没有哪一种智慧，不是通过技巧表现出来的。智慧是大概念，技巧是小概念。所有的技巧都包含智慧，但是，智慧所生发出来的除了技巧，还有其他。用个不十分恰当的比喻，智慧是沃土，技巧是庄稼。沃土之上，除了生长庄稼，还可以生长树木、花朵和果实。技巧是从有智慧的大脑中，自然而然流露出来的。有什么样的智慧，就有什么样的技巧。所以，要想有好的技巧，首先要养育自己的智慧。不能舍本求末。为技巧而技巧，往往弄巧成拙。有了智慧，技巧也就自然产生。一个有智慧的人，哪怕做最没有技术含量的苦力活，也会做得十分有技巧。据说当年邓小平下放到江西一个拖拉机厂劳动，他在车床上磨的零件，总是又多又快又好。原因在于他的智慧，和其他一般人不一样。

智慧是应对生活、实践难题的手段和方法。智，是才华；慧，是聪慧、聪明。和聪慧相反是笨拙。尽管笨拙也会做事情，但是做得笨，也做得不好。因此，智慧和技巧的美，不是指一般做事方法和技巧，只有做得特别优秀、特别聪明的方法，才是包含审美价值特征的技巧和智慧。古代头悬梁、锥刺股，是很好的锻炼人学习意志的方法，但不是智慧。

孔融让梨，说明他从小就知道孝敬、忍让，考虑他人，但不是智慧。邻居的孩子掉进水缸里去了，本来也可以搭板凳，翻到水缸上面去救的，但是，司马光没有搭板凳翻上水缸去救。司马光那时很小，翻上去救人，自己可能掉进水缸被淹。司马光搬起石头，把水缸打烂，水流出来，救出邻家的孩子，那就是智慧。"凿壁偷光"也是一种智慧。只有最好、最灵活、最优秀的方法，才是具有审美价值特征的智慧。

同样道理，不是所有军事与战争的作战技巧，都是属于军事美的智慧。或者都是最优秀的、最具审美价值的智慧。只有采取最灵活的方式，最完满地达到了作战目的的军事方法和技巧，才是军事智慧。诸葛亮的空城计，就是大胆的军事智慧。他的智慧，建立在司马懿的性格、心理，以及对诸葛亮派兵布阵一般原则的误解和理解上。诸葛亮是一个细心的人，在司马懿的判断中，他不可能不在城内布下埋伏。诸葛亮的军事智慧，在空城计中，既是对对方性格、心理的把握，也是一种大胆的，甚至可以说有一点无奈的技巧。当然，空城计也不能反复应用。如果不是建立在诸葛亮历来细心用兵的基础上，司马懿也不会作出那样错误的判断，然后让他的军队退去。这是心理因素对作战方式、方法的影响。诸葛亮的草船借箭，是最好的军事智慧。他如果不是把稻草人扎在船上，如果没有当时的大风和大雾，那么，曹操的军队，就不可能把那么多箭射到诸葛亮的草船上。

所以，军事智慧的实现，要符合战争特定的环境、场合，天时地利，也要揣摩和符合对方、己方的作战心理。

（二）毛泽东的军事智慧和技巧

毛泽东的军事智慧和技巧，是一本写不完的书。分析毛泽东的军事智慧，就是寻找他最灵活、最能够完美实现军事与战争目的的方法和技巧。比如："打得赢就打，打不赢就走"，就是一种高超的军事智慧，符合游击战争指导规律。在自己力量弱小的情况下，只能采取那样的方法。打游击战，而不是阵地战。"在运动中消灭敌人"，就是根据敌我双方的特点和当时的战争条件制定出来，使得革命队伍从小到大，由弱到强。在江西反"围剿"中失败了，红军的队伍，就开始长征，就是智慧，也是"打不赢就走"的作战方法的体现。当然，并非长征路上所有作战都是智慧。湘江之战，从整体上看，就是硬拼。硬拼也需要智慧。湘江之战红军败得很惨，反而对方用了不少军事智慧。飞夺泸定桥，冒着炮火在铁索桥上拼命往前冲，"咬着牙硬拼"。但是，勇士们一边往前冲，一边铺木板搭桥，就是智慧。如果冲过来，再搭桥，就不是智慧，因为一边铺木板，后面的部队就可以冲上铁索桥，增加声势，从气势和心理上压倒敌人，夺取泸定桥。军事智慧是在特定战争场合中的选择和运用。该硬冲的时候，就要硬冲。红军不是永远都打运动战，而不打阵地战。解放战争进入第二年，敌我双方军力发生了变化，我们也开始打阵地战、攻城战，这就说明，军事智慧的表现，是按照战争客观自然条件而运用和设计的。攻打腊子口，是进攻，而不是智取。具体打腊子口的战斗，进军的路线，总攻的时机，都可以有军事智慧的最好运用。这就是军事智慧的多样性。

所谓智慧，就是要比一般人做得好一点，聪明一点，有才能一点。毛泽东的军事智慧，在解放战争的战争指导艺术中，发挥得淋漓尽致，炉火纯青。比如，"关门打狗"，"围点打援"，"打蛇打七寸"，"先打两头，再打中间"，"打一个，夹一个，看一个"，"围而不打，隔而不围"等等，以及朝鲜战争中的"零敲牛皮糖"，"集中力量，一个一个击破"，"伤其十指，不如断其一指"，"退回来，握紧拳头又重新打出去"等等，这些都是高超军事智慧的运用。

军事智慧的主要特征，是运动和灵活。灵活和运动相对的是呆滞和笨拙。一切呆滞的作战方法，僵硬的刻舟求剑等等，都不是军事智慧，不是军事艺术，也不是军事艺术的美，而是军事艺术的丑。比如，蒋介石当年"围剿"红军，采取"步步为营"的方法，就是呆滞和笨拙。当时我军指挥者，提出的"御敌人于国门之外"，也是一种呆滞和僵硬的方法。每一个具备军事智慧的指挥员和战斗员，必然眼观六路，耳听八方。多分析，多判断，多运动（思维的运动和行为的运动），多变化，找规律，根据变化的实际状况来，制定新的灵活的作战方法和技术。

技巧是最能完美达到目的的方法。单纯的技术，不是技巧。巧指巧妙。既然是巧妙，就非同一般，必定给人妙不可言之感。只有那些既有技术，又很巧妙的作战艺术手段，才是技巧。"巧"本身包含着智慧与自由。

三、灵气、眼光与自由

"审美与自由"是著名的美学命题。有个美学家说过："美是自由的象征。"（高尔泰《论美》）在充满激烈矛盾冲突的军事与战争实践领域，战场上，每分钟都有人流血牺牲，怎样去理解"自由"的军事美学意义？军事领域究竟有没有"自由"的价值和意义？

回答是肯定的。正因为军事与战争充满激烈冲突、两军对抗，才更加渴望掌握军事与战争取胜之道，获得自由。在军事冲突和对抗过程中，如果没有军事智慧和技巧，没有作战的灵气和眼光，你的战争、战役和战斗，就会打得十分笨拙和艰难。要么付出十倍、百倍的代价，才能够取得勉强的胜利，那不是有智慧、有技巧的胜利。既然是军人，既然要打仗，我们就要用最好的方法和最好的技巧，去打好仗和妙仗。只有在打好仗、打妙仗的过程中，我们才能够在艰难的战争中获得自由，达到无往不胜的军事生命和精神境界。

（一）举重若轻——灵气、眼光、自由——美与军事美的种种表现

一个人有多少智慧、有多少灵气，就可能创造多少美。美的含义，本身就包含智慧、灵气、眼光和自由的意义。它们的主要特征是举重若轻。为什么同一件事情，许多人去做，有人做起来难上加难，有人做起来易如反掌呢？就是因为某些人做的方法、手段不一样，达到的效果也不一样。做事的方法、眼光不一样，就会做得巧妙一点，也就是有灵气一点。我们学习，我们射击，我们劳动，我们从事艺术创作，我们所做一切事情，都有做得灵气与不灵气之分，做的效果不一样。这不仅是需要智慧，还是修养和才能。我们同样在一个班上学，假如班上五十个人，但不是每个人，都学得有灵气。有些人从小学、中学到大学，每次考试都成绩优异。如果用十倍的努力，也会学习优异，但这不是有灵气的学习，也不是美和自由的学习。班上总有那么很少的一两个称之为"内秀"的人，也就是心灵内在特别优秀，或者秀丽的人。表面看来，他们并没有费多大的力，无论怎么考试也不怕，成绩达到事半功倍的效果，那就是灵气。

举重若轻，是一个人才能、智慧特别活跃、特别灵动、特别巧妙、特别自由的运动状态和充分发挥。一般来讲，审美思维比较愚钝的人，创造能力都不强。因为，美是一种精神养分，也是一种创造表现。你的精神养分干

枯，你的创造能力必然就会受到思维的制约，表现得就很愚钝。山村里的某些很愚钝的小孩，一辈子也算不清楚一加一究竟等于多少。那种小孩，就说明他们脑海里，基本上没有什么精神养分。心灵世界基本上是空白的。一般的算数都算不出来，更不要说学习有什么灵气和技巧了。

各行各业都有行家里手。所谓行家里手，就是说话做事，说得做得特别专业，也说得做得特别有灵气、有技巧、有自由。但真正具备这种能力的人并不很多。比如，一个国家，有多少作家在写作？但是，究竟有几个作家的写作，可以称为是那种获得自由的、有灵气的？不是说我们只要能写两句诗，有了灵感，就有灵气了。也不是说，只要学习优秀，就学得特别有灵气了。在世界性的体育比赛中，比如篮球、足球，那些世界性的球星，仅仅只有极少数人特别有灵气。比如，篮球场上的中国队员，五个人，也只有偶尔那么一两个人有一点得到"神灵帮助"似的灵气在闪耀。其他多数拼命地抢和投，要么投得十分的笨重，尽管进了球，也不算灵气。足球更是如此，最高等级的赛场上，十多个球星，也只有那么一两个人特别有灵气，平时看不到他们的身影，一旦看到他们身影的时候，就是他们进球的时候。那种特别自由、特别灵活，有赖神助似的灵气，才是自由创造的生命境界。圆圆的足球，在巴西球星罗纳尔多脚下，就和乒乓球在刘国梁手上运用自如差不多。说明他们完全掌握了自己所从事的活动，足球、乒乓球运动的"道"和"规律"，之后，达到了在足球、乒乓球场上自由挥洒、自由创造的生命境界。

举重若轻这样的灵气和灵感，在军事与战争中，也有过和能够得到充分的表现和运用。并不是所有会打仗的人，都打得十分有灵气。会打仗是一回事，仗打得有灵气、有技巧，获得了军事与战争的"自由"，达到军事创造生命的"化境"，又是另外一回事。

同样的战争，某人打起来易如反掌，怎么打怎么胜；而某人打起来难上加难，怎么打怎么败，为什么？就在于具不具有灵气。好像达到了一种常人不能达到的生命之境。在那里，有赖神助似的，谁也不能阻挡。"灵气"来源于主体（军事主体）心灵的养分和长期积累，眼观六路，耳听八方，比较综合判断。"天才出于勤奋"，"厚积薄发"，"十年磨成针"，就是说，有些人本来不是天才，付出十倍、百倍的努力，就变成天才了。"灵气"是一种心理内涵，也是一种行为表现。它表现得很巧妙，本来要用千百倍的努力，才能取得的胜利，在他手里"运用自如"、"举重若轻"，完成得很优秀，很漂亮。

打仗的灵气可以指一场战争、一个战役和战斗，也可以指战斗者个人。推翻三座大山，建立崭新的人民共和国，作为历史任务是艰巨而繁重的。但毛泽东带领的中国共产党人，只用了短短的 28 年，这是毛泽东指挥整个革命战争的战争灵气。没有这种灵气，再付出十倍的努力和十倍的时间，也可能不能够完成。具体的如三大战役，党中央决定刘邓挺进大别山，将战争引入蒋管区，就是充满战争灵气的卓越之举。再具体的战斗如辽沈战役打长春还是打锦州？打锦州的决定就充满战争灵气。因为锦州一打，斩断敌人关内关外的联系，就成关门打狗之势。具体到某一个战斗员具体的作战方法和技巧，也可以表现出"举重若轻"的战争灵气来。如今我们军营中的某些训练标兵，他们独创一种训练方法，投弹也好、射击也好、翻越障碍也好，总能够达到举重若轻的效果。

《孙子兵法·谋攻篇》讲"修橹轒辒"攻城，费了很大的力，前后用了几个月时间，也攻不下来。

将不胜其忿而蚁附之，杀士卒三分之一，而城不拔者，此攻之灾也。

这是举重若重，甚至举轻若重。这不是战争灵气。"静如处子，动如脱兔"，就是战争灵气。

（二）"神灵凭附"——灵气、眼光、自由的神秘感——"灵感"与"军事灵感"

灵气的表现，可以获得创造的自由和技巧，它来自异于常人的勤奋和独特眼光。它们往往不是"学"来的，而是"悟"来的。这里特别要强调的是，有时做某一件事情的灵气，好像不是通过勤奋，而且，只有你自己才能完成，完成了也不知道是如何完成的，一种自由生命状态。"自由灵活"的战争智慧，因此，往往具有神秘感。战争中，有一种神秘的力量，来支撑你取得意想不到的胜利。蒋介石的军事著作中，把战争胜利的最后因素，归结于"运用之妙，存乎一心"，这个论点深得岳飞兵法的精髓（《宋史·岳飞传》）。领兵打仗，也可以是心灵的创造。为什么？因为战争是一门艺术。既然是艺术，就具有我们常说的"灵感"创造，"神灵"的创造。

世界上有没有神秘的力量，或上帝的力量、超自然的力量，推动（制约和指挥）人类做事情（包括打仗）？也就是我们常说的"神来之笔"。唐代书法家怀素和张旭写字，喝酒烂醉之后：

> 突然绝叫三五声，满壁纵横千万字。（怀素《自叙帖》）
> 脱帽露顶王公前，挥毫落墨似云烟。（杜甫《饮中八仙歌》）

怀素和杜甫描写的张旭醉酒后写字的状态，就是柏拉图所说的"神灵凭附"的迷狂状态，达到"自由创造"艺术生命的境界。王羲之写《兰亭集序》那天，天气特别好，他的心情也十分舒畅，也可能喝了一点酒。然后，面对眼前的人物、流水、青山、天空、自然、宇宙，写下了那帧流传千古的书法，创造了中国书法艺术的最高审美典范。如"青风入袖，明月出怀"，灵动洒脱、飘逸严整而又规范的美。据载，他后来再也写不出那么轻盈俊美的文字了。这是不是说明有一种灵气和灵感，是人类不能把握，"只能感悟"的呢？审美创造中的绝世珍品，都有一种超越常人的力量，那就是最高境界的"自由生命创造与美"。也是老子"道可道，非常道"的主要含义。我们要尊重它，认识它，并且尽量去理解把握它。至于能不能达到像王羲之创造艺术的生命境界，又是另外一回事。我们要把这样的审美价值，"灵气、眼光与自由"，分析到军事艺术审美价值中，就是要想寻找到自由的生命价值，在军事艺术和军事智慧之中的最佳和上等的表现。

足球场上，有个足球评论员说，那些满场跑的运动员，一般是不能创造奇迹的。恰恰相反，那些平常看不见，神秘兮兮，梦游一般，突然出现，轻轻一点，就能闪现灵光，足球直捣球门，给对方致命一击于死地。那就是天才，天才总给人神秘感。

这个评论，非常适合于战争。什么叫掌握了战争规律和战争指导规律之后的自由状态？打仗的"天才"，不是敢打，而是会打、巧打。

(三) 一石三鸟——战争"灵感"、"灵气"与战略眼光

灵气来源于眼光。有什么样的眼光，就有什么样的行为选择。"事半功倍"，就是灵气，就是自由与美；"事倍功倍"，就没有灵气，因为没有获得自由，谈不上美；"事倍功半"，就是笨拙，笨拙和自由与美都是相反的。具体到某个军事家的经典战例，比如刘邦的"垓下之围"就要比项羽的"破釜沉舟"更有灵气。前者"事半功倍"，后者"旗鼓相当"。虽然司马迁没有刻意歌颂刘邦。刘邦取得了最终胜利，我们也不好说他的哪一场战斗，打得有灵气。鸿门宴刘邦的逃脱，也不是他打仗的灵气。但是刘邦和项羽打仗和制定战略、战术的"眼光"就很不一样。项羽分封刘邦在汉中当诸侯王。刘邦那时的眼光，就没有落在满足做诸侯王身上，而是"立足汉中，经营未来"，夺取整个国家政权。而项羽的眼光，就相对短浅，认为分封刘邦为汉中王，他就是自己的部下了。下象棋走一步算一步，就是笨拙。走一步看三步，就是灵气。项羽看不出来，还有些愚蠢。他胜利的时候，看不到危机。取得胜利，进入长安，就烧杀封王。那时，他扫平对手的天下，并没有平定。所以，军事家的眼光和智慧，是决定战争成败的关键所在。眼光决定行动，你只有那种眼光，就必然地有那种眼光制约着的军事行动。而那种行动，正如刘邦、项羽鸿门宴后的军事行动，一个轰轰烈烈如日中天，一个正悄悄地走向灭亡。

灵气来自哪里？思维和心灵。世界上最大的是心灵。心灵有多伟大宽广，你所创造的事业就有多伟大宽广。

毛泽东认为他一生做了两件事，指挥三大战役把蒋介石"赶到那片小岛上去了"就是其中之一。西柏坡指挥所很小，也很简陋。他在这里指挥了世界上最大的歼灭战。他基本上没有走出西柏坡，就是在那里看地图，写电

报，发指示，"运筹于帷幄之中，决胜于千里之外"。蒋介石的指挥所，布满南京和各地高楼深院。那里条件好，装备完善，也很气派。表面看来，指挥打仗的蒋介石，是尽职尽责、费了不少力的。成天坐着直升机，这里、那里去讲话、骂人和督战。他的命令，可以指挥到基层的师团指挥官，并对那些将领（多为他的学生和后辈）称兄道弟。毛泽东没有走出他的指挥所，发的电报也仅仅是指挥员的姓氏，比如，"林、罗、刘"等等。毛泽东和他的战友，不称兄道弟，都是同志关系，不是私人关系。蒋介石的都是亲弟兄关系，没有什么共同的理想价值可言。

打仗的灵气背后，还有一种社会、历史价值包含其中。它依靠团结的力量，心灵的力量，还有社会、历史、世道人心的力量，把握胜负效果。资料记载，毛泽东在西柏坡指挥三大战役的时候，一天间歇分西瓜，朱德和周恩来拿着西瓜慢慢地吃，毛泽东捧起西瓜，从左到右一口气横扫过去。看得出来，他在那里指挥的战争，给他带来什么样的惬意和乐趣。他把艰苦的战争，作为神来之笔的自由创造，也从中获得了征服的满足和快乐。缩短了战争进程，使多少军人和老百姓的生命，得以保存下来。他指挥打仗的灵气和眼光，并不是为了他个人的满足，而是整个中华民族的解放事业。

对毛泽东军事思想和战略分析这么多，我们要说明的是，在中国现代战争中，毛泽东打仗的灵气和眼光。

一个军事指挥员灵气和眼光的不同，制定作战方法、战略步骤、战斗效果就不一样。"农村包围城市"的战略方针的制定，不仅是灵气，而是眼光。战略眼光的特点总是立足现实，经营长远和未来。"四渡赤水"，也不是灵气，是敌人逼迫着红军队伍采取的灵活机动战役方法。土城的失败，逼迫一渡赤水。接下来，一次一次渡过赤水河，像摆迷魂阵一样穿来插去，将尾随的敌人拖垮拖瘦，甩得远远的。1946年，内战爆发，被迫进行解放战争之初，共产党军队没有想到解放战争的胜利会那么快地到来。开始估计抗战八年，解放战争也要八年才能取胜。甚至连彭德怀那么敢打硬仗的军事家，也捏一把汗，因为美国对国民党集团的支持和装备，使得战争力量上的悬殊对比相差巨大。单从军事角度看，是无法打胜的。

解放战争头一两年的两个"品字形"结构、"哑铃"结构，就是"一石三鸟"

和"事半功倍"的结合，充分体现了毛泽东军事艺术的灵气与眼光。一个延安（彭德怀兵团），一个山东（陈毅粟裕兵团），再加上刘邓的挺进大别山，撕破中原防线，形成的第一个"品"字形结构，像一个哑铃，两边是重锤，中间突破，把战争引向蒋管区，一盘死棋，立即下活了。这就是战争艺术，也是灵气和眼光。第二个品字形结构是由华东和华中的刘邓（刘伯承、邓小平）、陈粟（陈毅、粟裕）、陈谢（陈赓、谢富治）兵团构成的。这两个品字形相加（物理学上有"品字形结构最稳定"的定律），所以稳扎稳打，从战略战术和战斗层面上，动摇了蒋介石政权的根基。再加上林彪的队伍"经营东北，向南发展"，从十万大军入关，一年多后发展壮大成百万大军，进行了辽沈、平津战役，走出山海关，直到华中、海南岛，像风卷残云，那就不单单是灵气和眼光，而是凌厉的气势和无坚不摧的力量。以至于解放战争第二年，毛泽东就宣布，再需要一年左右的时间，就可以"从根本上打败蒋介石集团的主要力量"，解放全中国了。三大战役的胜利，包含着毛泽东军事指挥艺术最主要的价值核心——灵气与把握未来战略和时局的眼光。有了这种灵气与眼光，就有了战争艺术和战争实践的"自由与美"。

电视剧《长征》中有这样一组镜头：

天空，敌机轰炸。大地，浓烟滚滚。炸弹落入河中的水柱，此起彼伏。

浮桥上，一队战士冒着浓烟，正推着笨重的大炮过河。

毛泽东抢上前来，大声呵斥战士：

"扔掉，扔掉！赶紧把大炮扔进河里！人先跑过去了再说！"

有个战士气呼呼地说：

"你是谁？这么贵重的大炮怎么能扔掉？你破坏革命……"

毛泽东指着大炮大声喊："它已经破坏革命了！……你再不扔掉它跑过河去，马上你和它都掉进河里，再也起不来了。"

说完，和战士一起，很快将大炮推进河里，急忙推拉着战士，冒着浓烟，跑向对岸。

这组镜头非常形象地说明了，战争中，对待贵重的武器，战士的眼光，和毛泽东的眼光，完全不一样。此时的战斗，谁跑得快，谁就可能取胜。战士就只能看到手中的武器，看不到人和武器，谁才是最重要的。毛泽东眼里最重要的是人。"存人失地，人地皆得。存地失人，人地皆失"。这是"人地得失关系"的战争辩证法。"放弃延安"，是为了争取"得到南京"。高超战争哲学，来源于全局的战争眼光和韬略。有了这样全局、高超的战争眼光，就会有灵活的、有灵气的战争方法选择。有了灵气的战争选择，无论战略、战役，还是战斗，就能获得轻巧取胜的战争效果，那就是军事自由。

"扔掉武器，人先跑过去！"

可以说眼光高超，不拘于眼前得失。或者，失是为了得。如果不是那样，就是得不偿失。还有，战士顶撞毛泽东的话，不是战士的发明，而是那时红军转移最高指挥者灌输的。可见，那时红军最高指挥者的眼光，和毛泽东的眼光，大不一样。那时红军的主要目的，是转移。转移当然要越快越好，"动如脱兔"。什么东西都带上，怎么可能跑得快？彭德怀骂那样的转移，是"抬着棺材（死人）"和敌人赛跑。

灵光闪现，一招制敌人于死地的战争选择，就是战争灵气。当然它来源于战争指导者的战略眼光。中国诗歌史上有过"神、逸、妙、能"四品的区分。我们认为，战争也可以分为"神、逸、妙、能"四品。或者，"神、逸、妙"为一品，"能"为一品。"能"品的战争，不是有灵气的、打得"自由"的战争。"神、逸、妙"三品的战争，都是有灵气的战争。或者，战争，有"神"品和"妙"品，没有"逸"品。我们可以说谁指挥战争，有赖神助，也可以说，这一仗打得太妙了，但不能说战争打得飘逸，或者隐逸。战争思维偶尔可以飘逸一下，但具体战争过程，必须明火执仗，没办法飘逸和隐逸。战争，没有逸品。

（四）着手成春——战争诗意与军事生命境界的自由创造

1. 战争诗意与灵光闪现

有一首诗歌写毛泽东：

　　你用平平仄仄的枪声写诗，二万五千里长征是最长的一行。

　　　　　　　　　　　　　　　　　　（任先青《诗人毛泽东》）

　　战争究竟有没有诗意？从总体上来看，还是有的。那不是一种比喻，而是，因为战争，或者说指挥战争，还是一种艺术。艺术本来就是诗情浓郁的。比如，从瑞金到延安再到西柏坡，毛泽东领导的中国革命取得胜利的思路，就是诗意的。比如四渡赤水、三大战役。所以，我们说，毛泽东的军事艺术，是写在中华大地上的战争诗行。

　　战争诗意必须是由此及彼的，而不是呆滞不动的。从空间上来说，它必须是具有广阔自由飞翔的思维空间。

　　战争诗意是一种自由灵活的战争精神形象的表现形态。比如，"长征是一条地球上的红飘带"，就是一种比喻的意义。

　　战争诗意，是从战争结果和手段上来看。"长征之所以是诗篇"，就在于通过长征长距离的艰难跋涉，缩短了中国革命的历史进程。所以，它是一种诗意，也是一种手段。

　　战争诗意是可以通过战争气势和力量表现出来的。比如，"人民解放军占领南京"，毛泽东所写的诗，概括的是战争场面。宽阔的长江水面，千帆竞发，直捣蒋家王朝的战争场面。战争的气势与力量，终结了一个反动腐朽的政权。

　　战争诗意和战争灵感有什么关系呢？

　　战争灵感，是获取战争自由境界的"思维状态"；战争诗意，是这种战争自由思维状态，即战争灵感闪现的外在"表现形态"。

　　战争中有没有灵光闪现，就取得胜利的例子呢？当然有。我们把指挥作战，作为一种艺术和技巧来看待。诗意的创造和感受，本来就包括表现灵感和创造灵感。而灵感，正如其他美学原理书在分析艺术灵感的章节所分析的一样："艺术灵感是把握艺术规律的瞬间爆发。"

　　据此，我们可以把战争灵感，看成"把握战争规律之后的瞬间爆发"。和艺术灵感一样，战争灵感也依然来源于对军事规律和战争实践长期的积累，有时候"灵光"闪现一下，就把握到了事物的本质规律。比如，打长春，还是打锦州？突然觉得，不能打长春，而只能打锦州。那时就有战争灵感在战争指导者脑海中闪现。但同时，也是因为锦州的地理位置，打了锦州，就切断了敌方的海上运输线，形成了"关门打狗、各个击破"的战争局面。

因为军事活动，是一种创造性活动。没有哪一种创造性活动，不需要灵感。在灵感闪现的状态下，制定的战略战术，打起来就有灵气，也是自由的。这样的战争，也就是有诗意的。这里的战争诗意和灵感一样，就是在战争中顺利征服对方、自由创造战争实践规律的快感和美感。美感中，靠认识对方的"自觉"，产生的灵感，深刻把握到了事物（战争）的本质规律。这就正如突然改变战略战术，攻打"锦州"也把握了当时的战争本质规律一样，说明打锦州是正确的。可能我们在分析军事与战争中的灵感的时候，往往还可以看到很多例子，而著名的取得胜利的战役，很多就是有诗意和灵感包含其中。比如，草船借箭既来源于灵感，也来源于艺术——战争的艺术与技巧，而把草船借箭表现出来，就是一种战争中的诗意。它是一种艺术的、自由的、灵活的、取得战争胜利的方法。

2. 战争诗意的美学意蕴

战争诗意，还是一种形象生动的战争哲学、战争情感。比如，我们分析有些诗篇，传达出的军人情感，就是诗意的。也属于战争中的军人情感哲学。

陆游的名句："楼船夜雪瓜洲渡，铁马秋风大散关"，就是一种战争诗意的记录和摹写。那是通过诗歌的语言表现出来的战争诗意。我们以后在分析军事文学艺术作品的时候，还要具体分析。

最典型的战争诗意，也许就是我们前面分析过的古希腊神话中的战神。他已经倒在地上，还要跪起来，举着手中的盾牌，召唤人们继续战斗、前进。它包含着，军人用生命来抵抗暴力、捍卫和平，这种军事生命的哲学和诗意。单个军人可以倒下去，人类整体抵抗邪恶和暴力的军事精神和军人意志，丝毫、一刻也不能倒下，而且万古长存，历久弥新。这是世界上最伟大的，也是最形象、意义最深远的战争诗意和哲理。

3. 军事自由生命创造最高境界

这里的生命境界，即指战争中的个体军事生命，也指战争中的整体军事生命境界。比如，诸葛亮指挥战争，"自由灵活"地掌握战争规律，相对而言，较为轻松地取得战争胜利。这里自由灵活的军事生命境界，既指诸葛亮个体的军事生命境界，自由指挥军事的生命状态，也指诸葛亮的军队，表现出来的自由军事生命力量存在的状态。达到了这种"自由灵活的军事生命境界"状态，想怎么打就怎么打，想打哪儿就打哪儿，随便怎么打，都能取得胜利。正如司空图《诗品·自然》所言：

俯拾即是，不取诸邻。俱道适往，着手成春。

"着手成春"，就是我们所认为的获得自由军事生命境界之后，从事战争的自由生命状态。把战争的"取胜之道"，融入到了"春花秋月"这么自然的境界，还不是自由和军事自由，是什么？

我们说"百战百胜"、"常胜将军"，就是对这种自由军事生命的最高褒奖。百战百胜，是一种自由。我们认为，真正取得一百次战争的胜利，就必须打一百次仗，还不一定是真正的军事自由。"不战而屈人之兵"，才是真正的战争自由。《孙子兵法》的"全胜"思想，是真正的战争自由。不战而胜，大胜、全胜而不是小胜、部分胜，花小的代价，甚至不花代价，就能取得胜利，才是真正的战争自由。

军事与战争，敌我双方冲突得那么厉害，怎么会有自由呢？当然，我们这里所说的自由，并不是像我们一般人认为的自由散漫的自由。同时，失败了的战争，肯定是没有自由的，非正义的战争失败了，不用说，没有这种自由境界。尽管他们某一场战斗，也打得好，但那并不是真正的自由。失败了的正义的战争，也不是自由的生命境界。因为，如果是自由的军事生命境界，就不会失败。

军事与战争的"自由创造生命境界"，必须是正义的、走向胜利的，或者可以走向胜利的那一种军事艺术和战争艺术。怎样看待非正义战争的战略、战术和他们的灵感诗意与自由？

　　我们是在探讨人类共同的、自由灵活的军事价值和战争指导者的心灵价值。反革命战争可能也打得很"好"，但是，那种"自由"是反人民的自由，不能算作真正的自由。这里需要具体分析。有没有没有阶级色彩的"军事自由创造境界"？垓下之围，项羽在敌人阵营中冲杀，瞬间砍杀数十百敌人首级，不是自由，而是逞匹夫之勇。敌军中取上将首级，也不是自由，拼了那么大的命，只能去杀害一个"上将"。军事自由指军人驾驭整个战争的心灵状态。解放战争，处于军事绝对劣势的毛泽东，用了较短的时间，取得全国胜利；处于军事绝对优势的蒋介石，一两年就把国民党在大陆的本钱全部输光。他指挥战争，处处受掣肘，怎么打怎么败。而获得了军事自由的毛泽东，想打哪儿，就打哪儿，想怎么打，就怎么打，想什么时候打，就什么时候打，"着手成春，往复回环"。因为，毛泽东指挥作战背后，包含着他对战争规律和中国现代社会历史发展规律的正确认识和把握。这种规律，可以通过对社会、历史发展的正确分析，还可以通过作战方针、战略战术的制定，以及战争指挥员、战斗员，灵活运用的各种战争手段来把握和表现。

　　军事自由，亦如庖丁解牛，悟"道"、明"道"之后，进入战争的无人之境。这种境界归结起来："举重若轻"是战争灵气；"一石三鸟"是战略眼光；"有赖神助"是战争灵感；"着手成春"是军事自由。明白了这些之后，我们还要强调，达到战争"自由"境界，也不是光靠一些轻飘飘的战争诗意，就能完成。无论指挥者的战略战术方针制定得多么有灵气，真正的战争过程，还是艰苦而又繁重的。据李银桥回忆，当年彭老总指挥打沙家店那几天，毛泽东端根马扎，坐在他的作战室里，望着军用地图，几乎一动不动。除了喝茶水、吃茶叶，粒米未进，连大便也解不出来。直到前方捷报传来，才松了一口气，吃喝拉撒才转为正常状态。可见战争灵气是和战争的残酷和艰巨性紧密联系在一起的。哪怕已经达到"着手成春"的军事自由生命境界了，还要受"道法自然"（老子《道德经》）的客观规律的制约和影响。"人法地，地法天，天法道，道法自然。"审美自由不仅来源于主体"悟道"，还要看这种"道"，符不符合"自然"。毛泽东和蒋介石都可能说自己领悟到了战争之道，但还有"自然"对"道"的制约。"依靠人民"，还是"依靠手中的武器"，夺取战争胜利，是毛泽东和蒋介石战争之"道"不同或相对的战争自然观。

人类社会之道如此，军事与战争之道亦然。

第四节 军事审美价值内涵

军事不是个体行为，而是整体社会（或社会的一部分）实践。因此，军事美也必然打上了整体社会价值创造的特征。我们常常用"铁马金戈"、"壮阔豪迈"来形容军旅生活，也就是，军事与战争，只有崇高，没有优美、柔美与柔媚；只有豪放，没有婉约；只有"大江东去"，没有"小桥流水"。即使有"优美"、"柔美"、"柔媚"、"婉约"与"小桥流水"，也是沾染上了军事与战争色彩的"优美"、"柔美"、"柔媚"、"婉约"与"小桥流水"。范仲淹的《渔家傲》"羌管悠悠霜满地"，够优美了吧？接下来就是一句"将军白发征夫泪"，何其苍凉与悲壮！再者，"羌管悠悠霜满地"，也不是一般意义的优美。其骨子里依然是军事与战争（间歇——持久征战间歇）的壮阔与苍凉。

一、壮阔与雄浑

（一）何谓壮阔与雄浑

所谓壮阔，就是雄壮而开阔。它指审美对象气势的磅礴和巨大的空间。类似于崇高，正如康德所言，崇高是人"心灵无力把握"的客观事物。比如苍茫大海中夜行的航船，面对漆黑无垠的天空，不知身处何地，也不知夜空多么浩瀚。不同的是，崇高可以指人，也可以指物。可以是形体，也可以是人物的精神。壮阔只能是物体，不能指人物。无论壮阔，还是崇高，都是指审美对象的外形和气势，或外形和气势引起的心理感受。

雄浑指雄健和浑厚。司空图《二十四诗品》中有"雄浑"一品。"返虚入浑，积健为雄。具备万物，横绝太空。"壮阔、崇高、雄浑，都有审美对象空间的巨大、气势的磅礴，使人无力把握的意思。和天地万物浑然一体，超出了人的视觉和感觉。

（二）壮阔与雄浑的军事学含义

军事美之所以具备"壮阔、雄浑与崇高"的审美内涵，是军事与战争的特殊性质决定的。战争是群体行为，攻防补给必须在开阔的空间展开，狭窄的空间不能容下。战争是对抗性的行为，无论从事战争的人们，还是军人所处的环境，都必须给人很有气势与力量之感。小里小气、畏畏缩缩，怎么打仗？怎么能打胜仗？"横绝太空"还指军人的精神和心理，可干日月，与天地并存。比如文天祥一句"留取丹心照汗青"，就可以与人类和天地长存。突兀高耸，言其雄；没有边际，言其浑。雄健，还指有力量，排山倒海、锐不可当的意思。军事艺术"壮阔与雄浑"的审美价值内涵，无论在客观的军事事物，比如军事建筑和军事英雄人物，还是在表现军事题材的艺术作品中，都可以创造和表现出来。

我们每走进一个军营，它的营门和道路，都能给人壮阔之感。但营门和道路，不能指雄浑。雄浑多指军事气势和精神。走进某些军事遗址，尤其是展开过宏大战争场面的军事遗址，就能感受到雄浑。比如走进辽沈和淮海战场遗址，这里既有战争场面的雄浑与壮阔，还有军事力量的"积健为雄"，也有军事精神的"横绝太空"。

文学艺术作品中的"壮阔与雄浑"比比皆是。一般的、非军事美的壮阔与雄浑，没有军事与战争的审美指向。

比如：

星垂平野阔，月涌大江流。（杜甫《旅夜书怀》）

该诗的大体意思是：遥远的星星，似乎垂落在苍茫的边陲，广袤的平川，更显得辽阔邈远。这是远景。近景，或者近乎特写的是，晶亮而散碎的月光，在奔腾的江水中汹涌。江流的雄壮和原野的开阔，真可谓雄壮到了极致，与天地浑然一体，但作品的审美指向，没有指向战争，背后也没有战争背景。

高适《燕歌行》中有"山川萧条极边土"、"大漠穷秋塞草腓"等句，"山川萧条，大漠穷秋"也是极为雄壮的，其审美指向，是直指战争的，或是为了战争而写的。因为接下来就是"胡骑凭陵杂风雨"和"孤城落日斗兵稀"这样的战争场面的描写。军事艺术和非军事艺术，在选材构思、艺术技巧和审美指向（主旨和目的）上的区分，是十分明显的。

（三）军事艺术品中壮阔与雄浑的审美价值

那么，军事艺术作品中壮阔的审美价值，又是怎样表现出来的呢？那种壮阔与雄浑，是从哪些方面表现出来的呢？

比如，《荷马史诗》，取材就很壮阔与雄浑，写了几个世纪古希腊战争的历史，《伊利亚特》和《奥德赛》加起来，皇皇24卷，数万行。既是时间的壮阔，也是空间的壮阔。前面望不到头，后面望不到尾，浑然无际。和那个壮阔与雄浑的时代史诗记录相比肩的是，中国的《左传》、《春秋》和《史记》。这类作品描写战争，又使人觉得并不单单写战争，而写战争中的人物和心理，记录中国社会在战争中成长的壮阔历程。

杜甫还给我们留下了很多壮阔的诗句：

　　　　会当凌绝顶，一览众山小。（杜甫《望岳》）

硕大无朋的宇宙，硕大无朋的心灵，何其壮阔！但这种壮阔，没有军事意义，也没有战争情绪的流露。表达的是"站得高，才能看得远"的人生与心灵哲理。

　　　　忽如一夜春风来，千树万树梨花开。（岑参《白雪歌送武判官归京》）

岑参的诗，表面写自然环境，实际上描写的是北方边陲的军事与战争环境。这种壮阔，就属于军事艺术美。表现了战士们在极其艰苦的自然条件下，勇猛作战，其军事价值和意义，是很明白的。

军事艺术作品中壮阔与雄浑的审美价值，我们认为主要是指：取材——时间与空间雄浑与壮阔，它必须处在宽广、雄壮的历史进程之中，同时，又表现出军事与战争的独特力量。那种力量，使作品充满高昂的、悲壮的气氛。比如，《荷马史诗》和司马迁的《史记》，历史与心灵的结合，人物和景物的结合。第二，历史与社会生活的雄浑与壮阔。战争中的社会生活本来就无比宽广，战争在宽广的土地上展开。那么，描写战争的壮阔，就能够给军事文学艺术提供表现的舞台。第三，战争的激烈和军人意志的雄浑与壮阔，军事题材的文学艺术作品，表现出人类征服黑暗的力量，并由此走向光明，走向新的社会形态。第四，人物心灵的壮阔和雄浑。比如，刘邦的《大风歌》，项羽的《垓下曲》，都是一种心灵的壮阔。那种壮阔把军人心灵在战争中的感受和表现，同自然宇宙联系在一起。看起来是那样的远古和苍凉，那种美，既是壮阔的美，也是雄浑的美。

古代军事题材的文学艺术作品，为什么具有那么大的审美价值呢？

立足军事，超越军事，成为普遍的社会、历史与人生的诗意记录。比如，古希腊的三大悲剧，我们好像忘记了它们是军事题材，而是真正的社会生活、历史进程的记录。怎样才能立足军事，又超越军事呢？就是说，它们的作品，不仅仅具有军事意义，更重要的是具有普遍的社会意义。它是整个社会历史发展过程史诗般的记录。司马迁的《史记》，我们从中获得的，不仅仅是战争的记录，更主要的是，把整个社会历史、人物心灵、形象性格，浓缩熔铸在作品中。军事艺术作品之所以具有永恒的价值，就在于主要不是描写军事事件，而是在刻画军事与战争中的人物。他们可能是军人，比如阿克琉斯。司马迁《史记》中描写的人物一个个写活了，使我们忘掉了他们是军事人物，更重要的是社会、历史人物。他们的作品还表现了军人的伟大力量，那种力量，又和社会生活联系得十分紧密。鸿门宴上的每个人物，都栩栩如生。不仅刘邦、项羽，还有范增、樊哙，甚至没有正式出场的曹无伤，都呼之欲出。之所以这些人物形象如此鲜明，就在于从他们身上，表现出了一种人类普遍的，不仅仅属于军事的生命力，首先成为美的艺术画廊，然后才成为军事美的艺术画廊，或二者熔铸为一。

二、冷艳与凄美

（一）冷艳与凄美的人学含义

我们在审美活动中，经常有冷艳与凄美的感受。社会生活中，有许多使人觉得冷艳和凄美的形象，并把它们描写在文学作品中。比如，梨花凋谢，既是冷艳的，也是凄美的。说它冷，就是在乍暖还寒的风雨中凋谢。说它艳，就是说它凋谢的时候，也表现得很美，正如黛玉葬花：

> 花谢花飞花满天，红消香断有谁怜。
>
> 游丝软系飘春榭，落絮轻沾扑绣帘。
>
> （曹雪芹《葬花吟》）

这里的冷，从第一句"飞满天"的花瓣中可以看出来，风吹落花飘满天空，无可奈何。这里的艳，可以从花的颜色、花的形态和花的心灵中看出来。颜色红、形态柔（"游丝软细"）、心灵美（铺满绣花的帘幕，不愿离去，不忍离去）。以花喻人，就是说，即将在这个世界上离去的美人林黛玉，像花瓣消失一样，也离去得很冷，很艳，很美。在世上留下她们最美丽的倩影。凄美而冷艳。这种美，给人一种凄凉和凄清的感觉。但黛玉葬花，不是军事美。

"梨花一枝春带雨"，是白居易《长恨歌》中，写杨玉环的名句，读来，和"花谢花飞花满天"一样冷艳和凄美。春雨淅沥，洁白的梨花飘飘洒洒，也是她们留给世界最后的倩影。杨玉环的凄美，就是军事美。

(二) 冷艳与凄美的军事学含义

为什么同样凄美、冷艳的林黛玉不是军事美，杨玉环是军事美呢？一是杨玉环的死和战争有关。因为这场战争，是杨玉环和李隆基，贪图享乐，纵欲而且不理朝政造成的。林黛玉的死，是生命本身的悲剧，而不是战争引起的生命悲剧。尽管林黛玉和薛宝钗之间争夺爱情，也是一场战争。但那是比喻的战争，而不是拿着真刀真枪，明火执仗在战场上拼杀。二是杨玉环在马嵬坡被兵士杀掉的场面，也很凄美和冷艳。这里的冷，主要是指军事与战争的环境和刀兵相见的气氛。"六军不发无奈何，宛转蛾眉马前死"。在那种气氛中，杨玉环生命消失的那一刻，那么美的杨玉环，就像春雨中的梨花一样，倒在站满兵士和战马的山坡，更显得她冷艳和凄美。三是杨玉环的审美指向，直接指向战争，指向人类关于生命（纵欲）与战争（"渔阳鼙鼓动地来，惊破霓裳舞衣曲"）关系的思考。就是说，对生命（纵欲）的稍有不慎，哪怕是帝王，哪怕是帝王的爱妻，都会有导致灭顶之灾的悲苦命运，接踵而至。悔也来不及，谁也救不了。林黛玉的死，我们得不出关于人类生命与战争关系的思考。

(三) 冷艳与凄美的联系和区别

一般美的冷艳与凄美，和军事美的冷艳与凄美，联系和区分是十分明显的。

基本上所有表现军事与战争的作品，都会给人冷艳、凄美的感受。诗经中的"蒹葭苍苍，白露为霜。所谓伊人，在水一方"，也是一种凄美，但那种凄美，和军事与战争没有关系。表现的不是军事与战争的凄美。

因为军事与战争特定的环境和气氛，使这种凄美染上了战争的色彩。比如，毛泽东的"西风烈，长空雁叫双晨月"，也是一种凄美，而且也是很冷的。这种冷，和西风联系起来，和早晨的时间联系起来，和早晨的遍地寒霜联系起来。因为冷，这种场面，也很美和艳丽。一轮明月挂在天边，红军战士早晨慢慢地出发。

"苍山如海，残阳如血"，更是一种凄美。苍山和残阳，都是美的自然景物，但是，又显得那么空旷，看不到一个人，如血的残阳，又使人想到在战争中牺牲的人们，更是一种战争中的凄美。

曹雪芹的《红楼梦》最主要的核心，就是黛玉葬花，而那些花，在风雨中消失，马上就要失去生命，或者，已经失去了生命的那一刻，那时的花，又是林黛玉生命和命运的象征，给人一种最美的生命，在消失之前的那种状态，很冷又很美的生命，在风雨中消失，消失得那样的美丽而又凄凉。但黛玉葬花不是军事美，是一般的美，那种美，也是人类最美的生命凄美与冷艳。

那么，要怎样的冷艳与凄美，才能够成为军事审美对象呢？

（四）冷艳与凄美的军事人学和美学意义

冷艳与凄美，必须包含着战争和与战争相关的场景、人物和气氛，不一定非要在风雨之中。战争本来就是人类生活的风风雨雨和暴风骤雨。那时作者的思想感情，因战争而引发。我们把战争中的冷艳与凄美，作为一种基本内涵，就是因为战争中的冷艳与凄美，和一般人的冷艳与凄美不一样。

战争中的冷艳和凄美，还表现在战争的残酷性。战争要夺去人的生命。即使再美的自然环境，沾染上了军事与战争的色彩，也可能成为冷艳和凄美的审美对象。

比如，战士在边塞上看到了那么美的雪景，像无边无际的梨花一样开放。这是很美的自然景观。但罩上了战争阴影，就使人觉得很冷。人生命的消失，也是一种美，那种美，在战争面前，又显得不堪一击。这样的美，我们在古今中外文学艺术作品中可以看到很多。

比如，《自由引导人民》，那个半裸的女性，她所表现的美，就是一种战争中的凄美，她的头部和下面的冰冷的尸体，形成鲜明对照。那个女性，感受到战争的冷，是和死亡联系在一起的。她女性特有的美，在那样的背景下衬托出来，更显得她的艳丽。美之中，又使人感到人类在战争过程中，在消灭反动与邪恶势力的征途上，一个伟大的生命，一个凄美的生命，一个冷艳的生命，在那样的战场上，顶天立地站起来，给人一种永恒的思考。它显示出来的审美本质就是，战争的本性，在吞噬人类最伟大、最美丽的生命。同时，这样的生命，又永远在死亡的废墟上显示出来、站立起来。即使通过这样的战争，会取得胜利，但女性参加战斗，或战争的行为本身，就是一种凄美。她还没有死亡，这么美的生命，必然已经面对死亡，她那美丽的身躯，挺立在人们的面前，随时都可能消失，因为那是战争。不过，她并不使人绝望，即使再大的艰难，人类也是要踏着这样的生命前进。哪怕未来流血牺牲，在没有牺牲前的那一刻，人类的生命总是那么完美。

但《自由引导人民》这幅作品，本质上不是告诉人们，战争会夺去这么美的女性的生命和人类生命。她半裸的身躯，昂然挺立于尸体横陈的战争血火之中，还告诉人们：

> 无论战争多么残酷，人类完美的生命，会在这样的血火中，再生和永生。她那纯美如初的乳房，将孕育出铺满鲜花的大地和人类的和平。
> "青山遮不住，毕竟东流去。"沐浴战争的血与火，人类最完美的生命与生存，必将再生与永生。

下面是一篇军事审美训练的课堂作业答案，供我们学习军事美学时参考：

神灵高擎自由之旗

美丽的半身裸身的女子，一手高擎着自由之旗，一手拿武器，踏着革命者的尸体，踏着反动派的尸体，站在了人群的最高处，就像钉死在十字架上的耶和华，抑或正抚育圣子的圣母玛丽亚，让人们仰视她，追随她，人性之美在她身上光彩夺目，暴露乳房的女子让人们想到母亲，想到每个人都是母亲奶大的孩子，衣衫不整会使人联想到"强暴"。人民啊！你们看吧，你们敬爱的亲人受到了反动者们的残酷暴行，母亲都顾不上衣衫破损，她都在为了孩子们的自由而奋起反抗，你们还在等什么呢？拿起武装保卫母亲，反抗暴政，争取自由吧！人性的呼唤，神圣的召唤，奋起反抗吧！虽然，有鲜血横流，纵然，有尸骨累累，人民团结起来吧，给反动派们挖掘坟墓埋藏他们，我们的兄弟姐妹们虽然牺牲了，但是，没有看到自由之旗升得越高吗？是的，自由之旗升得越高，我们的队伍将越强大，因为，有越多的人民团结在我们周围，信仰是自由，信念是保卫我们的母亲，我们的祖国。

启示了我们，为正义而战，军事事件也可以是美的，军事美也能够体现出人性的光辉，对自由和祖国的美丽希望，即军事艺术美暗含军事之中。[①]

这个答案，文笔依然稚嫩，但饱含深情。我们肯定的是作者抓住作品情节和细节，展开不羁的审美思路去想象和联想，得出自己的观点。这种观点，显然还有不够准确、不够完整的地方，但是，只要来源于他们自己的审美感受和传达，就十分珍贵。

我们认为，明白了《自由引导人民》的审美哲学，就明白了几乎所有的军事美学道理。半裸女性手举的枪杆，预示人们要拿起枪杆，和黑暗的势力作拼死的抗争，惩恶扬善，追求自由和完美。这是军人和战争时期的非军人，人类一切人——像该女性胸前所象征的意义一样——神圣的使命。再者，她的胸，正如大地和孕育大地的伟大母亲。有它在，任何战争都不能完全吞噬这样完美的生命。不理解这一点，就完全没有理解这幅作品的深刻哲学、美学和关于战争的人类生命学含义。不然，作者那么处理女性的上半身做啥？作者绝不是在战争血火中，画那么一幅完美的身躯，给我们看看就完了。它是有深意藏在作品中。正因为这种深意，才决定了这幅作品的美学和军事美学价值。该作品成为巴黎卢浮宫的三件镇馆之宝之一。

军事题材文学艺术作品的审美价值，就是这样完美地表现出来，在最深刻的、人类的、人性的"生命哲学"深处，去寻找到战争与社会、战争与人性、战争与生命的自然的矛盾与和谐。只有在那样的基础上，把战争的一切价值和意义表现出来，才是最美的战争艺术和文学。

---

① 桂林：《军事美学文集》，2008 年内部印刷。

因此，真正伟大的战争艺术，背后总笼罩着一种广大而深邃、凄美而冷艳的色彩。

> 譬如朝露，去日苦多。（曹操《短歌行》）

曹操，那么伟大的军事人物，军事家和战略家，他心中也是那样的冷艳和凄美。朝露，在早晨被太阳一晒，就消失了，在消失那一刻，朝露也在阳光下，闪现它多么美的状态。那样的美，也是冷的和艳丽的，至于它生命消失之后，又会怎样使人惋惜和悲哀？那是曹操人格化、命运化了的朝露形象。

> 金沙水拍云崖暖，大渡桥横铁索寒。（毛泽东《长征》）

和曹操一样伟大的军事家，毛泽东的心灵，也是冷艳和凄美的。金沙江的水，拍打在云雾缭绕的悬崖上，使人心中生出暖意，但大渡桥上的铁索，又使人感到那样的冰凉。一个"寒"字说明上面的暖，骨子里还是寒。毛泽东的这种作品，是典型的军事艺术。他的作品气势雄健、昂奋乐观，其实背后骨子里还是苍凉凄美的。就连他最伟大的作品"江山如此多娇，引无数英雄竞折腰"，怎么不是一种凄美和冷艳？"山舞银蛇，原驰蜡象"，在诗人笔下，肯定是美的，但那种美，骨子里又是冰凉的。几乎所有军事文学艺术作品中都有冷艳和凄美的感觉在流淌。古代的边塞诗，陆游、辛弃疾的军旅诗，都是这样，甚至包括朱德的诗歌：

> 仗马太行侧，战士衣正单。（朱德《出太行》）

在太行山上挺立战马，那是一种悲壮、壮阔和雄奇。军人伟岸的美的形象，呼之欲出。但战士们穿着单薄的衣服，那就是一种冷。中国传统文学的审美价值中，孤独感是最伟大的孤独，而军事题材文学艺术作品中，最伟大的军人心灵世界，在某些时候，也是充满了孤独和寒冷，尽管他们带着极大的热情来从事战争，救民于水火。但他们心灵中的那种伟大的热情和寒冷，是统一的。这种冷，主要源于战争的本性，那就是生命代价的付出，和随时有可能遇到冰冷的子弹，变成一具冰冷的、消失生命的尸体。和军人审美生命和艺术生命联系起来，其审美价值是冰冷的，也是美丽的；凄凉的，也是冷艳的。

这就是军事美学冷艳、凄美价值产生的心理根源，因为横在他们面前的是战争的本性，战争与人性的剧烈冲突与矛盾的悲剧。

三、粗犷、豪放与豪迈

粗犷、豪放与豪迈，是一种大体相似的审美感受。不是军事艺术，也可以具有这种类型的美感。犷，字面意义是粗野，犷悍。本意是指凶恶的狗叫声。粗犷即为粗野和豪放。豪放必然豪迈，如磅礴的大海。它们可以指同类审美形象，也可以指这类形象给人的审美感受。它们有联系，又有一定的区别。

粗犷指不羁，不受约束。豪放侧重个体精神的昂奋状态。豪迈侧重指审美对象的整体气势壮美、精神的旷达和目标的邈远。

军事艺术之外的粗犷、豪放与豪迈，可以指艺术作品给人的审美感受，还可以指个体人格。大碗喝酒，大口吃肉，既粗犷又豪放。比如樊哙、李逵、张飞。为人做事，都是如此，描写他们的文艺作品，也是如此。

军事艺术怎么又从军事本身转到了军事作品审美价值的粗犷、豪放与豪迈，首先，是军事与战争的性质所决定。战争，很多时候，就是充满野性的。这一组军事艺术的审美感受，是和细腻、温柔、柔媚相反的审美形态。军事艺术可以细腻、温柔、柔媚，但整体上来看，不占主导地位。胆大心细。胆大占主导地位，心细辅之。即使如张飞、李逵，也是粗犷为主。心细、细腻，是对他们粗犷、豪迈性格的补充。

战争哪些特征，决定军事艺术具有粗犷、豪放与豪迈的审美品格呢？

（一）战争的目的和手段

战争的对抗性质，使得军事艺术，不得不具有铁马金戈的金属味，粗犷、粗粝。来不及细腻，也不可能细腻。

> 车错毂兮短兵接，严杀尽兮弃原野。（屈原《国殇》）

战争场面的粗犷。

> 醉卧沙场君莫笑，古来征战几人回。（王翰《凉州词》）

军人行为的粗犷。"醉卧沙场"，就是狂放不羁，也是生死之间选择的豪迈。

（二）战争过程的生死考验

粗犷、豪放与豪迈的审美风格，源于军人面临生死选择的心灵依据，也就是说，已经到了生死的临界点了，还有什么细腻、温柔、柔媚可言呢？

> 劝君更尽一杯酒，西出阳关无故人。（王维《送元二使安西》）

"放荡不羁，更多喝酒"，是因为队伍马上就要出关，到那里见到的就不是亲人、故人，而是遇到了就要拼命的敌人了。既然如此，多喝几杯酒算什么呢？

曾有一句名言："活着干，死了算"，就是这种豪迈之意。

> 黄沙百战穿金甲，不破楼兰终不还。（王昌龄《从军行》）

该句诗，既是粗犷的，——数百次的恶战，绵延不尽的风沙，将厚重的铠甲都磨穿了，又是豪迈的，即使战争环境如此艰苦，军人还保持着如此高昂的战斗精神。不打败敌人，绝不回家。

军事艺术中的粗犷、豪放与豪迈，来源于战争场面的宏大，又来源于军人心灵的宏大。比如：

> 大漠风尘日色昏，红旗半卷出辕门。（王昌龄《从军行》）
> 落日照大旗，马鸣风萧萧。（杜甫《后出塞五首·其二》）
> 拟金伐鼓下榆关，旌旆逶迤碣石间。
> ……
> 杀气三时作阵云，寒声一夜传刁斗。
> 　　　　　　　　　（高适《燕歌行）

以上几句诗，有场面的粗犷与豪迈，如"红旗半卷出辕门"，"杀气三时作阵云"；"不破楼兰终不还"，就是军人心灵的粗犷与豪迈。

所以，粗犷也好，豪迈也好，不一定指场面，也还指心灵。只要具备那种英雄的军人气，就是粗犷、豪放与豪迈。

（三）战争力量的显现

粗犷、豪放与豪迈的审美风格，更主要的是，来源于军人压倒一切，而决不被敌人所屈服的精神力量和崇高职责。

战场上不能有靡靡之音，靡靡之音会瓦解军人的斗志。即使不是靡靡之音，也不能出现在即将上战场的军人面前。

毛泽东的诗篇，是军事艺术美的光辉典范。下面，我们随手选择一首毛泽东的诗《渔家傲·反第一次大"围剿"》，看看他是怎样表现粗犷、豪放与豪迈的审美风格的：

> 万木霜天红烂漫，天兵怒气冲霄汉。

战争环境的壮美、凄美。霜天的红烂漫，不是凄美是什么？同时也是战争场景和军人心灵——天兵怒气，必将取胜、一定取胜的豪迈与豪放。

> 雾满龙冈千嶂暗，齐声唤，前头捉了张辉瓒。

"雾满龙岗千嶂暗"，粗犷、豪放；"齐声唤，前头捉了张辉瓒"，豪迈；"捉了张辉瓒"中的"捉了"二字，因胜利到来的喜悦，来不及细细推敲，而显得粗犷。

> 二十万军重入赣，风烟滚滚来天半。
> 唤起工农千百万，同心干，不周山下红旗乱。

仔细体会，这首诗的下半阕，没有哪一句不是粗犷、豪放与豪迈的。"二十万军重入赣"，作者的心情是豪迈的，行军的队伍、战争场面是豪放的，也是粗犷的。这里的粗犷，不是说毛泽东没有仔细推敲诗句，诗句的粗犷，是文字的粗犷。这里指的是毛泽东指挥的队伍心灵和军事力量的粗犷。因为粗犷，更显得军事力量的势不可当、锐不可当。"同心干，不周山下红旗乱"，我们认为，诗句的文字和它包含的军事力量都是粗犷的，也是豪迈的。

基本上，只要是军事艺术，大都包含着这种粗犷、豪放与豪迈的审美风格。"马蹄声脆，喇叭声咽"，"而今迈步从头越"，"苍山如海，残阳如血"，不粗犷、不豪放、不豪迈么？

因为这些诗句，是从孕育它们的战争血与火中，熔炼出来的，它当然带着战争粗犷、豪放与豪迈的本性。或者，应该这样说，战争的血与火，熔炼出来了属于战争粗犷、豪放与豪迈的军人情怀，在这样的情怀中，熔炼、流露出来的军事艺术，当然就自然而然地带着战争粗犷、豪放与豪迈的审美特质了。

毛泽东诗歌的军事艺术是这样，其他诗歌和一切军事艺术，中国的、外国的军事艺术，是不是这样呢？当然是这样。《静静的顿河》，海明威、福克纳的作品，从构思，到语言，都具有这种粗犷、豪放与豪迈的审美品格。《三国演义》、《水浒传》也是。尤其是《水浒传》的构思，通过一群又一群被逼上梁山当好汉的故事，以及当了好汉又接受招安，基本上属于粗放型的结构。因为这种结构，更显好汉的军事力量。

> 生死之交一碗酒，你有我有全都有。
> 路见不平一声吼，该出手时就出手。

（电视剧《水浒传》主题曲《好汉歌》）

刘欢演唱的电视剧《水浒传》主题曲《好汉歌》，所以受到欢迎，正是因为他把这种军事艺术粗犷、豪放与豪迈的审美风格，表现得淋漓尽致。

审美是一种生命。军事艺术的审美，来源于一种属于军事的生命，军事艺术家的生命，然后成为一种军事艺术的生命。他（它）们环环相扣，水乳交融，永不可分。质言之，军事的粗犷、豪放与豪迈，熔铸了军事艺术家心灵的粗犷、豪放与豪迈，然后，从那里自然而然地流淌出来，成为军事艺术作品审美风格、审美价值的粗犷、豪放与豪迈。我们具有体会、感受这种军事与军事艺术生命力及其表现的军事审美情怀了吗？

四、悲剧与崇高

理解军事美的价值，尤其是理解军事题材文艺作品的审美价值，最关键的美学命题，是战争本性和人类本性之间、战争本性和社会发展之间、战争本性和自然之间不可调和的悲剧性矛盾、冲突与和谐。这种和谐，是通过战争手段之后，经历战争的悲剧与苦难之后，达到的新的自然、社会、历史与人性的和谐。

（一）战争中自然悲剧审美意识：战争与人性的矛盾

军事自然悲剧审美意识，起源于战争的本性。战争在毁灭生命的同时，又在创造生命。但是，这种创造，不是用生命来创造，而是用死亡来创造。哲学上有一个观点，就是生的欢愉和死的悲凉与悲怆，往往是紧密联系在一起的。或者，表现死的悲凉的同时，一定有生的欢愉与它做陪衬。因此，战争与人性，战争与生命的矛盾，最本质的核心，就是在生与死的临界点上，表现出来的军人的承担和痛苦，最沉重的、最悲壮的，也是最惨烈的。

军事艺术审美价值，把战争中的生命，表现得悲壮而且完美。悲壮中的完美，是因为死亡无法吞噬的军人生命和精神的长存。他们要么活着，带着战争的悲剧与苦难活着；要么他们活着的同时，又是精神的死去。怀着理想战胜苦难，走向遥远的路程。在这里，有磅礴天地的军人的灵魂和生命的价值。这种价值和战争中的生命毁灭，每一场战争，都可以表现出来，暴力摧毁生命，但人性深处固有的某些基本价值，无论什么样的战争，也无法摧毁。

西方古代著名悲剧作品《荷马史诗》和古希腊悲剧，和中国古代著名作品《春秋》、《左传》、《史记》一样，其题材和精神氛围，都有残酷的战争背景。极高质量的、人类精神产品创造大量涌现的黄金时代，往往也是极其野蛮、残酷的战争时代。战争和死亡的悲剧，把人类本质力量更加沉重而充分地表现出来。悲剧意识和苦难意识，奠定了一大批著名哲学家的精神基础。亚里士多德、黑格尔、尼采及其悲剧学说，是他（它）们中最优秀的代表。

军人首先承载的是人类普遍的悲剧意识。这种悲剧，是社会与历史的，也是整个人类本身的。我们每个人，无论是否军人，都是这个世界的匆匆过客。生命总会消失，这是笼罩在人类头顶的普遍悲剧意识。但这还不是军事与战争的悲剧意识。军事艺术作品中的悲剧意识，是社会和军事赋予军人的双重的悲剧意识。他们既要承担人类普遍的悲剧，生命个体的消亡，同时也要承担战争带给军人生命的悲剧，即通过战争的非正常生命消亡。

比如肖洛霍夫《静静的顿河》的主人公格里高利，几十年的战争带给他的，是军人命运的不断变化，同时，他的经历，也是那个时代普遍社会、历史、人生变迁的缩影。个体生命的悲剧和战争给他带来的悲剧，相互交织在一起。从作品中，我们可以看到广阔的社会生活，以及战争对人类个体生命、命运带来的荣耀和苦难，是何等的、同样的巨大。

（二）战争本性与军事审美悲剧哲学

战争是人类旷古的、最大的悲剧。但是，古今中外最伟大的哲学家、美学家都认为，悲剧是人类最崇高、最华丽、最动人、最震撼，又最伤感的诗。军事这一片人类悲剧的沃土，产生了哪些如此震撼的诗呢？或者说，古今中外的悲剧学说，包含哪些军事美学意义呢？

1.“过失”、“净化”说与军事美学思想

亚里士多德和弗洛伊德都提出过悲剧人物所以产生悲剧的原因，在于他们性格和命运存在“过失”。所谓过失，就是他们犯错误了。比如“弑父娶母”的古希腊悲剧，违背天伦；哈姆雷特的悲剧，是他没有杀掉已经霸占了母亲的叔叔，犯了过失，即遭到上帝的惩罚。军人在战争中的悲剧，不存在他们性格和命运的“过失”。即使有过失，也是战争中的过失，而不是“弑父娶母”之类违背天伦的过失。秦始皇从战争英雄演变为历史的悲剧英雄，后来作为残暴的统治者，被陈胜、吴广起义打击，被刘邦、项羽推翻的悲剧，不是他一时犯错，也不是性格使然，而是他违背了社会历史发展规律。曹操的悲剧是周瑜、诸葛亮“火烧曹营”、“草船借箭”等军事智慧和作战技巧造成的，而不是他性格和命运的某种“过失”造成的。

可能有人会说，难道项羽的失败，不是因为他“妇人之仁”的性格，鸿门宴上没有杀掉刘邦，不是一种“过失”造成的么？我们承认战争中的军事指挥者，可能因为自身的性格而指挥失误，造成战争的悲剧，但这是军事个体性格，而不是俄狄浦斯王那样“弑父娶母”性格的“过失”。西方悲剧的“过失”说，不能用来解释军事与战争。再说，项羽如果没有把握军事与战争规律和指导规律，即使鸿门宴上杀掉了刘邦，他也未必就能取胜。我国20世纪的解放战争，蒋介石的军事指挥，也可能因为他性格的“过失”而指挥失

误，导致惨败。但是，蒋介石造成的战争悲剧，本质上是他逆历史潮流而动，发动反人民的战争。这不是他个体性格和命运的问题。李自成、洪秀全的悲剧也是这样，他们个体性格和命运的"过失"和明末农民起义、太平天国起义失败的悲剧之间，可能会有一点点影响，但绝没有必然的联系。

所谓"净化"，就是观照发生在其他悲剧人物身上的"失误"，来洗涤自身，使自己身心得到洁净和澄明。这种悲剧学说，在军事与战争中，倒是完全可以应用的。项羽的悲剧，李自成、洪秀全的悲剧，蒋介石的悲剧，我们完全可以观照到"只有掌握战争规律和社会历史发展规律"才是取得战争胜利的军事美学思想。当然，这种军事悲剧美学观照，和我们在俄狄浦斯王、哈姆雷特等悲剧里获得的心灵"净化"，价值和意义都是不一样的。

2."和解"、"超脱的慰藉"与黑格尔、尼采悲剧学说的军事美学意义

黑格尔和尼采，都是彪炳史册的悲剧美学大师。但是，他们的多数悲剧美学观点，都不符合军事美学意义。有些和军事美学观点是背道而驰的，甚至十分有害。当然，论述之前先说明一点，我们是吸取他们悲剧美学思想的精华，来认识和阐释军事美。不是说他们的某些悲剧美学观点，不符合军事美学，就贬低他们悲剧美学的价值和意义。他们压根儿就没有考虑到军事美的问题。

黑格尔按照人物性格和命运来阐释悲剧。他不再认为悲剧源于主人公个体人格和命运的"过失"，而在于双方都有"过失"。悲剧不是产生于"正义战胜邪恶"，而在于双方都坚持自己的"个性原则"，最后斗得两败俱伤。悲剧之所以给人美感，就在于最后，我们看到了双方同归于尽之后，达到了新的和谐。"和解"，人性的和解，而不单单是各自坚持"个性原则的和解"。我们认为的军事美产生发展规律"正义战争邪恶"、"新生战胜腐朽"，在黑格尔悲剧学说里，成为没有原则的和解。所以我们说，黑格尔某些悲剧美学观点和军事美学背道而驰。

战争中的悲剧美学观，不是对双方"过失"各打五十板。军事悲剧美学观点，没有这种双方无原则的重新"和谐"。秦始皇和陈胜、吴广起义之间，刘邦和项羽之间，他们没有同归于尽，也没有重新和谐。他们各自坚持的，

也不是同样正确的个性原则。秦始皇和刘邦，刘邦和项羽，曹操和周瑜、诸葛亮，不可能在同一舞台握手言欢。甚至也不能在新的生命舞台握手言欢。如果不掌握军事与战争规律，如果不能正确地把握社会历史的发展，假如重新搭起战争和人生的舞台，他们各自的命运并不能发生改变。

但"和解"说包含的军事美学意义，倒十分深刻。就是，无论战争多么残酷，无论双方战斗得多么激烈，"战"，终究是为了"和"。正义与邪恶较量，新生与腐朽较量，美丑较量，战争之后，依然是一种从未有过的安宁祥和。只不过这种祥和，有时还残留着战争的硝烟。

　　据载，淮海战役，黄百韬自杀之后，也就是经历了几十个昼夜的战争喧嚣、人仰马翻之后，陈官庄一带的田畴、小河、房屋、村落，浓雾弥弥，三日不绝。

这是自然的和谐。可能还有点"和谐"的天意。英灵与亡灵惋惜、哀悼，历史、军事和战争的沉思。天地搭起的舞台，比任何人生舞台和戏剧舞台，都更广阔。这种观点，被尼采的悲剧理论，阐述得十分透彻。

　　每一种悲剧都给人一种超脱的慰藉。它使人看到人类的个性原则之下所掩藏着的本性，那就是人类历尽万劫而长存的永生。尽管万象流动不居，而生活本身到底牢不可破，而且可喜可爱。（尼采《悲剧的诞生》）

尼采的意思是，在悲剧之后达到了社会和谐、自然和谐、人性和谐和生命和谐，就是人类"历尽万劫而长存的永生"。在这里，他们各自坚持的个性原则，已经被掩藏，退到了幕后。战争就是人类"万劫"中最惨烈的劫难。劫难之后，生活本身到底是牢不可破，而且可喜可爱的。这个观点非常符合我们的军事美学观点。油画《自由引导人民》中那位举枪的女神，在死亡的废墟上挺立着的那蓊郁的胸部，说明的是什么呢？就是人类世世代代的爱与美，将从那里源源不断地孕育生长出来，冲破战争的帷幕，光照千古。这就是对尼采关于"生活本身到底牢不可破，而且可喜可爱"最形象、最艺术的注脚与诠释。

3. 军事悲剧审美意识

军事悲剧审美意识的表现多种多样，并非只有我们上面分析的，只有黑格尔、尼采等学说，才是军事悲剧审美意识。鸿篇巨制如《静静的顿河》等，上面已经分析过了，短到一首小诗，如："昔我往矣，杨柳依依，今我来思，雨雪霏霏。"那里的军人生命悲剧意识，也委婉缠绵。团聚的短暂、生命的流逝、战争的寒意带来的军人生命与情感的彻骨伤痛，尽含其中。汉代乐府诗也有不少表现战争氛围中的生命悲剧意识的作品。

> 何不策高足，先据要路津。
>
> （汉乐府《古诗十九首·今日良宴会》）

> 昼短苦夜长，何不秉烛游？
>
> （汉乐府《古诗十九首·生年不满百》）

人生苦短，没有光明；地位卑微，无力把握；精神苦闷，又惶恐不安。这些无名氏作品，虽然没有直接描写战争，恰恰是那个战乱频仍的年代，浓重的战争阴霾，在他们心灵深处的折光。其军事悲剧审美意识，悲怆深沉。

> 滚滚长江东逝水，浪花淘尽英雄。
> ……青山依旧在，几度夕阳红。
>
> （电视剧《三国演义》主题歌）

生命短暂，自然永恒。作者把军人生命的价值，放在历史、战争、自然中来思考。英雄的业绩，已随东水远去。青山、夕阳中，依稀可见他们雄姿英发的身影。因为，江渚上"惯看秋月春风"的"白发渔樵"的和平生活，是他们创造和捍卫的。历经悲剧与苦难的军人生命，崇高、永恒。他们倾其一生生命，把军事智慧与才情及其存在价值，赋予了春月秋风。军事艺术审美价值的人学依据和灵魂，正在这里。

4. 战争与生命、人性、心灵、情感的永恒悲剧、和谐与美

军事题材的作品要怎样表现生命意识，才是最伟大的艺术作品呢？那就是对战争与人性矛盾不可调和性的深刻独特创造和理解。前苏联电影《第四十一》，讲述的是两个军人漂到了一个孤岛上，一男一女，他们是敌对关系，代表不同的国家。在这荒无人烟的孤岛上，他们由仇人变成了亲人、恋人和情人。从战争中的枪炮相对，到远离战争荒岛的人性融合。但是，当最后敌方，也是女方国家的船只出现在大海上，来搭救他们的时候，女方向船跑去，而男方，是不能登上那个敌方来的救命船的。显然，那个时候，他们之间的敌对关系又出现了。荒岛上表现得那么美好的人性与爱情，在残酷的战争面前，立即变得十分脆弱。搭救船临近码头，女方即将登船，男军人最终还是向她举起枪，将枪里剩下的最后一颗子弹，向女方射去，并把她打死在海滩上。那时，阶级性又超越了人性，压倒了人性。这部作品最主要的特点，是构思的精巧。作者想显示的依然是一种深刻的战争哲学和人性哲学，就是战争毁灭人性、不可调和！他的子弹打出去的时候，就没有了人间亲情、爱情和友情，只有仇恨与战争。

西方战争题材的电影，大多数都有反战倾向。战争毕竟是残酷的，反战题材的电影，就是在表现战争与人性矛盾的主题。比如《魂断蓝桥》，还有福克纳、海明威的作品，都是反战的。无论多么美丽的生命，在战争面前都表现得那样的渺小。战争终究是该诅咒的，也是应该由人的生命来承担的，这种生命承担，无一例外显示出来的就是一种狰狞的战争之美。其最终审美指向，依然是诅咒战争，热爱生命，珍惜生灵，呼唤和平。只有把那种美，在战争中表现出来，才成为流传千古的文学艺术作品。军事美学的悲剧美学观，创造和表达的是战争、历史与生命，经历战争悲剧之后美与人性的再生与新生。

第五节　军事审美价值标准

军事美学，是对人类军事领域的是非善恶、忠奸美丑进行价值判断。人类军事领域是如此宽广，它所涉及范围是如此博大，其价值和意义的综合性与模糊性又是如此众多，那么，我们又根据什么样的标准去判断它们的是非善恶、忠奸美丑呢？

一、正义的标准

(一)"惩恶扬善"、"扶危济困"——"义薄云天"

所谓正义，"正"，即"端正"，"义"，即"义理"。简言之，端正的义理，就是正义。端正，而不是歪斜的，也不难判断，不难做到。"义理"，即符合绝大多数人利益并被绝大多数人褒扬、弘扬、遵守、捍卫、认可的道理。"忠义千秋"、"大义凌然"的"义"，也是这个意思。武侠小说有一个词语叫"义薄云天"，大体意思是正义之气直上高空，形容武士侠客为正义而斗争的精神极其崇高，成为与天地长存的最高生命价值。"正义之气"如天道运行在太空。也就是说，"义"的运行就是"天道"在运行。因此，维护正义就是维护天道。正义的行为就是对天道的认识、理解、把握和捍卫。无论"天道"还是"人道"，只要是端正的而不是邪恶的，只要是崇高的而不是卑下的，就是美。它们发生在军事领域就是军事美。

(二)侵略还是反侵略

凡是侵略战争，都是非正义的，属于军事丑；凡是反侵略战争，都是正义的，属于军事美。二战期间，希特勒的军队、日本军国主义的军队，无论他们多么训练有素、多么勇敢，无论打了多少胜仗，都属于军事丑，而且，越"有素"、越"勇敢"、越打"胜仗"越丑，因为他们战争的性质是非正义的；相反，苏联军队、中国军队、英美军队，无论他们遇到了多少磨难，开始失败得多么惨，抵抗得多么惨烈，甚至血流成河，都属于正面的军事审美价值，属于军事美，因为他们战争的性质是正义的。而且最终也是一定会取得、取得了胜利的。人类社会的发展规律，包括在战争中的发展规律，从来都不是只凭手中的武器说话，还要由"正义"与非正义制约运行的"天道与人道"运行规律来说话。"人道"说穿了，就是对"天道"（正义）的认识和把握。"天人合一"，"天怒人怨"，决定了敌我双方的成败。

（三）代表社会历史前进方向的新生力量

反侵略的战争失败了，属不属于军事美呢？仍然属于。比如"三元里"抗英，他们的失败是悲剧，可以激起中国人民更大的反侵略战争意志和斗志，最终取得胜利。失败了的正义战争美不美呢？美。比如黄花岗七十二烈士。他们的失败并不是"正义"的失败，而是暂时挫折，他们的生命点燃了更加燎原的"正义"战争的火种，最终促进了代表当时中国历史发展前进方向的新的社会形态的诞生。

"正义"作为军事美的基本要素，它还是代表社会发展方向的前进的、新生的力量。比如，陈胜、吴广起义，不是反侵略战争，也不是扶危济困，为什么创造了推动中国社会历史向前发展的军事美？就是因为他们战争的本质就是：新生战胜腐朽，革命战胜反动。中国历史上后来发生的历次农民起义，其战争性质，大抵如此。

（四）为和而战还是为战而战

战争目的，是为了和平而战，还是为了战争而战，是判断战争正义与非正义的重要标准。日本军国主义，绝不是为了亚洲的和平而战，而是为了统治、占领亚洲土地而战。侵略者往往都可以用贪婪、贪得无厌来形容，他们这类战争狂人，是一群永远也喂不饱的狗，要毫无节制地地占领下去，直到把他们想要的一切都收入囊中。这就是非正义战争。相反，中国人民反抗日本侵略者的战争，他们是一天也不想打的，但是，一旦豺狼入侵，他们也是不把强盗赶出家门、国门，决不收兵的。而且，一旦打得强盗放下屠刀，也就停止战争。什么是为了和平而战，什么是为了战争（占领）而战，其意义和表现已经十分鲜明。

对战争，许多老一代革命家，或者参加过革命战争的老人，随口都可以说出一句非常符合军事美学观点的话来。

> 有帝国主义就有战争。对战争，我们一是反对，二是不怕。要用革命战争去消灭反革命战争。因此，要加强战争观点的学习。

上面是我军一位开国将领，于 1957 年随意写给女儿的信，我们摘了一句，发现它非常符合我们的军事美学观点，就是："战，是为了不战。""从古知兵非好战。""为了和平，我们从不惧怕战争！"20 世纪他们那一代老一辈革命家，所经历的千百次浴血奋战，没有哪一次是他们自己挑起的，都是帝国主义、封建主义和买办资产阶级强加在他们头上的。我们反复要求军事美学的学习者树立一个观念，不要以为讨厌战争、不喜欢战争，我们就不好好准备战争。"一是反对，二是不怕"，已经把我们要求军人树立的正确战争观、军事观讲得非常清楚明白了。这些充满哲理的军事美学观点，其实不用专门学习，也会明白，不用专门研究，也会创造。因为军事美学的基本含义，从古至今都那么存在着，只是我们没有去把它们挖掘、显示出来罢了。

随手翻开 2012 年 4 月 3 日的《南方日报》，一排文字赫然出现：

> 中国敢于亮剑，但更渴望和平。

该标题显示的也是我们上面分析的军事美学观点。"我们从不惧怕战争，因为我们爱好和平。"世界上人类社会的大多数和平，很大一部分都是我们用革命的、正义的"暴力""打出来的"。为和平而战的军人，从古至今都是军事美的创造者、实践者。我们不是军事美的主要研究者、创造者，真正的军事美创造者，是历史、是战争、是一切为人类正义和真理浴血奋战的军人！为什么？因为我们是为了正义而战。人民解放军是正义之师、威武之师、文明之师，就是这样练就出来的。

宫廷政变中的军人，为了非正义的军事行动而流血牺牲，他们也属于军事美吗？明确地说，不属于。他们的生命价值是负面的，不值得肯定的。非正义的宫廷政变，本身就属于军事丑。他们终究不能取得胜利，或者很快就会被挫败；即使暂时取得了胜利，也不能长久。即使长久，比如某些靠阴谋取得政权的朝代，也统治了许多年，他们也创造了社会美和军事美。这些朝代，比如隋朝、唐朝，他们创造社会美和军事美的原因，不是因为他们取得政权时的阴谋，而是他们后来的统治，顺应了社会历史发展方向。

同样，人类早期原始部落的某些战争，恰恰是侵略战争取得胜利，而且后来还统治了许多年，是不是说明非正义战争，也创造了社会美和军事美呢？不能够。这个问题分为两个方面看，他们早期侵略战争是非正义的，属于军事丑。他们取胜后统治很多年，不是非正义的统治，而是由非正义转化为顺应历史潮流的正面军事价值，创造了社会美和军事美。我们肯定它的审美价值，是在肯定正义的、正面的，对人类生存发展有积极、健康、向上的意义，代表社会历史发展前进方向的军事价值，鞭挞非正义的、邪恶和丑恶的军事与战争行为。正义与非正义，无论在什么情况下，都直接和间接地规范制约着人类进行社会美和军事美的价值创造。

二、阶级与集团的标准

——军事美必须符合本阶级、集团的利益

（一）军事美的阶级性

马克思主义军事观和战争学说认为，军事与战争随阶级的产生而产生，随阶级的消失而消失。因此，从事军事与战争的军队，有极强的阶级性。它们产生的目的，必然是为了某一特定阶级服务的。这样，我们不禁要问，世界上的阶级如此众多，哪一个阶级的军队，都是为自己本阶级的利益服务。既然如此，人类社会就不应该具有普遍意义的军事价值和军事审美价值。

我们当然承认和重视军事价值和军事审美价值的阶级性，但同时，我们也不得不承认，无论军事活动具有多么强烈的阶级性，它们毕竟还是人类基本生存实践活动之一。既然军事与战争是人类生存实践活动之一，就一定和其他人类实践活动一样，处于整个人类价值体系和审美价值体系之中。因此，和世界上所有人类实践活动及其所产生的价值是可以判断的，也是受人类基本发展规律所支配的一样，人类所创造的军事价值和军事审美价值，一样是可以判断的，也是受人类发展基本规律所支配的。军事与战争为本阶级利益服务，但这种服务不能毫无目的和毫无原则，没有目的没有原则的服务，也服务不好。错误的，没有原则，也不遵循客观规律和军事客观规律的服务，必然要失败。正因为如此，人类军事活动及其价值和审美价值，也属于人类整体价值和整体审美价值的组成部分。质言之，有人类共同价值的美，就必然具有人类共同价值的军事美。

阶级首先是一个经济范畴，是一些经济集团，划分阶级的主要标准是经济标准，即不同的集团在生产关系中的地位不同。同时，阶级又不仅仅是一个经济范畴，而且是一个更广泛的社会范畴。阶级的产生是由于经济的原因引起的，但阶级一旦产生出来，就要在经济关系的基础上，派生出各个阶级的政治立场和意识形态。所以，阶级不仅仅是一个经济集团，而且是一个社会集团或社会组织。一个阶级的经济地位、政治立场、意识形态等几个方面，构成这个阶级的特征。阶级是经济、政治、军事的统一体。

目前比较流行的观点，把阶级分为无产阶级、资产阶级两大类。社会主义国家的军队属于无产阶级，资本主义国家的军队属于资产阶级。实际上，阶级和集团，比这样区分复杂得多。还有官僚买办阶级、剥削阶级等等。就目前的社会形态来看，一般来讲，一个国家（还有某些地区），都只有一支军队。中国、俄罗斯、美国、法国等，都只有一支军队。他们显然都是为了本国家、本阶级利益服务的。集团呢？可以指这个国家的军队通称为一个集团，也可以指大集团之下的小集团。比如称蒋介石集团，就可以指蒋介石的整个国民党集团。国民党军队集团之下，还有许多小的集团，如杜聿明集团、卫立煌集团等等。但是，共产党军队，就不能称作共产党集团，毛泽东、朱德集团，或者彭德怀集团。

（二）军事美阶级性的美丑表现

"阶级、集团"军事美审美判断标准，就是说，军事美，必须符合所属阶级和作为整体军事集团的利益。但是，不是只要符合这个阶级集团利益，都属于军事美。还要综合判断他们这个阶级和集团的利益，和整个社会发展的利益发不发生冲突。一般情况下，可以表现为以下几种状况：

1. 阶级性与军事丑

符合本阶级、本集团利益，但不符合本民族和人类社会历史发展根本利益的军事与战争行为，表现为军事丑。

比如二战时期的希特勒军队和日本军国主义军队。再比如，土匪强盗也有武装，也组建军队，纯粹为了杀人越货，为了小集团利益，破坏社会安宁和谐与和平，也属于军事丑。

2. 阶级性与军事美

既符合本阶级、本集团利益，又符合本民族和人类社会历史发展根本利益的军事与战争行为，表现为军事美。

比如华盛顿的军队、法国大革命某些时期拿破仑的军队、抗日战争时期国共两党的军队，他们所进行的战争和他们军人的战争行为，都属于值得肯定的军事审美对象。

3. 阶级性与国际性

符合本阶级、本集团利益的军事与战争行为，同时还要符合战争性质的正义性，这种正义，还要符合本民族和社会历史前进方向，以及一般人类生存法则和准则。

比如朝鲜战争，以美国为首的联合军队，显然也符合他们的阶级、集团和民族利益，但是，他们发动的战争，是非正义的，也不符合人类历史发展方向和人类生存基本法则和准则，就属于军事丑。中国人民志愿军入朝参战，符合中华民族整体利益，因为战火已经烧到鸭绿江边，"抗美援朝、保家卫国"，也符合中华民族历史发展，符合国际主义"一般人类生存法则和准则"，就是典型的军事美。

4."绝对军事美"

只要符合本阶级、本集团、本民族利益和一般人类社会生存法则和准则的军事与战争行为，是属于"绝对军事美"。

所谓"绝对"，就是只有此标准，没有第二个标准。但是，假如这些标准都符合，仗打得不好，属不属于军事美呢？还是属于军事美，即使打败了，战争的正义性质，决定了他们具有正面军事审美价值，属于军事悲剧美。我们肯定这种打败了的军事行为具有正面军事价值，但是我们并不宣扬和弘扬这种军事价值。军事美主要肯定的是正义战争的战争艺术美。没有战争艺术美，即使再正义的战争行为，也不能作为典型的军事审美对象。但是，一旦正义战争的悲剧精神，经过吸取经验教训，激起了获取战争胜利的决心、信心，又可以成为典型的军事审美对象。相反，战争打得再好，取得的胜利再大，再有艺术性，整体看来战争性质是非正义的，也属于军事丑。而且，越有艺术性、越取得胜利，越丑。

5.阶级、集团利益的相互转化

以此为标准判断军事美丑，要具体问题具体分析。比如20世纪国民党军队，所从事的战争没有哪一场不符合他们阶级和集团的利益，但并不是哪一场战争，都表现为军事美。辛亥革命、北伐战争、国共合作、抗日战争，在符合他们阶级集团利益的同时，还符合正义战争性质和中国历史发展方向，因而属于军事美。第一次国内革命战争和第二次国内革命战争（我们称为"十年内战"和"解放战争"），虽然符合他们阶级和集团利益，但是，兄弟之间互相残杀，不符合战争正义性质和中国社会历史发展方向，因而属于军事丑。从这里看，战争的艺术性还在其次。严格地说，蒋介石集团的战争艺术实在不敢恭维。北伐战争清扫封建遗老遗少和老军阀，国民党军队曾经创造过气势如虹的战争壮美。十年内战，他们数百万正规军，打转山沟的被称为"几股土匪"的共产党红军，"清剿"得那么拙劣、失败得那么惨；抗战八年，国民党军队组织了的无数次规模空前的大会战，基本上以惨烈失败告终。除了台儿庄、仁安羌之战外，国民党军队并没有取得多少酣畅淋漓的胜利。后来的三年解放战争，国民党军队基本上书写的完全是一部由盛到衰的历史，成为人类战争史上一部经典的反面教材。战争需要艺术，但战争的胜败之道，根本上不仅仅在于战争艺术。人心向背，蒋介石把再好的、如云的战将投入战争，比如杜聿明、宋希濂、黄百韬之类，也一个个成为瓮中之鳖。人心所向，毛泽东能够把一个个世世代代当牛做马的"泥腿子"，塑造成威震全球的"将军与战神"。战争艺术的最高境界，就是"艺术"到看不到一丁点儿艺术了。

制约战争艺术审美价值的因素，是所属集团阶级性质；制约所属阶级、集团军事审美价值创造的因素，还是人类生存普遍法则"正义与非正义"的价值判断标准。

三、民族的标准

——军事美的民族性大于阶级性

衡量军事美丑，有一个非常严格的标准，就是看他们创造的军事价值，符不符合整个民族生存发展的最高利益。宏观上看，人类历史上，推动了社会历史向前发展的战争，没有哪一场不符合他们本民族的最高利益。比如西方的古希腊希波之战、法国大革命、美国南北战争；中国各朝各代的农民起义战争，包括元、清的异族入主中原，如果他们不符合整体中华民族利益，没有民族及其文化认同，第一打不进来，第二打进来后也不能统治长久。

人类战争史上的军事巨人，比如西方的恺撒、拿破仑、华盛顿，中国的"秦皇汉武、唐宗宋祖"、孙中山、毛泽东，没有哪一个不是他们本民族的"优秀子孙"。就连陈胜、吴广那样的"群氓",黄巢、李自成那样的"草寇",义和团那样的"花拳绣腿"和洪秀全那样的"封建迷信",把他们创造的军事价值,放在民族性的标准上来衡量,也都是具有一定正面军事价值和意义的。他们从事的战争,创造了中国社会历史发展变革美。因为他们的军事生涯和战争实践,要么推翻封建腐朽暴政,要么抵御外寇入侵,在中华民族征服苦难的生存发展历史上书写了浓墨重彩的篇章。"揭竿为旗、斩木为兵","烧杀抢夺、赤膊上阵",是为了中华民族能够生存和更好地生存。至于他们某些人的失败,比如李自成、洪秀全的失败,有其自身政治、军事、文化、道德上的原因,不能因此否定他们用"民族"标准来衡量的正面军事审美价值。

符合民族整体利益,是军事审美价值判断标准的精神密码。军事美的民族性大于阶级性,就是说,有超越阶级、集团利益的军事美。

(一) 民族性与正面军事价值

比如黄继光、邱少云,理解他们的军事审美价值,是不困难的。他们的军人生命价值,既符合共产党军队的宗旨,也符合中华民族整体利益和国际主义义务。

(二) 民族性与不同形态军事价值

即使被定为土匪、强盗的历史人物,他们的身上在很大程度上,也具有这种民族性的精神密码,因而不能被军事美完全忽略。张作霖曾经是杀人越货的土匪强盗,但是在民族性方面绝不含糊。他统治东三省期间,日本人没有在他手中要到一寸土地,最后被日本人炸死在沈阳皇姑屯。作为老军阀吴佩孚也曾经杀人如麻,但是,当日本人要让他出任华北汉奸傀儡政权首领时,他称病不从,潜入四川成都医院治牙,被日本人收买医生毒死。我们不能不对他们身上表现出来的军事审美价值的民族性,给予大胆肯定。"炎黄子孙"几个字对他们来说,并不是一句夸饰的颂词,而是要付出生命代价的。

（三）抗战时期国共两党的军队——"军事美民族性大于阶级性"
的光辉典范

组成民族抗日统一战线，作为共产党的抗日方针，说明共产党人虚怀若
谷、以民族利益高于一切的正面军事价值。正面战场的国民党军队中，战将
如云，一个个都是中华民族的战神和守护神。张自忠、戴安澜、杨靖宇、左
权，作为军事美民族性大于阶级性的战争符号，同以中国军人的名义战死沙
场、永垂千古。

影片《建国大业》有一个镜头，蒋介石、毛泽东同时出席记者招待会，
他们都穿着中山装。毛泽东代表无产阶级，蒋介石代表国民党时期民族资
产阶级，但是他们同时属于中华民族。毛泽东说：他们有共同点，都穿中山
装，都是孙中山的学生。他们都是中国传统文化养育出来的，只不过对这种
文化，他们选择不一样，军事思维、行动不一样，结果也就不一样了。

话剧《宝岛一村》有一个情节，国民党军人刚逃到宝岛台湾时，很多老
兵都不要床，想着随时穿上军装拿起武器打回大陆，直到几年、十多年以
后，老兵们才意识到无法打回去，只想能够回到大陆落叶归根。蒋经国经过
深思熟虑，决定让老兵们回大陆探亲。回到家里的老兵才发现父母已经过
世，他们跪着"走"，一直"走"一两公里，才到父母坟前祭拜。这种民族
血脉、民族意识根深蒂固，永远也割不断。这也是中华民族之所以能够在无
数次战乱烽火中，多次毁灭得面目全非，而又坚强延续下来的重要原因。

（四）阶级性与民族性的矛盾统一

西安事变，不符合阶级性、集团性，但符合民族性，属于军事美；蒋介
石发动内战，符合他们本阶级、本集团的利益，不符合中华民族整体利益，
属于军事丑。原因何在？民族的利益高于一切。

四、军魂的标准

——人类共同军事审美价值

（一）人类军事主体的精神性存在

军魂就是和军人肉体相对应的精神性存在。前者，军人肉体，是短暂的、可消灭的；后者，是永恒的，不可消灭的。而且，不是某一个军人的灵魂，而是整个人类军人的灵魂。一般而言，灵魂指死去了的人，肉体不存在，而精神永生。是不是只有死去了的军人，才有军魂呢？不是。我们认为，既然"军魂"是军人生命的精神性存在，那么，只要有这种精神性存在，无论活着，还是死去，都属于军魂。活着的和死去的军人生命，都可以作为军魂的载体。比如张自忠、杨靖宇，可以是军魂的最佳诠释。他们的忠于职责、抵御外侮、虽死犹生的军魂，在我们心灵和身上体现出来，这样，无论做什么，我们即使没有战死沙场，也有属于军魂的精神审美价值。

还有一种误解，军魂就是战争之魂，就是在战场上打得勇猛顽强，打得惨烈悲壮，就是军魂。这个道理只说对了一半，"身既死兮神以灵，子魂魄兮为鬼雄"，是屈原《国殇》中描绘的惨烈悲壮的国魂、军魂状态。但要明白他们为什么而战、为什么原因惨烈悲壮，只有正义战争中的勇猛顽强、惨烈悲壮，才属于军魂。这样，我们今天并没有在战场上勇猛顽强、惨烈悲壮，为什么说我们身上也可以体现军魂呢？原因很简单，只要我们是为了正义、捍卫和平而准备战争，不直接打仗，也是军魂之光在照耀。和平环境中，坚守职责、忠于职守、履行好自己的使命，即使不流血牺牲，也是军魂本质意义之所在。

不是只要打得勇敢就是军魂。日本侵略者打仗也会"勇猛顽强"，那是军人的罪恶之魂。不是只要死得惨烈就是军魂，希特勒死得也很惨烈，那是正义之剑对一切战争狂人应有的惩罚。同样道理，日本南京大屠杀，南京军民死得也非常惨烈。但是，一般平民惨烈的死，死得再惨，也不是军魂，因为他们没有参加军事与战争。保卫南京的军人战斗到最后一刻，惨遭屠杀，就属于军魂，因为他们在履行保家卫国的使命。军魂可以是国魂和民族魂的统一，比如张自忠、杨靖宇，他们的身躯献给了国家和民族。鲁迅棺木上盖着"民族魂"的长联，但鲁迅不属于军魂。鲁迅生命的价值存在，主要不是以军事与战争作为生存背景。军事美，是对军事领域是非善恶、忠奸美丑进行价值判断。

还有一种观点，军魂就是党指挥枪。作为中国人民解放军建军之魂、立军之魂，是非常正确的。因为我们是正义之师，为人类正义、和平与真理而战，现在我们应该加上，一旦拉出去，就是虎狼之师，是战无不胜、攻无不克的。人民解放军的性质、使命和价值之所在，凸显了军魂的根本特征。黄继光用胸膛堵枪眼、董存瑞舍身炸碉堡，之所以撼天动地，就在于履行了一个正义之师普通军人的职责，因为他们的军事价值，联系着古老的人类军魂，因而光照千秋。

（二）军魂的基本意义

1. 核心价值与职业操守

军魂是人类一切为正义而战的军人固有的核心价值和职业操守。军魂是以军人生命为代价来捍卫、来实践的。只要具有这种操守和实践，无论是杨靖宇那样的铁血男儿，还是像电影《赤壁》中小乔那样的柔弱女子，都具有人类军魂的意义。当年，张自忠的灵柩从湖北宜昌运回重庆朝天门码头，蒋介石率领十万军民到码头迎接。此时，日本轰炸机突然来临，旋绕在数十米高的天空，但是，码头上下，包括蒋介石在内，没有一个人惊慌逃跑，躲避日本飞机轰炸。奇怪的是，日本轰炸机并没有投弹，而是旋绕几圈后，相继离去。其中一架飞机，投下一张长长的白布条。上书：

奉上司命令投此布条——向真正的中国军人致敬！

以上情节有正规出版物记载，好像不是戏说和传说。有蒋介石登船迎接张自忠灵柩的照片作证。那时的日本民族是世界上最野蛮的民族，他们对人

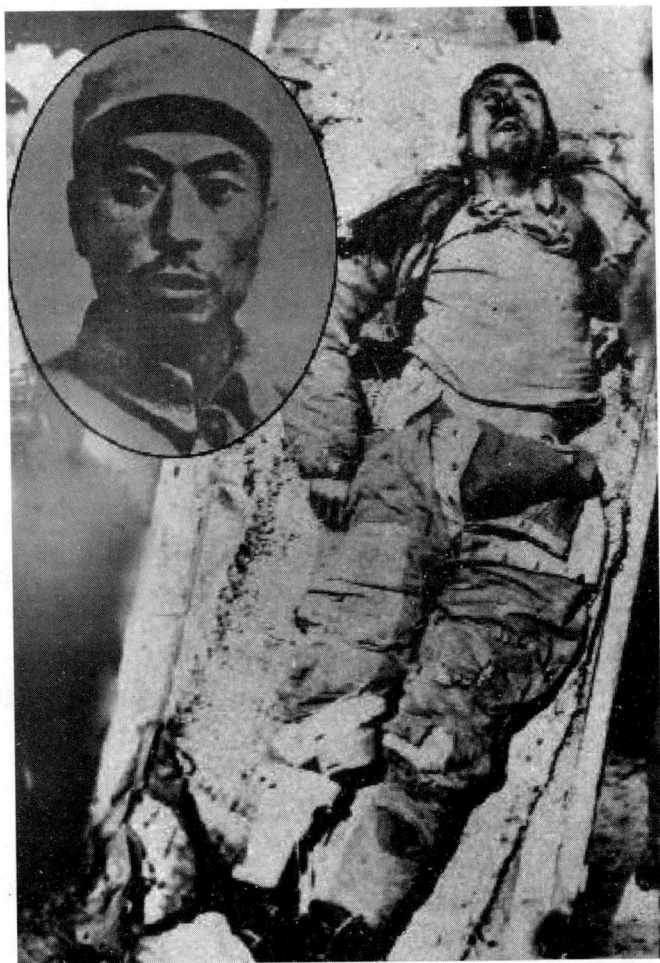

杨靖宇遗像：军魂，磅礴天地的军魂

生命的敬畏感，保留至今。在战场上真刀真枪拼杀过来，他们不能不明白真正军人的含义。无论对杨靖宇，还是对张自忠，他们（日本人，战场的对手）是在向整个人类的军魂致敬，向军人的职业操守致敬。

2. 军事人性与普遍价值

军魂是具有普遍价值的军事生命与人性存在。战场上，对真正军事对手的敬畏和尊重，并不只有日本人。司马迁《史记》，记载了刘邦参加项羽丧礼的情节和细节。"为之发哀，泣之而去"。刘邦亲自出席项羽的丧礼，而且厚葬，说明他对征战数年的对手，而且是最强劲、差点置自己于死地的对手，给予了足够的敬重和尊重。"泣之而去"的"泣"字，用得丰富传神。"泣"，为什么？哀伤、哀悼、痛惜、惋惜，甚至因项羽的悲剧会想到自己，想到天道、人道、军事与战争成败之道等等。

电影《大决战》有个感人的细节。孟良崮战役击毙了张灵甫之后，指挥这场战役的我军首长下令给张灵甫买来崭新的棺材，脱下身上穿的皮衣，盖在张灵甫的遗体上。张灵甫是组织长沙保卫战的抗日英雄，田汉专门为长沙会战写过剧本。军人也是人，是普通的、有血有肉的、有感情的人。当看到如此嚣张的对手，此刻躺在洁白的棺木里，谁也不会不动恻隐之心。战争与人性，并非时时处处都是不可调和的矛盾。战争中的人性美，是染了鲜血的军人生命价值美。除了极少数像希特勒、墨索里尼、山本五十六那样的战争狂人和杀人机器，没有哪一个人愿意自动投入战争，挑起战争。据刘伯承之子刘太行回忆，打了半辈子胜仗的刘伯承，凡是打仗的影片一律不看。战争与人性有不可调和的冲突，但战争最终不会彻底摧毁真正的人性。就连丧失基本人性的日本军国主义军人，灵魂深处也有某种人性的心灵之火，没有完全熄灭。从这个角度看，战争中对对手的敬重和尊重，是军事人性的艰难体现和表现，具有普遍人类价值的军事美学意义。当然，我们在这里还要特别指出，并不是因为那时日本军人的某种"礼貌"行为，就能凸显或者抵消他们侵略战争的反人类、反审美性质。也不是因此可以肯定日本军人剖腹自杀的"愚忠"行为。虽然剖腹自杀也在表现军人的职业操守，但他们拥抱和捍卫的是反人道的、非正义战争的"罪恶军人之魂"。

对军魂价值和意义的审美判断，依然是军人职责、阶级、民族、正义与人性相统一的人类普遍价值判断。

第六节 审美联想——影片《色·戒》军事审美价值分析

一、联想与作品整体思路的飘逸

我们一定要认识到审美的复杂性、深邃性和艰难性。审美绝对不是像演算数学题一样，一加一等于二那么直接和简单。无数审美和军事美的事例告诉我们，要真正地理解客观事物和客观军事事物的审美内涵，只靠感受、体验、分析、比较、实践、运用还不行。我们还要学会联想、深入审美客体内部的价值和意蕴，捕捉象征其的种种美学意义。和所有审美方法比较起来，我们更注重强调联想与象征的能力。我们之所以审美能力差，只能看热闹，不能看"门道"，"说的不是言，道的不是语"，甚至"张冠李戴"，"抓住半截就跑"，"真正的审美内涵已经摆在了面前，还不能理解，还认为是胡说八道"，就在于我们的脑筋比较死板。脑筋死板的原因，就在于我们不会联想，不会理解象征，不会飘逸。审美，除了我们的双眼紧紧盯住它们的外在形态，我们还时时强调，我们的审美思维，一定要学会飘逸。只有飘逸的审美思维，才能启迪灵感，直抵作者心灵，扩展心灵的空间，"思接千载，通视万里"（刘勰《文心雕龙》），那样才能真正抓住深藏在审美产品之中的价值内涵。

但是，审美的飘逸，不是胡乱的飘逸。它必须严格地限定在作品规定的故事、情节、细节、环境和人物关系中。

比如，曾轰动一时的电影，李安的《色·戒》，靠宣传，靠男女主人公赤裸表演的"某某某种姿势"，赚了个盆满钵满。当然，这是一部商业与艺术杂糅得很成功的影片。我们没有看到这部作品的原版。据说，这部作品原版在大陆放映时，剪去了多少多少种姿势的赤裸裸表演，据说长达三十分钟。据说引起了大陆某些业内人士的强烈不满，质疑原国家广电总局，难道我们大陆公民都审美能力低下，不能看这三十分钟的表演？我们认为，这三十分钟的表演，我们为什么要看，和这三十分钟的表演，为什么要拍一样，都是值得追问的。艺术和色情片，是有严格的审美界限的。只要是艺术的需要，看也好，拍摄也好，不仅三十分钟，一百分钟也行。如果不是艺术的需要，严格地说，看一分一秒，拍摄一分一秒，也是多余的。

我们的观点是，总体看来，从审美意识和军事审美意识（该作品基本上是一部完美地、集中地表达军事审美意识的作品。据我们看来，世界上还没有任何一部作品，如此深刻地表达了这样独特的军事审美意识）角度看，从作者主观观念、拍摄目的来看，哪怕就是再拍三十分钟裸体姿势，该作品也不是一部赤裸裸的色情片。甚至可能和色情片根本不沾边。为什么这么肯定？为什么有把握这样肯定？因为我们牢固的审美意识和军事审美意识，它的逻辑力量制约着我们，只能作出这样的判断。

该作品的审美意识和军事审美意识，究竟是什么？我们知道，审美意识是支撑作家艺术家，创造审美产品的深层观念。常常作者凭灵感创作，有感而发，究竟为什么要这样拍摄，拍摄来做什么，他并不完全了然。当年，当全球多少华人，其中不乏业内人士，醉心于李安《色·戒》多少种姿势的审视与追问，有些是无聊追问的时候，李安，带着他的创作团队宣传影片，或出席金马奖：

　　主持人："李安导演，您作品中的男女主人公某某场面，拍得那么美，您为什么要拍摄他们啊？"

　　李安笑而不语。

　　主持人："您究竟要想表达什么啊？"

　　李安语塞。

　　主持人（眼睛扫描李安身边尴尬的男女主人公，汤唯和梁朝伟）：

"能不能给我们说说啊?"

　　场面热烈。大笑。有人呼喊起哄。

　　李安（逼急了）:"我……我……也不知道。"

有可能李安真的不知道。他毕竟是艺术家，不是美学理论家。我们认为，李安为什么要拍摄那几十分钟的激情戏、裸体戏和情欲戏，是什么审美意识和军事审美意识支配着他的拍摄，他心里虽然模模糊糊，但他深层审美意识的灵感指向，是十分清楚的。

　　珠宝店。

　　戴上华丽钻戒的王佳芝，一把推开被远处暗杀枪口瞄准的易先生:"快走!"

　　易先生一个鱼跃，逃脱。王佳芝及其同伙"被捕"。

　　办公室。

　　疲惫、恼怒的易先生，深陷在办公桌前的皮椅上。

　　一特务拿着文件夹走进。

　　特务:"审问过了，他们的身份已经查明。是一伙企图暗杀您……的暴徒。而且，受人指派，他们都没有一丝悔意。"

　　易先生发怒:"饭桶! 在上海潜伏这么久，你们为什么现在才抓住他们?"

　　停顿。

　　特务将枪决审批报告放在桌上:"都关在某某监狱，你要不要亲自审问他们。"

　　易先生:"不必了。"停顿。拿起笔，想想，果决地在处决报告签字:"可。"

　　特务拿起报告，讪讪地将一枚钻戒放在桌上。

　　"那个姓王的小姐……说，这是您的。他叫我还给您。"

　　沉默。

　　易先生:"不……不是……我的。"

桌上，华丽的钻戒，闪闪发光。（特写）

东山刑场。

王佳芝等颤颤巍巍跪在乱石上。她和她的同伴交换了一下目光，眼神里流露出不安和恐怖。

一排刽子手举起了冲锋枪。

幽灵一样的易先生，进入他们（他和王佳芝）做过上百种姿势的房间，惶恐的双眼，流露出无尽的孤单与寂寞。

远处，外室。有搓麻将的声音传来。

易先生痛彻心骨、寒彻心骨、颓然而坐的身影。

望去，如孤苦的困兽。

剧终。

（影片《色·戒》导演：李安）

二、联想与作品内涵的象征

理解作品的审美内涵，要善于抓住作品的"诗眼"、"画眼"和"文眼"。所谓"诗眼"、"画眼"和"文眼"，就是该作品审美意识的核心。《色·戒》的"诗眼"和"文眼"是什么？就是那枚金光闪闪的钻戒，以及由这枚钻戒来龙去脉表达的审美内涵。他们的"色"（性欲和情欲），落脚点还是在那枚戒指上。影片称为《色·戒》，在这里点题。理解为因"戒"而"色"，或因"色"而"戒"，或"色"中有"戒"，"戒"中有"色"等等均可。王佳芝接受那枚戒指，就是一种肯定。肯定了他们之间可以做出多少多少种姿势的某某行为。那是感情的肯定和生命的肯定。赤裸裸的生命，如欲火焚身。原来李安拍摄那么久、那么长的情欲戏，尽情地展示的是他们自然的生命肉体。但是，这种自然的生命肉体，无论多么生气勃勃，画面无论多么柔美和精美，在社会面前，在社会角色面前，在战争面前，在战争各自承担的角色和职业责任与操守面前，有什么意义呢？

"不是我的。"易先生说。这就是一种否定。是人的社会属性（职业汉奸），对人自然属性（生命情欲）的否定。否定了钻戒，就否定了他们之前在床上反复堆砌、磊筑起来的，层层叠叠肉体的金銮宝殿。那么，他们的自然生命行为，就和行尸走肉的野兽无异。床上做多少种姿势，是动态的野兽，剧终孤苦而坐，是静态的野兽。这都是人的社会角色逼迫的。影片开头结尾的麻将声相互照应，社会与人生，这一场无聊的局，还要像麻将一样，这么世世代代摆下去。

至此，我们知道了李安为什么要那样拍摄男女主人公的肉体了吧。我们反复说过，艺术中的人体和肉体，《维纳斯》也好，《自由引导人民》也好，她们仅仅是作者手中和艺术观念中的一种材料，通过这种材料，他们（艺术家）想说明的绝对不仅仅是肉体。色情片除了肉体还是肉体，艺术片的肉体深藏和显示的是人生观念和社会观念（战争观念）。他们绝对不是把某某人的肉体拍摄、画和雕塑给大家看看就完了，那样他们绝对不会成为艺术家。

再谈《色·戒》赏析的联想。审美中的联想是由此物经过艺术思维，连接到彼物。往往，彼物（人社会属性对自然属性的否定）是一种艺术观念，它比此物（男女主人公的肉体，仅仅是表达艺术观念的材料）重要得多，也深刻得多。也就是说，作者最终的审美指向，是彼物而不是此物。我们许多人常常埋怨自己脑瓜子不聪明，常常出现审美偏差，甚至面对人类公认的最优秀的审美产品，也一头雾水，不知所云，就在于我们不会联想。不会联想，就不会从此物到彼物，那么，作者的审美观念，就不会不请自来。

是不是只要会联想，就解决了艺术审美中的一切问题了呢？不是的。还要学会理解象征。比如《色·戒》的审美赏析，只理解到作者通过男女主人公的肉体，否定人的社会属性（汉奸和革命者的社会角色）还不够。还要追问，作者为什么要这么否定？他究竟通过这种否定说明什么？要明白这个问题，就必须明白，通过对王佳芝和易先生这两个艺术形象的塑造，他们的肉体，以及这种肉体的杀与被杀，消失与留存，象征什么？寓言什么？简言之，就是：

"动乱战争环境和社会环境中，个体生命的脆弱、美丽与凄美"（王佳芝），还有，"社会与战争，职业与角色，是怎样把人变成兽的"（易先生）。

最终，还是"人性对战争的否定"。从上面"人的社会属性对人的自然属性的否定"，再反过来，由"人的自然属性（肉体）对人社会属性（战争）的否定"。这是众多优秀军事题材作品共同具有的审美意识和军事审美意识：反战倾向。因为没有战争，就没有汉奸和革命者，剩下的就是他们生机勃勃的生命和肉体，自然生长，衰老死去。根本就不会出现影片中的他们，纯美的肉体在子弹声中化为青烟，或者，孤寂得如空壳的幽灵，不知所终。顶着汉奸的帽子，等待他未来的是什么命运？

可以肯定地说，李安导演对自己作品的主题，没有理解得如我们分析得这么清楚。或者，假如理解得这么清楚，他就不会成为导演李安。但这部作品的审美价值，我们这么去寻找，肯定八九不离十。

这是不是正面军事审美价值？我们认为，是，又不全是。战争是应该否定的，但不能否定一切战争。最终，汉奸也好，革命者也好，易先生也好，王佳芝也好，他们的社会角色，还是他们自己的选择。他们的选择，对社会、历史乃至人生，和战争中的个体人生，有无积极、健康、向上的价值和意义，才是能否创造正面军事审美价值的根本。显然，易先生和王佳芝，都无力承担这种正面军事审美价值的创造。但是，作者，导演李安，通过这部作品，形象地告诉我们："战争（及其社会角色），是怎样把人（汉奸易先生）变成兽的（他野蛮的性虐，说明他们未必有真爱，或者只是为了禽兽般的发泄）"，"战争（及其社会角色），是怎样把柔弱而美丽的女性，变成一把刺向罪恶的、正义的锋利的钢刀（尽管她没有能够完成，因生命和情感的过失与缺失，我们可以原谅她的过失，毕竟她是刚刚长大的、那么自然美丽生命如火的青春女性。但最终，她因此而失去了生命，这就不仅仅是战争悲剧，还是生命悲剧了），这种军事审美意识和悲剧艺术的美，是具有正面军事审美价值和意义的。

最后说明一点，我们不是过度分析李安《色·戒》的美学和军事美学意义。虽然我们没有看到原版，但是，偶然看到一两张从网络流出的原版图片，严格地说来，《色·戒》中作为审美观念材料的男女主人公肉体展示，很容易引起人们关于作品"涉黄"的嫌疑。首先，人体作为艺术的基本标准就是，省略或忽视生理（的刺激），而走向和指向精神和心理。艺术审美中，精神的感悟和心灵的愉悦，比所有生理刺激和感性直觉得来的东西，要持久得多，也有价值得多。第二，肉体展示背后一定要有相关情节与细节的联系。比如《泰坦尼克号》中女主人公的肉体展示，是和后面他们掉在水里，即将永别，杰克颤抖地对露丝说："你要好好地活下去，为了我……生许多许多……孩子。"有了这个细节，她前面的裸体展示，就有了延续生命、爱情永恒的意义，也有了杰克"爱情战胜死亡"的"高风亮节"。《这里的黎明静悄悄》的女兵洗澡裸体，是和她们的爱人，在和平时期，青春萌发的校园初恋回忆，有逻辑对应关系的。那么美的初恋，那么美的裸体，在她们生命消失前，被战争吞噬前，为什么不能有这么美的展示呢？而《色·戒》的裸体，虽然有后面对"钻戒"的否定呼应，但钻戒本身对应的不是肉体，我们看不到它和影片内容前后逻辑紧密相关的情节和细节。没有这样的情节和细节，就没有用好她们的裸体，就没有赋予她们的肉体更多的审美价值内涵，就是在浪费别人（演员）的肉体，而且，这样拍片，一不小心，就会引起某些黄色的联想。说到底，还是艺术审美观念的提炼与深化问题。观念的提炼与深化，是一切审美艺术创造的根本。这不是李安导演一句："我也不知道（为什么要这样拍摄）"，就可以搪塞和敷衍过去的。真正伟大的艺术家，他究竟在做什么、想做什么、能做什么、将做什么和该怎么做，应该大体是明白的。

第五章　军事美学形态研究

形态是事物表现其内涵和特征的基本外在规定性。它可以表现为物质的形态、精神的形态，也可以是文化的形态。军事美的基本形态，也可以这么去划分，物质形态的军事美、精神形态的军事美、文化形态的军事美。但是，我们这里主要按照军事美的外在表现形态来论述和研究，从它们的基本范畴，再到这些基本范畴的外在表现形态。

第一节　军事美的基本范畴

范畴是建立一套理论体系的基石和核心。美学体系的基本范畴：优美、壮美、崇高、滑稽、悲剧、喜剧。这六大基本范畴构筑起美学的理论体系和核心。

军事美的范畴可以套用美学六大基本范畴。崇高、滑稽、优美、壮美、悲剧、喜剧，大体可以在军事美的分析中得到具体的阐释。但是，作为美学的一个分支，军事美学也应该有独特的理论个性。如果完全照搬美学理论来分析军事美学的基本范畴，我们就会发现，它并不完全合适。比如：崇高与滑稽。崇高完全可以纳入军事美来分析，滑稽则不可。美学中的崇高和滑稽是相互对应的审美范畴。滑稽的相类范畴是喜剧。滑稽、喜剧都和丑相关。丑，则相对于美。美丑相比较而存在，崇高也因滑稽而存在。作为军事美学中的崇高美，则不可能有与它相对应的滑稽美。滑稽是因为生命个性的

崇高中的凄美

缺失。喜剧中包含个体性格的悲哀，还有一些可爱的色彩，而军事美之中的丑，就不是单纯的个性缺失，更无可爱色彩，而是逆历史潮流而动的倒行逆施，灭绝人性的杀人机器。气势汹汹、不可一世的希特勒，迅速灭亡。他站在阅兵台上接受那时德国"军民"的顶礼膜拜，看起来很滑稽。但是，希特勒的阅兵，并不是滑稽美，而是社会丑。美学中的优美与壮美，相对于人、社会和自然形式美而言，优美倾向于自然美，壮美倾向于社会美和精神美。军事美也有优美。比如在猫耳洞里栽一株纯洁的老山兰。这里的老山兰，就不能把它当作一般美学原理中的自然美来分析。冒着炮火坚守猫耳洞的战士"栽老山兰的行为"，是生死考验之下对生命与美的眷恋与热爱，军人高洁情怀的表露。

军事美审美范畴的寻找和确立，就是要寻找到一套适合对军事审美现象进行美学分析的理论依据。我们把军事美的基本审美范畴确立为：规范的美、力量的美、智慧的美、悲壮的美。规范、力量、智慧、悲壮，无论作为理论根基，还是作为美学形态，都基本涵盖了军事美的基本内涵、主要内容和形式特征。

一、军事规范美

军事规范美属于形式美范围。所谓规范，就是指客观事物的形式组成法则可见的规定性。军事规范美源于军队的性质和它担负的使命。军队是以暴力的工具来维护某一阶级和社会集团利益而组织起来的武装集团。既然担负着特殊的责任与使命，它就必须依据严格的条令、条例、纪律，来规范军人的思想、言行。规范的军人是美的军人，规范的部队是战斗力强的部队，也是一支美的部队。

（一）军事思想规范美

军事思想规范美是军人心理结构和精神气质表现出来的规则美和规范

美。军人思想的规范美，主要表现在军队的所有成员，必须统一聚集在某一思想旗帜下。军人的思想规范美，可以从军人誓词中表现出来：

> 我是中国人民解放军军人，我宣誓：
>
> 服从中国共产党的领导，全心全意为人民服务，服从命令，严守纪律，英勇战斗，不怕牺牲，忠于职守，努力工作，苦练杀敌本领，坚决完成任务，在任何情况下，绝不背叛祖国，绝不叛离军队。

军人誓词简洁、硬朗、落地有声。使每一个进入这支队伍的战士，思想统一、规范于积极、崇高、向上的思想旗帜之下。这种思想是美的，因为它符合这支部队所保卫的祖国和民族的利益。规范的思想，凝成无坚不摧的力量。宣誓的场面、紧握的拳头、坚毅的脸庞、冷峻的目光，和列队组成的军人阵营，蕴含并表现出无穷的力量。

中国人民解放军条令的审美分析：

1. 形式美

队列的美和内务的美，条例要求，室内保持整齐清洁；室外道路平整，沟渠畅通。这种要求是否琐碎多余？不，环境的美，实际上是处在环境中的军人精神面貌的反映。

2. 和谐美

军人头发应当整洁，男军人不得留长发、大鬓角和胡须，蓄发(戴假发)不得露于帽外，帽墙下发长不得超过 1.5 厘米；女军人发辫不得过肩，女士兵不得烫发。军人烫发只准染与本人原发色一致的颜色。

这既是形式美也是和谐美。外在的形式——头发长短和军人形象的和谐。

3. 精神状态的美

条令条例既是对军人外在形象的要求，更是为了塑造一种规范、昂扬、健康的军人精神状态。着军服时，不得化妆，不得留长指甲和染指甲，不得围围巾，不得在外露的腰带上系挂钥匙和饰物，不得戴耳环、项链、领饰、戒指等首饰。条令中规定，军人不得到地方的酒吧、发廊、按摩室、桑拿浴、录像厅、歌舞厅和电子游艺厅等场所消费娱乐。条令条例是一支军队军事意志的形象体现，也是对这支军队理想的外在形象和精神面貌的严格要求。它力图塑造适合战争年代和和平时期的军人思想行为的精神风范。从条令条例的构成形式来看，主要有形式美的组合规律、精神美的表现法则、意志美的提炼与磨炼。

军旗下举手宣誓的场面，是一支军队迈向思想规范美的崇高礼仪。

怎样认识军事美的形式美因素？我们说军事美是侧重内容的美，但也同时强调，军人和军队是最讲究形式美的。"直线和方块"，对军营生活来说，不含任何贬义。为什么说军营生活是最讲究形式美的呢？比如说站军姿时军人形体的线条，就是形式美；部队集合，也是形式美。武器虽然不是按形式美目的来打造和生产的，但武器的制作，当然也存在形式美的艺术法则。主要讲究对称、统一、平衡。机枪大炮的枪架和炮座，最讲究稳定。小巧玲珑的手枪，也不可能不对称、不统一、不和谐，没有比例，长短不等，规格不一致的枪怎么打？

我们的军营到处充满美的氛围。我们的营房，从来就是窗明几净。窗子打开，朝一个方向。我们的被子叠得像艺术品。我们的厨房见不到一只苍蝇。我们的菜地装饰得像盆景。我们养的猪像小老虎，在猪圈里活蹦乱跳。这一切难道不美吗？我们的战士在这样的氛围中难道得不到美的陶冶吗？是的，军营是创造、表现形式美最集中的地方。我们的战士是创造美的军人。战争年代他们创造战争年代的壮美，和平年代创造和平的优美。我们的军装，军装上的装饰物，线条匀称、色彩和谐。我们的军乐，军乐队成员的装饰和打扮等，从来都是按照形式美规律来设计和制作的。

军事形式美因素有以下三种形式：第一种是隐形式，也就是说在关注内容的时候忽略了形式的军事美。如董存瑞、黄继光的英勇献身。我们被他们的精神所感动，没有顾及这种精神内容的形式。第二种是形式和内容相统一的军事美，训练场上表现出来的美，战场上冲锋陷阵不讲形式，训练的时候一招一式却最讲究形式的美。第三种是显形式，也就是侧重以形式表现出来的军事美。如阅兵、集合、军装的装饰等。都是侧重以形式美的法则来创造和表现的。

（二）军事语言规范美

和普通人一样，军人以语言表达思想。军人的生活语言和普通人并没有多大区别。但是，一旦正式从事军事实践，军人的语言立即纳入一种严谨的规范之中。列队、操练、跑步、报告、领受任务、呼应口令，该说什么，以什么语气，都有严格的规定和规范。军人语言的规范主要表现在：简洁的美，不拖泥带水。节奏的美，富有极强的表现力；气势的美，有压倒一切的精神；完整的美，开头结尾浑然一体。

1984年国庆35周年阅兵，天安门广场，当时的国防部长秦基伟向邓小平的报告词，充分体现了军事语言规范美的四个特点：

军委主席：
中华人民共和国国庆35周年阅兵受阅部队准备完毕，请你检阅。
受阅部队总指挥　秦基伟

庄重、简洁、完整，再加上报告人铿锵有力的语言节奏，表现了自信、自强，具有排山倒海的力量和军事语言的规范美。

语言规范和语言意蕴浑然一体。在如此庄重的场合，充分表现出中国人民解放军的精神风貌。在我军军事实践活动过程中，无论烽火连天的战场，还是集合团队参加活动；无论单兵操练的练兵场，还是在香港、澳门回归的交接仪式上，我们都能听到这样的报告词。它代表着一个民族军队的声音。它的庄重简洁和有力节奏，是一支部队整体精神风貌的真实自然流露。

军事语言的规范美，更主要的是因为它代表的是人类正义之声：

我们，苏军最高统帅部和盟军最高统帅部代表，受反希特勒同盟各

国政府的委托，来接受德军统帅部代表德国做无条件投降。请德军统帅部代表进入大厅。（朱可夫《战争回忆录》）

用"我们"二字开头，并作停顿，清晰饱满，气势凌厉，胜利在手的浩然正气，灌注其中。使践踏人类正义的战争罪犯，闻之胆寒。

（三）军事行为规范美

军事行为规范美是军人在军事活动中，遵循特定的行为规范与法则表现出来的美。它包括战时行为规范美和平时（日常）行为规范美。

战时行为规范，如行军、攻击、埋伏、撤退，总得按照一定的路线和要求。规范不是千人一腔，不是死守和呆板，而是军人行为必须符合整体的军事目的和原则。比如长征，对整个红军行为来说，有严格规范，这就是，转移、求生、北上抗日。但是，具体的某军团、某部队和支队、某几个或一个完成某项具体任务的军人，他们的行为又是独特的、灵活的。这种独特和灵活，统一于军队整体的行动计划与目标之中。

军事行为规范美的军事美意义颇值得研究。它可以指军队整体的军事运动，也可指具体的战略、战役部署，还可指由一个或多个战士去完成的战术行动。行为，也不单是行动，还指军事态势和布局。比如解放战争时期的内线与外线作战，两个"品"字形结构，即"刘邓"大军挺进中原，陕北、山东两边推进的一个品字形和陈谢兵团、山东、华东兵团组成的第二个品字形结构，集中地显示出中国人民解放军军事行为的规范美。它的美，在于"品"字形显示出一种势不可挡的锐气和稳如泰山的力量。

"三大战役"的环环相扣、"四渡赤水"的扑朔迷离、"积极防御"的主动出击，仔细分析就会发现，这些变幻莫测的军事行为之中包含着一种符合严密军事逻辑的规范美。

军人日常行为规范美。站军姿、踢正步、敬军礼，这些军人的造型本身就是一种美的造型。一个动作，一种步伐，律动着刚健有力的节奏，如排山倒海；向上、挺拔成一种松柏的英姿、咬定青山不放松的意志和力量。军人队形排列组合，棱角分明，刚劲有力，静如沉默的大炮蓄势待发，动如万马奔腾气贯长虹。军人的气势美、力量美完全包含其中。

（四）军事环境规范美

军事环境指军事活动所处的外在空间。军事环境的规范，有助于军人牢记自己的使命，陶冶坚毅、果断的性情。同时，也使军事环境（营区）和其他地方区别开来，保持特有的庄严与神圣。无论你在闹市深处的军队大院，还是在偏远寂静的军港码头，无论在熙熙攘攘的团队营区，还是在人烟稀少的边防海岛，你都会置身于军事环境的美的规范之中。

军事环境规范美的形式和表现千差万别、丰富多彩。当你走进中国人民解放军军事科学院，一眼望见的是它的办公大楼主楼。高耸、结实、庄严、稳重，给人一种深沉、凝重的最高军事科研机构的幽深感与端庄感。军科院旁边的国防大学，幢幢建筑稳重而灵活地布于一大片山间，凝重之中又透露出活泼开放的青春气息。这是一种既端庄又灵活开放的美，很和谐地显示出中国最高军事学府的性质。

只要是军事美，都包含着"没有规矩，不成方圆"的规范性质。我们上面只是一鳞半爪地从军事思想、军事言行、军事环境等几个方面谈了这种性质的规范美。其实，军事规范美贯穿在整个军事活动的各个方面。有的是我们常见的，有的则需要我们置身其中，仔细体会。

二、军事力量美

军事力量美是凝聚和显示在军事主体和军事客体上的人类生命强力的美。它是人类在从事军事实践活动过程中表现出来的，带着军事活动固有的生命活力色彩。刚强、昂奋、无坚不摧、坚忍不拔。

军事力量美是人类最高昂的生命旋律的美。中国人民解放军军事力量美，是人类这种高昂、雄壮、刚劲的本质力量的集中而又形象的显示。

军事力量美可分为军人力量美和军队力量美。军人力量美按个体与整体关系又可分为单个军人力量美和整体、群体、团体，乃至国家军人（队）力量美。

（一）侧重主体的军事力量美

侧重主体的军事力量美指军人力量美。

1. 单个军人力量美

董存瑞小小的年纪、高大的身躯，挺立在新中国的大门前。手托炸药包，头顶碉堡，脚踏大地，身披硝烟，向旧中国的顽固堡垒宣战。16 岁参军，牺牲时不满 18 岁，以弱小的身躯，对抗着强大的黑暗势力，首先表现为一种崇高的精神力量美，凝聚着人民军队的伟大生命力。它是冲破黑暗的一道凌厉的电光与火光。它代表着人民军队摧枯拉朽的伟大精神动力。它演示了我们民族在即将获得新生之前的历史阵痛。一声"为了新中国，前进！"的呼喊，喊出了中华民族在战争的烈火与硝烟中滚滚向前的最强音。用自己的血肉之躯铺平中华民族历史前进的道路。董存瑞身上显示出我们民族历史上一切伟大英雄同样高贵的品质。继承先辈，启示后者。

董存瑞身上凝聚着他个人、人民军队和民族历史冲破黑暗、追求光明的伟大力量美，是中华民族在苦难中挺立、在征战中牺牲、在肉体灭亡和精神再生之中，生生不已的伟大生命力的象征。

2. 群体军人力量美

国庆阅兵，中国人民解放军陆海空三军列队走过天安门广场，集中显示了中国人民解放军群体的军人力量美。整齐的方队，飘扬的军旗，雄壮的军歌节奏，统一的制服，紧握的钢枪，如海浪般整齐、有力、流动的步伐，显示了一支正义之师、文明之师、威武之师势如破竹、排山倒海的军事力量美。

这是一种节奏的美。踏着军歌的步子，踩出刚劲有力的节奏；那一双双

军事力量美：国家军事意志的象征

经战火淬就的铁脚板，冲锋陷阵，赴汤蹈火，浓缩了上百年中华民族前赴后继的风雨征程。

　　每一排整齐的佩花，每一杆锃光闪亮的钢枪，每一个整齐的方队，方队中每一排整齐的士兵，都是一种独特的音符，诉说着一种独特的意义。伴随激昂有力的步伐，砸地有声的节奏，流淌着世上最美的韵律。军人的英武、祖国的强盛、民族的尊严、人类的和平，在力与美的旋律中弹奏出军人生命的强音。

3. 感性的军人力量美

　　感性的军人力量美指表现于外在客观形象的军人力量的美。如：战场上的万炮齐鸣、喷吐的火舌、通红的枪管、滚滚的浓烟、铺天盖地的炮弹凌空飞射——我们不是说战场上悲壮、惨烈、残酷的军事场景本身带着多大的审美价值，而是说这一切都带着正义和真理的声音，显示了一种摧毁黑暗、催生和平与光明的正义军事力量，包含着有益于人类社会历史进步的军事价值，表现为军事力量美。中国人民解放军的这种军事力量的美学价值，在历次革命战争和保卫祖国和平与安宁的战争中都得到了充分的体现。

4. 军人精神的力量美

　　军人精神力量美是军人情感、意志、奉献与牺牲精神的集中显现。

　　娄山关、大渡河、铁索桥作为中国人民解放军的军事审美对象，不是把它们作为自然美来观赏，而是因为它们和 20 世纪的中国人民革命历史结成了紧密的不可分割的军事关系。以十八勇士为代表的中国工农红军，把自己的精神、意志、情感，通过独特的、生死攸关的军事行为和战争实践，赋予这些客观军事对象身上。因此，我们对它们的审美，是对中国人民解放军勇敢、无畏的精神生命力的感悟和理解。这些自然景物的美，凝聚着中国人民强大、不朽的军事精神力量。

（二）侧重军事主客体关系的军事力量美

军事审美主体生命力量的显示，如威武雄壮的人民解放军踏着军歌的节奏，变幻雄奇；军歌的节奏，错落有致，铿锵有力，显示了中国人民解放军军事力量的美：无坚不摧，所向披靡。武警战士站在天安门广场的国旗下，笔直的旗杆和军人挺拔的军姿交相辉映。军人矗立广场，旗杆高耸入云，给人一种顶天立地之感。使人联想到国威，神圣不容侵犯。这是一种联想的美、象征的美。军人的雄姿，端庄挺拔，一丝不动，给人泰山压顶不弯腰之感。紧束的武装带、庄严的帽徽领花，是一种装饰，也是一种象征。军人的挺拔和背后天安门广场的雄伟，叠映起来，显示出军人美的力量内涵。

祖国的力量、民族的力量、人民解放军军事的力量，凝聚在天安门广场守护国旗的战士身上。祖国的力量，赋军人以威严；军人的力量，来自祖国巍然屹立于世界民族之林。

从静态的角度来分析天安门广场护旗战士表现出的军事力量美。形式简洁而意蕴丰厚、规范而又灵活多变。旗杆、护栏，战士的身影，天安门城楼的轮廓，看起来简洁有力，刚劲挺拔，但每一根线条背后都有深厚的意蕴。军人的刚劲挺拔，蕴含着人民解放军的无比威力；雪白的旗杆，挺立入云，象征着祖国建设和事业的蒸蒸日上；晴朗的蓝天下，鲜艳的五星红旗迎风飘舞，暗示着祖国的欣欣向荣，人民对军队的嘱托和对美好生活、人类永久和平的热切期盼；天安门城楼更是我们民族悠久历史的象征，也是今天我们祖国日益繁荣昌盛的见证。我们的军人在这里守护的何止一面国旗？而是一个古老悠久的民族，辉煌的过去和崭新的未来。国旗班战士身上，凝聚着祖国的力量、军队的威严和人民的心愿。它是中国人民解放军军事力量和祖国、人民力量的交相辉映。

从动态的角度分析天安门广场护旗战士表现出的军事力量美。天安门广场护旗班战士迎着朝晖，或顶着霜雾，列队走出天安门城楼下的午门。尖尖的旗杆挑开祖国的黎明，象征着九百六十万平方公里祖国大地的生机与活力。当他们背对晚霞或身披落日的余晖，迈着规范而轻松的步子，把鲜艳的国旗方方正正地折好，捧在手上，护送着她，缓缓走进天安门城楼下的午门，这时，明月即将升起，暮霭轻纱般地笼罩中华大地，预示着一个和平安宁的夜晚即将来临。国旗回到祖国的心脏安歇了；飞奔的列车寻找归途；北国丛林，群鸟归巢；南国绿水，鹅鸭欢歌。宁静祥和的生活场景，联系着天安门广场护旗战士的心灵。于是，我们终于懂得了，为什么有那么多虔诚而真挚的人民群众，千里迢迢赶到北京，观看天安门广场的升旗仪式。为什么他们把和护旗战士的合影留念看作是旅行的满足和人生的骄傲？为什么天安门广场的升旗仪式是首都北京的动人一景？作为审美，作为军事审美，它的意义和奥秘在哪里？

从形象和画面来看，天安门广场的升旗与降旗，暗示着、联系着祖国和人民的呼吸。升降国旗的审美，实际是审视和我们生命紧密相关的祖国生命活力。观赏天安门广场升国旗所产生的美感，就是对我们祖国和民族生命力的观赏产生的喜悦和快感。

（三）侧重客体的军事力量美

侧重军事客体的力量美主要指武器、装备、环境的美。它们的范围较广，种类较多。这里我们仅以原子弹为例，看客体（武器）表现的军事力量是如何生成和表现的。第二次世界大战期间，美国在日本投下两颗原子弹。这是人类第一次，也是迄今为止的最后一次，把核武器直接用于战争。核武器用于战争的军事行动，它美吗？可以作为审美对象吗？答案显然是否定的。它给日本人民带来了空前的灾难。

但是，抛开把原子弹直接用于战争这一军事行为，单就作为一种极大威慑力的核武器而言，单就原子弹作为一种军事武器的制造和生产而言，它是可以产生审美价值并成为审美对象的。

第一，原子弹是高科技的产物，它是人类军事智慧和技术的结晶，是人类军事智慧的升华、发展。第二，它表现了人类征服自然的科技生命力，在军事领域的突变和扩展。它的威力极大地丰富了间接的战争手段。第三，从非战争状态下的核威慑作用来看，原子弹对世界政治、经济、军事格局的形成，也起到了某种平衡和制衡作用。第四，在众多林林总总的兵器王国中，原子弹也是军事力量的有力显示。作为兵器，它也是精神和思维的产物，它是最有特色的兵器文化。只要它运用于正义的战争并对社会历史产生积极的影响，就会产生正面的军事审美价值。

1964 年，中国第一颗原子弹爆炸。这一朵神奇的蘑菇云，在我国西部茫茫无际的大沙漠上升起，构成了我国军事史上的一大奇观。它标志着中华民族的军事实力、综合国力达到了前所未有的发展水平。它是一颗争气弹，大长了中国人民的志气，大灭了国际反华势力的威风。它是在苏联撤走设备、技术和专家和三年困难时期的情况下，靠中国人民自己的勤劳和智慧，自力更生、艰苦创业而试制成功的。

它是中华民族挺立于世界军事强国之林的高耸的背脊；它是中华民族摆脱屈辱、落后历史的一首壮丽诗篇。原子弹成功爆炸，周恩来总理向全世界庄严宣布，中国政府在任何时候、任何情况下都不首先使用核武器。几十年来，中国政府和人民坚守这一诺言。罗布泊那朵神奇的蘑菇云，标志着我国一种新型军事力量的美和一个爱好和平的民族宽广胸怀的美。

三、军事智慧美

军事智慧美是人类在从事军事实践过程中以最有效的方式、手段和方法来达到最直接的军事目的的军事思维和技巧的美。

军事智慧美源于军事主体对客观军事现象的正确把握和认识，并表现于娴熟的军事技巧。它的特征是手法上的灵活多变、军事目的的相对集中，军事行为的奇诡神秘和出奇制胜。真正的军事智慧美是一种大智慧、大技巧的美，它诞生于生死攸关的军事对抗过程中，在社会、历史中生成独特的价值，为正义和真理的价值实现提供有效的军事手段。集中闪现着人类生存与发展智慧美的光辉。

（一）《孙子兵法》的军事智慧美

《孙子兵法》之中包含的军事智慧是人类生存和发展智慧的思维结晶。它的主要价值在于，给军事实践提供了一种最有效的手段，在两军对垒的战场上，出奇制胜，巧妙克敌，稳操胜券。

《孙子兵法》的军事智慧美主要表现在以下一些方面：

"兵者，诡道也"，弯曲的军事思维结构美。战场对垒，面对面交锋，是直的。如果直对直，军事现实中的直接与军事思维的直接，都很难取胜，因此：

第一，军事智慧美是一种曲线的美。这种"曲线"既是军事行为的曲线，如行军路线、攻击路线、撤退路线；也指心灵的曲线，通过隐晦、曲折的军事行为获取战争、战役和战斗胜利的心理。

> 兵者，诡道也。故能而示之不能，用而示之不用，近而示之远，远而示之近。
>
> 利而诱之，乱而取之，实而备之，强而避之，怒而挠之，卑而骄之，佚而劳之，亲而离之。
>
> 　　　　　　　（《孙子兵法·计篇》）

军事智慧美的曲线美，首先指军事思维的曲线美；第二指军事方法和作战技巧的曲线美。曲线，也指迂回，也如哈特所说的"间接路线"，他认为曲线或者间接路线，往往能比直接路线更快、更准确地达到军事目的。西方美学家也有"蛇形线最美"的美学定律。这条定律也适合对军事智慧的美学分析。

第二，军事智慧美是一种流动、多变的美。正因为它是曲线的美，一旦呈现为军事行为实践，必然流动、多变并带着节奏、韵律的形式美色彩。比如"围魏救赵"，表面上围攻魏国，却达到了解救赵国的效果。攻击对象"似魏实齐"，解救赵国。所谓诡道，指在军事上不按正常的思维和方法来思考和行动，却达到正常的直接的军事目的。

第三，军事智慧美是自由灵活的军事理想境界美。它通过曲折隐秘的心理，采用流动多变的军事行为，达到自由灵活的理想境界，实现既定军事目标。创造性地运用军事智慧，往往能达到"山重水复疑无路，柳暗花明又一村"的理想境界。在没有路的地方，历经艰险和磨难踏出路来，达到从未有过的军事美的新景。

（二）诸葛亮"草船借箭"的军事智慧美学分析

曲线的美，所需十万支箭，三天准备好，眼看就要到期，而诸葛亮则不慌不忙，饮酒赋诗——此为时间的曲线；诸葛亮表面饮酒，暗中积极准备船只——此为空间的曲线。两者都"以迂为直"，"能而示之不能"。此为诸葛亮心理的曲线。流动的美。草船在河里缓缓漂流，河面浓雾暗暗笼罩。千万支利箭从河对岸敌方阵营里，乱箭凌空，射向草船。这是军事（战争）场面的流动。流动变幻的战争场面之中，有诸葛亮的军事智慧在流动。自由境界的美。所谓战争中的自由境界，就是在不可捉摸的军事领域里，从必然王国达到自由王国，这是军事美的最高理想境界。一切军事智慧美都是如此。诸葛亮的草船借箭，只是运用这种军事智慧来创造完美的军事实践的一个普通例子。他准确地把握了敌方急于求战的心理，再加上浓雾弥漫的天时、地利，最终一万支箭顺利"借回"。"草船借箭"宛如一个流动着几分诡秘色彩的军事智慧美的音符。流动的河水，雾蒙蒙的江面，千万支利箭穿云破雾而来，稳坐船舱观景、饮酒、赋诗的诸葛孔明，把指挥战争达到了多么高的自由创造境界。

四、军事悲壮美

（一）军事悲壮美的基本含义

军事悲壮美是指军事活动中表现出的悲剧意蕴和雄壮之美。它基于军事活动的暴力本性和对抗特征。军事活动以暴力作为工具和手段使对方屈从于自己的意志，在战场上通过敌我双方的生死对抗表现出来。

只要是军事活动，都必不可少地带有悲壮意味。当敌对双方按正常的政治手段和途径不能解决固有争端的时候，战争就不可避免了。我们不是宣扬战争，而是力图避免战争和消灭战争。但是，从历史唯物主义的观点看，正义的战争以暴力的手段和方式，直接推动了社会历史前进，间接地创造了人类的文明。

不是所有带着悲剧意味的英勇豪壮的军事行为，苦难、顽强与牺牲，都是军事悲壮美。只有那些脚踏苦难、征服苦难，在苦难中奋起，以生命推翻暴政、用热血祭奠真理，并最终换来和平与安宁的军事行为和战争行为，才是军事悲壮美。屈原《国殇》中"首身离兮心不征"是军事悲壮美的典型表现。《国殇》的勇士，为国捐躯，"天时怼兮威灵怒，严杀尽兮弃原野"，是为了换来自己国家的安宁与和平。

军事悲壮美是人类生命最崇高的精神价值在军事活动中的显现。它是人类挺立于苦难现实土地上升腾起的惨烈生命之光。在死亡的利齿映照下显得寒光灼人。军事悲壮美是侧重精神的美，他是军人生命在生死考验的战场上，留给世界最后的最完美神圣的生命雕像和精神雕像。我们只觉其壮而不觉其悲。

董存瑞、黄继光都是把生命作为武器，射向敌人，"为了新中国，前进！""为了胜利，向我开炮！"是他们留给世界最后的呼声。这种呼声宣告了旧时代和侵略者的灭亡，同时也宣告了一种死亡无法吞没的军人生命悲壮美的诞生。这里的"悲"不是悲哀和痛苦，而是面对死亡、迎接胜利、以生命换来和平的乐观与豪迈。

（二）毛泽东《忆秦娥·娄山关》的军事悲壮美分析

西风烈，长空雁叫霜晨月。

霜晨月，马蹄声碎，喇叭声咽。

雄关漫道真如铁，而今迈步从头越。

从头越，苍山如海，残阳如血。

如一支芦笛，横吹在戎马倥偬的战争岁月。像一支带着浓郁深情的战争小夜曲，初听有一丝温馨，细听它每个笛孔都淌出千军万马鏖战穷山恶水的血滴，血的小溪，尸横遍野，掩藏在清脆、细碎的马蹄声中。"喇叭声咽"，军号都吹不响了，那是战争的血与火，把它窒息得太久、太深。

"西风烈"，战争环境的悲，悲中有壮。"长空雁叫霜晨月"，景物的壮，长天辽阔，壮中有悲。长空万里，大雁悲鸣，不正是战争的壮美么。"雄关漫道真如铁"，融悲壮于一体，"而今迈步从头越"，集豪迈与苍凉于一身。一声仰天浩叹，"苍山如海，残阳如血"，奏出人类军事悲壮美的最强音。自然、苍山还是那么美，残阳喷出的漫天碧血，不正是毛泽东的战士们长眠之后的精神雕像么？悲壮、雄奇、惨烈、豪迈，伴毛泽东和他的战友们继续远征！

毛泽东这首诗面对自然，抒写战争。战争使自然显得苍凉，自然使战争显得悲壮。如海的苍山，冷月如水的霜晨，永恒的自然美景之上，映照着一幅悲壮的战争图画，简朴苍凉，雄奇悲壮。即使放在中华民族战争诗篇中，也属上乘。"红旗半卷出辕门"、"千树万树梨花开"、"月黑雁飞高"、"大雪满弓刀"的悲壮意境，以及对战争与自然的思索与描画，如出一辙。毛泽东指挥打仗，是用枪杆在战争中写诗；毛泽东写的这首诗，是以自然作背景用笔来雕塑蕴涵在严酷战争中的壮丽诗心与诗美！

军事悲壮美，军人生命价值和精神价值的崇高美。

第二节　军事美的表现形态（上）
——军事之美

军事是人类某一阶级或集团，为捍卫自己利益，直接或间接地为组织和实施战争而从事的一切社会活动的总称。战争是暴力行为。它通过暴力和对抗的手段，使对方屈从于自己的意志。从整个人类世界发展来看，军事活动产生于有阶级的社会中，它对人类社会的发展有破坏作用，也有促进作用。正义的军事活动，像一根历史的杠杆，制约着人类社会的平衡与发展。

军事这种暴力或暗含暴力的人类社会活动，为什么会是美的？我们反复强调，军事活动并不直接以创造美为目的，但，一切人类活动，只要有目的、有思维、有创造力并推动人类社会历史进步和发展，都在创造美和表现美。艺术创造了辉煌灿烂的美，但远逊于社会生活本身的壮阔与辉煌。正义的军事活动是直接对社会历史变革的创造。就人类社会的沧桑巨变和巨变过程中的辉煌壮观而言，军事美远远超过艺术美。换言之，军事美可以达到艺术美同样的高度、深度和理想境界。爱神维纳斯，古典的静穆、高贵、典雅的人类精神的象征。战神阿瑞斯，他的力和美，显示着人类生命的神圣与尊严。

一、军事活动美

军事活动调动起人类群体最强大的生命力，有组织、有目的地为某一目标的实现而斗争。这是一种强大的生命力，作用于社会历史变革的群体的美：波澜壮阔，气势如虹。

我们可能不会忘记这样一些画面：希腊船队远征爱琴海、地中海；汉尼拔率领古罗马军团大战坎尼平原；国人暴动、烟尘四起；赤壁下，魏、吴军队水中交战，火光冲天；曹操船舻千里，横槊赋诗。这些铭刻着久远历史硝烟的战争场面，本身就表现着推动社会历史进程的人类生命力量，显示了社会历史变革的赫赫声威。

军事活动可分为直接军事活动和间接军事活动。军事活动美可分为和平时期的军事活动美和战争时期的军事活动美。

（一）军事活动美的基本特征

1. 激烈与对抗：战争时期的军事活动美
战争时期的军事活动美是一个广泛而特殊的审美实践领域。对战争中表现出来的美，我们下面要列专节分析。对从事战争的来说，或从整个战争进程来说，正义的战争活动，集中表现为军事力量美。军事力量又可分为军人表现出的军事力量美，如排山倒海的前进，势如破竹、所向披靡的进攻，和武器表现的军事力量美。古希腊的战船，结构繁复、宏大，显示出古希腊人强大的军事力量美，同时又显示出高超、精湛的军事智慧美。

军事活动显示人类强大的生命力量，所以美；从事军事活动，要讲究一定的军人形象，要讲究一定的军事规范，如穿统一规格的服装，按某一规定的战略、战术行动，所以表现为军事规范美。军事活动最终得以在敌我双方拼死搏杀的战场上得到表现，所以战场上的冲锋陷阵、弹痕累累、人仰马翻、尸横遍野，又表现为军事气势美和军事悲壮美。

2. 壮美与优美：和平时期的军事活动美

如果战争时期的军事活动主要表现为一种壮美，那么，和平时期的军事活动，则主要表现为一种优美。壮美和优美在军事活动中的表现，我们都准备在后面分专节来论述。这里，我们只是从总体上给军事活动美进行分类。

我们都参加过军事训练活动，但我们观察和思考过军事训练过程中表现出的美吗？军事训练活动本身并不以创造美为目的，但军事训练过程的确创造了无比生动、形象的美。当我们驾着战机列队划过长空，远远望去，可以是一种形式美。蓝天芭蕾，舞出一道精神的旋律。融入碧云连天，筑起一道空中屏障。无论形式还是内容，都给人强烈的美感冲击。当我们驾着军车行进在白雪皑皑的高原，我们可以感受到一种节奏的美，一辆军车组成一种节奏。运动的节奏。一辆接一辆军车，构成一种韵律。节奏与韵律中，流淌着运输兵们的智慧和技巧，浩荡着热烈奔放的军事生命。我们是一支不可战胜的力量……

我们可能都经历过或看到过万炮轰鸣的夜训场面，那弹道，像礼花，像火网，像青苗。万人方阵——我们从普普通通的军事活动中，撷取这一朵朵美的花瓣和花朵，仔细分析：这是形式美。无论什么样的形式美，都需要人来创造，是谁赋予礼花、火网以美的形式呢？战争场面的万炮轰鸣，军事演练的火光冲天，不是形式色彩的美，而是内容内涵和军事意义的美。淡淡的两瓣青草，也显示了一种精心创造的军事美的内容。如缤纷礼花般的火炮闪现，是军事气势美。军事气势美，无论是单个军人，还是军事武器，都显示了一支军队不可战胜的军事力量美。

形式、内容、气势、力量，流淌在军事活动美的旋律中，构成整体的美。哪一方面都不可能把它们的美说尽。武器、士兵、飞弹、火网，只是美的材料，组合成军事活动本身的美。这种美，不是早已存在，军训之前，没有；列队之前，也没有。也不是永恒的，交射的火网，终会消逝；千人方阵，总会解散。这种美，是军人按一定的原理，按一定的组合规律创造出来的。军事活动的美，在很大程度上来讲，是人类按照军事运动组合规律创造出来，显示着人类军事意志、智慧与力量的美。火网消逝，方阵解散，但它们凝聚着的军事意志、军事智慧、军事力量却永恒。

（二）军事活动美的本质

军事活动的美，本质上是人类在军事实践过程中军事意志、军事智慧、军事力量的创造和表现。对军事活动的审美，实质上是对人类军事意志、军事智慧、军事力量的理解、认识和观赏。军事活动是一个广泛的称谓，和政治活动、经济活动、文化活动、艺术活动一样，它们所表现和创造的美是就总体而言的。具体的某一个人、某一支军队、某一国家和某一民族，在某一历史阶段、某种特定的时间场合和环境中，从事的军事活动，它的美和审美，又要具体分析。

从宽泛的意义来讲，人类的一切军事活动，无论战时还是平时，无论单个军人还是军队整体，只要它是正义的，显示和表现了人类军事意志、智慧、力量与情感，都是美的。但是，希特勒的军队，到克里姆林宫门前站岗，无论士兵本身多么英武、动作多么规范，也不是美的。因为它是侵略，是"恶"而不是善。中国军队在卢沟桥站岗是"善"，在西沙群岛上站岗也是"善"，因为他们保卫的是自己祖国的领土完整。

和一般的美一样，军事美和军事活动的美，也是"真"——符合军事活动本身规律的"真"，"善"——符合人类正义和社会历史进步的"善"，"真"与"善"的统一。

(三)"鸿门宴",作为军事活动的美学分析

"项庄舞剑,意在沛公"。"鸿门宴",裹着阴谋、暗算与杀机的蜜丸,作为一次军事活动,有一种阴森恐怖、杀机四伏的狰狞美、恐怖美。就总体事件而言,它是诱惑、暗算、阴谋、笑里藏刀的代名词。"鸿门宴"的美学意义,超出了军事学领域,成为人类某种"狡智"、"智慧"或者"人算不如天算"的永恒遗憾的象征。

"鸿门宴"的军事意义在于:以表面的和平,或者在和平的友好气氛中进行实质性的战争。在战场之外通过和平的方式达到战争中难以达到的目的。它是智力与智力的较量,计谋与计谋的斗智,勇气与胆量的考验与冲突。表面的弱者,刘邦,实质上是真正的强者,并通过"鸿门宴"这个历史转机,走向胜利的宝座;表面的强者,项羽,实质上是真正的弱者,并通过"鸿门宴"这个历史转机,逐渐衰败以至灭亡。

"鸿门宴"在军事智慧的峰巅上,演绎的是成功与失败、兴盛与灭亡的辩证法。强中含弱、弱中含强;仁中含悲(项羽);无赖中含洒脱(刘邦)。新生的美,劣势中含朝气(刘邦);把握不住历史的进程,气势磅礴如日中天时已近生命的黄昏(项羽)。

"鸿门宴",作为一次军事活动的全过程,它有支配着这次活动的军事思想和军事智慧的美。这种美,是刘邦和项羽的智慧和计谋交织而成的。樊哙的忠诚、爽直中有狡猾;范增的狡猾、忠诚中有悲剧;忠贞的美和背叛的丑等等,这些都要具体问题具体分析。

"鸿门宴"作为军事活动,本身创造和表现了军事活动固有的美。司马迁描述的"鸿门宴",又创造了作为语言艺术的美。如果把"鸿门宴"搬上舞台和屏幕,又创造了戏剧艺术美。如果我们今天来到陕西鸿门参观、凭吊鸿门宴的旧址,又成为军事遗迹美。作为遗迹的军事审美对象,也许会对我们历史、现实、人与军事的成长与衰亡,带来古老而又新鲜的生命美学启示。

二、军事环境美

（一）军事环境美是人类和周围世界、社会、自然结成军事审美关系而创造和显示的美

军事环境是军人从事军事活动的空间。军事活动空间又分为内部空间和外部空间。内部空间指军营内部的营地、营房、训练场、岗楼、寝室等军人日常生活空间和作战、训练空间。军事活动外部空间是指军事活动周边环境，或者紧紧包围或掺杂其中的自然环境和社会环境。

军事环境无一例外地显示着军事活动固有的本性：规范、简洁、硬朗、壮阔，甚至还带着一点儿令人无法捉摸的神秘色彩。内务的美，是军人日常生活的环境美。我军为威武文明之师，注意起居环境的军事化和美化，并且颁布了条令条例，规范军人的起居环境。即使在无暇顾及内务的战争时期，军人也有严格的内务要求，被子如何叠、枪如何放，一切都必须符合战争时期方便快捷、干净利落的军事目的。红军时期，军营环境设备虽然简陋，但稻草、门板、绑腿、斗笠、棉被、武器的放置都有要求，塑造着一支军队干练、灵活、能征善战的军事形象和精神面貌。精心设计装扮的现代军人内务环境，宛如一件美观大方、意蕴丰厚的艺术品：规范与灵动、形式与意蕴的完美统一。窗明几净，阳光充足。整齐、崭新的不锈钢床，雪白的被单、棱角分明的被子，整齐统一。帽子端正一条直线上，浅黄色的床头柜，整齐的一缕淡光。面盆、毛巾、牙膏牙刷，干净、整齐地指向一个方向。棱角，象征力量；整齐，暗示它们的主人步伐一致，精神抖擞；富于变化的规则与线条，又意喻着战士的个性与灵活多姿。这里的每件物品，每根线条都是军人美的创造。同时它们又是一种军事语言，诉说着军人的思想、意志和情感。

军人，创造着、保卫着不仅仅属于军人的社会美和自然美。军事社会美，是社会本身的美，也是军人创造的美。军事自然美，是军人在军事活动中和自然结成军事关系，之后，创造和显示的自然美。那时，军事已融入了自然的一部分，尤其是在和平时期。

如果是在战争时期，军事和社会环境、自然环境结成的是另一种形态的审美关系。军事环境美，因人类军事活动同自然与社会结成的审美关系不同，其表现形态又各不相同。

军事环境美的本质，是枪杆保卫着和平，或和平在暴力重压之下显露出的真、善、美的军事生命色彩和绰约英姿，以及它们在军事活动空间中间接、曲折、顽强的显示和表现，折射出处于军事环境中的军人品格和精神。

（二）军事环境孕育、显示出人类军事生命的发展历程，以及作战武器、战略和战术

军事环境美，从总体上来看，是人类军事生命在军事活动发展演变过程中所表现出来的力量美和形象的美。

古希腊的军事环境，茫茫无际的大海。大海的苍茫无际和深不可测，孕育了古希腊人通过大海征服世界的野心。因此，古希腊人善于海战。希腊船队的宏大、繁杂显示了他们高超的造船技术和军事智慧，创造了人类战争史上空前绝后的海战时代。

罗马时代的军事环境是高山平川。罗马军团创造了人类战争史上山地作战的高峰。同时，形成了一套冷兵器作战的庞大队形、战术方法和手段。这是山地作战时期典型的军事环境的气势美和宏阔美。在这苍茫辽阔的历史大平原上，我们似乎还能听到震耳欲聋的拼杀声、枪炮声。这种声音，交织成一种古老的军事生命，呜咽悲愤地在战争的血火中流淌……

从古希腊的海战到中世纪的军团作战，基本上奠定了战争在陆地和大海两大主要的军事环境，后来的冷兵器时代的战争，基本上是在这两大领域里交替进行。机械化战争随热兵器时代到来，飞机、大炮、坦克、航天直到今天的高技术战争，把整个军事环境扩展至浩大的宇宙空间。军事环境，实际上是人类军事智慧和军事生命在时间和空间的组合中不断延伸。

军事环境的美，首先是它所孕育出的人类军事智慧与生命力的美。其次是这种军事智慧与生命力得以以军事的方式和手段显示的美。再次是军事与战争在社会、自然领域得以展开的地理环境和军事空间的美。

处于具体军事与战争环境中的军事主体，是不太可能欣赏军事环境本身的美丑的。因为军事环境的美丑，主要并不在于它空间位置的好看与不好看，而在于它孕育出的军事生命力，其作战的方式与技巧，以及表现出的军人品格和精神。

环境总是和人紧紧相连。步入诺曼底登陆遗址这个古老的军事环境之中，我们感受到的不是一种古老的军事生命么？它的呼吸与脉搏似乎历历在目。

（三）军事环境的美，是军事生命存在客体形象的显示与载体

环境是生命存在和延展的空间。军事环境是军事生命存在和延展的空间。这是从总体而言。具体的军事环境，又因军事主体的介入程度和存在方式不同而千差万别。从宏观角度看，现在全世界只有一个信息化、全方位、立体化的军事环境。具体来看，每一个国家、每一支军队，都有具体的国际、国内和周边军事环境。有时候，军事环境是一种军事遗迹，是一群军事建筑。军事遗迹的美和军事建筑的美，我们拟列专节分析。

它还可以是历史军事环境，如诺曼底；它也可以是现实军事环境，如高加索山脉和石油输出的咽喉要道——海湾。军事环境可以是触手可及的现实，如大雪覆盖的淮海战场，野花飘香的岗楼哨所；还可以是错综复杂的社会政治、历史、军事氛围，如第二次世界大战时期的世界军事环境。

总之，对军事环境的美学认识和理解，主要是它们如何孕育、创造、显示一种古老而常新的军事生命。

（四）对几种军事环境的美学分析

1. 摇篮·干柴与烈火——井冈山军事环境的美

从军事环境的角度看，井冈山的美可以分为井冈山内部军事环境的美和外部军事环境的美。井冈山的内部军事环境，十里林海，千沟万壑，翠竹葱茏，悬崖绝壁，易守难攻，它是一种地形学、地理学意义上的军事自然美。毛泽东带着秋收起义的队伍，来到井冈山，在敌人力量最薄弱的山头上，寻

找一条"农村包围城市"、"工农武装割据"的中国革命道路，包含着毛泽东的军事智慧美。井冈山的内部军事环境，从军事力量的角度来看，敌人力量薄弱，影响极其微小，王佐、袁文才的两支农民武装，杀富济贫是可以争取和改造的力量，这里极适合新兴的工农武装力量的生存和发展。红军和王、袁武装力量之间，有一种同仇敌忾的和谐美。

井冈山，作为中国革命的摇篮，又孕育着新生的中国工农红军军事力量美。质朴的美、清新的美，虎虎生威的军事生命气息的美。井冈山的外部军事环境，是布满了干柴的饱受封建势力蹂躏的广大农村。饱受苦难的工农大众和井冈山的红军之间，有一种亲和力，易于发动武装斗争，建立工农革命政权。它们是红军兵力和后勤保障的源泉。在这样的军事环境中，敌人的统治和军事力量相对弱小。反"围剿"的时候，其地理环境宽阔而又险峻，适合开展山地游击战争。无论从内部还是外部军事环境来看，井冈山，作为革命摇篮、布满干柴的大地和崇山峻岭，燃起了中国革命战争的烈焰，孕育并显示了改变中国现代历史进程的新兴的中国军事力量。它是一种和谐的美、智慧的美和力量的美。

2. 死亡中求生，荒漠中求美——作为军事环境美的我国核试验基地

死亡之谷"罗布泊"核试验基地，一个充满诗意的名字"金银滩"。
请看进入原子城的诗意描述：

> 乘车出西宁一路西行，翻过绿草山地，掠过油菜大田，一望无际的嫩绿大草原上，黑的犁牛、白的绵羊在蔚蓝的天空下蠕动……这是原子城的外部环境，和平、祥和、充满生机的自然美、社会美和人文美。同原子城内部的荒凉形成鲜明的对照。

罗布泊的历史环境：古老的丝绸之路，清脆的驼铃似乎还在耳边摇响。它摇动着一个强盛而富裕的民族，要想和世界沟通的渴望。真没想到，20世纪50年代，中国核试验基地的建设者，要用另外的方式和世界沟通。离罗布泊不远处，是楼兰王国的军事遗址。那里沉睡着一个军事帝国的兴衰荣

辱，给核试验基地的开拓者带来无穷的历史启示。强国、强军和强大的国防紧密相连，缺一不可。罗布泊的外部军事环境跃动着、沉睡着古老中华民族的现实生命、历史生命和军事生命。"金银滩"是青藏高原边缘上的一片旷古的草原。这里杳无人迹、一片大漠，"上无飞鸟，下无走兽，寸草不生"。酷热、干旱、风沙阻挡着人们向它接近。荒凉、冷漠、严酷的自然环境。美不美呢？当然没有一般意义的美，而是苍凉的美。从自然的角度来考察核试验基地军事环境的美，只是一种军事生命的美学启示：置之死地而后生。在死亡之海，在楼兰王国军事生命沉没的险恶之境，一种中华民族新型的军事生命"横空出世"。

地下核武器试验基地，外形，是金字塔？还是古堡？端庄、浑厚、力量的美。中华民族一种新型军事生命，从这里诞生……

走进核试验基地，方圆一千多公里的"金银滩"，五步一岗，十步一哨，厚厚的钢壁矗立在平坦的草原上，掩藏着一间间特殊的小楼。光秃秃的平原上，散布着一座座厂房和科研楼，显现出军事核试验基地特有的神秘莫测的美。科研人员和基地官兵，忍饥挨饿、吞糠咽菜，为中国核事业的实现和腾飞奉献青春、热血、才智和生命，崇高的精神美。战风沙、修铁路、抗严寒、顶酷暑的劳动场面，壮阔的军事力量美。

从外部环境的和谐中汲取精神的动力；从丝绸之路和楼兰王国的遗迹中汲取历史与军事的启示；在艰苦、荒漠的死亡之路，创造中国核军事力量的诞生。金银滩，象征着中华民族在荒漠中求美的渴望。在如此内外军事环境中创造出的中国核武器，"以核制核，以暴制暴"，形成了一支维护世界和平与安宁的核军事力量。核试验基地军事环境的美，一种精神的美、理想境界的美，孕育了一种新型军事生命，在这严酷的死亡之海中。

3. 国威与军魂——大海·孤岛执勤战士的军事环境美

一望无际的大海，波涛汹涌，卷起千堆雪的孤岛，一杆国旗高高飘扬，映着丽日蓝天；万里长空，海天相接，海军战士手握钢枪，孤岛上执勤。礁石、波涛、蓝天、大海是战士执勤的军事环境。它美在何处？为什么美？国旗和挺立在国旗下执勤的战士，庄严、神圣的美。孤岛荒凉、寂寞，红色的旗帜点缀其间，把孤独的战士和祖国人民联系起来，祖国的独立、尊严、国威、军威，赋予守岛战士的身上，这是崇高的美，一个坚强而伟大的民族的军事力量美。长空浩荡、波涛无涯，战舰在海上巡逻，银鹰翱翔蓝天，这是宏阔的军事环境的壮美与气势美。

三、军事建筑美

(一) 军事建筑美的基本含义

军事建筑是为组织和实施战争为目的而建造的，以及使人联想到与军事有关内容的标志性、纪念性建筑的总称。军事建筑的美则是凝聚在这些建筑物身上的受时代意识、历史意识制约的军事精神和军事生命意识及其表现。

军事建筑是军事生命存在与表现的物质空间，也是我们理解、认识军事生命存在与表现的精神空间和心理空间。军事生命，则是人类精神、意志、情感、生命意识在军事实践活动中的外化与复现。

这些概念似乎很抽象、很深奥，其实很简单。当我们走进任何一处军事建筑，或者走进任何一处军事建筑遗址，便有一种有别于一般建筑和遗址的气息，迎面扑来，它的庄严、威严和尊严使我们振奋，令我们遐想。这种气息不正是军事与美的生命气息么？

美是人类物质实践和精神实践的文化创造物。有人类军事实践活动，当然有军事美的创造。有为军事而建造的建筑，当然有军事建筑。军事建筑直接用于军事与战争，当然凝聚着人类军事意志与精神，也就必然有文化形态的军事建筑美。

(二) 军事建筑美的基本特征

美是一种生命的外化和复现。军事美和军事建筑美，是人类军事生命的外化和复现。生命的形式和内容多姿多彩，外化和复现出的美和军事美的形式和内容也多姿多彩。

归纳起来，军事建筑美有以下一些审美特征：

整齐划一的形式美。进入部队营房，很少江南园林那种柳暗花明、曲径通幽。炮台、军港、城墙建筑都简洁明快。这和军人性格和军事使命相关。当然，暗堡、保密性军事建筑不在此例。它们有一种神秘甚至恐怖的感觉。

凌厉而又崇高的美。军事建筑一般都硬朗、壮阔，气势凌厉，是军事力量和军人崇高精神的外化和复现。

象征意义的美。这类建筑以标志性、纪念性建筑居多。

意蕴和情调的军营环境的美。硬朗壮阔的军事生命，也是从充满和平情调的美的意蕴的军事建筑群落中陶冶出来的。城市军营中也有亭榭草坪，边关哨所中也有花草装饰。军事建筑，显示的是气势恢宏、硬朗壮阔、层次多变、意蕴丰厚的军事美。

（三）古今中外军事建筑美学分析举例

机械地划分，军事建筑可分为历史军事建筑和现实军事建筑。历史上的军事建筑包括军事遗迹。但它们只是互相交叉，并不完全等同。有些军事遗迹不是军事建筑，或者根本就没有建筑，比如某些古战场遗址，它可能就是自然形态的战略要地。有些军事建筑，比如秦始皇兵马俑，就不是军事遗迹，对它们的定义和审美，要具体分析。

中国的万里长城是军事建筑，我们在前面已对它进行了美学分析，因为它是直接为组织和实施战争而修建的。它不是修来供人观赏和审美，它有直接的国防学意义。古埃及的金字塔就不是军事建筑。它是国王法老的墓穴，虽然间接地和军事与战争有关，但不是因为组织和实施战争而修建。相反，罗马角斗场则可以视为军事建筑，它显示的是古罗马帝国的军事实力，又可以用于阅兵场所。而古希腊城邦垒筑的露天大戏院，则不是军事建筑。

凯旋门是军事建筑。它是法国大革命胜利的象征，其建筑特征，粗大、硬朗，高耸入云，显示了一种磅礴天地的军事生命。它是新兴帝国强盛、威严、力量的象征。底座的建筑设计，圆形台坛，回环往复，是阵亡将士灵魂的安顿之所。整个凯旋门，给人气势之美、力量之美和悲壮之美。它把军人的力量托向天空，又把人们的思想和灵魂引入大地，在汹涌澎湃的人类军事生命长河中游荡、沉思……

气势恢宏的阿房宫，不是军事建筑。阿房宫本身的美是美妙绝伦的建筑艺术美。但项羽一把大火把阿房宫一烧，则烧出了军事美学意义。阿房宫的一把大火当然有军事学意义。它实际上是人类军事生命——通过项羽的军事生涯显示出来的一曲悲壮而凄美的挽歌。

一句话，军事与暴力，并不能解决一切军事问题，而结果，不幸的是常常相反。这就是阿房宫留给我们的军事美学启示。军事美，并不外在于军事与战争，而是更深层次——即人类精神、心理结构、文化生命层次的军事与战争。它的规律与原则、形态与逻辑，是历史哲学在我们心灵中的闪耀与回响。

漫步于军事建筑学的长廊，我们能感受到人类军事生命力的浓缩与记忆。楼兰遗址，我们能听到历史的瑟瑟悲风；游历垓下赤壁，我们的耳畔能响起仰天长啸的战马嘶鸣。

秦始皇兵马俑不是军事建筑，但它有军事美，因为它是秦王朝军事势力的形象模拟和显示。它应该是军事艺术美，军事雕塑艺术的美。西安临潼的捉蒋亭，则是军事建筑。属于标志性、纪念性军事建筑。

小巧玲珑的捉蒋亭，矗立在陡峭、险峻的山势怀抱中，淡雅、优雅，似乎是中国现代历史，一个幽默的微笑。冷刀冷枪，泛着历史的寒光，映照着蒋介石一代军事枭雄，险象环生的军事生涯。捉蒋亭从形式上看，修得简朴、小巧，实际上它只起帮助人们唤起记忆的作用，正如人类军事长河中泛起的一朵浪花。浪花虽小，却映射出人物的忠奸善恶，以及在他们军事生涯中显示的历史命运与逻辑。

小巧的捉蒋亭还有一种滑稽感。威风凛凛、不可一世的军事领袖，披着睡衣狼狈不堪地从石缝中钻出来，向小兵小卒"缴械投降"。滑稽感的背后掩藏着浩大的悲哀。正义和真理，敢于和一切逆历史潮流而动的显赫者，开严肃的玩笑。

美国的自由女神是不是军事建筑？一般都不把她看作军事建筑。其实，自由女神的象征意义和军事与战争的联系是十分紧密的。正因为千百场（次）

的战争，才赢得美利坚民族的独立与自由。只不过，几百年来，人们早已淡忘了自由女神像的军事意义，也不把她作为一种单纯的建筑物来看待，她是建筑与雕塑艺术的统一。

天安门城楼则以端庄与威严的格调，成为中华民族团结统一的象征。天安门、故宫，虽然有军事意义，这些地方也处理过军事大事，发生过重大军事事件，但严格地说，天安门、故宫、中南海都属于政治建筑而不属于军事建筑。故宫的围墙、箭楼和几大城门的修建，有军事的目的，但只是防御性的，没有实际军事意义。它们的美，也属于建筑艺术的美，而不属于军事建筑美。

人民大会堂，端庄的美；方型，立柱，给人顶天立地之感；但不是军事建筑美。历史博物馆，冷色，冷峻、沉静的沉思之美，和陈列的内容和谐一致，但也不是军事建筑美。军事博物馆，厚墙、微黄、浑厚、硬朗、壮阔之美。给人一种可以依靠的大山的感觉。红五星直指苍天，闪耀着苍然弥漫的军威与军魂。两边的炮台、炮筒、壁画，排列组合成浓郁的军事气氛，显示了硬朗壮阔的军事生命，这是典型的军事建筑美。美是理念的形象显现。这些建筑物的设计者，把政治的理念赋予人民大会堂，把历史的理念赋予历史博物馆，把军事与战争的理念赋予军事博物馆和人民英雄纪念碑，因而产生了不同的建筑文化和建筑艺术的美。

（四）军事建筑、军事遗址、军事标志、纪念性建筑的美和审美

有些军事建筑就是军事遗迹，比如南海炮台和大沽口炮台。卢沟桥不是军事建筑，但却是军事遗迹。张家口，天下第一关，山海关城楼，典型的军事建筑和军事遗迹。山海关的美，是宏伟壮阔的气势美。背靠东北，坐望中原，好像是中华民族的一只眼睛，深沉而略带忧郁，警觉而略带忧伤。它是背脊，浑厚的军人的背脊。肩负着千百年来中华民族历史的风风雨雨。山海关的审美就是审视一种千古流淌、呜咽悲愤、雄奇悲壮的军人生命。"大好河山"四个楷体大字，一看就能给人英俊、豪迈之气。辱于敌手之时，这四个字陪伴着军人的气魄磅礴昂扬；和平时代，军人的背脊和目光，映射着这四个字，辉光四射、朗朗乾坤。作为军事建筑的山海关的审美，审视着一个

民族的军人气魄和情怀。

某些陵墓也属于军事建筑。南京雨花台、重庆歌乐山烈士陵园、淮海战役烈士陵园、南京大屠杀纪念馆石碑、红军四渡赤水纪念碑等，这些军事建筑是理念的产物，它们外形生动、形象，置身其中，会受到很强烈的理性冲击和情感感染。红军长征胜利纪念碑，九一八事变纪念碑，这些标志性、纪念性军事建筑是历史事件的记录，是人们理性精神的产物。它们的美，主要是象征意义的美。我们当然不能忽略它们的形式，但这类建筑的形式本身，已包含着强烈的象征意义和情感色彩。它们本身就是人们——军事建筑艺术家，审美创造的产物。南京大屠杀纪念碑，地面冒出的一只手。它的美学启示在于这是一只求助的手，控诉的手，企盼生命与和平的手。这是人性与生命的美的呐喊。召唤着我们珍视和平、捍卫和平、创造和平。保护我们民族的生命，强盛我们祖国，使她们的宝贵、天赋之生命，不至于在强盗和屠杀面前再次沦为牺牲的无辜。红军长征胜利纪念碑，一位手举钢枪，昂首挺立于天地间的英雄形象。"V"字形，是英文胜利的缩写。征战与硝烟，是征服苦难、迈向光明的记录。"九一八"纪念碑，造型别致，构思新颖。一页翻开的日历，正是 1931 年 9 月 18 日这一天。使人永志不忘。

（五）生命在历史的滩头上，为正义与和平而呐喊——诺曼底军事建筑（遗迹）的审美分析

1.诺曼底登陆战役纪念碑——刺破青天的利剑——象征的美

远看像一把利剑，锋利的刀刃，从地面的剑柄中，脱颖而出，直刺青天；近看又似一粒弹头，穿过厚厚的地平线。这是代表着正义与真理的军事力量的象征。矗立诺曼底滩头，遥望湛蓝的英吉利海峡。浓缩了当年这场20 世纪最悲壮、最惨烈的海陆空大战。警示人们：正义的力量，总会冲破一切凶残的力量，为人类和平而战，它也是一首正义军事力量的美的颂诗。简洁有力的建筑造型和丰厚深刻的历史内涵、军事意义和战争启示，浑然一体，有撼人心魄的象征意义的美。

2. 昔日德军暗堡一瞥

暗堡呈圆形，浑厚的、坚硬的石墩垒筑而成，牢不可破，经历几十年阳光的暴晒和英吉利海峡风雨的洗礼，色彩斑驳、弹痕依稀，底座下的暗缝，当年的弹洞、弹孔，像一张鳄鱼的嘴，喷吐过烈焰和毒须。给人以恐怖、狰狞之感。虽然坚固有力，依然未能阻止正义之师进军的步伐。坚固，并非牢不可破；狰狞，那是因为践踏真理。战争与暴力的兴衰存亡，透过暗堡，留给我们深刻的生命启示。

3."奥马哈"海滩美军墓地

他们倒在这里永恒诉说——惨烈的美？荒凉的美？悲剧的美？生命的美？期盼和平之美？

奥马哈墓地占地172.5亩，法国人无偿送给了美国。回想当年，一个上午6个小时，在不到10公里的奥马哈滩头，美军2400名官兵长眠于此，每100米就倒下24名官兵，每9秒就有1名士兵倒下，其战斗之惨烈可想而知。而今的墓地，居高临下，俯视奥马哈滩头，四周环绕着苍松翠柏。葱绿的草地上整齐地排列着用白色大理石雕成的墓碑。有十字架形，也有五角星形。代表死者不同的宗教信仰。这里埋葬着9386名在诺曼底登陆战役中死去的阵亡官兵。另有1557名没有找到尸体的阵亡官兵的名字，雕刻在墓地的纪念墙上。

诺曼底美军墓地，既是军事建筑又是军事遗迹。因为它的构思、造型、外饰都笼罩或烘托出浓烈的战争氛围。俯视奥马哈海滩的，是过往的历史，也是经历过战争、享受着和平的今天的人们。

进入"奥马哈"这样的军事墓地？无论我们自觉不自觉，我们都在审视一种精神：为人类自由与和平而战的献身精神；审视一段暴力与征服暴力的历史；悲壮的战争场面，生命的启示与对和平的珍爱，融为一体，酝酿成我们心中复杂而深邃的审美感情。宽阔的墓地、雪白的十字架，这并不是一片精神的荒原。郁郁葱葱的苍松翠柏，代表着一种生生不息的生命，陪伴长眠在这里的军事英雄，永恒地诉说着什么……

四、军事社会美——壮美

（一）军事美属于社会美

社会美的主要内容是社会生活美。贯入了军事内容的社会生活主要表现为壮美。军事是直接和间接组织和实施战争的人类社会实践活动。军事的美，是直接和间接组织和实施战争的人类社会实践活动的美。军事美，和社会美一样，首先是一种积极的社会生活形象。所谓积极的，就是对社会变革和发展有益的生活形象。

军人站岗，保卫着社会生活的安宁；军人打仗，创造着人类生活的和平；兵工厂的工人制造武器，用于捍卫和平的军事活动，等等，这些军事活动是积极的，值得肯定的，因而是美的。作为社会活动中的军事美和人类社会理想直接相关，为一种积极的、值得肯定的社会理想而战的军人所从事的一切军事活动，总是美的。项羽的理想坚定，但太狭隘。打仗表现为壮美，因狭隘的理想而失败，表现为悲剧美。方志敏的理想是个人人生价值和生命价值同社会、历史价值的完美统一。他个人生命虽然消逝了，但他为之奋斗的理想却长存，并取得了胜利，这是人格美和精神美的军人典范。一代人的社会理想，凝聚在方志敏为代表的革命英雄和先烈身上，淡化了他们生命消逝的悲剧因素，构成一代共产党人壮丽灿烂的军事生命风景，在军事美的精神长空，永远照耀。

（二）社会生活中军事美的壮美，在形式上表现为粗犷、激荡、刚健、雄伟，使人惊心动魄的美

粗壮的炮管，冲天而立，蕴藏着巨大的力量与威严，是庄严神圣的民族精神的象征。蓝天、大海、炮管后面是一个民族严阵以待的身影和眼睛。辽阔而壮丽的军事力量美。军事美的壮美是一种庄严、宏伟的美，是一种以军事力量和气势取胜的美，是一种显示军事主体实践斗争和惊心动魄的美，又

是一种具有强烈伦理道德作用的伟大的美。

宏伟、壮阔的天地舞台与战争舞台，回环往复着人类正义的力量，狼狈与烈火，似乎还舔着人们滚烫的记忆。在自由和平的土地上幸福耕耘的人们，枪炮和犁铧一样，也是对历史土地的耕耘。滚滚向前的履带、大炮的冲天怒吼，正义的战争，不也是耕耘历史土地的一种方式么？激烈的军事斗争，以惊心动魄的钢铁语言，诉说着人类刀耕火种的艰辛。

（三）和社会美一样，军事美也是一种侧重内容的美

握枪战士的美，站立的形式固然重要，但更重要的是他为何而站岗，为何而战斗，便是军事美的内容。为社会、为历史、为民族、为和平，一切军事活动，不管它的形式如何，都是美的。雷锋的美，不在于形式；三大战役的美，有什么固定的形式呢？董存瑞手托炸药包、黄继光堵枪眼，都不在于有什么美的形式，而是这一行为本身显示的军事精神内涵。美是有形式的。军事美也是有形式的。但军事美的形式主要是军事精神的载体。如果不是为祖国和平和人类安宁而战，我们能说这一排排整齐的大炮，所发射的漫天烈焰，映红辽阔的夜空，创造了什么美吗？漫步在被战争利齿啃过的土地，我们感到的是充满寒意的悲壮之美，有钢铁的撞击和萧萧的战马声，回响在耳畔。白骨，累累的白骨，控诉着战争、企盼着和平，书写着一部人类军事冰冷的历史。除了精神、品格、气节和军魂的忠贞，一切美的思绪，加在白骨之上，都显多余。战争中的军事悲壮美，源于军事活动的本性。暴力对人类正常生活秩序的破坏，它可以是美的毁灭，也可以"毁灭而为创造更辉煌灿烂的美"。在影片《大决战》里，我们可以看到淮海战役结束后，狼狈不堪的战俘行列，背景是广阔的天空，浓烟滚滚，苍凉之美。苍凉来自两个方面：反动军队惨遭覆灭，战争发动者失败命运的苍凉。同时，我军为淮海战役的胜利，亦付出了惨痛的代价。这是为创造美、捍卫美而付出的生命代价，这是正义战争本身的严酷和悲壮。

而那一门曾碾过战火燃烧的千里疆场的大炮，雄视硝烟滚滚的天空，又使这幅世纪中国著名的战争场面，显得何等悲壮！悲，战争之本性；壮，军

人之本性；军事悲壮美，是军人本性在战争熔炉里冶炼出来的军事精神与战争品格美。长征路上，我们可以看到，一组组红军长征胜利纪念碑。岩石，军人品格的象征；自然与永恒。自然是：青山、绿树；人：红军战士，它们是军事历史事件和军人精神形象的浓缩与造型。

军事社会美，在战争中的表现，和一般美学表现一样，是多种形式的，内涵也是丰富多彩的。比如反战、战犯审判、战争中的人性美、军民关系美等等，都属于最生动、最感人的社会美范畴。

五、军事自然美——优美

（一）军事自然美是军事主体同自然处于和谐统一状态的美

自然，指本真状态的客观物质世界现象。军事美中的自然更多地指军事主体活动的外在环境。当军事主体和军事客体处于和谐统一状态的时候，便更多表现为优美。

优美是柔媚、和谐、安静与秀雅的美。它给人轻松、愉悦和心旷神怡的审美感受。军事与战争，会有优美吗？

弹道轻盈地滑过夜空，留下一道淡雅的弹痕，美吗？从纯审美角度看，美。什么美？优美。但它会给人轻松、愉悦和心旷神怡的审美感受？恐怕就是处于战场上的军人，看到这优雅的弹道，都很难心旷神怡。

黎明前的黑暗，千军万马埋伏在空寂的群山之中，两颗粉红色的信号弹，腾空而起，映照着夜幕下的群山，优美吗？优美。但它引出来的是万炮轰鸣、杀声震天的总攻。明月夜。皎洁的月亮挂在天空，映照着荷枪而立的执勤战士的剪影，旁边肃立着威严的大炮与战车，这本也是一幅优美的战争画面，但它给人的审美感受绝对不是轻松和愉悦，而是肃穆、威严与尊严。军事与战争活动过程中有无优美？"长空雁叫霜晨月"是不是优美？"五岭逶迤腾细浪，乌蒙磅礴走泥丸"是不是优美？"醉卧沙场君莫笑"是不是优美？是，又不全是。"晨月迷蒙，雁叫声声"的优美气氛中是充满浓浓火药味的烈烈西风。"五岭逶迤"、"醉卧沙场",表面上看是优美,实质上是壮美。"千树万树梨花开"并不是江南美景,而是大雪纷纷、空旷辽远的北国边塞,军事环境的壮美!长征中那些纤细、小巧、柔美的女性,在娄山关上的瑟瑟西风中,掩护着心灵中那盏永不熄灭的生命之灯,映照着中国革命历程中那一座座最难跨越的崇山峻岭,酿成炽烈的战争火焰。

军事与战争中当然有属于战争与军事本性的和谐与优美。优美中有壮美,愉悦中有紧张,心旷神怡中有刀光剑影。轻松、宁静中有军事与战争特有的苍凉与肃杀之气。四渡赤水,从形式上,亦即行军路线的回环往复如行云流水,是优美的。但从军事学的角度来考察,却是声东击西,绝处逢生。谈不上优美。长征路上,"金色的鱼钩",优美吗?有幅雕塑,一位老班长坐在草地上吹笛子,一位小战士紧紧地依偎在老班长身旁,静静地聆听着悠扬的笛音,瘦削的小脸上写满幸福、神往和憧憬。和血战湘江、飞夺泸定桥比较起来,这些战争场面,当然具有优美的某些基本要素。

卢沟晓月的优美,给人深刻的战争启迪;猫儿洞前的一盆老山兰,给人以自然、和平、军事情调的思考。据载,淮海战役中,黄百韬被打死后的第二天清早,陈官庄一带被大雾笼罩,太阳出来,浓雾久久化不开。这是千军万马、血肉横飞之后,战场上短暂的和平、宁静和优美之中,有冰凉彻骨的寒意袭来。

战争在自然环境和社会环境中展开,必然地和自然、社会结成军事关系,同时也结成审美关系。自然的美好,江山的永恒,激励着军人为保卫和平、创造安宁和谐的自然环境和社会环境而英勇杀敌、流血牺牲。《静静的顿河》、《林海雪原》、《百合花》、《洪湖赤卫队》的自然美景描绘得美妙绝伦,它们的优美,正是为了烘托出像杨子荣和韩英那样一代为自然、为社会、为美而献身的英雄人物的心灵世界。

总之,军事美的优美,具有一般优美的某些特征,又染上了强烈的军事色彩,宁静中有喧嚣、和谐中有冲突、柔美中有悲壮,自然中有对生命与战争的深刻哲理思考。

（二）和平时代军事美的优美，其审美价值主要表现为审美主体和自然的和谐统一

1. 军事生活的优美，来自刻苦训练的搏杀与硝烟之后

如眉的山梁，苍凉的大漠，缓缓蠕动其中的钢铁战士。他们不过是一串符号，一排音符，把优美的身影和情怀，描画在祖国的边关，映进被狼烟反复烧烤过的天地自然间。

晨光熹微，召唤着训练场上的龙腾虎跃；袅袅炊烟，牵引着千里铁骑，横刀立马。清新的早晨，宁静的黄昏，难道不因这长车、铁甲与战舰而创造出一种独特的军事美的审美价值么？置身其中，你将以什么样的情怀来感悟和欣赏自己亲手创造的，并且整个身心都置于其中的军事美？

2. 军事美中的优美，军事主体融入军事客体（自然）的三种方式

一种方式是融入自然的军事主体，显示军事主体，使人忘却了自然，比如营房、岗楼、荷枪挺立的哨兵。岗楼前的一丛野菊，或仙人掌。野菊、仙人掌象征自然生命，这种自然生命和军事主体的使命，保卫一切自然生命，和谐、自由地生长。这是一种军事主体与自然和谐统一的方式。表现形式为优美。《洪湖赤卫队》中的荷叶、莲藕，只是衬托韩英等英雄人物心灵世界的自然景观。《洪湖赤卫队》的军事美学意义，不是使人明白洪湖的藕有多香、鱼有多肥，而是体会战争中的军事主体，为捍卫自然美、创造社会美献出青春、热情乃至生命的崇高的心灵境界和精神世界。

军事主体融入客体自然的第二种方式是借自然客体形象来表达主体精神境界、军事意志和情怀。

> 大雪压青松，青松挺且直。
> 要知松高洁，待到雪化时。

这里的青松，既有雪压枝头的阴沉、负重，又有冰雪融化的清丽、俊朗，但呈现在我们面前的只是寒而不凋的青松形象。

　　远山如黛，白云悠悠。天地苍茫，山川壮丽。隐隐显现于壮丽山川中的万里长城，把古老的军事意志掩藏在巍峨群山之中。气吞山河的军事美，此刻呈现出一种优美状态。自然美、社会美、军事美、军人生活美和谐统一成一种优美状态。边关，海岛，暗礁，大海，已成为军人军事活动隐约的背景。明丽的朝阳与战士心中的明丽共生。这是大自然的杰作，还是战士创造了军事美的大自然？这是既见主体又见客体的军事美的优美形式。自然美、社会美、军事美、军人生活美和谐统一成一种优美状态，这是军事主体融入客体的第三种方式，也是主要方式。

第三节　军事美的表现形态（下）
——军人之美

　　人的美属于社会美。西方的人体艺术，把人体作为赤裸裸的自然来描绘，有论者认为赤裸裸的人体裸体艺术属于自然的一部分，属于自然美。

　　我们承认西方的人体艺术家，在描绘人体的时候，的确浸入了人体与自然的审美观念，因而把人体描绘成自然的逼真。同时我们也不能忽略，他们把人体作为自然来描绘的同时，渗入了深刻的社会、时代、历史内容。比如维纳斯、米开朗奇罗的《春夏秋冬》、安格尔的《泉》和罗丹的《思想者》，能说这些彪炳史册的艺术珍品，表达的仅仅是自然观念，而没有相当深厚的人学内涵？它们的审美意识深层是时代、历史意识与自然、宇宙生命意蕴的有机统一。

　　军人是阶级冲突不可调和的产物。军人的美属于特殊形态的社会美。无论艺术还是审美，都不可能从纯自然的角度思考军人。

军人形体美（袁学军 摄）

一、军人形体美

（一）军人形体美是根据军人的责任与使命塑造出来的外在形象的美：挺拔、昂扬、规范、向上

从普通老百姓到军人，都必须经过严格的甚至是痛苦的形体训练。站军姿，从形体到心灵，练就军人美的意志和外形。三个月新兵生活过去，千百次的摸爬滚打，一个普通青年，被塑造成有棱有角、刚毅挺拔，坐如钟、立如松、行如风的标准军人。真正的军人的塑造是一种美的塑造。军人形体实质上是军人气质的美。这种气质符合军事美的范围。一般的人不具备这种气质。

（二）军人形体美，既符合军事规范美，又符合军事力量美

军人形体美是军人用血肉之躯来塑造完成的。如何坐、如何立、如何走、如何跑，都有严格的规范。头发多长，腰如何直，腹如何收，每一步跨多少尺寸，都有严格的规定和比例。这是美的规范和比例，正因为符合这些规范和比例，我们认为，军人形体美是按照美的形式法则塑造出来的美，既符合美的规范，又显示军人的气势与力量。

从照片上，从生活中，我们看某人如何坐，如何走路，就分辨得出某人是否受过严格、正规的军事训练。这种军人气，不是装腔作势，也不是故意表现某种军人气质外加上去的。它是军人素质、修养、品德、气质、个性和军人形体的完美统一。

（三）军人形体美是外在形象和内在品格、素养的自然显露：西方记者笔下的蒋介石与毛泽东

斯诺在《西行漫记》中写道：

严格地说来，毛泽东并不是标准的军人。他没跨过军校的大门，没受过严格的军事训练，身上从没带过枪，枪法也十分糟糕。他走路步子拖沓，抽烟时嘴里发出南方农民才有的"唑唑"声。坐在延安窑洞前的枣树下，阳光照着他，有无尽的智慧从他慵懒的身体内散发出来，形成共产党大本营的思想库。

为什么要这样来描写毛泽东？也许这是西方记者的职业特点。没有什么先入为主的条条框框，抓住描写对象的特征，淋漓尽致地进行描绘。同时，他主要采用先抑后扬的写作手法。

他西行的目的就是要向西方世界描绘一个真实的毛泽东。普通而神秘、平凡而伟大的毛泽东。他并不是要贬低毛泽东。从斯诺当时的思想状况和以后与中国共产党保持了几十年的友谊来看，他对毛泽东和新中国的态度十分友好。这种友好并不出于私人的目的，而是他，斯诺，在当时（第二次世界大战）社会、政治、军事环境中，到延安寻找正义的力量。

斯诺继续写道：

他居然——我惊呆了，在给我讲述关于世界格局的精辟分析、论断过程中，停下来，松开腰带捉了一只虱子，而当时坐在我旁边看到他这一举动的还有林彪。有一只飞蛾碰着他桌上的灯光，烧死了。而他则站起身来，慢慢摇动巴掌，把另一只飞蛾赶到窗子外面去，以免它重蹈同伴的覆辙。我想，就这么一个善良而富有同情心的人，我甚至怀疑，他是否真正认真地思考过军事与战争。但他思考了，而且十分精辟。过去的战争、未来的战争。在江西，在长征的穷山恶水间，把他年轻的军队带出来，按照他预定的目的，一步步地前进……

依然是先抑后扬的艺术手法。斯诺比起国内一些单纯描写毛泽东神奇伟大的作家，其高明之处就在于：寓神奇于普通、寓伟大于平凡，写出了一个真实的、活生生的毛泽东。走路拖沓，虽然不像军人，但他的军事智慧，斑斓而凌厉；捉虱子，真实地再现了毛泽东当时的艰苦生活环境。一流的军事家、政治家，他的一流的军事智慧和政治智慧，就是在这样极其艰难的环境中孕育出来的。

对当时重庆的蒋介石，斯诺的描绘是：标准的军人，新式拿破仑。挺直腰板，动作僵硬。没有笑容，说话简短，装腔作势。军装考究，笔挺，雪白手套，会见客人时也挺直身子。他还描绘了蒋介石一个细节：谈到使他难堪的话题时，蒋介石便不安地抖动着僵直的腿……

我们在分析军人形体美的时候，以斯诺笔下的蒋介石和毛泽东为例，究竟说明什么？毛泽东似乎不标准的军人形体就是真正的军人形体美，因为他包含着一流的军事智慧，而蒋介石似乎标准的军人形体，却外强中干。军人的形体美是军人品格、气质、素养的自然流露，而不是装腔作势。

（四）军人形体美的本质是军人气质美

军人形体美首先是指军人形体的规范美，规范的形体显示军人固有的力量和内涵。它是外在形象和内在精神的自然统一。

无论在熙熙攘攘的大街上行走，还是在荒无人烟的海岛上执勤，面对铁流滚滚的百万大军，军人，只要他的行为和正义的军事活动联系起来，他就必然地保持着美的姿态，构成世界上一道昂扬、挺拔、力与美的屏障和风景。

二、军人气质美

（一）军人气质美是经过长期训练养成的军人内在品质、心理、精神人格的总和及其外在表现

军人形体美是侧重外在形体表现出来的规范美；军人气质美是侧重内在品格表现出来的精神美。

真正的军人一站在我们面前，都会给人一种刚正、坚毅之气。有肃杀之气，凛凛而来；军人的厚重与端庄，又给人一种可以依靠和信赖的感觉。

(二) 军人气质美是战神与军魂在军人身上的凝固和沉淀

刚正之美，耿直不阿。流淌在军人的血液中，我们在电影和照片中看到的彭德怀指挥打仗的身影。猫着的腰，看起来还有点温柔。他那岩石般坚毅的头颅。下面，紧眯的眼，射出的一道寒光，沿望远镜穿射出，透过历史与战争的硝烟；千军万马的驰骋，万炮轰鸣；人仰马翻，望风披靡的敌阵……

像彭德怀那样的军人气质，那是呼啸的战神、沉默的军魂在军人身上的凝聚和表现。我们常说军人的气质像出膛的炮弹，直来直去，从不拐弯，正是因为战争环境和军事使命冶炼出来的这种品格，给对方带来肃杀之气。它来源于军人身上固有的逼人力量和道德光芒。

(三) 真理的力量、正义的使命、历史的逻辑，赋予军人气质以美的内涵

正如前面斯诺所描绘的，毛泽东走路几乎不像一个军人，但他一皱眉头，作出的作战决定，他一挥手，写出的作战电报，左右着中国革命战争进程，令中国现代历史颤抖。毛泽东的军人气质美，是儒雅与凌厉、睿智与果断的完美统一。

从总体看来，蒋介石似乎有军人气质，但并不具备军人气质美，他逆历史潮流而动，外强中干、色厉内荏。正义的力量、真理的胆识、历史的逻辑，赋予军人气质以美的内涵。

(四) 军人气质美在个体军人身上表现得丰富多彩，它们都源于同一颗军魂

陈毅的热情、豪爽、敢作敢为、炮筒性格；许世友的粗放、旷达中有精细和柔情；陈赓的幽默，但打起仗来决不含糊；刘伯承则粗放中有细腻，又敢作敢为；叶剑英融儒雅与凌厉于一体，"诸葛一生唯谨慎，吕端大事不糊涂"；贺龙集胆大心细于一身。他们都是人民解放军的高级将领。军人，无

论高级将领，还是普通军人，都有相类似的军人气质，只不过岗位不同、责任不同，在军事生涯中的表现也就不同罢了。

（五）军人气质是在平时生活中训练养成、在战争生涯中铸造出来的，是代表正义与真理的军人从内到外的美的造型

军人气质的美，首先看它本身符不符合军人的特点和要求，同时又看这种军人特点和要求的气质符不符合历史美的军事价值，希特勒、墨索里尼并不真正具备军人气质，他们那种威风凛凛，不过是杀人魔王和机器的丑恶外观。拿破仑、华盛顿都是有独特气质的军人，他们为人类和他们的民族创造过独具特色的军事生命价值。

三、军人品格美

军人品格美是军人思想、道德、品行、性格，总体符合军事的整体利益而表现出来的精神美。它主要包括以下三个方面。

（一）服从

军人以服从命令为天职。服从表现为军人品格美，在于个体军人的意志、愿望、要求、生命价值等和整体军人的意义、价值的完美统一。

军人是担负着特定整体利益的武装集团之中的一员。世界上没有哪一种团体比军队更强调组织纪律性。军人为整体利益的实现而生存。军队本身是社会集团的工具，军人则是工具的工具。是真正的一台机器之上的齿轮和螺丝钉。无论根据军事整体利益把一个军人安放在哪里，他都能够在实现整体利益的同时，实现军人个体的生命价值。哪怕牺牲自己的生命也在所不惜。

张思德，在默默无闻的创造和劳动过程中，实现着军人自我存在的生命价值，表现为典型的军人品格美。

这类例子不胜枚举。从古至今的军人，无论是奔驰在两军对垒的战场，还是在风和日丽的和平环境中，只要是军人的岗位，只要这种岗位符合整体军事目的，这里都检验着军人品格和他的美。

(二) 忠勇

忠勇即忠诚和勇敢。忠诚使命，牢记宗旨，勇敢行动，有所作为，前赴后继，是古今中外军人最优秀的，也是始终如一的品格。忠实于军魂，忠实于军人的独特使命并完满地实现这种使命，便表现为军人品格的美。军人品格的美，更多更集中地在像张思德这样的普通军人身上表现出来。军事领袖，如刘邦、项羽、曹操、宋江等，他们怎样表现军人品格？他们有没有或有什么样的军人品格？

刘邦、项羽、曹操等军事领袖的军人品格主要并不表现为服从，因为他们是军中的发号施令者。当然他们的品格中也有服从，不是服从某一指挥员的命令，而是使自己和自己的军队"服从整个的军事规律和战争指导规律，并服从整个社会发展规律"，并忠诚于这些规律，便表现为：军事领袖品格美。

诸葛亮的军事领袖品格美。一部《隆中对》，高瞻远瞩，令人击节；一部《出师表》，鞠躬尽瘁，令人浩叹。

服从、忠诚，表现为军人品格美的主要内涵。无论是刘邦、项羽那样的军事领袖，还是张思德、邱少云那样的普通士兵，都具备这种品格。

虎虎生威、替天行道的宋江，忠于朝廷，忠于孔孟之道，他安然地喝下毒酒，死于轰轰烈烈的军事生涯之后的一条萧瑟秋风中的破船。他所表现的是不是服从和忠诚的军人品格美呢？不是。军人品格美，服从的是军事之道，忠诚的是军人之魂。宋江指挥打仗，战果累累，是他这种服从和忠诚的军人品格美的表现。而他在被毒死时所表现的服从和忠诚，则是深受传统思想糟粕毒害的"愚蠢的服从"和"盲目的忠诚"。服从的是视起义者为"盗寇"的"正统"思想，忠诚的是尔虞我诈、争权夺利的朝廷。宋江的这种忠诚和服从表现的恰恰是军人品格的悲剧美。

周恩来身上有着军事领袖品格美的完美表现。他延续了千百年来中国军人的优秀品格，个体人格美和军人品格美的统一。无论作为军事领袖，还是作为普通军人，周恩来都表现着神采奕奕的人格魅力。他这种军人人格魅力，不是一时一地的着力表现，而是整个一生的思想行为与生命实践。周恩来的军人品格中的服从与忠诚，既是对组织和个人，又是对事业和真理。他甘居助手，和毛泽东紧密配合，不仅是他们个人之间的私人关系和感情，而且是事业和真理，把他们联系在一起。创造社会美、军事美的同时，也创造出光耀世人的人格美和人生美。

（三）奉献与牺牲

军人品格美的价值在军事整体价值中的实现和统一。真正的军人品格美，正如毛泽东所说："随时准备拿出自己的生命去殉我们的事业。"视死如归、重义轻利，是中华民族军人品格的优良传统。屈原在《国殇》中描写道："首身离兮心不征"，"子魂魄兮为鬼雄"，歌颂的正是这种威武不屈的军人品格。岳飞、文天祥、林则徐、邓世昌、董存瑞、黄继光、邱少云等英雄人物身上，都体现了作为军人奉献与牺牲的人格精神。

人应该使别人生活得更好，人活着的意义在于使别人更好地活着。军人的存在反复证明了这种生活信条。军人品格美本身是一种社会美。继承军人优良品格的传统，争做"四有"军人，赋予新时代军人品格的现实内涵。各种各样的军人品格造就出既有光荣传统又富有时代色彩的各式各样的军人人生美和军人精神美。

四、军事领袖美

（一）军事领袖美是军事与战争领导者和指导者品格、气质、才能、智慧的集中表现

军事领袖美是一种大气度、大境界、大智慧的军事美。它是军事领袖个

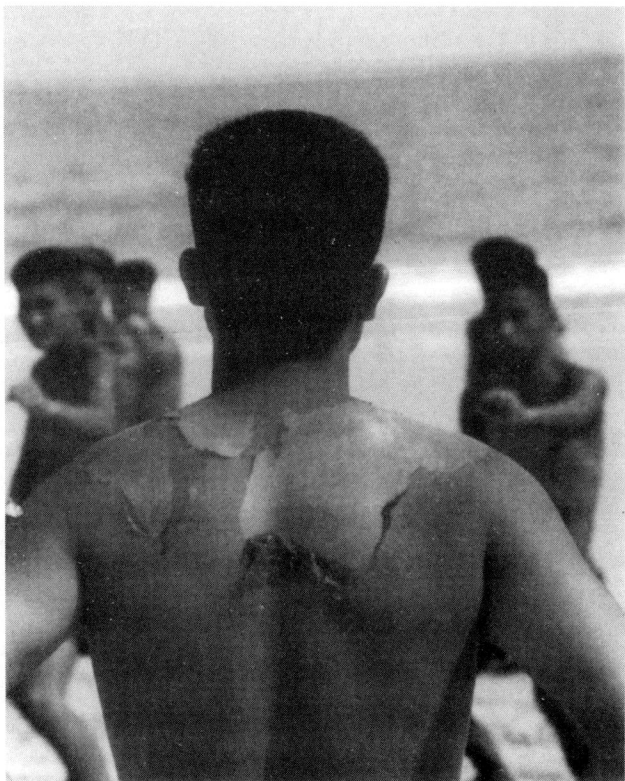

脊梁。军人的脊梁，祖国的脊梁，民族的脊梁（陈张平 摄）

人的人格魅力在整个人类战争与军事历史中所绽放出的独特光辉。这种独特光辉，以其特有的光焰，辉映着人类历史社会变革美的灿烂征程。

（二）军事领袖美是人类生存和社会历史变革的强力意志在个体军人人格中的形象显示和体现

军事领袖美是历史逻辑与道德逻辑在某一伟大而坚强的军事个体身上的"真善美"的统一。

军事领袖和战争统帅们，在战争的烈火中坚强挺立，直接担负起社会变革和历史发展的使命，充当人类变革的急先锋。人类历史上，像恺撒、亚历山大、拿破仑、秦始皇、孙中山、毛泽东等军事巨人、政治巨人，他们的名声、地位以及对社会历史发生的影响，和柏拉图、黑格尔、罗丹、孔子、曹雪芹、鲁迅等文化巨人、思想巨人一样伟大。秦始皇"横扫六合"、拿破仑击败反法同盟的入侵，他们的军事活动，客观上推动了社会历史的向前迈进，创造了社会变革与发展的美。因此，军事领袖的美，有两条基本的内涵。一是他们准确地把握了军事与战争的规律，二是他们的军事行动推动了社会历史的演变和发展。

真正的军事领袖是一个思想家。他们以博大与深邃的思想、智慧来洞穿历史的隧道，寻找并规定出社会发展的轨迹与节奏，能动地驾驭战争，运用暴力军事手段，引导历史按照既定的轨道前进。

秦始皇、成吉思汗统一中国，或入主中原，毛泽东、拿破仑、华盛顿为中华民族、法兰西、美利坚民族的独立、自由与强盛而征战，目的明确，而且这些目标符合本民族的利益和社会历史的发展。同时，他们的军事手段或运用这些军事手段的时候，也尽力去把握战争规律和指导原则。他们的军事思想和智慧，同时丰富了人类军事思想和智慧宝库。

真正的军事领袖是军事艺术的创造者和实践者。他们以其特有的军事生命，把军事与战争作为历史与诗，来自由地创造，并在极其艰难的军事生涯中，达到挥洒自如、纵横捭阖，静如泰山巍峨耸立、动如山涧流水行云的自由境界。把军事作为自由的审美创造、生命创造、精神创造和文化创造。

因此，在最伟大的军事领袖身上，往往能寻找到人类最富丽、辉煌的美的极峰。在这极峰上，我们看到的不仅仅是军事的美，还有人类最灿烂的精神与文化创造，军事领袖因此成为以战争和枪杆来创立人类精神文化的伟大艺术家。他们把军事活动本身作为文化来创造，原因在于他们和所有文化创造者一样，在军事活动中，渗入了他们生命的激情和精神、情感、意志、智慧。

因此，我们对军事领袖的审美分析，不是对人类强力意志的赞美，而是寻找他们背后的文化精神和时代、历史基因的相互关系。正视这种美、创造这种美、发展这种美，目的还是为了人类更好地、和平地生存与发展。

（三）军事领袖美是富丽而辉煌的人类军事生命的美，同时又是有几分孤独而苍凉的悲剧的美、悲壮的美

军事领袖的悲壮美（或称悲剧美），也统一于军事领袖富丽与辉煌之中。也许，人类审美规律的哲学含义和生命启示便是：最富丽、最辉煌、最美的事物，往往包含着最孤独的苍凉、最动人的悲壮。最美的东西，也常常是有残缺的东西。

中国历史上卓绝千古的军事领袖人物，秦始皇、项羽、刘邦、曹操、诸葛亮、李自成、朱元璋、努尔哈赤，和西方的恺撒、亚历山大、拿破仑等等，有多少人不是悲剧英雄？这种悲剧，不是凄惨、悲惨，而是悲壮。他们通过军事的手段，登上了人类精神的极峰，因而感到孤独而苍凉。

军事领袖的悲剧美，首先来自于他们从事的军事活动本身，暴力、屠杀、硝烟与烈火，和他们身上固有的人性与道德的矛盾与冲突。他们懂得军事与暴力，更懂得道德、人性与历史。他们还懂得历史的前进，在他们的时代与军事生涯中，除了踏着血迹、悲剧与苦难前进，别无选择。

当拿破仑看着他的能征善战、身披战争硝烟、得胜回国的队伍通过凯旋门的时候，不由感叹道：想到百年之后，我的这些勇猛而可爱的战士和我都到哪里去了？于是，一股凉意袭上心来。这是拿破仑军事生涯最辉煌的顶峰。法兰西第一帝国也从此走向衰亡。不可一世的拿破仑最后孤独地死于他的流放地圣赫勒拿。他创造了人类生命的孤独与辉煌。

秦始皇的悲剧不仅来源于他自身，还波及他的王朝。中国历史上第一个大一统的国家，在他手上创立，但他的王朝在中国历史上存活相对很短。

刘邦的《大风歌》、项羽的《垓下曲》、曹操的"对酒当歌，人生几何？譬如朝露，去日苦多"等，流露出不可一世的军事领袖内心里的悲剧情怀。首先，他们的军事生命，是卓绝千古的军事悲剧美，因而他们随口而出，唱出的几句诗，便构成非一般诗人所能创造的卓绝千古的军事，也是真正的文化——悲剧艺术美。"大风起兮云飞扬"。壮阔、苍凉，时代的大风、历史的滚滚战云，非一般军事领袖的抱负和胸怀所能吟唱。"威加海内兮归故乡，安得猛士兮守四方"。功名显赫，衣锦还乡，刘邦的内心依然是孤独而苍凉的。

曹操和毛泽东，都是具有盖世雄才的军事家和诗人。曹操有"白骨露于野，千里无鸡鸣"的悲凉诗剧，毛泽东有"大渡桥横铁索寒"、"苍山如海，残阳如血"的壮美篇章。军事领袖的昂扬、豪壮与富于同情、敏于痛苦的诗人之心，相互融合，酝酿成他们心灵深处的悲剧情调。曹诗读来苍劲悲凉，毛泽东的诗则使人感到雄奇悲壮。

军事领袖的悲壮美，源于军事的暴力和人性的善良本性之间的深刻矛盾。他们的心灵和命运，是这种矛盾的感应者和承受者。我们在感应他们生命和精神不得不承受的悲剧和苦难的同时，会获得关于战争与和平的永恒思想启迪。他们的存在，正是以战争的方式，赢得和平、企盼和平、追求和平。

正义战争军事领袖悲壮美，是人类在军事实践过程中为换来和平，以血肉和生命为代价而创生的矛盾的美、冲突的美、人格的美、崇高的美。

五、英雄人物美

（一）卓尔不群为英，超迈豪情为雄

古今中外的英雄人物，大都直接和间接地与军事、战争相关。即使像王

进喜、孔繁森这样的和平时代所产生的英雄，他们的精神品格也灌注着军人的思想意识和骨骼血肉。

军事领袖是时代历史呼唤出的军事巨人，英雄人物是军事实践把普通的军事主体推向时代历史的高峰，他们共同的美就在于为驾驭和推动历史前进作出巨大的贡献，成为人类进步与发展的一种精神的象征。

古代的军事英雄，古希腊史诗中的伊利亚特、阿克琉斯和埃贾克斯，大体具备以下一些基本品质：出身平民，有数年或数十年的征战经历，掌握并精通某种军事手段和技巧，创造了某种独特的军事手段和作战方法，为本民族的统一和强盛立下了赫赫战功。他们的这些品质，在西方军事史上得到延续和发展。

（二）古代军事英雄美

古代军事英雄的美，是驾驭战争、创造军事与历史辉煌的普通战士的美。中国历史的军事英雄，大都是一种精神的、品格的美。他们的才能、气质、品格与个性，集中表现为军人人格美和个性美。

1. 风萧萧兮易水寒——荆轲，作为军人生命的美

我们分析和理解荆轲的美，并不是歌颂亡命之徒的美。历史上看，他不过是一位普通刺客。而且，刺杀秦王嬴政，从历史发展的角度看，并不一定是正义的。但荆轲，作为军事英雄的美学意义，并不全在于他的行刺是否是军事活动，是否是战争行为，有无意义，能否成功，而在于：他用一种视死如归、慷慨赴死、义无反顾的精神和生命肯定了一种军人生命的存在方式；毫无畏惧地走向刀光剑影；毫不退缩地走向牺牲。荆轲刺秦王本身，是以否定单个军人（广义地看他应该算）生命的方式来肯定一种永恒的军人生命意义：死亡无法吞噬的责任与使命。

风萧萧兮易水寒，壮士一去兮不复还。

寒冷的易水上，永远地流淌着军人生命的美学意蕴。多少壮士，就这
么在萧萧的寒风中，义无反顾地踏上凶险莫测的军事征程。易水，灌注着
悲怆、悲壮的军事美学意义，亦即军人生命逝去的精神氛围。远逝的荆轲
的身影，成为军人生命"情结"、命运"意象"的象征。令人鼓舞，又令
人长叹。

**2. 他用肯定的方式否定非正义战争中军人生命存在的价值——军事英雄
武松的美学分析**

打虎英雄武松是来自民间的英雄。他是人类以自然的血肉之躯，抗击凶
猛的大自然（野兽）并取得胜利的神话英雄和悲剧英雄。作为军事英雄的武
松，既有军人的气质的美、品格的美，而且又有军人力量的美、崇高的美。
他是人类渴望以强力征服暴力的一种精神符号。他的崇高就在于以相对弱小
的血肉之躯和相对强大的自然（野兽）对抗，毫不畏惧并战而胜之。

战场上的武松一如既往地是军事强力的象征。只不过他的对手不再是景
阳冈的老虎，而是武装起来的敌方官兵。他手舞砍刀在强手如林的敌阵中左
冲右突，英勇杀敌，如入无人之境。他把"砍刀"——军事武器和军人威力
的象征——舞出了一种自由的军人生命境界，此刻的武松是军神与战神。他
的美是人类军事力量自由创造发挥到极致并获得自由境界的军事生命美和军
事生命的自由美。

如果荆轲作为军事美的"符号"，只是告诉了我们军人如何面对死亡，
走向死亡，那么，作为军事美的"符号"武松，则告诉我们军人，面对强手
如林的战场如何演示军人固有的强力和伟力。这是武松作为军事英雄美的本
质所在。武松抵制了来自淫妇嫂子潘金莲的诱惑，杀掉了和潘金莲勾搭成
奸、毒死哥哥武大郎的西门庆，又表现了他作为普通英雄的品格美和人格
美。他的勇猛和疾恶如仇，成为正义的象征。在围剿方腊的最后战役中，武
松被砍掉一只手臂。他拖着断臂，浑身血淋，劈得敌阵人仰马翻，又表现出
一种悲壮之美。而他此刻的出生入死，却是直接地为他深恶痛绝的统治者卖
命，这又表现为令人战栗、痛苦的滑稽。最终，他拒绝得胜回朝，遁入空
门，又表现出军人悲剧之美和做人的生存境界之美。

军事英雄武松可歌可泣的征战生涯，只是显示军人力量的一种符号。这种军人力量的显示并非为了军人个体的荣华富贵和光宗耀祖。相反，当他拖着断臂、遁入空门，实际上否定了他认为毫无意义，而且令他耻辱的军事生命价值——征战方腊。广义地讲，这是对潜在的非正义战争与暴力的否定。

3. 仰天长啸的军魂——军事英雄岳飞的美学分析

军事英雄岳飞的美，不是奔驰在铁马金戈的疆场，不是明月关山的刀光剑影，而是壮志难酬的仰天长啸，遭阴谋暗算受到阻抑的咆哮的军魂。《满江红·怒发冲冠》正是古老军魂受到阻抑，而发出的呜咽悲愤之声。

岳飞的美，《满江红·怒发冲冠》的美，只是一种对军人生命的回忆。在背叛面前，回忆军人的忠贞；在可耻面前，回忆军人的使命；在懦弱面前，回忆军人的成功、荣耀与自尊。试想，一位被剥夺了征战权利即将被处死的军人，把军事生涯、军人的战斗雄姿与英姿，回忆得如此豪迈勃发、激昂潇洒，这是何等悲壮的军人气势美。"三十功名尘与土，八千里路云和月"，潇潇洒洒的军人征战图，一颗坚贞报国的军人之心，可昭日月；"笑谈渴饮匈奴血"，"驾长车，踏破贺兰山缺"，"待从头，收拾旧山河，朝天阙"，简直就是一幅幅溅着血火与硝烟的军人征战生涯的碎片和呜咽悲愤的心灵碎片。潇洒、豪迈、雄奇、悲壮、大气磅礴、意志高远。

岳飞的美，美在军人现实的缺失之后（剥夺了征战权利，即将遭人暗害之时），去寻找军人，在理想，在精神，在诗，在如行云流水般美的征战畅想之中，去寻找军人本来应该的"本真"的存在。

《满江红》的美，不过是勾勒出了一种军人的存在方式。它是现实的，潇洒、豪迈、俊逸、昂扬、忠贞、精彩，也是精神的存在方式。仰天长啸的军魂，召唤着我们牢记军人的责任与使命，独驾长车去跨越一座座有形与无形的贺兰山。

古今中外历史上的军事英雄千千万万。他们的表现形式也独具特色，丰富多彩。以上，我们仅以荆轲、武松、岳飞为例，分析军事英雄的基本特征：坚贞不拔、出生入死、百折不回，忠于自己的国家和民族，有正确的是非荣辱观念，有超于一般人的军事技艺和本领，是战神、军魂、民族魂，是一个民族强力和意志的体现。

（三）中国人民解放军军事英雄美

中国人民解放军军事英雄的美，以生命和血汗去捍卫人民的利益、祖国的安宁。战争年代，以生命去殉党和人民的事业；和平时期，以血汗去殉祖国的繁荣富强和领土完整。他们是中国现代社会变革美和社会发展美的创造者和捍卫者。

人，牢记自己的责任，是美的；军人，实践自己的责任，是美的。责任与尊严，赋予人和军人生命美的光辉。当作人的责任与尊严，渐渐被人淡忘，渐渐变得模糊而幽暗的时候，我们应该怎样来仰望：董存瑞、黄继光、邱少云、张思德、雷锋、王杰、欧阳海、徐洪刚、李向群……这一座座普普通通的生命与美的山峰？我们每一个军人都渴望当英雄。要怎样才能成为军事英雄？军事英雄具备什么样的素质和品格？我们认为有以下几点：思想上追求人类进步和理想，政治上坚定正确的方向，行为上实践军人的责任和使命，人格上甘做普通的一兵，把自己的生命融入正义的事业，哪怕是在平凡的岗位上，也能创造军人生命的辉煌。

1. 白骨与路基——董存瑞的美

他是新中国诞生前的一束军人生命之光，铺向新中国之路的一根生命之轨。手举炸药包的形象，壮美；以自己血肉之躯，铺开战友夺取胜利之路，精神的崇高美。青春、热情、年轻，预示着新中国的生命力量美。以生命托起通往胜利之路，董存瑞的美学意义对军人的责任与使命，有永恒的意义。同时，董存瑞的生命之光，映照着一切热爱和平、享受和平的人们。因此，一切热爱、享受、捍卫和平的人们，都可以把董存瑞作为审美对象，来学习、观赏，映照自身。

2. 用生命否定非正义战争与暴力——黄继光的美

如果董存瑞的美学意义在于用生命赢得新中国的诞生，黄继光的美学意义则在以生命来捍卫新中国和人类的和平。用血肉和骨骼铺就和平之路、胜利之路，他和董存瑞一样，表现了军人生命的壮美和精神的崇高美。他用血肉之躯去堵枪眼的果断行为，其美学意义在于，用军人的生命来否定一切非正义的暴力与战争。否定的同时，也肯定了军人生命的价值和意义：在生命的极限处，升腾起军人精神人格的熊熊火焰。直面一切非正义的战争与暴力，并以生命来熄灭战争与暴力的硝烟与烈火。作为军事美审美对象的黄继光，一般人能升起对生命崇敬与敬畏的审美感情，对暴力与和平的美学思考；军人则能牢记自己的责任与使命。他是军人生命与美的楷模。

3. 火中的凤凰，规范的美——邱少云的美学分析

邱少云的美学意义主要在于，为军人树立一种遵守纪律的典范。而且这种遵守纪律，不是别人要求，不是自我表现，而是融进军人生命个体的自觉需要。把生命献给一种军人的法则，如一只滴血的凤凰，在烈火中升腾而起，昭示着军人生命的意义，敢于为捍卫一切最基本、最普通的军人法则献身。无论这种法则，是硝烟弥漫还是在其他场合，或者是在和平环境中，只要这种法则，以军事的名义横在军人头上，军人，都应该而且值得为它献身。

被烈火烧死的邱少云，是用军人法则雕塑出来的精神雕像，他是火中的凤凰，规范的美。

4. 在平凡中创造辉煌——张思德的美

军事英雄，不一定要在硝烟弥漫的战场上冲锋陷阵，也不一定要在戎马倥偬的战争岁月里叱咤风云。张思德，一位普普通通的战士，一个挖窑烧炭的普通士兵，以自己默默无闻的一生，创造了军人生命的最高价值：奉献与忠诚。奉献给人民的事业一抔土，只要这抔泥土能孕育秋天的收获和春天的花香鸟语。军人的忠贞不一定要紧握枪杆，向敌人的头颅索取，手握煤铲牢牢地固定在自己平凡的岗位上，一样能从熊熊燃烧的火焰中寻找到军人的忠贞。为人民服务，是最切实际，又最崇高的思想境界，也是一种最美的生命

境界。张思德身上有一种质朴而崇高的美。以泥土的质朴与热情，换来人民事业的大地春色满园。

张思德，作为军事英雄美的审美对象，还表达了新型社会、时代与历史的新型的价值审美观念。中国古代军事史和西方军事史上，是不可能把张思德这样平凡、普通的"烧炭的警卫战士"作为军事英雄审美对象的。张思德成为军事英雄是我党、我军的宗旨、使命决定的。来自人民、服务人民、解放人民，以人民的利益为最高思想准则和行为准则。

张思德的美学意义，立足军人，超越军人。他的美，是一种可学、可攀的生命境界和人格境界。他告诉我们，人应该怎样在普通的事业中、平凡的岗位上创造军人最高的生命价值。

5. 雷锋精神的美

雷锋精神的美，是整个中国道德形象塑造的浩大系统工程。没有了战争的烽火与硝烟，没有了两军对垒的拼死搏杀，军人又该在哪里去寻找自己生命的闪光点和亮点？"舍己为人，把自己有限的生命投入到无限的为人民服务中去。"雷锋的精神、雷锋的足迹，为和平环境中的军人，寻找到了一条在和平年代实现军人生命价值的道路。也为整个中华民族的当代社会道德形象树立起了一座精神的丰碑。

雷锋的简朴，为还不富裕的中华民族树立起艰苦奋斗、克服物欲追求精神和道德完善的形象，这是崇高的美；雷锋为民做好事，搀扶老大娘过马路，这是和谐的美。阳春三月，全国各地大小城市，校园街头，到处飘扬着"学雷锋"的旗帜，便民小组、理发、修理、青年突击队、青年先锋号，军人、老人、儿童、共青团、全民族都动员起来，投入到"为人民服务"的活动中去，这是社会生活的和谐美，军民关系的和谐美，优美。雷锋的牺牲，又显示出军人生命固有的崇高与壮美。

雷锋精神的美学意义也是他的人学意义。人，就要克服动物性的本能，物欲、自私、损人利己，追求道德的升华和精神的高贵，把有限的生命的一朵朵精神之光，洒向自己周围的社会，也照亮自己有限的人生。塑造美与和谐的社会与人生，是雷锋精神的主要美学意义。这种意义源于军人，又超越

军人心灵和人格塑造

军人，从某种程度上讲，在目前物欲横流的社会现实面前，雷锋精神已经获得了普通的社会美学意义。

6. 和平时期，在军人生命的极限处——王杰、欧阳海、徐洪刚、李向群的美

王杰救战友而牺牲，欧阳海救老百姓——列车上的老百姓——而牺牲，徐洪刚伤痕累累地和歹徒拼搏，从美学的角度看，这属于社会美。社会美之中的军人精神美和崇高美。

其实，王杰、欧阳海、徐洪刚的美，依然是和平时期军事英雄所特有的——在生命极限处表现出的军民关系美，和谐的美，道德的美。和谐，是以牺牲军人生命为代价，而最终达到的军民关系的和谐；道德实际上是军人的职业道德，只要选择了军人这种职业，道德的要求，他就应该像王杰、欧阳海、徐洪刚那样，面对人民的生命，只能这样来处置自己的生命。

军事英雄的美，实质上是军人个体在军人职业道德的铁一样严格的大原则规范之下，舍此，毫无第二种选择的"处置"自己生命方式的美。

1998 年抗洪英雄李向群，当兵不满两年的年轻军人，牺牲时，年仅 21 岁。他没有荆轲的豪壮赴死；没有武松的威猛、冲锋陷阵、力气盖世超群；没有岳飞的气壮山河，征战千里；也没有董存瑞、黄继光的英雄壮举；甚至也没有雷锋的做好事不留名、数年如一日。病怏怏的瘦弱之躯，在 1998 年，抗洪抢险的长江大堤上，他扛沙包，也许并没有他的战友坚持得那么久，病倒、累倒，直到牺牲。

这原本普通得不能再普通，很容易被人忽略的军人生命，为什么会成为中国当代的军事英雄？是我们宣传得好？不是。是因为他当兵前已是富翁的儿子，放着金钱和安乐窝不享受，故意到军营吃苦受累，流血牺牲，特别值得大家学习？换言之，作为军事英雄的李向群是否只给我们带来一种如何对待金钱的价值观？不是！

在我们的现代生活中，当人民群众生命财产安全受到威胁的时候，李向群为代表的军事英雄的美学意义主要在于唤起我们做人的责任与尊严，尤其是作为军人的责任与尊严，他拖着病弱之躯，扛着那么沉重的沙袋，在洪水滔天的大堤上，在风雨雷电的泥泞中奔跑，告诉我们，作为人，作为军人，此时此刻、此情此景只能这样"处置"自己的生命，没有第二种选择方式，哪怕这种方式带给他的是流血与牺牲。责任大于生命。忠于军人的责任也是忠于自己，因而小小的李向群能获得军人精神的崇高美。他以病弱之躯和洪水、和汹涌而来的大自然搏斗，是崇高的军事美的典型表现。

第六章　军事美学文化研究

文化的定义很多，我们认为，严格说来，也是从文化最初的，也是最终的意义说来，凡是能看到、感受到（或称为复现）人类生命、情感、意识、理性、价值和追求的物质载体和精神载体，都可称为文化。物质载体，如文物，比如原始人的头盖骨，我们看到、感受到的是古老的人类生命；作为考古研究，看到的是人类生命曾经的存在状态，并由此可以推断那时人类的骨骼等生理特征。头盖骨的文化考古价值，能满足我们认识、见证人类自身发展的需要；精神载体，如李白的诗，"床前明月光"，引起我们思乡之情，也能满足我们陶醉在思乡梦境中的精神、情感、心灵的需要。月光，从严格的物理色彩学角度看，是没有美，也没有文化的。但是，研究月光的色彩，就可以是物理的、科技的文化；表现月光的色彩，就可以是艺术文化、审美文化。如画家的月光、李白的月光、苏东坡的月光等等，之所以成为文化，是因为它们已经承载了作家艺术家们的思想感情和审美意识。

因此，严格说来，军事美学的文化研究，才是真正的军事美学本体研究。因为，说清楚了文化，就说清楚了美。整个军事美学研究，都可以算作军事文化的研究。

那么，要怎样才算作文化的审美研究，或者军事文化的审美研究呢？

先说文化。我们现在说某人有文化，具体指某人具有什么东西呢？

第一，文化首先是一种知识，军事文化首先是一种军事知识。作为文化的知识，越古老越好，沉淀得越久越好。比如，同样是知识，"道可道，非常道"，是一种知识，一种关于社会、历史、军事、人生规律及其存在状态的知识。我们现在的网络文化，也可以是一种知识。IT 知识，软件知识，电脑知识。从文化的角度看，电脑知识、网络文化，就没有老子"道可道，非常道"的文化底蕴深厚。为什么？作为老子的哲学知识，经过了几千年的历史积淀，人类反复地运用和实践，涵盖范围广，蕴含意义深。而电脑知识，则刚兴起不久，历史积淀的时间也不长。涵盖范围相对较窄，意义也没有那么深。而且电脑知识主要是运用和操作的知识。

同样道理，军事文化的审美研究，也是一种军事知识的研究。而且，这种知识越古老，承载的文化内涵就越深厚。一般来讲，本章节还是按照一般文化的概念，首先研究和军事知识相关的军事物质文化和军事精神文化。比如军装、武器、阅兵、军旗、军歌等文化审美价值分析。因为武器、军装、军旗、阅兵有各自漫长的历史发展，形成了属于这一个门类的军事知识的文化积淀。分析它们的文化构成，就能看出它们的审美价值构成。

第二，文化是一种智慧，一种技巧，一种理性和情感的表达，一种和社会历史进步、经济科技发展紧密相连的"人类生命力"的表征。军事文化是一种军事智慧，一种军事技巧，一种军事理性和军事情感的表达，一种和社会历史进步、经济科技发展紧密相连的"人类军事生命力"的表征。比如，凡是包含着人类军事智慧的专著，就可以算作军事文化专著，分析这些专著包含着什么样的军事智慧，这种军事智慧为什么能够决胜于千里之外，并且，在人类征服黑暗、创造光明的伟大军事与战争实践过程中，怎样推动社会历史向前发展，这就是从军事文化分析上升到军事美学、军事审美价值分析的层次上了。军事技巧的审美文化价值分析也是这样。研究知识层次的军事技巧，属于纯粹的军事文化研究。运用这种军事技巧取得正义战争的胜利，这种军事技巧就具有正面的军事价值，因而就成为军事技巧的审美研究了。

军事理性与军事审美文化的关系也十分密切。古今中外优秀的军事著作，都是人类军事理性的结晶。理性产生文化。军事理性产生军事文化。对军事思想、军事哲学、军事战略等著作的研究，就属于军事文化研究，因为这些著作中，既包含军事知识，也包含人类对军事实践领域概括生成的理性成果。一旦这些成果，产生于现实，并有效地作用于军事现实，产生了正面的军事价值，就是军事审美价值了。研究这些价值如何产生、如何表现、作用如何，就是对这些理性成果的审美文化研究和分析。

人类军事情感直接创造军事文化与军事美。比如古今中外的军事文学（小说、诗歌、戏剧、散文），军事艺术（音乐、舞蹈、美术、书法、建筑、电影电视），是直接的军事文化审美产品和载体。很多时候，对这个领域的军事文化研究，就是军事审美研究。举个很简单的例子：

欲将轻骑逐，大雪满弓刀。（卢纶《塞下曲》）

认识这十个文字，明白它们的读音和历史演变，就属于文化研究。纯粹地对这十个文字的认识，可以是训诂学研究。训诂学研究，也是文化研究，但还不是军事文化研究。只有将这十个字放在战争环境中，放在一系列同类军事题材作品中来研究，才是军事文化研究。比如"轻骑"的用法、流变，"弓刀"的作用、演化等等。但是，训诂学，哪怕是军事训诂学，也就是军事语言学研究，可以是军事文化研究，而不是军事审美研究。一旦这些文字，表现为形象——军人形象、军事形象、战争形象，并对这种形象进行战争价值判断和分析，如，军事的激烈、战争的残酷、场面的雄浑、语言的粗犷和军人形象及情感的旷达联系起来，和军人生存、奉献的价值以及时代历史发展联系起来，就属于军事审美的文化分析了。其他所有军事艺术作品审美分析的方法和思路，大体可作如是观。

军事文化走向军事审美的最关键要素：一种和社会历史进步、经济科技发展紧密相连的"人类军事生命力"的表征，最能够在武器和军装的制作、军旗和阅兵的历史发展中表现出来。我们可以从浩如烟海的人类军事与战争的历史中，将武器、军装、军旗、阅兵的历史及其演变专门抽出来，写成一部甚至数部专著，对它们进行审美文化分析。这样这些著作，既可以是深厚的军事文化之书，也可以是生动形象的军事审美之书。它们连接着人类古老的军事生存智慧和战争智慧，也联系着那个时代的社会、历史、经济、科技、文化的发展。作为审美，就是看它们怎样"表征"着人类古老而常新的军事生命力。

什么叫军事生命力？就是能显示军事存在和发展状态及能量的军事动力

与活力。它可以是某一个军人的军事动力与活力，也可以是军事整体，某一社会历史阶段中的军事能量、生存活力与动力。比如铠甲和大刀，原子弹和飞毛腿导弹，它们承载的分别是冷兵器时代（铠甲和大刀）和现代战争（原子弹和飞毛腿导弹）的军事能量、活力与动力。至于铠甲和大刀，作为文物，项羽穿过的铠甲、张飞使用过的大刀，既显示了这两个军人的军事动力与活力，强硬、坚韧、攻无不克的军事强力，也显示了冷兵器时代一般用于战争的军事动力与活力。对这种军事动力与活力的文化分析，再加上审美价值判断，就是对武器的审美价值分析了。

　　归纳起来，我们可以明白，所谓军事美学文化系统分析，究竟分析什么？怎么分析？分析到哪种层次上？也就是，从知识分析，到理性（学理）分析、情感分析，再到军事思维结构的历史发展演变、社会历史价值分析。也就是我们常说的，从军事物质文化，到军事精神文化产品的军事价值分析。一般文化还包括风俗文化、礼仪文化，军事风俗文化好像不是很显著，而军事礼仪文化，和军事的产生一样古老。军事礼仪文化的审美价值分析，依然可以从军事礼仪知识出发，看它们是如何在军事物质文化和军事精神文化的历史演变中发展变化，成为军事文化审美载体，并对它们进行军事价值判断，达到军事礼仪文化审美分析的目的。武器、军装、军旗、阅兵之中，包含着很大部分的军事礼仪成分，或者可以说，武器、军装、阅兵、军旗、军歌，本身担负着军事礼仪的文化价值构成，除了上战场之外，它们担负的主要作用就是规范和构成军队、军人的礼仪之美。

　　总而言之，无论文化和军事文化系统多么复杂，只要我们紧紧抓住"知识"和"功能"两个层次去分析，只要分析得准确和中肯，分析的结果，终归八九不离十。这就是文化和军事文化审美价值分析的主要方法。明白了军事审美文化价值分析的定义和基本方法，下面，我们将对集中体现军事文化的主要领域，武器、军装、军旗、阅兵和军事题材的文艺作品等，进行初步的军事美学审美价值分析。

第一节　武器的审美与文化

对武器的审美文化分析，包含对武器知识、制造和运用功能等几个方面价值和意义的认识和理解。

一、对武器知识、制造和功能的一般美学考察

武器，即兵器。是人类为组织和实施战争而专门制造的作战工具。

武器，专门为战争而制作的杀人工具，会产生美、创造和表现美吗？

我们许多人可能会非常干脆地说：武器不美。因为它用于杀人。

但是，善并不能解决美的一切问题。美，肯定是善的，但并非一切善的都美。东郭先生的善就不美。他同情恶狼，最后差点被恶狼吃掉。同时，并非一切恶都不美。鸦片是毒品，是恶的，但罂粟花，从形态学的角度看，却无比美丽。真善美应该统一，但如何统一、统一成什么美学形态，要具体分析。

武器是人类有目的、有意识的创造物，它是人类物质力量和精神力量，在军事领域的表现和延伸。它不仅有很直接的实用价值，而且有很直接的观赏价值和审美价值。

只要是人类有意识、有目的创造的产品，都必然地在产品身上凝聚着人的意识和观念。"人按照美的规律来塑造物体"，马克思如是说。因此，人类在制作武器的过程中，很自然地融入了自己的审美意识和审美观念。这就是文化。对武器的审美文化研究，就是对人类受时代制约的军事观念的研究。

一部人类兵器制作的历史，就是一部人类科技史和文化史的缩影。所谓兵器文化，首先是制作兵器的文化，同时也是运用兵器的文化。为什么把对兵器的制造、发展、演变的研究称作文化的研究，就是因为我们能从兵器的制作、发展、演变的过程中，看到人类思想、意识、军事生命和军事精神、

武器的审美

科学技术的发展和演变。

　　文化是人类生命和精神的创造和表现。军事文化、兵器文化是人类军事生命和军事精神的创造和表现。

　　兵器和雕塑，都是人类有意识的创造物。它们的相同之处在于，都属于文化和审美。雕塑是艺术，直接地用于审美。雕塑的审美价值大于实用价值。如罗丹的《思想者》，从实用价值角度来考虑，它几乎没什么用处，审美价值却魅力无穷。但它们都有同样大的文化价值。比如原子弹就是人类高科技文化、智慧的结晶。

二、称兵器文化为审美文化的原因

　　把兵器制造放在人类所有创造物的层面上来考察，发现它凝聚着人类精神生命与文化观念。兵器文化的审美是审视一种人类属于军事的精神生命和文化观念。

　　人类在制造兵器过程中，自觉不自觉地运用"美的规律"来塑造物体（兵器），因此，兵器制造本身也在运用美的规律，尤其是形式美的规律，任何一件武器，都有自己的形式。兵器的形式构成法则，如对称、节奏、韵律、和谐等，本身就是形式美的运用和创造。从这个角度看，兵器是人类直接的审美创造物，虽然它的直接目的不是审美。

　　从纯审美角度来考察，兵器制作不同于一般艺术活动，如绘画、雕塑、音乐等创造活动，但和建筑、服饰等艺术活动相同。建筑、服饰在追求实用价值过程中表现文化和审美，兵器制作也必然地在追求实用价值过程中表现文化和审美。兵器文化和建筑文化、服饰文化一样，凝聚着人类的审美意识和文化观念。

　　比如军刀的审美，军刀的制作过程，运用了形式美的创造规律和法则，对称、比例、装饰等。军刀的对称、比例，既考虑实用，作战时易于操作、杀伤力强，又考虑审美，如何好看、美观。不对称、不合比例的军刀，既不好看又不好用。而军刀的装饰主要是为了审美。而且主要是军事美。装饰得杀气腾腾，虎虎生威。

军刀本身是美的。因为它的制作和装饰，符合形式美法则和军事美审美规律。至于日本军国主义者、法西斯匪徒希特勒手中的军刀美不美？杀害谭嗣同、刘胡兰那把军刀美不美？

我们的理解是：

第一，军刀，如果它是按照美的法则，制造和装饰的形式美法则，而制作的，是美的。但，日本法西斯、希特勒手中的军刀，因为同他们丑恶的非正义的军事行为相联系，那是狰狞和血腥，因而是不美的。因为它不是为了善，而是制造恶。兵器的美和审美，实质上是审视一种人类既真且善的军事生命表现形态和内在精神、智慧的美。

第二，武器的审美是审视一种凝聚在它之上的人类军事智慧和精神生命。人类制造的兵器，多得无以胜数。把它们统统排列出来，作为审美对象，会给人不同的审美感受，也会产生各式各样的美。我们只能从总体上把握武器的美学风貌和特征。

首先我们要理解武器本身形式上的美。一副铠甲、一张盾牌，它们的质地、色彩、比例、对称、韵律、和谐等，本身蕴含的形式美法则。

同时，我们还在审视这件兵器制作过程中所表现出的古代兵工匠人工艺技巧的美和创造智慧的美。从结构精良、装饰繁复的古代铠甲上，我们可以看见古代兵工技术的发展已达到相当高精的程度。

形式的美、技巧的美和智慧的美，一旦完美地凝聚在某一件武器上，它就和其他审美创造物一样，成为一个超地域、超时空的审美对象。

三、拙朴、节奏、力量与智慧——人类兵器发展的基本美学风貌

人类兵器的制作和发展的历史，是浓缩了的人类战争史、战争形态史和作战方法史，也是人类经济、文化、科技发展史。

（一）粗粝与拙朴——冷兵器时代武器的美与审美

人类兵器制造，历史悠久，种类繁多。我们的美学考察，不可能搜集齐全它们的种类，一件一件加以美学分析，也不可能细致地考察它们工艺制作和与之相关的社会、经济、文化、科技发展的历史。我们只能从整体上考察它们的美学风貌及其与军事和战争形态的联系。

武器是人类有意识的创造物。只要有意识，并按一定形式法则创造出来，它就积淀着人的精神文化和审美。一方面，制作武器作用于军事与战争，同时也"外化"和"复现"人类军事生命与智慧。

古希腊战船，难道不是人类古老——而今天看来依然是新的——军事生命与智慧的外化与复现么？强悍而自信的军事生命，精巧而高超的军事智慧，外化、复现在这威风凛凛的战船……

我们常说的冷兵器是指弓、箭、长矛、盾牌、钩戟铍锬、大刀木轮、石轮战车和战船等。它产生于石器时代，生产力相对低下，冶炼技术已相对发达。冷兵器时代的基本美学风貌是粗粝和拙朴。冷兵器如弓箭、长矛与大刀的粗粝与拙朴，不是说古代兵工制造者，预先制造这些武器。他们和他们之后的所有兵器制作者一样，都不可能"预先"按照什么美学风貌来制作任何一件用于战争的兵器产品。我们说过，兵器不是人类有意识的直接的审美创造物。哪怕是当今制造的，看起来无论从制作过程还是制作技艺，都不亚于任何一件艺术品的卫星、导弹、隐形飞机，都不是直接的审美创造物。但这并不能在说尽了火箭实用价值的时候，忽略了它的审美价值。因为卫星、火箭之上凝聚的生命意识和创造智慧，几乎和罗丹雕塑上凝聚的生命意识和创造智慧，质量上是一样的。

正因为武器的审美是审视凝聚在武器之上的人类生命意识和创造智慧，所以，冷兵器的审美风范：粗粝与拙朴，正是冷兵器时代，人类军事生命和创造智慧的主要特征。粗粝是它的生命形式，拙朴是它的生命内容。冶炼技术的兴起，生产力的相对落后，科学技术的相对低下，决定了冷兵器时代兵器制造的产品风貌和美学特征。

我们说冷兵器"粗粝与拙朴的美"，其基本意义是，兵器本身，如弓箭，外形，粗粝而拙朴；兵器，如盾牌，给人的审美感受，及它们所蕴含的人类军事生命力，粗粝而拙朴的美。粗粝，也是一种力量的美；拙朴，则是一种指向未来，有良好发展前景的美。因为武器的美与审美，折射的是人类遥远而漫长的军事生命历程和精神历程。

（二）灵巧与规范——热兵器的主要审美特征

热兵器得益于火药的发明。火药发明于中国。西方人把中国的火药的发明技术，研制成子弹、炮弹，运用于战争，引起了战争形态和作战方式的变革。以弓箭、矛盾、大刀为主要作战工具的冷兵器时代，是冷兵器战争形态。其作战方式主要是步兵、骑兵近距离的两军对垒。面对面的拼杀。以枪炮为主要作战工具的热兵器时代，是热兵器战争形态，亦即机械化战争形态，枪、炮、飞机、坦克、战舰等运用于战争，既有近距离的射击，又有远距离的轰炸。

我们分析热兵器的美，不是分析运用热兵器于战场的美。如喷吐火舌的机枪、穿行于硝烟弥漫的战场上的装甲车和坦克，浓烟滚滚的空战和海战。而是分析热兵器本身蕴含的人类兵器制造者的审美意识和文化色彩。以及它们，作为新型兵器文化的创造规律，并由此折射出的受时代历史制约的人类军事精神和生命力。

（三）力量与智慧——从大刀、手枪、飞毛腿导弹看高技术战争兵器的审美

战争的目的不就是有效地消灭敌人、有效地保存自己吗？关云长的大刀，在兵器如林的敌阵中左奔右突，头颅翻滚、血肉横飞。关羽把冷兵器的主要代表——军刀，挥舞出了一种文化，正如马拉多纳把足球踢出了一种文化一样。他们使用的工具不同，前者挥大刀，后者踢足球，在对手云集、陷阱交织、阴谋与阳谋丛生的战场上，横刀立马，左右逢源，如入无人之境。文化，本质上是人类生命的一种自由表现。军事文化，则是人类生命在军事

与战争实践领域的自由表现。然而，关羽在冷兵器上获得的那点自由，当手枪——热兵器的主要代表——出现之后，又显得相形见绌了。关羽的砍杀，毕竟要奔入敌阵，冒着自己亦被砍杀的危险。且，百万军中取某某首级，并非一刀一个准。大刀是笨重的。据载，赵云在长坂坡上一路杀下来，宽大的两袖已鲜血淋漓。那些鲜血是他在奔驰的战马上，怀抱着阿斗砍杀敌兵头颅时喷到他衣袖里的颈血。可见，大刀给予赵云的自由，是有限的，是笨重而粗粝且不雅观的。手枪，造型多样、设计精美的手枪，运用时，可远距离点射、偷射，手起枪响，百步穿杨，挥舞双枪，枪响头落，一枪一个准，自由、灵活，进攻、防卫，干净利落，无后顾之忧。手枪运用于战争，挥舞出一种新型军事生命，其表现形态，从挥舞大刀的笨重美、粗粝美，转换为挥舞手枪的自由美、灵活美。

手枪的诞生，标志着军事生产力从笨重的大刀之下解放出来，完成了从冷兵器到热兵器的变革。但手枪虽然灵活、自由，但毕竟杀伤对方的速度太慢。一枪一个准，毕竟要一枪一枪射，还不一定枪枪皆中。既浪费子弹，射击者亦有被对方射中的危险。导弹的外形和子弹类似，但性能威力、射程、覆盖面、隐蔽性和子弹相比，无法以倍速计。它能从很远的距离向任何需要的地方射击，既大规模地消灭对方作战人员，又毁灭性地摧毁对方军事设施。以导弹为代表的高技术战争武器的出现并运用于战争，标志着战争生产力的又一次质变性质的突破和解放。导弹的运用者获得了更自由灵活的军事空间和生存空间。大规模地消灭对方，尽最大的可能保全自己，在险恶的环境中获得自由，支配着人类发明、研制武器，倡导武器变革、战争形态和方式变革的精神心理结构，是人类不断探索向前的军事意志和生命力。因此，兵器变革与发展的美学意义，它首先是人类在受困受限的军事活动中追求自由、追求完美的军事生命力的象征。兵器变革呈现出的军事自由美，既表现为生产武器的自由创造的美，又表现为运用武器，获得战争生产力解放的自由美。同时，兵器的变革蕴含着人类文化（科技）智慧和军事智慧的发展与变革。

武器的审美，无论什么武器，无论何人创造、运用于何种战争，从人类军事生命发展演变的历程中来看，都是在审视人类追求、创造军事活动的自由美，以及在审视这种追求创造过程中，蕴含和表现出的人类军事智慧美。

武器的美，是军事生命力的美，它的变革与发展的美。我们这里所说的军事生命，既指该武器本身具备的作为某一武器的实际生命力。同时也是人类制造、运用这种武器所显示的生命力。这是人类赋予该武器的，又是该武器所显示的人类军事生命力。它是军事主体与客体的统一。

电子对抗，精密的仪器设备，每一种武器的功能，都显示着一种独特的军事生命和力量，同时也是人类生命与智慧的结晶。

箭镞的飞弹、子弹的点射、飞毛腿的大规模覆盖对人与物的摧毁，它们各自代表着不同的战争形态，同时也记载着人类军事与智慧发展的生命历程。把它们放在军事博物馆，作为军事美审美对象，无论是我们看到的还是它赋予我们的，不正是一种种军事生命存在过、表现着的形态么？箭镞时代的铁马金戈、手枪时代的捭阖纵横、飞毛腿时代的撼天动地，漫步在人类兵器发展的历史长廊、洋溢在我们周围和心灵世界里的不正是一种种不因历史的变迁而褪色和减弱的军事生命形态么？谁真正理解了它，感悟了它，谁就会真正进入军事的审美。因为你是在同一种属于军事的生命智慧，进行精神的对话。

第二节　战争艺术的审美与文化（上）
——战争本身，作为一门艺术

军事艺术美可分为战争本身，作为一门艺术的美，和为战争而创造的艺术的美。战争本身的艺术美主要指军事思想美、军事智慧美和军事技巧美。为战争而创造的艺术美，主要指反映和表现军事与战争题材的文学、艺术的美。如军事题材的小说、诗歌、散文、戏剧、舞蹈、音乐、绘画、雕塑、建筑、电影电视等。

战争，作为一门艺术的美，首先表现在战争指导者，深刻地把握战争全局，正确认识战争和战争指导规律的基础上，自由地创造新型的战争时间与空间，克敌制胜，达到战争目的。

一、军事艺术美首先是一种军事智慧美

美的基本含义，在古希腊哲人那里有二：一是智慧；二是技巧。军事美的基本含义，就是军事智慧和技巧。军事艺术美，是军事智慧和技巧美的集中表现。

什么叫军事智慧？军事智慧为什么会是美的？

智慧是人的内在精神和心理品质。智，是具有才智和办法，而且是独特的正确的办法。智的反面是蠢。蠢，可能也有办法，但这种办法既不独特又不正确。所以，蠢就是重复别人的错误办法的思想和行为。宋襄公"不鼓不成列"，蠢在重复别人的办法；鸿门宴上项羽沽名钓誉，不杀刘邦，蠢（按照范增的观点来看）。东郭先生怜惜恶人，反差点被狼吃掉，蠢。蠢就是笨，笨就是丑。一切独特的正确的思想方法和行为，都是智的表现。智就是美。同理，军事活动中，一切独特的正确的军事思想方法和战争行为，都是智的表现，也就是军事美。

军事艺术美之中的军事智慧美的第一个性质是军事方法和战争手段的独特性。

再讲"慧"。慧，聪慧、敏捷、灵动、活跃。一句话，灵活和灵巧。一切灵活的、灵巧的、动态的、显示着生命活力的军事方法与行为，都是"慧"的且美的。相反，一切僵死、呆滞、无生气的军事思想和作战行为，都是拙劣的丑的而且注定要失败的。例子很多，三大战役中，郑洞国固守长春，卫立煌固守沈阳，黄维固守双堆集，杜聿明固守陈官庄，固守死气沉沉的一个村子或一座孤城，这本身就是呆滞的、僵死的、无生气的，因而也就不是军事"慧"与美的。

攻打长沙失败了，毛泽东拒绝执行上级继续攻打长沙的命令，毅然带领队伍上井冈山，于是一种动态的军事格局诞生了。动就是敏，就是慧，就是

美。如果继续攻打长沙，这支新生的革命力量，会全军覆没，亦未可知。中国历史亦会改写。毛泽东并非没有打过败仗。他是人，也不是神。或者说，是一次次的失败和亲人战友的流血牺牲，把他锻炼和造就为战争之神。四渡赤水不是毛泽东军事艺术美的杰作么？有谁知道它起因于一场失败的战斗？土城，赤水河边一座小小的村镇。遵义会议后，毛泽东"新官上任"第一把火，攻打土城，但失败了。攻打了三天三夜，不下。连朱德也亲自上阵督战，如果再攻，就是蠢。毛泽东毅然决定，不攻了，部队过不了土城，就退回来渡赤水。于是，四渡赤水，最精彩的一笔诞生了。毛泽东的军事智慧美，就美在他军事思想和战争行为的独特、创造、生动、灵活，在行动中消灭敌人，显示自己的军事生命的力量与美。灵活机动的战略战术，是毛泽东军事智慧美的核心。

思维的独特，方法的灵活，构成军事智慧美的基本内涵。古今中外军事与战争实践，概莫能外。它源于军事主体对军事客体的正确认识和把握。比如，上面我们分析诸葛亮、毛泽东的军事智慧美，就源于他们对敌情、我情、军情、国情乃至天文、地理的正确认识和分析把握。

军事智慧是一张思想的犁，在荆棘丛生的战争土地上，开出一条载满血雨与鲜花的路来。

二、军事艺术美主要表现为一种军事技巧美

技，是技术、技法；巧，是巧妙、灵巧。灵活而巧妙的技法，就是技巧。如果军事智慧是侧重指内在思维形态的军事艺术，军事技巧则指军事艺术的外在表现。有什么样的智慧，就有什么样的技巧；灵活巧妙的技巧，总蕴含着独特而生动的智慧。军事技巧是方法形态的军事艺术。并非一切军事方法都是技巧。愚蠢的方法，过时的方法，刻舟求剑、墨守成规的方法，就不是技巧。所以，并非一切军事方法都是美的，只有那些独创、灵活，符合敌我双方形势、符合战争指导规律的方法和技巧才是美的。

"围剿"江西革命根据地，蒋介石采取"步步为营"的方法，但不是技

巧。从思维方法上看，呆滞而刻板。那么广袤的军事环境，尤其是广大农村地区。"步步为营"，等"营"扎好了，军事形势也变了。——呆滞的作战方法不是军事技巧美。

反"围剿"时的"左"倾机会主义分子采用"御敌于国门之外"的方法，是笨而不是"巧"。他们不知或无视敌我双方军事力量的巨大差异，也不知据敌情我情采用灵活的御敌方法，如土堤挡洪水。如果敌没挡住，国门洞开，损兵折将——固守的作战方法不是军事技巧美。红军长征中，蒋介石欲全歼红军主力于崇山峻岭、穷山恶水之中，单从作战方法上来看，不可谓不精心缜密、气势汹汹。但何时围、堵何处，如何追、何处截，"蒋介石的算盘，多年来是由我们给他拨的"。毛泽东说得风趣而幽默。布置好了大口袋，红军并不钻，毛泽东已改变了行军方向。追至江边，蒋介石的队伍只能捡到红军扔下的一双草鞋。石达开在大渡河全军覆灭，蒋介石就断定毛泽东必定成为第二个石达开，并由此派兵布阵。守株待兔、刻舟求剑，这些被古人反复嘲笑和讽刺的思想方法，蒋介石全用上了。所以，墨守成规的作战方法，也是不美的。

毛泽东的军事艺术和军事技巧，着着皆巧，着着皆美。在党内"左"倾机会主义军事领导者把眼光盯着大城市，试图"一省数省取得胜利"之时，他带着队伍上了井冈山，到广大的农村与敌人周旋。"星星之火，可以燎原"，"打得赢就打，打不赢就走"，"你打你的，我打我的"，"敌进我退，敌驻我扰，敌疲我打，敌退我追"，"运动中歼灭敌人"，"与其伤其十指，不如断其一指"，自由、灵活、运动、变幻。"静如处子，动如脱兔"，完全掌握了战争主动权，符合敌强我弱形势下的军事与战争指导规律。

由此，我们可以看出，军事技巧美在于，它来源于对战争客观实际状况的认识，符合战争规律的"真理"，它是真的。军事技巧美还在于，它在军事与战争实践中是用得灵的，某种上乘的军事技巧创造出上乘的军事生命，并取得胜利；相反，某种拙劣的军事技巧却会弄巧成拙，窒息军事生命，遭致失败。"真"且"善"的军事技巧在战争活动中，通过军事主体的实践，在战斗中表现出来并取得胜利，这就是美的。

三、对军事智慧美与军事技巧美的再认识

我们说能取得战斗胜利的军事智慧和技巧是美的，只是一方面。

第一，我们要强调的是，只要来源于正确的军事理论与战争实践，军事智慧和技巧本身就是美的。比如《孙子兵法》，它所包含的军事智慧与技巧，超越了军事智慧而成为一般的人类生存智慧，它本身就具备永恒的美的魅力。"远而示之近，近而示之远"，诡道也；"攻其不备，出其不意"，"避高而趋下，避实而击虚"，谋也；"不战而屈人之兵"，善之善者也。这些辩证的思想和方法本身就是美的。

第二，军事技巧并非取胜的唯一方法。巧胜，只是取胜的一种方法。取胜的方法还有许多。孟良崮，就只有硬攻；上甘岭，也无法巧胜；淮海战役，六十万对八十万，毛泽东说，就是一锅夹生饭，也要把它吃下去。这就是硬办法甚至是笨办法。柴着了火就要燃，箭上了弦就要发。这里的硬与准，也包含着毛泽东军事艺术美的另一个侧面：把握机遇、瞅准时机、敢于硬碰硬的胆量和决心。再如，红军长征，四渡赤水，可以巧胜，雪山草地，就只有靠意志和毅力，去跨越和攀登。金沙江可以巧渡，大渡河上的铁索桥，也就只有靠硬拼才能渡过。

军事艺术美的智与巧，不是为智而智、为巧而巧。该智则智，该巧则巧；该守则守，该攻则攻。军事艺术美实际上是军事主体辩证心理过程的流动的美。它是随客观实际的变化而采取自由灵活的方法，来处理复杂多变的军事与战争问题，克敌制胜的军事手段和技巧的美。

第三，军事智慧美，在阶级社会中是永存的。军事技巧的美在于它的独特性。比如诸葛亮的空城计和草船借箭，它们作为思维形态的军事智慧，如虚与实的辩证法，对经验与心理状态的认识和把握，天文、水势、自然环境的运用，是有永恒意义的。但作为一种军事技巧和方法，却不可反复运用，重复。高技术战争发展到今天，伊拉克、南联盟都无法再演空城计，即使空城，也无法逃脱多国部队的地毯式轰炸；面对飞毛腿导弹的袭击，谁也无法照搬草船借箭的技巧。但虚虚实实的技巧，抓住对方心理弱点制定战略战术

的方法，却对于今天和将来战争的指导者，具有永久的意义。

军事艺术美的本质在于它本身蕴含的军事价值和在实际战争的运用过程中所创造表现出的具有高超军事智慧的军事价值。

四、军事艺术美的最高境界是自由地创造和驾驭战争

把战争作为一种军事生命与文化来独特创造。军事艺术美，和其他所有艺术一样，是创造艺术生命和军事生命的自由美。这是一种军事现实的自由美，也是一种军事精神和心灵的自由、创造美。

创造就是给世界带来一种全新的、从未有过的东西。只有创造，才有欢乐。军事艺术美的最高境界就是自由创造的境界。军事艺术给战争主体带来的美感就是自由创造的快感。所以，每一场战争的胜利都会给军事主体带来创造的美感。当然这种美感和快感是在严酷的、你死我活的斗争中获得的，因而更显得其珍贵，甚至美感中蕴含着无边的沉重和苍凉。毛泽东的词，"战地黄花分外香"、"苍山如海，残阳如血"，流露的就是一位伟大的军事艺术创造者"雄浑而苍凉"的审美情怀。自由源于对客观规律的正确把握。毛泽东军事艺术美和自由也来自于他对客观世界和战争规律的正确把握。

四渡赤水所表现的军事艺术的自由美：

第一，军事思维的自由。面对几十万大军的围追堵截，毛泽东采取你打你的、我打我的的作战方法。打得赢就打，打不赢就走。打哪里，走哪里，完全按敌我双方军事态势的发展变化而定。摆脱敌人、消灭敌人，目标明确。如何摆脱、如何消灭，主动权全在我手。

第二，行军路线的自由。一渡赤水，过江往西，敌兵急调川江布防，红军避强击弱，消灭王家烈部，调头东渡赤水。敌防线全被打乱。红军佯攻遵义，蒋介石亲临贵阳督战。红军于茅台镇三渡赤水。蒋又再次川江布防，我军又秘密北上，折向东进，于二郎滩、太平渡，再渡赤水，把敌重兵甩在赤水河西岸地区，又南渡乌江，巧妙地跳出敌人合围圈。

红军小而精，穿插攻退如行云流水；敌兵多而杂，每一次"渡赤水"都

引来敌军疲于奔命地调来调去布防。这样来回折腾，颠来倒去，使敌人强者拖弱，弱者拖死。

第三，作战方法的自由。能吃掉就消灭，不能吃掉就避之夭夭；或佯攻，或虚张声势；或声东击西，使敌人不知道红军主力在哪儿，不知道红军每一步行动究竟想干什么。最终，只能望着红军远去的背影，望水兴叹。

第四，作战目的的自由。红军的每一次作战行动，一手拨自己的算盘珠子，一手拨敌人的算盘珠子，或为了拨敌人的算盘珠子而拨自己的算盘珠子。每一步都达到了自己的目的。许多着棋加起来，又达到了自己的整体目的。

四渡赤水是毛泽东军事艺术美的杰出典范。他像优秀的棋手，于险恶的杀机四伏的棋盘上，把敌人的棋子全部揽入自己通盘考虑之中，杀出一盘绝妙的好棋，像高明的战争厨师，借赤水河的山光云水，烹饪出一道隽永的好菜。胸装全局、精心调配、灵活多样、把握火候、自由操作，军事艺术的美，就是这样创造出来的。

归纳起来，作为战争形态的军事艺术美，首先是思维形态的军事智慧美；第二是方法形态的军事技巧美；第三是思维与方法结合形态的军事艺术最高审美境界：创造美与自由美。

五、对军事艺术——战争指挥艺术的审美文化研究

（一）知识研究

对军事与战争指挥艺术产生、发展、演变的知识层次的研究。比如，中国军事与战争指挥艺术史研究，西方军事与战争指挥艺术史研究。美国、法国、意大利、印度等国别军事与战争指挥艺术史研究。还有断代军事与战争指挥艺术史研究，如，中国古代战争艺术史研究，中国近现代战争艺术史研究，先秦、两汉、唐宋、明清战争艺术史研究。还可以是某一支军队战争指挥艺术研究，比如，太平天国战争艺术研究、湘军战争艺术研究、中国人民

解放军战争艺术史研究等等。着重对战争艺术的知识介绍，比如，什么叫三十六计、什么叫围魏救赵、什么叫空城计等等。

（二）思维、智慧、技巧研究

对战争艺术思维层次和军事智慧、技巧层次的研究。比如，中国的"三十六计"也好、"围魏救赵"也好、"空城计"也好，西方的"间接路线"也好、现当代机械化信息化战争作战方法与技巧也好，对这些军事艺术所包含的军事思维、军事智慧和作战技巧的研究。"兵者，诡道也"。介绍"兵者诡道"的知识，属于知识层次的战争艺术文化研究。分析"诡道"包含的军事思维，比如"间接路线"，"战争中，最长的距离某种时候是达到目的最短的距离"，并怎样以此思维为依据制定作战方法与技巧，就是思维层次的军事艺术研究，如果这种军事价值是正面的，对社会历史起到了推动作用，就属于军事艺术的审美研究了。比如，长征中毛泽东的军事美学思想，既有他高超的军事思维，也包含着高超的军事智慧和技巧，同时也对保存红军、北上抗日到最后打败日本帝国主义和埋葬蒋家王朝，建立了新中国，推动了中国历史向前发展中的作用等等综合起来研究，就属于对毛泽东战争艺术的文化研究，也属于对毛泽东战争艺术的审美研究。

（三）战争观念研究

对战争艺术产生、发展、演变过程中，表现出来的军事观念的研究。战争艺术不一样，其背后的战争观念和军事观念也就不一样。虽然我们没有看到过这样的战争艺术史，比如，美国战争艺术史、法国战争艺术史、俄罗斯战争艺术史、印度战争艺术史、中国战争艺术史、中国人民解放军战争艺术发展史，但是，无论从军事理论上，还是从军事与战争实践的现实看，这类著作都应该诞生。因为这样的著作，不仅是战争艺术的知识介绍，而且更重要的是对战争艺术包含的军事思维、军事智慧和作战技巧及其运用价值、实践价值的分析，综合起来，就是战争艺术的文化价值和审美价值研究。

六、对战争艺术系统审美与文化研究的再认识

下面这段关于战争艺术的基本知识，可以给我们理解"战争艺术审美与文化研究"提供清晰的思路：

战争的艺术，一般来说，包括五种纯粹军事方面的学问——战略学、大战术学、阵中勤务学、工程学，以及战术学。

另外还有第六种学问，而为一般人所不认识的，似乎可以叫做"外交与战争的关系"。虽然这一门学问与政治家的关系，要比军人更深。不过这确是不可以否认的，假使说一个低阶的将领对于这种学问是没有什么用处，可是一个军团司令以上的高级将领，则决不可不懂这种知识。它和战争的发生，与战争的指导，都具有重要的关系。

（一）政略：政治家的行为与战争的关系。

（二）战略：在战场上指挥大军的艺术。

（三）大战术。

（四）阵中勤务学：调动军队的艺术。

（五）工程学：要塞的攻守技术。

（六）小战术。

若将"战争"所需学问统称为"军事学"，层次区分应如下：

1. 科学（技术）

现今军事作战是以军事武器的运用为主，因此军事的根本在于科学技术，基层所需学习者为技术，须先灵活与熟用各种军事技术。

2. 美学（艺术）

已充分掌握技术，并能将技术活用至化境，有如行云流水，其层次明显较高于纯科学范畴，即"技精而成艺"。

3. 哲学（道）

对于军事的运用，已创造自成一家言的军事理论，即"艺精而入道"。

若以数学方式形容：

1. 点——▶战技（单兵战斗技巧），个人部分，单一个体在战斗时所运用的技巧。

2. 线——▶战术（群体战斗技术），群体部分，自伍至营，结合并指挥群体在战斗所使用的技术。

3. 面——▶战略（军事战略、野战战略），亦是群体，自师旅至军种（陆军、海军、空军），统筹各战术予以指挥运用。

4. 体——▶大战略（国家总体战略），战争的艺术在于双方所应用的战略技巧。也在于它的结果，更在于在战争中人们明白的事情，同时也让人们知道战争给人民带来了什么。战争实际上是人与人之间智慧的换算，是国与国之间利益的缩影，是地球与外星之间的生存斗争。而现在，是我们共同的思想斗争！

上面引述来自百科全书对军事艺术的名词解释，要说明的是，关于军事艺术审美文化研究的问题很多：

军事艺术审美文化，首先表现为军事艺术知识。因为，上面对军事艺术概念、范围及其作用的阐释，每一个字都可以属于军事文化。什么叫军事艺术？军事艺术有什么特征？军事艺术主要指哪些方面的艺术？这些艺术是怎样产生的？它的作用和结果如何？回答这些知识，本身就是军事文化。它们是人类对军事艺术定义、特点、种类、作用的理性认识。但是，知识层次的军事艺术文化研究，还不是审美研究。只能说，这些知识层次的军事文化，有通往审美层次的军事文化的可能性。

那么，知识层次的军事艺术与文化研究，要怎样才能上升到审美层次的军事艺术文化研究呢？

第一，从知识到技巧，再到智慧，是军事文化走向审美的基础。比如，军事艺术中，点——战技，个人；线——战术，群体；面——战略，集团；到体——大战略，国家。这一层层的显示、定位和表现，就属于什么研究。因为它们的定位和确立，都包含着军事智慧。没有什么具有智慧和技巧的事物，不是美的事物。

第二，从智慧到功能，再到思维，是军事文化走向审美的关键。比如，无论单兵技术、群体战术，还是战役战略、战争战略、国家战略，只要它们很好地发挥了各自的功能，就可以走向审美，而且必须是审美。这里的功能包含两个方面，一是战争中的实用功能，就是，某种包含着军事智慧的战术、战略，完美地达到了战争目的，消灭敌人，保护自己，就是属于具有军事审美价值的战术、战略功能；二是这种战术、战略的社会、历史功能，它们在战争中，起到了惩恶扬善、维护人类正义与和平的社会历史作用。两者合二为一，就属于军事艺术从一般文化层次，上升到了审美层次。对它们的研究，也就属于军事艺术审美文化层次的研究。

第三，从战争技术到战争艺术，从战略思维到战争规律，从娴熟的战争技艺，到明道（规律）的自由驾驭战争，是军事文化走向军事审美的最高境界。根据上面所引文章，关于军事学解释的三个层次，从军事科学、战争技艺，到军事美学、战争艺术，再到军事哲学、战争规律，每一个层次都可以说，本身就是包含着军事审美与文化。战争技艺是美的技艺，战争艺术是美的艺术，战争规律(战争艺术的审美与自由)是美的规律。举个简单的例子："围点打援"，作为一种军事艺术，定义上是美的定义，因为它符合战争规律；行为上是美的行为，因为它符合惩恶扬善的战争目的；思维上属于美的思维，因为它显示了战争指挥者明白了军事与战争和特定战役、战斗的取胜之道。军事的审美与自由和战争规律（战争实践）的契合与融合，达到了军事文化走向军事审美的最高境界，由此可见一斑。

"技精而成艺"，"艺精而入道"，"进入化境，如行云流水"，就是这种军事文化进入军事自由审美最高境界的精准描述。

第三节　战争艺术的审美与文化（下）
——作为表现军事与战争的艺术

对表现军事与战争的艺术进行审美文化分析，依然是从它们包含的知识、技巧、智慧、情感、价值、功能和思维等层次入手，去观看、感悟和领略人类军事艺术的艺苑奇葩，以及军事、战争、军人生命和心理的崇高、雄奇与悲壮。

一、对文化形态的军事艺术美的基本看法

和军事艺术本身的深邃神奇、斑斓多彩比较起来，作为表现军事与战争的艺术，如小说、诗歌、绘画、舞蹈、雕塑、影视等，其规模的浩大和意蕴的深远，又远逊于军事艺术本身了。本来我们的军事美学不打算论及表现军事题材的文学艺术作品。因为，我们建构军事美学体系的时候有一个标准，就是严格地限定在人类军事活动本身的美学研究和审美分析，我们认为反映军事题材的文学艺术作品，其深度、高度和规模，都不能和军事本身相提并论。这不是我们有意贬低军事文学艺术的审美实践，而是从艺术与现实的审美关系来看，艺术，无论多么生动美妙，也难以和现实本身媲美。这是车尔尼雪夫斯基的观点。我们不是盲从车尔尼雪夫斯基。我们只是认为军事本身的美，太博大神奇了。艺术远不能达到它的高度和深度。黑格尔不同意车尔尼雪夫斯基的观点，他认为艺术，哪怕是一种无聊的幻想和想象，也比现实更美更高更典型。他是从美学基本原理的角度来认识艺术与现实的审美关系的。我们认为黑格尔观点不太适合军事美。试问，哪一种即使"有聊"的幻想和想象，会比赤壁之战的美、三大战役本身的美更高更典型呢？

我们对文化形态的军事艺术美的基本看法是：正义的军事活动与战争活动本身，创造了无与伦比的、威武雄壮的战争史诗、英雄史诗、社会生活史诗。从艺术与现实的审美关系来看，艺术美，从军事美的角度看，它本身就达不到军事现实美的高度。其他领域，如维纳斯的美，肯定是现实中任何一位女性也无法比拟的。维纳斯既是人，更是神。她凝聚着人类远不止关于人的女人的"审美范式"和审美理想。她是人类现实生命土地上升起的一束理想的美与生命之光。高贵典雅，古典静穆，带着神性，辉映千古。这样的艺术当然高于现实，可是，《荷马史诗》是军事与战争题材的文学杰作。但英

雄阿克留斯的征战生涯和英雄命运，同古希腊海战的千帆竞发、古罗马军团在大平原上的对垒厮杀，比较起来，虽然可以说是两种形态的美，我们还是认为，艺术中已表现出的军事美，还远逊于军事与战争所创造的美本身。中国历史上进行过多少史诗般的战争？却只留下类似于史诗的《三国演义》和《水浒传》，及一些诸如边塞诗之类的军旅诗人的篇章。20世纪中国的战争，其规模、意蕴与戏剧性都卓越千古，但20世纪中国的军事文学艺术作品，哪一部可以无愧于"战争史诗"的殊荣？我们应该从这样的角度来认识军事的美和表现军事的艺术的美。我们也不是抬高军事美、贬低军事艺术美。军事活动本身创造的那种美，还没有完全被现当代作家艺术家完美地表现出来，光耀千古。从人类艺术的审美实践活动来看，军事艺术还没有完全建立自己的"艺术范式"和审美理想。军事艺术领域还缺少维纳斯那样的军事生命史诗和达·芬奇、罗丹那样的人类精神巨匠。但，纵观古今中外军事题材的文学艺术作品，我们也能看到和感受到军事艺术美的折光。和其他文学艺术一样，军事题材的文学艺术也表现了一幕幕威武雄壮的时代与战争历史画卷。军事艺术美，也包含着与其他艺术美不同的属于军事与战争的艺术精神、审美意识和美学风貌。

二、粗粝与柔情——军事艺术美的艺术精神

艺术精神是支撑着该艺术基本特征的精神内核。它可以是艺术品传达出的某种韵味，还可以是组成该艺术材料的基本特征。军事艺术的基本特征和韵味，从材料、形式、手法、语言上看，是柔情的。这种柔情，可以是描绘对象的心灵境界，也可以是军事艺术主体创造者的审美情怀。

粗粝的美，是一种顿挫的力量的美。它是军事本身那种金属与生命碰撞，发出的艺术的声音。中国古典诗歌中的军事语言艺术美，使人一读就会领悟到铁马金戈式的特殊韵味。

先比较一下中国诗史上这两首最古老的诗歌。

> 断竹，续竹，
> 飞土，逐肉。

　　这不是一首军事题材的诗。它是对古代先民打猎场景的描绘。砍断竹子，制造弓箭，在尘土飞扬的猎场上，射杀一头头飞奔的猎物。语言粗放，也有力量，但不是军事美。群体围猎场景，平和、欢乐，人在跑，兽在奔，甚至还有点优美。

　　下面一段：

> 公毋渡河，公竟渡河。
> 渡河而死，岂奈公何？

　　这是对一场战争中某一场景的描绘。公，可能是屡经百战的军事首领。叫你不要渡河，你偏要强行渡河，渡河之中战死或淹死，我可拿你怎么办呢？这首诗的语言也粗放，重复之处甚多。四字一句，句句顿挫有力，于顿挫有力的诗句中细细品味，又有一种刻骨的凉意——染上军旅生涯的刻骨凉意，袭上心来。

　　这就是军事美，粗粝的美。实际上就是这种带着寒光的铁马金戈味。这种味，在"断竹"诗里是无法读到的。军事艺术美和一般艺术美的区别，正在这里。

　　粗粝、寒冷、铁马金戈，是军事艺术最显著的美学特征。

> 万里赴戎机，关山度若飞。
> 朔气传金柝，寒光照铁衣。
> 将军百战死，壮士十年归。

　　《木兰辞》，军事艺术美的光辉典范。以上六句，匆匆勾勒，线条粗放，也一字一顿，传达出一种力量；传达出一种韵味，寒气袭人。它是粗放美与力量美的统一。清冷的月光，映照在北方的旷野上。月光下，为国征战的女子，身披的铠甲，寒光闪闪，最真切动人的古代女子征战图，英武、豪壮，衬托出一种永恒的军事生命美的意象。一个"死"，一个"归"，浓缩了漫长的恶战与荣归的悲壮历程，突现战争塑造出的军事生命力与美的光辉。

同为写女子，我们读一读《洛神赋》、《陌上桑》、《孔雀东南飞》，绝对读不出《木兰辞》这种粗粝、寒冷的铁马金戈味。军事艺术的粗粝美，是战争塑造和赋予的人类生命和军事生命韵味，狂放而有力，寒冷却不低沉。蘸着战争寒意的粗粝与豪放，是最动人的昂扬的军事艺术美，军人生命美。

> 北风卷地白草折，胡天八月即飞雪。
> 忽如一夜春风来，千树万树梨花开。

雄奇粗放、寒意冰凉又昂扬豪壮。唐代边塞诗，像一朵朵染上战争血火的心花，盛开在人类精神沃土上。给我们心灵一分凄凉，几分豪壮。这就是军事艺术粗粝美的韵味和力量。

我们在这里强调的军事艺术美的粗放与力量，不是有意抬高粗粝美的军事艺术审美价值，而是说它本身，是军事艺术美的精神内核，不是我们上面列举的几首诗才具备这种审美特质，而是一切军事艺术都必然具备"粗粝"的美学特征。

比较一下《三国演义》、《水浒传》和《聊斋志异》、《红楼梦》，你能明显地感受到什么叫军事艺术美。《三国演义》、《水浒传》的结构粗放、语言粗放，人物性格也粗放有力，这种粗放有力的金属味，你在《聊斋志异》、《红楼梦》里绝对读不到。沈培艺的舞蹈《长征》、《丽人行》，动作形体粗放有力，是军事艺术美；杨丽萍的舞蹈《孔雀舞》、《蛇》、《根》，灵动而富有哲理，是隽永的艺术美。一句话，只要是军事艺术美，它都必然地染上军事本身的审美基质。粗粝奔放、寒光照人。

军事艺术的基本精神——粗粝，创造了一种军事生命。军事艺术的审美，无论是读军事题材的古诗，看军事题材的小说，还是观看沈培艺、刘敏军事题材的舞蹈，都是在审视这种军事生命。

三、冷艳和凄美——军事艺术的情感特征

艺术贵在抒情。军事艺术抒发的是一种宏大之情、旷达之情、豪壮之情，更是一种冷艳的柔美之情。是艰苦出征、出生入死、生离死别、壮志难酬、撼天动地的执着深情。

军旅诗人有一般诗人的艺术情感，这种情感因特定的人生环境和心理环境，表现得更执着、更深情。它们一旦在军旅生涯中萌发，在战争血火中煎熬，在金属与生命的撞击之下闪耀，就必然闪烁着战争的寒光，温柔、隽永，带着冷艳的美感特质。

冷，指寒冷。寒，是带着金属味的寒，不单是冷，还带着力。艳，即丽，鲜活的丽、斑斓的丽。军事艺术冷艳之美，实质上是它的审美情感特征：带着金属味的斑斓和美丽。

最著名的《诗经》中，"昔我往矣，杨柳依依；今我来思，雨雪霏霏。"据说，描绘的是一位男子出征、归来时和亲人团聚的场面。它没有正面描写战争，描写的军人"业余"生活情感。杨柳，是这种军人情感流动变迁的见证，也是军事艺术美的化身。

为什么"杨柳依依"的欢乐团聚场面之中会隐藏着"雨血霏霏"的凉意和冰冷？那就只有让我们的审美思绪在"雨雪"与"依依杨柳"之间去填充。生命和情感，在征战生涯中流逝。今日雨雪的冷和昔日春光的艳。迎风的柳枝上摇曳着军人生命在寒冷的征战岁月中流逝。情感是美的、艳的，骨子里缠绕着一丝冰冷。

浓郁美艳而又刻骨冰冷，几乎是一切军事艺术的情感特征。《诗经·无衣》中"与子同仇"，"与子同袍"，同披战袍，同仇敌忾，不正是又冷又艳的情感写照？"星汉灿烂，若出其中；日月之行，若出其里"，面对大海，曹操的审美感情，何等雄奇而美艳！但是，开篇一句"秋风萧瑟，洪波涌起"，已给人定下了凄冷的调子。"白骨露于野，千里无鸡鸣"，难道还不足以让一位情感丰富、战功卓著的军旅诗人感到铁的寒冷么？

笔走龙蛇的毛泽东书法，军事艺术审美

> 长安一片月，万户捣衣声。
> 春风吹不尽，总是玉关情。

为什么？玉关正在征战和搏杀。而月光下的思念之情，此刻又躁动着怎样的寒冷！凄美的柔情，总是那样悱恻缠绵在一代又一代军旅诗人的心中，虽然他们的审美情怀，照样是那么宏阔而悲壮。

"羌管悠悠霜满地"、"沙场空照征人骨"、"将军白发征夫泪"、"铁马冰河入梦来"、"楼船夜雪孤舟渡，铁马秋风大散关"，这些脍炙人口的军事艺术美的名句，哪一首不是浮载着冷艳之美，向我们的审美情感袭来？"人生自古谁无死，留取丹心照汗青"，横空朗照的军人之魂，总是泛着晶莹的寒光。即使如一代军事巨人毛泽东，创造的军事艺术美也是这种古老军魂的现代交响。

> 西风烈，长空雁叫霜晨月。

开篇就有凄美的寒光，映照着艰难困苦的恶战岁月。

> 金沙水拍云崖暖，大渡桥横铁索寒。

水拍云崖的暖是什么暖呢？骨子还是寒。

> 北国风光，千里冰封，万里雪飘。
> 望长城内外，惟余莽莽。
> 大河上下，顿失滔滔。
> 山舞银蛇，原驰蜡象，欲与天公试比高。

至此，我们终于可以明白，那些卓绝千古的军旅诗人们，为什么那么爱写"风"、"霜"、"雨"、"雪"、"月"，这些经战火淬就的文字，字字珠玑，都是他们军人情感和生命的化身。毛泽东的《沁园春·雪》，磅礴、雄浑之中，深深浸润的，只是一个"寒"字。"惜秦皇汉武，略输文采；唐宗宋祖，稍逊风骚"，不寒么？"一代天骄，成吉思汗，只识弯弓射大雕"，不寒么？

因此，毛泽东《沁园春·雪》的美学意义，是他几十年征战生涯和情怀的复现与外化。他借雪与历史，塑造了一种永恒的军事生命形态：雄浑而柔婉、冷艳而有力的军事美。寒，不是消极和悲观，而是军事生命本身的力的属性和铁的光晕。

其他军事艺术美是不是这样呢？大体是这样。当我们漫步在南京大屠杀纪念馆，当我们吟起"滚滚长江东逝水，浪花淘尽英雄"，当我们望着耸入云霄的人民英雄纪念碑，我们的审美感受，不正是一种昂扬的力和彻骨的寒紧紧缠绕着我们的心灵么？

冷艳的美，作为军事审美创造主体，是军事赋予的审美情感特质；作为军事艺术品，它是该艺术所具备的审美特质；作为读者，它是审美观照之下的审美感受。只有浸染着军事生命的艺术生命，活跃在文本之内、作者和读者心中，军事艺术的美才完成了它的创造和再生。

军事艺术这种冷艳的情感特征，还集中地表现在这类文学艺术作品中的爱情描写上。西方最著名的军事文学艺术作品，如小说《静静的顿河》、《钢铁是怎样炼成的》、《战争风云》、《战地钟声》等，电影《夜茫茫》、《魂断蓝桥》、《这里的黎明静悄悄》等，都有一流的爱情描写。这些生死线上的爱情，是人类情感沃土上开出的一朵朵冷艳的花朵。说它冷，就冷在战争的严酷、命运的凄婉哀伤，以及男女主人公对待爱情、超越爱情的精神境界。说它艳，就艳在爱情本身的力量和生命的色彩。在那样的军事与战争环境中，把爱和生命写得越生动形象、健康蓬勃，越能表现人类至真至美的心灵境界和情感境界。

20 世纪中国军事文学中出色的爱情描写，最著名的如卢嘉川与林道静（《青春之歌》）、杨晓冬与金环银环姐妹（《野火春风斗古城》）、梁波与华静（《红日》）、娟子兄妹的爱情（《苦菜花》）、牛大水与孙小梅（《迎春花》）、少剑波与白茹（《林海雪原》），还有"我爷爷"的爱情（《红高粱》）、梁三喜的爱情（《高山下的花环》）等，不就是人类情感的土地上，绽放出的一朵朵楚楚动人的冷艳的爱情花朵么？只可惜的是这些至真至美的美丽爱情花朵，在我们后来的军事文学作品中，很难见到了。以至于他们成了军事文学美的爱情经典。

　　生命与爱情之花，只有在生的壮丽与死的辉煌映照之下，才开放得格外艳丽而灿烂。军事与战争，正是这座冰冷的生命舞台，催开一束束躁动着人类热血忠魂的碧血心花。它们闪耀的是军人生命的本真状态。对它们的审美，给我们的不是低沉、不是冰凉，而是一种透彻筋骨的情感净化和灵魂洗礼。

四、豪迈与壮美——军事美的人学与诗学内涵

　　海德格尔说："人以诗意的方式活着"。他的意思是，人的生命，因人之为人"存在"的本质决定，任何一种形象显现，都表现为精神、为美、为诗。如果每一个人的生命，都是一首诗，那么，军人的生命，则是人类生命最壮丽的诗。因为，为正义、真理、和平而存在的军人，以一种最悲壮的生命意象和精神意象而存在，映照并推动人类，跨过悲剧与苦难的历史征程。

　　军事人学与诗学的主要之意，就是：他们（军人）是以死亡征服死亡、以暴力征服暴力的生命。生，对他们是一往无前的豪迈；死，对他们是一种最悲壮、最完美的军人生命塑造。

　　　　青海长云暗雪山，孤城远望玉门关。
　　　　黄沙百战穿金甲，不破楼兰终不还。

　　这是军人人生的生动写照。身穿被黄沙磨破的铁衣，在遥远的边陲，为"破楼兰"征战不休。海天辽阔，大漠苍凉。而军人心底是那样燥热。如果这首诗表达的是军人人生的豪迈，屈原的《国殇》则表现的是死的豪迈："天时坠兮威灵怒，严杀尽兮弃原野"，"首身离兮心不征，子魂魄兮为鬼雄"。头颅和肢体被砍开了，手还紧握盾牌，宁死不屈。而"醉卧沙场君莫笑，古来征战几人回"，表达的则是面对死亡的豪迈。

什么叫军魂？军魂就是磅礴于天地的诗魂。他们总是在人类最苦难的大地上挺立，在悲壮的历史话剧中，用生命筑造精神的丰碑。他们把生命的每一种音符，演奏成走向死亡的豪迈；他们把死亡塑造成生命的完美，视死如归。聆听一首首军人生命的壮歌，没有哪一首，不是生死线上的豪迈，悲剧与苦难中的壮美。而且，最主要的，他们都视生命，不属于个人，而是群体事业的一部分。死亡，是军人生命与灵魂再生的另一种方式。面对屠刀、大炮与烈火，他们都能唱出一首首绝美的诗。平静地，大义凛然地走向完美，融入永恒。邓世昌，一腔热血化碧海；关天培，一副老骨傲国门。真正的军魂，总是一首最动人的生命史诗。

　　　　　我自横刀向天笑，去留肝胆两昆仑。（谭嗣同）
　　　　　此去泉台招旧部，旌旗十万斩阎罗。（陈毅）
　　　　　面对死亡我放声大笑，魔鬼的宫殿在笑声中动摇。（陈然）
　　　　　失败膏黄土，成功济苍生。（周从化）
　　　　　是七尺男儿生能舍己，做千秋雄鬼死不还家。（渣滓洞难友）

　　这些诗篇，豪迈、壮美。模糊了军人生命与艺术的界限。诗，就是他们生命的写照；他们的生命，本身就是最悲壮动人的诗篇。这些浓缩了生命与美的诗句，只能出自能吞钢嚼铁的军人。能作出这样的诗的军人，有什么样的屠刀、大炮、子弹与烈火，能吞没他们的生命？

　　所以，军事艺术美的最高创造境界，就是军人生命的最高境界：生死线上的悲壮与豪迈；军魂与诗魂的时代与历史交响。军事艺术的审美，就是审视人类生命长河里激昂、澎湃着的军人生命风景：美的幻灭与再生。军事美学、人学与诗学，在这里和人类生命与精神的创造与本质相通。

五、军事艺术美：作为美的自然和自然的美

　　当我们对军事艺术进行审美分析和欣赏的时候，还要注意一种美学现

象，就是军事艺术中的自然观念和审美观念。其主要表现在：无论军事题材的小说、诗歌还是绘画、电影，作者都用了相当浓重的笔墨来描绘自然。"杨柳依依"写自然。"青海长云暗雪山"、"北风卷地白草折"、"月黑雁飞高"写自然。这里的自然，是军人军事生涯的生活场景。或在这样艰苦的美丽的自然环境中征战。《静静的顿河》写自然，《林海雪原》写自然，既表现了战士征战环境的艰苦，也表现了军人为保卫美好的大自然而抛头颅洒热血的情怀。保尔面对的自然，是险恶的，更是美的。

战争是社会美，在战争中描写自然美，有独特的军事艺术审美意识。战争是短暂的，自然美却永恒。军人在这样的自然美景中征战，正是为了捍卫永恒的美。军事艺术中的自然美，是军人心灵中爱与美的一种符号。

"战地黄花分外香"。毛泽东这句诗，表达了军事与战争中的深刻的自然审美意识。

军事艺术中的自然美，还表达了军人对自然美，也是永恒的美的热爱。著名的歌曲《老山兰》、《十五的月亮》歌唱的正是军人对自然的审美情怀。《苦菜花》、《迎春花》、《朝阳花》三部小说以花来象征严酷战争中女性军人美的生命。电影《血战台儿庄》有一个镜头，横七竖八的断墙下面的中国军人尸体丛中，有一朵金黄的菊花，迎风摇曳，在硝烟中颤抖。这朵花的美学意义十分丰富、深刻。既是哀悼，又是军人生命美的象征。茹志鹃的小说《百合花》，几次出现小战士摘花来装饰着自己的枪杆。后来小战士牺牲了，那朵花，又静静地映照着他苍白的脸庞。我们的战士对生命与美，是多么热爱。他也带着这种爱，爱生命、爱美、还有朦胧的爱情，走向永恒，这是美的幻灭啊！作者借自然来对战争进行控诉，对战士的生命与美进行讴歌，刻骨铭心、撼人心魄。

军事艺术更深刻的自然审美观念，是把军人或军事环境之中的人的生命作为自然美来描写，揭示更深刻的战争与生命美的哲学。

电影《红樱桃》中，为什么把小姑娘的裸体（不是正面）拍得那么清纯那么美？洋溢着青春生命气息的小姑娘楚楚的裸体只是一种符号，她的背上刻下的纳粹（鹰）的图案，是把最美的自然（楚楚裸体）和最丑的暴力，作为对比。面对这样强烈的美丑对比，我们只能激起对美的更加珍惜和热爱，对丑的更加深刻的仇恨。所以，楚楚的裸体，电影《辛德勒名单》中的裸体，《这里的黎明静悄悄》中把树林、流水中的一群女兵洗澡的场面拍得朦胧绰约、如诗如画，后来，她们都死于战争，既是对战争的诅咒，又是对生命美的讴歌，激起我们捍卫自然、捍卫生命、捍卫美的精神动力。

军事艺术中的裸体美，是在向人们直接宣示一种深刻的自然生命哲学与战争哲学。使我们的生命与灵魂，穿过硝烟与烈火，得到净化和洗礼，更加懂得和热爱美与生命，更加懂得和热爱军人的使命和人生，捍卫美、创造美。为人类至真至美的生命和生存而奋战。

六、军事艺术审美的历史、现状与未来

人类有深厚的军事艺术审美传统。荷马史诗、古希腊悲剧，和我国先秦两汉时代，左丘明的《左传》、司马迁的《史记》，可以说达到了军事艺术审美创造的高峰。《三国演义》、《水浒传》的出现，类似于托尔斯泰的《战争与和平》和沃克的《战争风云》。20 世纪中国军事作家，和福克纳、海明威生活在同一时代。他们的作品都浮现出传统军事艺术美的影子。粗粝、豪放、旷达、冷艳，游荡在他们作品的灵魂。如今，我们生活的世界，以和平发展为主题，大规模的征战，已渐渐退到了历史的幕后。我们的军事艺术审美实践，是不是遇到难题了呢？和千百年来军事艺术审美的辉煌相比，毋庸置疑，目前我们的审美视野中，还没有出现另一类型的军事文化审美高峰。但是，高技术局部战争还在上演，战争给人类带来的巨大精神创伤，并没有完全平复。伊朗电影《乌龟也会飞》，是刻画小人物在战争中灵魂创痛的作品，也显示了一种原始而粗粝的美，得到了世界级艺术价值审美判断和认同，获奖无数。这部作品的内容，表现的是不久前美军入侵伊拉克。可见，即使描写现实军事与战争题材，只要笔触达到了人性的深度，也能够达到艺术审美的高度。

我国目前的军事题材小说和影视作品，正炙手可热。粗粝、豪迈、旷达、冷艳的军事艺术审美特质，好像正在回归。一种粗放、豪放、硬汉、爽

直的军人形象，出现在荧屏上，可能会使我们看惯了软绵绵的情感电视剧的普通观众，觉得耳目一新。具体的篇名和人物形象，我们就不一一列举了。当代军事艺术的这种突破，我们不能忽略它们的审美意义。但是，它们是否就达到了我们尽力讴歌的传统军事艺术审美风范？答案并不是肯定的。我们认为，继承传统军事艺术特质，不能落入俗套。不能为粗放而粗放，为硬汉而硬汉。作出很有粗粝性格的样子来，那样的标签，是不能成为永恒艺术的。应该说，粗粝到看不出粗粝，豪放到看不出豪放，冷艳到看不出冷艳，那才是军事艺术审美的最高境界。这些作品"热"过之后，我们更希望留在脑海里的不仅仅是几个军人硬汉"大喊大叫"的影子，而是可以长久地体会到战争与军人人性、战争与历史命运、战争与人类灵魂的深刻揭示与独特挖掘。

七、对军事艺术——表现战争艺术的审美文化研究

1. 知识研究

对表现战争艺术，也就是常说的战争文艺产生、发展、演变的知识层次的研究。比如，中国战争文艺史研究，西方战争文艺史研究。美国、法国、意大利、印度等国别战争文艺史研究。还有断代战争文艺史研究，如，中国古代战争文艺史研究，中国近现代战争文艺史研究，先秦、两汉、唐宋、明清战争文艺史研究。还可以是某一支军队战争文艺研究，比如，太平天国战争文艺研究、中国人民解放军战争文艺研究等等。着重对战争文艺的知识介绍，按照对军事文艺的分类标准，可以分为军事题材的小说、诗歌、散文、戏剧，以及军事舞蹈、军事绘画、军事书法、军事音乐和军事电影电视艺术作品。

2. 思维、智慧、技巧研究

对战争艺术（战争文化、战争文艺）思维层次和军事文艺智慧、文化技巧层次的研究。

我们常常反问，对某一部战争艺术作品，比如《三国演义》和《水浒传》，比如《静静的顿河》和《这里的黎明静悄悄》，要怎样才属于文化的研究和审美的研究？一般来讲，对它们进行纯粹的训诂学研究、文字研究、时代背景研究，属于知识层次的文化研究，还不属于审美研究。比如对《三国演义》、《水浒传》的地理名词和人物名词进行考察，对《静静的顿河》和《这里的黎明静悄悄》作者身份、年代的考察，可以是文化研究，但还不是审美研究。只要通过这些作品，研究到了《三国演义》和《水浒传》的军事智慧、语言表达和构思技巧，以及它们包含的军事审美意识，就既属于对这些军事艺术进行文化研究，又是对这些军事艺术的审美研究了。这里的军事智慧和技巧，不是《三国演义》和《水浒传》之中那些人物作战的军事智慧与技巧，而是作者撰写《水浒传》和《三国演义》的军事智慧和写作技巧。

3. 审美观念和意识研究

对战争文艺蕴含的战争观念和军事审美意识的研究。一般战争观念，不是军事文艺表达的战争观念。"战争是流血的政治"，这一战争观念，对研究战争本质的作用很大。但是，作为军事文学艺术作品来说，这种战争观念，并不能带来好的文艺。

葡萄美酒夜光杯，欲饮琵琶马上催。
醉卧沙场君莫笑，古来征战几人回。

该诗描写的是战争间歇狂饮美酒的战士形象，抒发的是对军人生命存在价值和意义的思考，和"战争是流血的政治"的战争观念，没有必然联系。虽然打仗要流血，打仗是为了保卫国家的领土完整，他们的使命也属于政治。但这首诗审美意识的着眼点，并不在于这种流血政治的"战争观念"上，这首诗的审美观念，实际上表达的是关于战地的"美"，与军人命运的"悲"，这样一种战争观念。美酒的"醉"，是对这种"悲"的暂时"稀释"和消解。但是，狂醉中吐出的是历来军人生命现实存在状态的"真"，"古来征战几人回"，悲而不苦，悲中有壮。

通过智慧、技巧，到战争观念，及其对军人存在价值和意义的判断及审美把握，到达了从文化研究到审美研究的提升。精神品质、思想感情、人物性格，也是一种文化。分析作品表达了什么样的思想感情，看到了作者和人物什么样的心理状态和精神特征，既属于文化研究，也属于审美研究。

比如对电影《这里的黎明静悄悄》里一群女兵洗澡的裸体描写，看电影的时候，这里没有知识层次的文化描写，这里表现的不是知识。但是，有军事艺术创造的智慧，就是把这些女兵此刻的裸体展现，和她们曾经有过婚姻、爱情、家庭、情爱与性爱作对比，显示战争的残酷，以及对这些美丽生命的摧毁和伤害之痛之深。这里既有艺术的智慧——对比与联想，又有战争观念的表达，即战争对"美"与生命的"戕害与摧残"。如果将这些女性军人生命存在过的价值，放在苏联卫国战争中来加以歌颂、肯定和褒扬，分析判断她们生命的存在价值，就既是对这部电影作品的文化研究，也是审美研究。人（军人）的精神和心灵属于文化，人精神和心灵的价值是非高下判断，属于审美。在这里，人（军人）的文化价值和审美价值研究，达到了和谐统一。

第四节 军事审美形态
——军队之美与文化

一、军队之美

我们所说的军队之美，军队指的什么？范围何在？

军队是某一阶级和社会组织为维护自身利益而组成的社会武装集团。只要它是社会武装集团，并为某一社会团体的利益而存在，无论古代还是现代，无论中国还是外国，都属于我们军事美学研究的范围。至于这支军队的存在，美不美？创造或表现出了什么样的美？如何创造和表现出这支军队之美的？那就看它是否符合军队之美的基本特征。

衡量一支军队美不美，看它有没有这支军队生存的理由。军队之美，属于社会美，一般来讲，对社会发展和历史变革，起到进步和推动作用的军队，就是美的；反之，阻碍社会进步，破坏历史变革的军队，就是丑的。

一切为自己民族和国家的正当利益武装起来的军队，为社会的安定和人类和平直接或间接地作出过贡献的军队，都是美的。

对军队的存在和表现进行审美分析，其基本方法有：从它的构成形式角度看它的形式美、力量美；从它的历史作用看它的社会美、时代美。形式美的角度，如分析阅兵的美、军装的美；精神美的角度，如军旗的美、军歌的美、军乐的美；社会美的角度，则是分析军队各种美学现象所蕴含的社会历史意义，如阅兵、军装、军徽、军旗、军歌的社会内涵及其社会历史进程中的军事学意义。

（一）军队之美的审美标准

1. 有严格、规范的组织形式，有健康向上的精神风貌

在人类军事与战争的漫长历史上，为民族的生存发展起过重要作用、为人类和平作出过积极贡献的军队，是美的，这是整体形态的军队的美。符合军事规律的真和符合历史发展的善，即表现为军队的美。

2. 代表社会历史发展方向的正义力量

陈胜、吴广大泽乡起义，折木为兵、揭竿而起，蕴含着强大的军事生命力，有一种凌厉的推翻暴政的军事美。正义的力量，可以赋予一支毫无军事知识与作战技能的军队，以摧枯拉朽的军事力量美。红军的草鞋、斗笠，赤卫队的梭镖、长矛都简陋、粗糙，没有多大的实际杀伤力，但却凝聚着虎虎生气的军事力量美。

3. 民族精神的象征

一般来讲，一支为民族的生存与发展而生存和征战的军队，都是美的。但满清军队出了林则徐、邓世昌，国民党军队出了戴安澜、张自忠，并不能从整体上证明满清军队和国民党军队的美，而正是因为，林则徐、邓世昌、戴安澜、张自忠身上表现出的军事美，是中华民族英勇顽强、不甘屈辱精神的延续和象征。他们身上固有的军事美和军人之美，属于我们整个中华民族，并不属于某一个从总体上正走向没落的反动腐朽政权。

(二) 军队的精神风貌和文化形象研究

一支军队的文化形象，可以集中地浓缩在它们军校的校训中。比如：

责任　国家　荣誉（西点军校）

亲爱精诚（黄埔军校）

品德高尚（伏龙芝军事学院）

团结　紧张　严肃　活泼（抗日军政大学）

西点军校将"责任"放在校训之首，强调的是军人个体懂得为什么而存在，是所有军人的共性；国家，是指军人将自己的行为置于国家利益之中；荣誉，是指军人固守的最高原则和行为境界。黄埔军校的"亲爱精诚"的校训，强调的是"团结"和"诚实"，并且做到精益求精。伏龙芝军事学院校训强调的"以德为本"，培养具有高尚品德的军事领导者。抗日军政大学的校训，有深刻辩证哲理：整体的团结，个体的紧张，军威的严整，风尚的活泼，动与静的统一，整体与个体统一，行如仪，动如风，积极健康，青春朝气。

这里的校训本身就是一种文化。它们是心灵的浓缩、精神的规范、行为的原则、理想的状态。这种文化之所以美，就在于它们显示和固守的是一种积极、健康、向上的军事价值。无论对这支军队本身，还是对整个人类的军事、军人的存在，它们都是具有正面军事价值和意义的。

除校训外，某一支军队、某一所军校，还有自己相应的规定、信条和原则，它们是这支军队文化形象的细化和具体化。它们之所以具有审美价值，依然是因为它们承载和固守的是积极、健康、向上的正面军事价值。比如：

> 为打胜仗而受训。（伏龙芝军事学院）
>
> 准时、守纪、严格、正直、刚毅。（西点军校训条）
>
> 军井未掘，将不言渴；军灶未开，将不言饿；雨不披蓑，雪不穿裘；将士冷暖，永记我心。（黄埔军校）
>
> 三大纪律，八项注意。（中国人民解放军）

甚至还有更加具体的行为规范：如：

西点军校 22 条军规

1. 无条件执行；2. 工作无借口；3. 细节决定成败；4. 以上司为榜样；5. 荣誉原则；6. 受人欢迎；7. 善于合作；8. 团队精神；9. 只有第一；10. 敢于冒险；11. 火一般的精神；12. 不断提升自己；13. 勇敢者的游戏；14. 全力以赴；15. 尽职尽责；16. 没有不可能；17. 永不放弃；18. 敬业为魂；19. 为自己奋斗；20. 理念至上；21. 自动自发；22. 立即行动。

这些信条和军规的制定，本身需要文化；制定出来，显示文化；之所以美，还是因为它们在固守一种正面军事价值，展现军人积极、健康、向上的精神风貌。当然，它们的审美价值，还要把它们和这支军队存在的社会、历史价值联系在一起来分析。比如国民党军队一边强调"将士冷暖，永记我心"，一边克扣军饷、贪财、发财，发国难财、战乱财，在枪林弹雨中，还念念不忘拼命鼓塞自己腰包，我们能说这样的军队文化形象是美的吗？当然不会。因为，这样的军队，也是没有战斗力的，注定要打败仗的。

据载，淮海战役中，杜聿明集团撤离徐州的军令，徐州地方比军队还早一天接到内部通知。因为地方有长期和军队内部合伙开办的公司，为了保护和及早转移自己的资产，他们提前将军队转移的命令，告诉了地方财团。军队没乱，地方先乱得已经鸡犬不宁。仗未打，根基已经动摇。杜聿明知道之后也无可奈何，只好破口大骂。这样的军队文化形象，已经变成实实在在的、彻头彻尾的军队"文化败象"。

反观当时共产党军队，及其他们的指挥员、战斗员，除了一腔仇恨、一志理想和手中一支还不怎么锐利的枪杆之外，一无所有，不为财富、公司所累，说走就走，说打就打，想走哪儿走哪儿，想打哪儿打哪儿，所以所向披靡，战无不胜。

甚至，更有某些军队的某些文化信条，还是落后的、腐朽的、反动的军队文化，分析它们军事美丑价值的时候，我们更应该学会扬弃和抛弃。

文化是一种观念，军队文化是一种军队建军观念。它是军队的建队之本和立队之本，建队之魂和立队之魂。观念支配行为，固守什么样的文化价值观念的军队，就会有什么样的军事行为表现。军队的文化形象不一样，它的战斗力表现和结果，也迥然不同。平时和战时都如此。我们目前的先进军事文化建设，正是为了建设一支具有先进文化观念的，能够创造更高、更新军事价值和军事审美文化价值的军队。

二、标志与象征——军旗之美与文化

军旗以特别赋予的形式和特别赋予的内涵，给军队带来一种标志，一种精神、气势、力量和威严。旌旗如林、兵强马壮，是一支军队旺盛战斗力和良好精神状态的标志。军旗是军队存在的宗旨，也是军人生命形象的象征。

（一）军旗之美是一支军队的整体精神象征

一支军队组成之后，以什么形式标志着它的军事存在？织一面军旗，把这支军队的宗旨、目的、使命、组成形式，"简化"成飘扬的旗帜，凝聚军队的力量，给军人精神的感召。

宽泛地讲，所有运用于军事活动中的旗帜，都是军旗。古代军队、古代战场的战争场面，从形式上看也是很美的。旗帜飘扬，山呼海啸。旗帜的颜色有很多种。红、黄、蓝色彩调配。形式也多种多样，长形、条形、三角形，并镶以各种饰物和花边。这些饰物与花边，和军旗主体一样，军旗制作者都赋予了它们特定的含义。有的造型奇特，图案夸张，狰狞恐怖，给人以压倒一切的气势和力量。

军旗的制作，融入了军事主体的军事意志和审美观念。它是实用与审美的统一，即，实际运用于战场，同时也表达了这支军队的审美理想。

严格地讲，一支军队，只有一面军旗。中国古代作战场面中，林林总总的旗帜，称为旌。所有旌之中，只有一面最大的，或者绣上统帅姓氏或其他标志性称号的旗幡，才叫军旗。所以，军旗是军事统帅军事意志的形象显示。只要军旗还在，武士们都知道为谁而战。军旗代替了军事指挥官的意志，鼓舞士卒拼杀在万马奔驰的疆场上。

（二）现代军旗是国家军事意志的象征，各军兵种军旗是在国家军事意志统帅之下各种军事力量的形象显示

现在世界上很少再有以统帅姓氏作为标志的军旗了。在某些不发达、未开化地区，还有部落、宗教性质的军队和他们的军旗。以统帅意志为标志制作的军旗，是奴隶制和封建制度下的军事与战争活动的产物。现在基本上是一个国家、一个民族、一支军队统一制作一种式样的军旗。它代表的是这个国家、这个民族、这支军队的军事意志。

其实，对军旗的制作和审美分析，十分复杂，也十分简单。说它复杂，从古至今，军队林林总总，军旗也林林总总。座山雕可以制作一面军旗，许大马棒也可以制作一面军旗，甚至杀人越货的强盗也可制作一面旗帜，用以鼓舞士气、凝聚人心。说它简单，只要是军队，只要是为了某一利益组织起来的武装集团，一个国家、一个民族的军队也好，只要他们按照自己特定意志和军事观念，赋予一定形式以某一旗帜（有时还不一定是旗帜，如古代的

牛头、羊角与骷髅），用以凝聚力量、鼓舞士兵，显示精神的物质形式，就是军旗和军旗的美。如，或假如，我们能看到这样的军旗，希腊海战的军旗，飘扬着一个古老帝国的赫赫声威；古罗马军团的军旗，涌动着军事王国鼎盛时代的威严与气势。从项羽的军旗上看到军人与威力，李世民的军旗上看到帝王的尊严，杨家将的军旗上看到精忠报国，等等，军事美学的深层含义就是挖掘军事美学现象背后的人学内涵和历史内涵。

（三）中国人民解放军军旗的美学分析

1. 硕大的气势美

1949 年 6 月 15 日，新政治协商会议通过的，以中国人民革命军事委员会主席毛泽东，副主席朱德、刘少奇、周恩来、彭德怀名义发布的《中国人民解放军军旗样式》的命令，对军旗图案的制作，规定了严格的标准。人民解放军总部，军旗尺寸、长宽多少，野战军、兵团、军、师、团，军旗尺寸多少。这是我们这支强大的、经历过艰难曲折道路的、已经取得解放战争最后胜利的、正在成为完全正规化的人民军队，第一次统一规定自己的军旗。

红色，象征大地；"八一"代表历史，八一南昌起义；金星，标志着这支军队二十多年来的生存意义，如灿烂的星光照耀着中华大地。这里有艰苦的征程，胜利的喜悦，热烈、喜庆的气氛。军旗，是艺术化、象征化、浓缩了的一部中国人民解放军征战史和胜利史。它是中国人民解放军军事意志、军事力量的历史定格。所谓军事意志，即为中华民族独立自由而战，为民族的繁荣富强、生存与发展而赴汤蹈火。

军旗，浓缩了过去，定格了现在，更昭示着未来。

> 形式：端庄，热烈的美；
> 内容：意蕴、象征的美；
> 整体：精神、力量、气势的美。

中国人民解放军军旗，结构端庄，有一种简洁、明快、干练的美；色彩，鲜红、金黄，热烈而喜庆，随便在哪里出现，都如一束红艳艳的生命火苗，洁净而热烈，蓬勃而昂扬。再配上旗杆尖上银灿灿的锥形矛头和橘黄旗穗，与旗面上的五角星及"八一"二字交相辉映，更显得高贵而典雅。

在雄壮的军歌声中，威武的礼兵手持庄严的军旗迎面走来，一种气势、一种力量、一种昂扬的美感油然而生。

2. 崇高的精神美

中国人民解放军军事生命力量，在火红的军旗下，浓缩和展开。工农革命军军旗，记载着一种军事生命，从秋收起义，冉冉升起，飘扬过海，漫卷神州。从我军军旗的发展演变来看，军旗的制作本身，都是一件赋予军事精神内涵的审美产品。

3. 光荣的历史美

第一面军旗，诞生于秋收起义。红色的旗面，代表中华大地，也代表中国工农革命军不怕流血牺牲。旗面中央，大五角星，代表共产党的光芒照耀大地。五角星中央，交叉的镰刀、斧头，代表工农并肩作战。一面旗帜上，飘扬着这支军队前赴后继的崇高精神，凝聚着它的宗旨和使命。

军旗样式和内容的变化，浓缩了一部中国人民解放军成长壮大的历史，跃动着我军从弱到强的军事生命。

八路军、新四军军旗：红军军旗停止使用。原定挂国民党军旗。但广大官兵对国民党军旗有情绪，不愿张挂。故，八路军、新四军军旗，采用红旗上写明部队番号的形式，作为军旗。

人民解放军军旗：1947 年 3 月 24 日，新华社以报道总部发言人谈话的方式，第一次公开了"人民解放军总部"名称。同年 7 月，各地部队正式改为"人民解放军"。因战事紧迫，仍沿用红旗上写番号或部队名称方式，作为军旗。

人民解放军沿用八路军军旗，在这面红战旗的引导下，中国人民解放军挥师南下，使敌人望风披靡。两年多的时间里，映得全国山河一片红。

1948 年 2 月 21 日，中共中央电示全军，征求设计全军统一军旗的意见。

齿轮，象征历史，刀、剑、戈、矛、步枪、长城，象征人民武装。中国人民解放军军旗，如一只凤凰，在血与火的战争中诞生……

1992 年 9 月，时任中央军委主席江泽民签署命令，公布中国人民解放军陆、海、空军军种仪仗队单独执行接待司礼任务时，分别使用本军种军旗。

陆、海、空军军旗，上半部保持中国人民解放军军旗基本式样，下半部以不同颜色和图案加以区别：

陆军：草绿色。象征大地。陆军保卫祖国领土安全。

海军：蓝白条相间，象征大海与海浪，海军保卫祖国万里海疆。

空军：天蓝色。象征蓝天，人民空军为保卫社会主义领空神圣不可侵犯而展翅翱翔、搏击长空。

4. 中国人民解放军军旗，形式美、象征美、生命美、意志美、力量美与气势美的统一

三军仪仗队军旗：旗面用料由平纹绸改为斜纹绸；旗面的五星、"八一"由用色印制改用金线双面刺绣；军旗矛头由黄色改为银白色；旗顶穗由红色改为橘黄色；旗边周围加缀金黄色排须；旗套改为橘黄色；旗杆直径也增至 3 厘米半。读着这些专业性颇强的术语，我们能体会到：这哪里是在仅仅制作一面军旗？而是对一支军队的生命存在形式和精神状态，力与美的造型。望着军旗，我们审视的是世界上这支伟大的军队军事生命的力量与美。

我们对军旗的美学分析，首先是看它的形式，如长、宽、饰物等，再看它的长宽饰物、颜色等包含的象征意义。它们是标志，也是精神意志的象征，再联系军旗在军队发展壮大过程中赋予的历史意义、生命内涵、精神风采，这样，我们就能对军旗之美获得认识。热爱军旗，捍卫军旗，就是热爱和捍卫我们军人自己的荣誉与生命。

(四) 对军旗的审美文化研究

1. 历史研究

首先，是对各国军旗产生、发展、演变的历史研究。这是总体上的军旗历史文化研究。现在还没有专门研究各国军旗的发展历史的专著。它是知识形态的军旗文化研究。第二，是对某一支军队军旗产生、发展、演变的历史研究。比如，从国民党在孙中山创立军队时期开始，其军队在军旗制作的历史研究，中国人民解放军军旗产生、发展、演变的历史研究，中国人民解放军各军兵种的军旗制作历史研究，也属于军旗文化研究。第三，从军旗的制作、颜色、布料等物质因素，到军旗的设计、理念、制作方法和技巧研究，就是对军旗的审美研究。这是军事观念形态的军旗审美研究。也就是说，对军旗的审美文化研究，既包括知识层次的研究，也包括制作方法、技巧的研究，还包括军旗所代表的这支军队的军事观念、军事意识和它们起到的历史作用的研究。

2. 价值研究

军事审美研究，有它的历史性，它的审美价值，随这支军队性质作用变化而变化。比如，国民党军队"青天白日满地红"，纯粹从审美角度看，当时是有很强的历史、文化和审美价值的。寓意"光芒普照大地"，凝聚和浓缩了这支军队"寓意"的美和"象征"的美，本身很具有审美价值。但是，随着国民党军队性质和作用的不断变化，由当年孙中山草创军队时期，代表新兴的改变中国社会历史面貌的军事力量，变成了第三次国内革命战争时期（解放战争时期），阻碍中国社会历史发展的反动的军事力量，它的军旗象征、寓意的审美价值，就完全变成了它的反面。"青天白日满地红"，也给人一种青面獠牙之感，当初的审美文化价值，完全丧失。共产党的军队，军旗的制作开始，到今天，几十年来，地位、性质、宗旨从没有变化，军旗的审美价值，也没有变化。

所以，对军旗的文化研究，有知识层次的历史研究，有设计层次制作技巧研究，还有军旗所代表军事观念的研究和它们所象征的这支军队社会历

史地位，及其产生的军事价值研究。这些研究，构成军旗审美价值的文化
内涵。

三、节奏与韵律——军歌之美与文化

（一）军歌的含义

军歌的含义有广义和狭义之分。广义的军歌是指一切和军事有关的音乐
艺术。它包括由音乐艺术家创作的军事题材的军旅歌曲，以及军事与战争活
动中为直接的军事目的而创作的带鼓动性的战地歌曲。狭义的军歌，也是我
们现在一般意义的军歌，是指一支军队总体形象的音乐造型。我们现在拟对
这三种含义的军歌进行美学分析。

总体看来，军歌之美，是一种气势美和力量美。军歌的创作，就是通过
音乐形象创造出军事的气势和力量。刚劲的节奏和雄健的旋律是军歌的主要
审美特征。软绵绵的歌曲、流行歌曲，不可能进入军歌的审美视野，军歌当
然也有抒情，抒发的是宏大、雄壮、昂扬、崇高之情。即使如《十五的月
亮》，也不同于一般的纯抒情歌曲。它抒发的那种纯美的军人夫妻情、儿女
情，恰恰反映了军人生命和情感的本真。血染的风采，化作精神的山脉。军
歌表现的哪怕是柔美之情，也带着豪壮的审美色彩。

（二）实用而拙朴的美——对军歌的历史美学考察

中国古典美学认为，"诗言志，歌咏言，律和声"。由于军队担负着特殊
使命，一支有良好精神形象的军队，总是无坚不摧的。音乐，从古至今都担
负着塑造一支军队精神形象的特殊使命，尤其是在直接的战争活动中。

军歌的诞生，最早时期，都是为具体的某一场战斗，或某一艰苦的战
争场景，为鼓舞士气而创作，粗糙、拙朴、实用，而又带着壮阔苍凉的军
事美。

> 山巍巍兮路盘盘，木濯濯兮硕石拦。

据载，这是战国时，齐国丞相管仲在行军途中，看到部队人困马乏、山路崎岖、举步维艰时所作。士兵唱着这支歌，精神大振，忘记疲劳，健步如飞。

公元前 290 年前后，乐毅率燕国军队攻齐，掠城 70 余座，齐国亡在旦夕。仅剩即墨两城。即墨城中群众推田单为将军。田单把妻妾编入守城军队，自己和士兵一起编土筐，修城墙，即兴编歌一首，教城中士卒传唱。歌词大意是：

> 去战斗吧！国家就要灭亡了！国家灭亡了，我们都无家可归啊！

这首《为士卒倡辞》，简明易懂，哀婉壮怀，城中军民，唱着壮歌，拼死搏杀，不仅保住了即墨，还一举击败燕军，收复失地。

从这两首古老的军歌可以看出，军歌的形式通俗易懂，易于传唱，有一种简朴的、大众化的审美风格。其作用，鼓舞士气，激发精神与斗志，和它诞生于严峻军事形势相吻合，构成苍劲壮阔的雄壮之美。

戚继光、曾国藩、张之洞、冯玉祥等，都为自己的军队编写过类似的军歌，其内容、形式和作用随时代变化有所不同，其审美风格大体一致，简朴动人，壮怀苍劲。塑造着一支支军队不同的精神形象，去完成军队各自的使命。

（三）人类战争沃土上绽放的灿烂精神花朵——古今中外军旅歌曲的审美分析

和所有军事艺术美一样，真正优秀的军旅歌曲，总是人类战争沃土之上绽放出的灿烂精神花朵，勾勒出生死线上的人类军事生命的色彩和心灵的绚烂。

那一天早晨，从梦中醒来，

啊朋友再见吧，再见吧，再见吧。

一天早晨，从梦中醒来，

侵略者闯进我家乡。

啊如果我在，战斗中牺牲，

啊朋友再见吧，再见吧，再见吧。

如果我在，战斗中牺牲，

你一定把我来埋葬。

　　这首著名的南斯拉夫军旅歌曲，和《洪湖赤卫队》中韩英的一段唱词，大体相仿："娘啊，儿死后，你要把我埋在山岗上，常见家乡红太阳。"其实，军人也是人。他们并非无故想死，不珍惜生命。军人，经历过生死考验的军人应该是更强烈地珍惜生命、热爱自然、热爱美。当战争、正义和真理的钢铁逻辑，逼迫他们不得不抛头颅洒热血的时候，他们没有商量，没有犹豫，没有眼泪和悲伤，叫一声再见，义无反顾，直面死亡。死亡之后怎么办呢，埋在山岗，眺望自然、眺望美，太阳与和平，自己也化为美与自然。军人生命与自然与美合一，这是以上两首军旅歌曲最深刻的美学意义，烘托、渲染出军人最高境界和心灵境界。

　　军人·生命·自然与美，是军事艺术美的"主题"。前苏联有不少军旅歌曲，把自然，如黄鹂、夜莺、伏尔加河、莫斯科郊外，写得很美。把这些自然写得越美，越能反衬出战争的残酷和军人生命的可贵。中国当代优秀军旅歌曲：《十五的月亮》、《血染的风采》，之所以深刻、生动、优美、感人，其内涵，不依然表达的是"军人·生命·自然与美"的深层"审美主题"么？

张老三，我问你，你的家乡在哪里？

我的家，在山西，过河还有三百里。

简朴的对唱，深层的意蕴：黄河儿女为自己土地、自然的和平、安宁与美而战!

> 在那密密的树林里，安排着同志们的宿营地。
> 在那高高的山岗上，有我们无数好兄弟……

这首《游击队之歌》，使人一唱，眼前就会升起一片自然美景和为自然美景而战的军人生命美景。更不用说像"满山遍野的大豆高粱"、"日落西山红霞飞"，这些美的形象和意境，本身就是绝美的自然诗篇和军人心灵诗篇。

军歌，直接提炼出的战争诗意。流露出军人高洁的情怀，为和平而征战，为自然与美献身，并在自然与美身上，实现和肯定一种超越生死界限的军人生命价值。这是军歌，作为军事艺术美的基本美学内涵。

（四）军队有声形象的音乐塑造——典型的军歌审美

每支军队都有自己的军歌，军歌是通过有声音乐对一支军队的形象塑造，其审美特点是节奏和韵律。

中国人民解放军军歌的主要审美特征：

从内容上看，它塑造了这支军队如滚滚铁流的外在形象和肩负正义和真理，不怕牺牲、勇往直前的精神形象。

> 向前，向前，向前，
> 我们的队伍向太阳。
> 脚踏着祖国的大地，
> 背负着民族的希望。
> 我们是一支不可战胜的力量……

壮美与气势美。"太阳"、"大地"与"希望"，象征正义之师的宗旨，愈来愈与天地合一。永恒，向上。"脚踏"与"肩负"，表达这支军队的责任与使命。唱着，听着，眼前便会出现一股浩浩荡荡的军事铁流，行进在我们民族艰难而辉煌的生存与发展的历史长河中。

诞生于硝烟弥漫的战火中，经历几十年的反复磨炼与修改，它是一部浓缩了的中国人民解放军精神史诗和征战史诗。

> 同志们整齐步伐奔向祖国的战场，
> 同志们整齐步伐奔向祖国的边疆，
> 向前，向前，我们的队伍向太阳，
> 向最后的胜利，
> 向全国的解放！

这是当时现实的铁军形象塑造，也是今天，走向未来的我军精神面貌的象征。这里的边疆、战场、胜利、解放，都是实与虚的统一。

从艺术形式上来看，军歌化无形的宗旨为有形的音乐节奏，化抽象的军事使命为形象艺术韵律。

整首歌，用 4 / 4 的节拍，适合进行曲行走中演奏。重复、反复手法的运用，增添了力量与气势的美感。昂扬的精神美，雄壮的气势美，刚健的节奏美和回环往复、激昂奔放的韵律美，是中国人民解放军军歌的主要审美特征；也是战歌，更是中华民族军人不畏强暴、百折不挠、忠于理想、团结奋斗、自强不息的精神之歌。

（五）真正美好的军歌总能在危难时发出一个民族坚强的声音

我们对军歌的美学分析，主要审视凝聚在军歌之中的民族精神、民族感情和人类的军事生命力。承认我军军歌的气势美与壮美，当然不排斥某些外军军歌的气势美和壮美。军歌音乐旋律的运用，既有进行曲节奏，也有舒缓的抒情性节奏，甚至有些变化的、只给人情感冲击的军歌节奏。归纳为一点，只要是军歌，只要是对这支军队进行有声形象塑造的军歌，它必然既符合这支军队的使命、宗旨和生存特性，也符合人类军事艺术的精神风貌和审美特征。

　　法兰西祖国的男儿，光荣的时刻已来临。

　　专制暴政压迫着我们，祖国大地在痛苦呻吟。

　　神圣的祖国号召我们，向敌人雪恨报仇。

　　我们渴望珍贵的自由，决心要为它而战斗……

　　《马赛曲》，法国大革命攻克巴士底狱时，马赛军军歌，现在的法国国歌，凝聚的不正是人类最伟大、最深切动人的军事意志和军事精神么？

　　《喀秋莎》(苏联军歌)

　　正当梨花开遍了天涯，

　　河上飘着柔曼的轻纱，

　　喀秋莎站在峻峭的岸上，

　　歌声好像明媚的春光。

　　姑娘唱着美妙的歌曲，

　　她在歌唱草原的雄鹰，

　　她在歌唱心爱的人儿，

　　她还藏着爱人的书信。

　　啊这歌声姑娘的歌声，

　　跟着光明的太阳飞去吧，

　　去向远方边疆的战士，

　　把喀秋莎的问候传达。

　　驻守边疆的年轻战士，

　　心中怀念遥远的姑娘，

　　勇敢战斗保卫祖国，

　　喀秋莎爱情永远属于他。

正当梨花开遍了天涯，

河上飘着柔曼的轻纱，

喀秋莎站在峻峭的岸上，

歌声好像明媚的春光。

军人是最富人性与爱心的爱国主义者和民族主义者。为自由而战斗，为和平而献身，军歌，在这样的战争沃土上绽开人类军事生命花朵，总是绚丽动人的美。

（六）对军歌的审美文化研究

1. 知识研究

对军歌知识层次的文化研究，包括两个层次。一是对军歌产生、发展、研究历史知识层次的文化研究。既包括人类军事历史上的军歌发展历史研究，也包括一个国家、一支军队使用的军歌历史发展研究。介绍中国军歌、西方军歌；美国、法国、德国、意大利等的军歌。中国军歌史，可以是某个朝代的军歌史，也可以是某个朝代中某一支军队的军歌史。军歌发展史，可以是宏观的、整个人类历史的军歌发展史，也可以是某个朝代中某支军队的军歌发展史。对军歌知识层次的文化研究第二个部分，是军歌的作词、谱曲等知识介绍，这种知识介绍，可以是历史上的，也可以是近现代社会的。

2. 技巧研究

对军歌创作，包括作词、谱曲、演奏等技巧、风格的研究。军歌也是歌曲。既然是歌曲，当然应该符合一般歌曲的创作和演奏规律和技巧，也应该符合军事特色的歌曲创作和演奏规律和技巧。比如用什么调，什么节奏，什么旋律，是用进行曲风格，还是抒情式风格？当然，一般军歌知识介绍，可以是军歌的文化研究，但不是军歌的审美研究。如果这种知识的介绍之中，包含独特的军事内涵和特征，作曲形式的审美风格，就是对军歌的审美分析了。

3. 观念研究

军歌产生于军事活动实践，必然要打上创作者和使用者独特的军事观念和意志。对军歌创作的军事审美意识和军事审美观念的研究，比如北伐军军歌、红军军歌、八路军军歌、新四军军歌、郑律成谱写的中国人民解放军军歌，它们产生的时代和环境不一样，表达的军事观念也不一样。军歌随着一支军事力量的产生、发展和崛起而发展变化。和军歌联系在一起的是这支军队的使命和宗旨是什么。它们为这支军队履行使命、实现宗旨，将起到积极的推动作用。比如《游击队之歌》：

> 我们生长在这里，
> 每一寸土地都是我们自己的。
> 无论谁要强占去，
> 我们就和他拼到底。

该军歌节奏美、旋律美，适合行进中演唱，它是中华民族大敌当前捍卫领土、保家卫国、永不屈服的精神意志的象征。语言浅显易懂，朗朗上口，包含的哲理深刻，又大义凛然。技巧美、内涵美和军事精神意志美统一，构成这首军歌的审美文化特征。一首军歌，可以唱红一个时代、表现一个时代，就在于它们能够凝聚一个时代整体的军事精神和文化氛围。

四、征衣与战袍——军装的审美与文化

按一般定义，军装是军人的装束。军装的美，就是军人装束的美。其实，除军人装束和着装的含义外，军装实际上是一种装备。它蕴含着一支军队实际的战斗力和精神状态。军装的审美，除了审视军人着装的美，还在审视一支军队军事生命的战斗力的美。

（一）规范、力量与气势——军装的一般美学风格

总体而言，军装随军队的诞生而诞生。从古至今，军装的作用有二：一是标识作用。每一支军队都以各自不同式样和色彩的军装，作为标识，避免在战场上两军对垒时混乱不清。二是实战作用。古代铁制铠甲，称为铁衣，防止对方利箭的射击和兵刀的砍伤。现代军装规范轻便、经久耐用、易于隐藏等特点，都是基于作战实际考虑。

军装不是人类有意识的审美创造物，但它今天却可以作为审美客体，供我们审视和观赏。其原因在于：

第一，古代的任何一件军装，或军装上的任何一部分，如果能流传下来，放进军事博物馆和历史博物馆，都可以成为我们的审美对象。

如一副铠甲、一顶头盔、一双战靴，因为我们透过它们，看到的是人类古老的军事生命力。同时也能通过它们，考察到当时的社会现状、经济水准、科技智慧和生存智慧。如果这副铠甲和头盔，和某一著名军事人物或某一著名战役联系起来，又给人历史的沧桑感和战争壮美的美感。博物馆里古代军装的审美，是对一种远逝的军事生命力的回忆。

第二，军装的制作，本身包含着人类科技与文化智慧。

军装是人类（兵器工匠）有意识、有目的的创造物，每一件军装、每一种军装的式样与色彩，都在表达人类的军事观念和战争观念。

观念显现于形象，智慧外化为客体。这里的形象和客体（军装）都是人类精神的创造物。精神创造物，就是文化，就是美。人类有源远流长的服饰文化，军装只是人类特殊的服饰文化之一种。

服装的变化和流动可以看到人类精神、文化（风俗）的变化和流动；军装的变化和流动可以看到人类军事精神、文化（军事智慧）的变化和流动。如古代铠甲可以看到冷兵器时代军事精神（拼体力的壮美）和军事智慧（兵刀相间时的进攻与防御等）。

作为文化形态的军装，浮载着人类精神与智慧，成为军事文化的审美。

第三，军装的制作，直接运用于军事与战争，它从穿着上，规范出一支军队的外在形象。

军装的审美

统一的军装、统一的使命，也统一出一种军事精神，在战场上去拼死搏杀。因此，从现实军事实践的角度看，军装塑造着一支军队外在形象的气势美、内在精神的雄壮美。

（二）军装对军队（军人）形象塑造和精神塑造的具体美学分析

1. 规范的形式美

军装的规范美，包括两个方面。一是军装制作的规范美。所谓军装制作的规范美，就是指军装的设计和制作，首先必须符合军事活动的特性要求，同时也必须符合形式美的审美规律。它的大小、比例、尺寸、长短、宽窄，都有严格的限定，以适合战场和战争。

古印度军装，上下半身的比例，既符合黄金分割律，也显得紧身、干练，不拖泥带水。进攻或防御，都灵活自如。古印度军装，规范的形式的美的造型。军装的制作，本身就是一件艺术的审美产品。

军装的规范美的第二层含义是，穿着统一军装的军人和这支军队，有统一的形式规范美。

军装挺括，左右对称，上下协调，饰物、腰带勾勒出一位规范、英武的军人形象。单个军人，穿上军装，规范出单个军人的形式美；许多军人，着同样军装，规范出整个军队的形式美。

规范的美，是力量的美。棱角分明，协调统一成千人方阵，又有一种气势的美。凌厉的气势，锐不可当，不正是军装给一支军队塑造出的审美造型么？

2. 灵活的韵律美

军装的艺术韵味和审美风格，从古至今都灵活多变、丰富多彩。我们许多人有一种误解，认为军装的规范和统一，是单调、枯燥的代名词。其实，军装的设计艺术、创造智慧，即使放在整个人类服饰文化的长廊里，也属一流和上乘。如古代的铠甲，由精细的铁片连缀而成，花纹、装饰，细腻而多变。古印度军装，面料、质地、色彩精心调配，真是一件精美的工艺作品。

现代外军军装，也许基于相对和平的环境，可以摆脱某些战时实际考虑，独立地走向审美。现代军人的审美需求，在军装的设计和款式上面，得到强烈表现，又不失军人本身的特点。

这些军装本身是美的。它们美在灵活多变的造型，又不失军事本身的统一和规范。透露出男女军人的青春气息。配上饰物、帽徽、领花，更显得英俊而威严，规范得体而又清秀妩媚。

军装美、人体美、气质美、精神美、军人个体美，和谐统一，律动着军人生命力量和美的韵律。

（三）从实用走向审美，在审美中完善实用——中国人民解放军军装的审美分析

中国人民解放军建军80多年以来，军装随着这支军队从无到有、从小到大、从弱到强的不断变化，而显现出不同的形式和色彩。其基本美学风格，因历史时期的不同表现为以下三种审美形态。

1. 从八一南昌起义到中华人民共和国成立，军装的美学风格：朴实而端庄的美

从红军、八路军、新四军，到人民解放军，中国人民解放军的称谓、军装饰物和标识都在不断变化，但军装的基本类型和构成样式，没有变化。统一的中山装样式，红军时期配八角帽、红五星、红领章；八路军、新四军，去掉红五星、红领章，挂臂章，以标识"八路军"、"新四军"字样。人民解放军，军帽缀红五星，胸前佩"中国人民解放军"字样；抗美援朝，中国人民志愿军把军队名称佩在胸前，履行一种庄严的国际主义义务。

这是一种朴素而端庄的美。它源于这支军队艰苦的征战岁月。经济的限制、战事的频繁，使其无暇顾及军装的精美。军装标识的不同变化，浓缩了这支军队艰苦卓绝的征战历史。正因为它的朴素与端庄，和它的宗旨紧紧相连。源于人民、依靠人民，为人民大众的根本利益而战，在人民战争的汪洋大海里遨游，如鱼得水。国民党军装，沿袭美军军服。帽徽改缀国民党党

徽，大檐帽、挺括的布料，战争时期，表现出和人民大众的格格不入。

朴素而端庄的中国人民解放军军装，战争时期，不单是一种标识，还是和当时战争时代的环境紧密相连。绑腿、草鞋、斗笠，和中国广大劳苦大众一起，创造了战争时期军民关系的和谐美。

端庄、简朴；八角帽下双目炯炯；红五星、红领章。这支军队使命和宗旨的象征，融入一个个英气勃发的军人生命。

八路军冬季军服，宽松饱满，洋溢着一派蓬勃健康的军事生命。

2. 1955—1986 年，中国人民解放军军装，从尊贵的极品到大众流行审美感情的表现

1955 年，中国人民解放军实行军衔制。服装开始分出礼服、夏常服等等。首次突破了单一制式军服的历史。

高贵而尊严的美——元帅服的审美特征。

元帅服的制作，简直就是创造的精美工艺品。尤其是大元帅礼服。采用海蓝色纯毛华达呢面料，西服式样。上衣为大驳头翻领，双排六粒金黄色国徽图案纽扣；下身为散腿裤；领边、袖头、裤中缝镶正红牙边，领边、袖口绣金线一道和松叶，领头和袖头各绣一颗五角星。礼帽为大檐帽，帽瓦边镶红色牙线、金属丝带，并配金黄色国徽图案帽扣。

为毛泽东精心制作的大元帅礼服，从未穿过，至今还珍藏在中国革命军事博物馆，它那名贵的质地、西化的设计、国徽的庄严、装饰的华丽，统一在大元帅礼服上，构成庄严而华贵的美。它是取得政权之后的中国人民解放军坚定自信、面向世界、展示形象、面向未来的军事意志和军事精神的象征。

大众流行感情的积淀——65 式军装的审美意义。

1965 年，我军取消军衔制，全军官兵一律戴尼龙帽，缀红五星帽徽和红领章，服装面料为纯棉布。

"一颗红星头上戴，革命红旗挂两边"。65 式军装，给经历过那段岁月的中国人留下太多的历史联想。

1966 年 10 月 18 日，自中国结束大规模战争之后，很少穿军装的毛泽东，一身戎装出现在天安门城楼上，接见红卫兵。从此以后，65 式军装迅速风靡全国。军装，成为当时时代风尚和政治意识的象征。

3. 1987—1999 年，中国人民解放军军装，面向 21 世纪，和世界接轨，从实用走向审美

87 式军装，标志着中国人民解放军军服，由低层次向高层次、从单一服制向系列发展的新时期。其主要审美特征为：

变化的美：打破 65 式单一服制，建立常服、作训服系列。

样式的美：面料由纯棉改为涤纶、腈纶、棉花混纺。军官改为呢制常服与大衣。领口开放，大檐帽，既与世界接轨，又显示军队气势与威严。

装饰的美：设置了新军衔制相应的肩章、军种符号、衔职区别，美化点缀了 87 式军装。

为了以崭新的面貌进入 21 世纪，从 1993 年开始，中国人民解放军有关部门，着手研究新一代军服第一批——夏常服，闪亮登场。向世人亮出走向 21 世纪的崭新的中国军队形象。其主要审美特征为：

端庄的美，适合在庄重的场合；潇洒的美，如着 99 式夏常服的女兵；气势的美，如着 99 式夏常服的中国军人方阵。

4. 99 式军装的总体美学特征

现在我们所能见到的仅是 99 式军服的第一批，整个 99 式军装系列还没有完全露出"庐山真面目"。但这套塑造 21 世纪中国军队崭新形象的军装，其基本审美风貌已经形成。

高贵的美：军官、士兵的冬服、大衣面料均由"特种变形化纤仿毛"系列织物构成。

典雅的美：镶金边的大檐帽，彩带飘飘的礼服，漂亮、轻巧的战靴，开始把军装实用性与艺术性结合起来，实用的，也是美的。

实用的美：冬季内穿棉织内衣，遇火时不会被外衣化纤熔化物烧伤；作训鞋变软变厚、抗菌防臭、阻燃、防水；作训靴轻巧、底坚等。

流动变化的美：其样式有礼服、春秋常服、夏常服、毛绒衣、大衣、作

训服、体能训练服等。从多品种、多角度，显示军装形式美。

饰物的美：军服左胸缀姓名牌、军种胸标；左胸佩年度、资历和功勋章。金灿灿的绶带，因军兵种不同而色彩不一的臂章。漂亮多样的服饰，点缀着军服的美丽，也点缀着这支军队的整体形象和昂扬、自信，立于世界优秀军队之林的新世纪中国军队精神风采。

塑造新世纪中国铁军形象，穿出中国军队的气势与力量，亮出中国军人崭新的精神面貌和美的生命风采，是"潇洒99式"军装的总体美学特征。

（四）对军装的审美文化研究

1. 历史知识研究

对军装产生、发展、演变的知识层次的文化研究。包括中国军装发展史研究，西方军装发展史研究。美国、法国、意大利、印度等国别军装发展史研究。还有断代军装发展史研究，如，中国古代军装发展史研究，中国近现代军装发展史研究，先秦、两汉、唐宋、明清军装发展史研究。太平天国军装发展史研究，湘军军装发展史研究，中国人民解放军军装发展史研究，等等。着重军装发展历史知识的介绍，这类著作基本上还是空白。

2. 技巧研究

对军装制作技巧的研究。尤其是古代军装的制作技巧，冷兵器时代、热兵器时代、机械化战争时代、高科技战争时代各国军装的制作技巧，特征、风格，怎样实现军装的实用功能和审美功能。军装的制作、产生和当时社会生产力和科技发展力之间的关系等等。

3. 观念研究

对军装制作、产生、发展、演变中，表现出来的军事观念的研究。美国军装蕴含的军事观念，法国军装蕴含的军事观念，俄罗斯军装蕴含的军事观念，印度军装蕴含的军事观念，满清军装蕴含的军事观念，国民党军装蕴含的军事观念，中国人民解放军军装蕴含的军事观念，肯定是不一样的。把这些军事观念分析出来，判断其在社会历史中产生的价值。沈从文写过一部《中国服饰史》。该书介绍中国历代服饰知识，是对服饰的文化研究；分析中国历代服饰制作的智慧、技巧、风俗和审美观念，以及和社会生产力发展、科技水平紧密相连的关系等等，既属于服饰的文化研究，又是审美研究了。沈从文的书做到了这一点，我们研究军装如何从文化研究到审美研究，完全可以借鉴。

五、钢铁的抒情与意志的画卷——阅兵的审美与文化

(一) 阅兵，作为一支军队的审美造型

一支军队有无战斗力？官兵将士的精神状态如何？武器装备、国力军力能否适应迫在眉睫的或将要进行的战争？中国古代有句谚语：是驴是马拉出来溜溜。

阅兵，作为一种军事活动，作为一支军队必不可少的一种展示实力、展示精神、展示力量的审美造型，集中、生动、形象地塑造着这支军队的美。对于威武文明之师的中国人民解放军来说，更是如此。

据参与组织新中国第一次阅兵的相关人员回忆，开国大典时，刘伯承对时任阅兵总指挥的聂荣臻面授机宜："打仗时侧重管用不好看，阅兵时侧重好看不管用。阅兵，其实就是马屎皮面光的角色。"

刘帅不愧军中高人。三言两语，生动幽默地点出阅兵的审美本质。打仗的美，侧重实际内容，不在形式，只要消灭敌人就行。阅兵的美，不一定操起武器冲锋陷阵，只要能显示一支军队冲锋陷阵的精神气势就行。

它是形式大于实际内容的美。阅兵的观看对象，从来就不单单属于自己，而是把自己的力量，展示给人看。尤其是展示给对自己虎视眈眈的敌人看，以达到威慑对方，使其不敢轻易对自己下手的目的。

（二）阅兵是对一支军队整体面貌美丑的检阅

还记得《军中细柳营》的历史散文么？魏文帝微服私访，走出细柳营，为什么会说他看到他需要的那支能战胜敌人的军队了？严明的军纪、严整的军容、昂扬的斗志和精神风貌，正是一支军队强大战斗力的标志。

魏文帝在细柳营的活动不是一次典型的阅兵。但它对我们军事美学的启示是，一支军队，如何以严谨的治军方式和手段，来为自己军队进行美的造型。只有美的军队，无论外形还是精神，才能有效地战胜敌人，创造军事的美。拖拖拉拉、军容不整、精神萎靡，本身就是人的丑，更是军事丑。靠一支丑陋不堪的军队，怎么战胜对方，创造军事美？

阅兵是对一支军队整体风貌美丑的检阅。审视阅兵的历史是对军队精雕细刻的美的巡礼。

阅兵的历史同军队的历史一样古老。古希腊的阅兵，军威赫赫；古罗马的阅兵，气势凛凛；汉尼拔的阅兵、拿破仑的阅兵、秦始皇的阅兵、莫斯科红场的阅兵，卷动着人类军事与战争的历史烟云。阅兵，可以是千里平原的山呼海啸，也可以是庄严的广场铁流滚滚。曹操的阅兵，可以是他征战生涯中最动人的精彩之笔；蒋介石的阅兵，可以伴随着他逃离大陆时的黯然伤神。

阅兵活动，历史悠久，种类繁多。它是一支军队生命力量和精神气势的典礼。典是大典，礼是礼仪。随随便便的军前巡视不是阅兵。人头攒动簇拥着农民起义的首领山呼海啸也不是阅兵。只要是精心塑造的军中盛典，只要这种盛典塑造着这支军队美的生命，就是阅兵。蒋介石的最后一次阅兵，很苍凉、很滑稽；但它可以审视一支军队生命的幻灭。王佐、袁文才的阅兵，很原始、很古朴（毛泽东第一次进入他们的军营，王佐的"部队"，一群衣衫破烂的没有土地的农民，排好队，向同一方向蹬脚、拍手，有规则地喊叫），它毕竟也是带着精神显示的粗陋礼仪。一句话，从军事美的审美本质来看，阅兵，是对军队生命力的美的浓缩规范和礼赞。

（三）阅兵的基本形式和审美意义

从时间的角度看，阅兵可以分为战前阅兵、战时阅兵、战后阅兵。战前阅兵，显示军队军事实力，用以征服敌人；战时阅兵，显示军队战斗精神，鼓舞士气，克敌制胜；战后阅兵，一种是胜利的检阅，欢庆，以取得更大的胜利。一种是和平时期的阅兵，显示国力和军力，用以赢得或遏止战争。战前阅兵，侧重表现军事气势美，同仇敌忾、万众一心的壮美；群情激昂、赴汤蹈火的崇高美。战后阅兵，侧重表现军事力量美，摧枯拉朽、锐不可当的壮阔美。

阅兵的基本审美意义，从军队主体方面看，它显示的是军队形象的美和军队精神的美。从阅兵部队构成的组合规律来看，阅兵的场面，是按照形式美组合规律创造出来的美。阅兵场面形式美的组合规律是多种多样的，因此，无论是阅兵所创造出来的美还是我们对阅兵场面观赏到的，都是丰富多彩的美。气势、节奏、韵律、对称、和谐，现实、精神、联想、象征等等，都可以赋予阅兵活动深刻的美学意义。

艰苦的红军时期。江西，密林深处的简易操场上，朱总司令在检阅部队：杂乱的枪支、粗陋的装备，军服也不统一。那时的朱德消瘦，光头，穿着旧长的军装，因消瘦而显得特大的双眼，射出一道战争的寒光。深山沟里的阅兵，塑造出这支饱经磨难的军队顽强的生命力。

阅兵的美，重在形式，但形式绝非唯一。支配着那时这支装备陈旧的工农武装部队和使敌人望风披靡的军队精神和智慧，不正是中华民族经久不衰的军事生命力么？

（四）阅兵的空间美的组合规律

1. 阅兵的空间艺术组合美之一——现实空间与虚拟空间

每次阅兵都在一定的现实空间中进行。部队、武器、检阅台，是现实空间的主要组成材料。但每次阅兵都不是展示这支军队的全部，而是一部分，而且是最精美的一部分。所以，阅兵，在检阅它现实空间这一部分的时候，实质上又在检阅这支军队（部队）整体的实力。这就是虚拟空间。部分表现整体，个别表现一般，是阅兵的基本组合形式和规律。因此，现实阅兵空间中展示的是最集中、最典型的虚拟空间。它总是把一支军队最美的形象、特色显示出来，用以表现整体的气势和威力。

2. 阅兵的空间艺术组合美之二——二维空间与立体空间

二维空间指阅兵方队（部队）长宽的组合。每个方阵，或正方形、菱形、长方形、三角形，可以说，阅兵是最美的几何学空间组合规律在军事活动中的运用。

正方形的阅兵方队，有一种规范而端庄的美；

长方形的阅兵方队，有一种富丽堂皇的雄壮美；

菱形、三角形阅兵方队，组合起来，既有总体的雄浑美，又有组成整体的各部分的节奏美和韵律美。

立体空间，一是指检阅台的庄严。高高的阅兵台，给流动的方阵以力量。首长肃立台上，向部队和军旗致敬，实质上代表了军事本身的威严和崇高。

他们是向军魂和军事生命力致敬。

立体空间，带给阅兵仪式的是军事崇高美。

银鹰挑着规则的图案飞过天空，也是阅兵式的立体空间组合规律之一。它表现的是气势美、壮美，还有优美，成为纯粹的审美对象。战鹰矫健的英姿，此刻它们不再是投放轰炸物的武器，而是成为人们纯粹的军事审美对象。尤其是享受着和平的人们，对战鹰的这种优美，有更真切的感受。

阅兵式上三角形的组合较多。首长肃立阅兵台中央，和下面队伍两端，组成三角形。每方阵前面领旗手和两名持枪者，组成小三角形；他们和后面方阵，又组成虚拟的大三角形。我们知道三角形代表稳定，稳定的队伍，无论在肃立时，还是行进中，都给人一种规范的平衡的美。

平衡、对称、整齐划一而又灵活多变，庄严雄伟而又摇曳多姿，是阅兵式形式美最基本的空间组合规律。

3. 阅兵的空间艺术组合方式之三——节奏美、韵律美与色彩美

节奏美是声音的有规律的重复而产生的美。阅兵的声音组合方式很多。最主要的声音组合，如礼炮的奏鸣，震耳欲聋的炮声节奏中表现气势的美；踏着正步向前，铿锵有力的脚步节奏中表现力量的美；节奏还包括阅兵方阵中军人形体的节奏，每一方阵都是一种军人形体节奏，许多方阵的军人形体节奏，组合起来，通过检阅台，又表现为一种韵律的美。

铁流滚滚的韵律，踏着铿锵有力的节奏，显示出一支军队排山倒海的气势美和力量美。

阅兵场面的色彩美，也符合形式美的组合规律，呈现出以下特点：

一是以军装为代表的主色。规范、统一、稳重，给人浑然一体的整体审美感受。二是武器的颜色，钢枪、装甲车，以钢铁或伪装的泥土色为主，给人以军事的威严和战争的力量。三是礼服上金黄的飘带、肩章，鲜红的军旗、帽徽，雪白的手套、刺刀；陆海空三军仪仗队的军装色彩各不相同；再配上锃亮的战靴和雪亮的战刀。

4. 阅兵的色彩美：美的韵律与造型

阅兵的色彩美，有主有次，缤纷斑斓。以暖色红、黄、蓝为主，雪白、黑亮、钢铁色点缀其间，热烈而隆重，缤纷而不零乱。再加上整齐划一，如一排排雪白的手套、一排排锃亮的钢枪，一排排黑亮的战靴，有规律地变幻，有节奏地流淌。阅兵式的色彩，热烈、鲜亮、整齐，寓杂多为统一，集丰富为一体。具有军事色彩美的独自个性与特征。

其实，阅兵的色彩美，流淌的是一种军事美特有的韵律和旋律。它塑造的是一支军队美的形体和美的灵魂。

（五）立体的有型的军事生命史诗——中华人民共和国成立50周年

它是21世纪，中国社会美的浓缩。这里回荡着一个民族迈向新世纪的脚步声。

军事美，色彩斑斓的阅兵场面。喜庆、热烈、庄重、威严。中国人民解

放军现实生命力的审美造型。

为什么说它是钢铁的抒情？庞大的战略导弹部队，载着发射架、导弹，缓缓地、重重地驶过天安门广场，抒发了中华民族的坚强自信，昂奋尊严，向世界宣告，这支军队完全有信心、有能力，捍卫主权和领土完整，保卫世界和人类和平。每一枚导弹，都是一种钢铁的语言，诉说着中华民族的昨天、今天与明天。每一辆坦克，都是一段铿锵的诗行，面对大地与天空，抒发着这支军队火一样的情感。对人民，它是和平的靠山；对敌人，它是无坚不摧的军魂与肝胆。

总体看来，中华人民共和国成立 50 周年大阅兵，展示我军革命化、现代化、正规化建设的巨大成就，所以它是钢铁的抒情；展示我军威武之师、文明之师、胜利之师的崭新风貌，所以它是意志的画卷；展示我军维护祖国安全与统一，促进世界和平与发展的坚强决心和强大力量，所以它是立体的、有型的中国人民解放军生命的史诗。钢铁的抒情、意志的画卷、生命的史诗，是阅兵的美乃至整个军事美的最高审美境界。

维护统一、捍卫主权与促进世界和平的军事意志"外化"为如此充满诗意的壮美画卷。力与美的造型，八一军旗引导下的中国军人傲立蓝天大海"天地"间。

（六）现实生命的展示，精神生命的飞升——从古至今阅兵活动的深层审美意义

我们分析了阅兵活动的美是侧重形式的美。形式的对称、节奏、色彩与韵律。其实，力量美与气势美，就不单单是形式美了。而是严格的形式和崇高的内容相结合的军事精神美。

从古至今的阅兵都是这支军队借助有规则的形式来表现一种军事精神的"图腾"。所谓图腾，就是超越现实的精神飞升。其中包括：

1. 塑造军事领袖的绝对权威
军事与战争不同于一般人类社会实践活动。没有绝对权威的军队根本无

法在战场上取得胜利。所以，阅兵，无论哪一支军队、无论这支军队的哪一级领袖，都需要通过阅兵对这支军队（部队）最高首长军事权威的塑造。

2. 把整个军队（部队）塑造成一个精神的整体

每次阅兵也是对军队精神、士气的最好检验。一切行动听指挥，步调一致才能得胜利。中国人民解放军三大纪律的第一条，有全人类的军事美学意义。纵观党的历代领导核心、我军的历代领袖毛泽东、邓小平、江泽民、胡锦涛等的历次大阅兵无不充分显示了历史沧桑感、军事领袖气质美、领袖与士兵的和谐美、庄严神圣的崇高美。

哪一次阅兵不是一呼百应、山呼海啸、雷霆万钧？

（七）阅兵，一支军队军事生命精神的"图腾"

每一次阅兵，都是一种军魂的召唤，使命的提示、精神的飞升。激励着为人类正义与真理而战的军事生命，在战争的硝烟与烈火中，穿越历史的崇山峻岭，实现一次次军事生命力与美的图腾，直到凤凰涅槃，宇宙天地间，人类，完全消灭战争。

古希腊雕塑，受伤仆地已死亡的古希腊兵士，手中还紧紧捏着他的兵器和盾牌——那是令敌人心惊胆寒的兵器，和曾抵挡过千万支乱箭飞射的盾牌。这或许就是军人无法选择的荣耀和命运。

军事美，实际上，而且应该或只能是人类生命——为美而生、为美而战、为美而灭的人类生命——一声包含着正义与真理的刚健而壮美的绝响。我们每一个真正的这样的军人，军人生命的价值和意义，或许只是它一缕两缕清晰而又遥远的回音。

（八）对阅兵的审美文化研究

1. 历史知识研究

对阅兵产生、发展、演变历史知识层面的研究。比如，中国阅兵史研究，西方阅兵史研究。美国、法国、意大利、印度等阅兵史研究。还有断代阅兵史研究，如，中国古代阅兵史研究，中国近现代阅兵史研究，先秦、两汉、唐宋、明清阅兵史研究。太平天国阅兵史研究，湘军阅兵史研究，中国人民解放军阅兵史研究等等。着重对阅兵历史知识的介绍，都属于阅兵的文化研究。

2. 组合规律和技巧研究

研究阅兵组合规律和技巧，主要包括阅兵人员的形式组合规律和技巧，和武器装备的组合规律和技巧。阅兵中军事礼仪的应用、演变，武器质量和科技含量等研究。尤其是古代阅兵形式和技巧，冷兵器时代、热兵器时代、机械化战争时代、高科技战争时代各国阅兵形式和技巧，它们的特征、风格、风俗、风貌等等研究，怎样实现阅兵的实用功能、礼仪功能、文化功能、军事功能和审美功能的统一。阅兵和当时社会生产力发展、科技发展之间的关系。重点研究阅兵人员和武器的历史演进。

3. 观念研究

对阅兵产生、发展、演变过程中，表现出来的军事观念、情感抒发和国家军事意志相互关系的研究。比如，美国阅兵蕴含的军事观念，没有宏大场面和山呼海啸，表现得轻松、自然，追求个性，和他们自持世界军事和经济强国的心态和观念一致；法国阅兵的繁复、浪漫，和他们的文化传统有关；俄罗斯阅兵的一招一式，还在显示古老沙俄帝国的赫赫声威；伊拉克阅兵形式的简略和步态的怪异；印度阅兵将传统兵制、装束、装备、气势和现代精神结合；越南阅兵、朝鲜阅兵，都强调整齐划一、威武严整、场面宏大，甚至表现出某种程度的铮铮傲骨，和他们都属社会主义阵营，都面临过强大的敌对势力有关。阅兵，是军人情感的抒发，也是国家情感的抒发。仔细分析，各国阅兵蕴含的军事观念、历史传统、情感抒发和国家意志，肯定不一样。这些观念，扎根传统，立足现实，显示文化，创造文化，作为国家军事精神意志的形象显示和补充。

《军事美学丛书》出版志

——代后记

2010 年，申报国家社科基金"军事美学研究"课题；

2011 年，申报全国教育科学国防军事教育学科"军事审美教育研究"课题；

2012 年，方振东、宋海英、李学明组织"军事美学研究"、"军事审美教育研究"课题研究实施，完成初稿；

2013 年，人民出版社审定出版。

向为本课题作出重要贡献的林从光、李建将军致敬！

感谢本书责任编辑陆丽云、设计曹春及人民出版社相关领导、同志的辛勤劳动！

向为本丛书提供各种帮助的军内外教育、科研、规划、管理及新闻、出版、宣传、文学、艺术等部门的领导、专（艺术）家和同志们致谢！

作　者

2013 年·11 月

责任编辑:陆丽云
装帧设计:曹　春
责任校对:吕　飞

图书在版编目(CIP)数据

军事美学研究/方振东　宋海英　李学明 著. -北京:人民出版社,2013.11
ISBN 978－7－01－012667－8

Ⅰ.①军…　Ⅱ.①方…②宋…③李…　Ⅲ.①军事科学-美学-研究
　Ⅳ.①E0-05

中国版本图书馆 CIP 数据核字(2013)第 235510 号

军事美学研究
JUNSHI MEIXUE YANJIU

方振东　宋海英　李学明　著

人民出版社 出版发行
(100706　北京市东城区隆福寺街99号)

北京瑞古冠中印刷厂印刷　新华书店经销

2013 年 11 月第 1 版　2013 年 11 月北京第 1 次印刷
开本:710 毫米×1000 毫米 1/16　印张:25
字数:412 千字　插页:8

ISBN 978－7－01－012667－8　定价:58.00 元

邮购地址 100706　北京市东城区隆福寺街 99 号
人民东方图书销售中心　电话 (010)65250042　65289539